English Newspaper Article (column)

(자연을 주제로한) 영어신문 기사(칼럼) 해설

By Kim Song-rhei
김송뢰

English Newspaper Article (column) 자연을 주제로한 영어신문 기사(칼럼) 해설집	
2007년 04월 05일 초 판 (제목: 언어는 사상의 화석)	제1쇄 발행
2011년 10월 15일 개정판 (제목: 자연의 책장을 넘기며)	제2쇄 발행
2017년 01월 15일 개정판 (제목: 아름다운 영어 논설문)	제3쇄 발행
2020년 11월 15일 개정판 (제목: 아름다운 영어 논설문)	제4쇄 발행
2022년 03월 15일 개정판 (제목: 영어신문기사 해설집)	제5쇄 발행

지 은 이 : 김송뢰 (Kim Song-rhei)
발 행 인 : 김광업 (Kim Kwang-oup)
편집국장: 조형욱
기획편집: 윤다영
디 자 인 : 장수민
펴 낸 곳 : 도서출판 말굽소리
우편번호: 150-836
주 소 · 서울 관악구 청룡동 875-7, 하바드 오피스텔 9층 905호
☎ · 02-888-5451, 010-3909-0505
출판사설립일 · 1986년 10월 7일
출판등록날짜 · 2001년 10월 5일
출판등록번호 · 549-2004-9
ISBN · 978-89-91669-34-5 03740

책값 40,000원

Copyright ⓒ 2022 Malgupsori Publishing House

Malgupsori publishing company is proceeding toward
the goal of an educated and informed public.

말굽소리 출판사는 교양 있고 박식한 대중의 목표를 향해 전진하고 있습니다.

<本 圖書는 必要에 依해 100部 限定 出版되었음>

English Newspaper Article (column)
(자연을 주제로한) 영어신문 기사(칼럼) 해설

By Kim Song-rhei
김송뢰(金松籟)
(본명: 김광엽)

말굽소리

이 책 속의 기사는 필자가 영자 신문사(코리아타임스와 코리아헤럴드)에
기고했던 글이며, 한글로도 편히 읽을 수 있도록 재편집하였다.
또한 보다 유익한 자료가 될 수 있도록
기사 내용을 추가하거나
많은 부분을 다시 다듬었다.

This book will give you a valuable insight

into the English problem you have.

The Author's Preface (1)

자신이 그 어떤 분야에서 일을 하고 있다 할지라도 현대인으로서 그 어느 때 보다 꼭 갖춰야 할 것이 있다면 그것은 바로 훌륭한 언어(영어)소통의 능력이다. 그러나 언어능력은 다른 모든 분야와 마찬가지로 많은 노력을 기울일 때 보다 품위(品位) 있고 논리적(論理的)으로 표현을 할 수가 있는 것이다.

즉 아무리 말주변을 타고 난 사람이라고 할지라도 언어 표현의 기술(記述)을 힘들여 배우지 않았다면, 그가 하는 말은 수다스러운 말장난에 불과할 수도 있는 것이다.

사실 말이란 우리의 사고(思考)와 욕구(欲求)를 표명(表明)하는 기호화(記號化) 과정일 뿐만 아니라, 우리의 생각과 행동을 통제(統制)하고 표현하는 힘이 되므로 언어를 더 깊게 습득하면 습득할수록 세상을 바라보고 이해하는 힘도 그만큼 더 커지는 법이다.

따라서 자국어(自國語)뿐만 아니라 외국어(外國語)를 잘 하기 위해서는 세계 문단(文壇)의 여러 명사(名士)들이 써 놓은 글(영문)들을 수 없이 읽으면서 자신의 생각을 그러한 훌륭한 문장에 적용(適用)시켜서 유사(類似)한 문장을 만들어 내려는 수많은 연습(練習)이 필요하다.

그렇게 함으로써 결국엔 보다 많은 어휘력(語彙力)을 자연스럽게 습득하게 될 뿐만 아니라 자신만의 독특한 창작력(創作力)을 새로이 계발시킬 수가 있는 것이다.

그러나 한국인들은 현실적으로 외국어, 즉 영어를 유창하게 활용하여 자신의 생각을 글로 잘 나타낼 수 있는 사람들이 아직 그렇게 많지 않다. 이 같은 현실에 부응(副應)하기 위해 필자는 이 책을 집필할 때 본인뿐만 아니라 독자들에게도 꼭 필요한 책이 될 수 있도록 다양한 표현법(表現法)은 물론 낱말과 문법이 서로 규칙적으로 잘 어우러지도록 많은 신경을 썼다.

끝으로 이 책은 그동안 필자가 신문사(코리아타임스와 코리아헤럴드)에 기고했던 글들을 보다 나은 작품으로 만들기 위해 기사 내용을 추가하거나 새로이 가다듬은 것임을 밝히는 바이며, 신문의 지면에 올려 주셨던 신문사의 관계자분과 영어를 사랑하는 독자들께 심심한 감사를 드린다.

2007년 3월
관악산을 20층 창가에 걸어 놓은 집필실에서
저자

The Author's Preface (2)

나는 평소에 심신(心身)의 피로를 풀거나 단련하기 위해서 산이나 강을 찾아 자연의 품에 안기기를 매우 좋아한다.

또한 집과 사무실에도 늘 자연과 대화를 할 수 있는 그 어떤 요소(要素)들을 만들어 놓았는데, 그 요소들 중에는 일반 꽃집에서는 구할 수 없는 식물들이 있다. 그것은 바로 산과 들에서 흔히 볼 수 있는 야생식물(野生植物)같은 것들이다.

이러한 취미생활(趣味生活)을 즐기는 동안 자연의 영기(靈氣)에 감응(感應)할 때 가장 즐겁고 가장 편안함을 느낄 뿐만 아니라, 자연은 우리에게 모든 것을 가르쳐 주고 있다는 것을 늘 피부로 느끼게 된다.

즉 자연은 우리의 삶과 불가분(不可分)의 관계이며, 모든 영역(領域)에서 가장 기본적이고 가장 고차원적(高次元的)인 문제의 실마리까지 풀어주는 행운(幸運)의 열쇠를 쥐고 있다고 생각을 하고 있다.

사실 자연이란 그 자체는 언제나 자연적인 발생(發生)들의 논리(論理)에서 벗어나는 일이 없다.

즉 자연은 그 어떤 상황을 스스로 만들어 내며, 그 상황에서 벗어나는 법이 없고 자연스럽게 그것을 받아들인다. 이런 논리를 우리 인간이 모두 흉내내기는 사실 매우 어려운 것이다.

그러나 이 세상을 살아가면서 예상치 못한 어려운 상황에 처했을 경우, 그 상황을 무조건 벗어나려고만 하지 말고 오히려 그 상황에 좀 더 관심을 가지고 새로이 도전(挑戰)해 보아야 할 필요가 있다는 것을 우리는 자연으로부터 배울 수가 있는 것이다.

따라서 물의 성질이 높은 곳에서 낮은 데로 흘러가는 것이 자연의 본성(本性)이라면, 새로운 것을 배우고 창출(創出)해 내려고 하는 것은 사람의 본성중의 하나라고 생각을 한다. 그러기 위해서는 무엇보다도 창의성(創意性)을 키우는 것이 가장 좋은 방법인데, 이러한 창의성은 바로 자연적인 발생들의 여러 논법에서 배울 수가 있다고 생각한다.

다시 말하면 자연의 묘는 우리로 하여금 범상한 일에 만족하지 않고 우리의 능력으로 해낼 수 있는 가장 창조적인 일들을 스스로 요구하도록 자극하게 되는 것이다. 바로 이런 점에서 이 책의 내용 대부분은 자연 사랑에 대한 글로써 우리의 삶에서 가장 귀중한 자연환경에 보다 많은 관심을 가지게 함과 동시에 진리의 탐구정신을 길러주게 될 것이다.

또한 누구나 이 책을 읽음으로써 현대생활에서 꼭 터득해야만 할 영어도 보다 더 효율적으로 터득할 수 있는 기회를 만들어 줄 수 있다고 확신한다.

2011년 10월
저자

English Newspaper Article (column)
영어신문 기사(칼럼) 해설
----------------A Table of Contents ----------------

01) The Author's Preface (1) - 12
　　(자서 1)
02) The Author's Preface (2) - 14
　　(자서 2)
03) A Table of Contents - 16
　　(차례)
04) Nature Is a Benevolent Sovereign - 21
　　(자연은 자비로운 통치자)
05) A Pure White Bird -31
　　(새하얀 새)
06) Honor Always Implies Justice - 38
　　(영예는 언제나 정의를 의미한다)
07) A Tour of Inspection - 45
　　(시찰여행)
08) A Fundamental Principle - 51
　　(근본원리)
09) My Fragrant Memories - 58
　　(어린 시절의 추억)
10) Toward Perfection -65
　　(완벽을 향하여)
11) A Fine Piece of Photography - 70
　　(멋진 사진 한 장)
12) Pumpkin Flower - 77
　　(호박꽃)
13) Seasons Glide by - 81
　　(계절은 돌고 돈다)

English Newspaper Article (column)
영어신문 기사(칼럼) 해설

---------------A Table of Contents ---------------

14) Let Wisdom Guide Our Feet – 90
   (우리의 삶을 지혜롭게 이끌자)

15) In the Bosom of Nature – 97
   (자연의 품속에서)

16) Live in the Future – 104
   (미래에 살다)

17) Environmental Pollution – 112
   (환경오염)

18) Ways of Communication – 120
   (의사소통의 방법들)

19) A Knot – 127
   (매듭)

20) The Position – 136
   (지위)

21) Memories of My Childhood & Natural Environment – 143
   (어릴 적의 기억들과 자연환경)

22) Power of Language in Proverbs – 154
   (속담의 힘)

23) Learning from Nature – 162
   (자연으로부터 배우기)

24) Pot- planting and Purpose of Life – 168
   (화분과 인생의 목적)

25) Summertime Amenities - 176
   (여름철의 즐거움)

26) Delicacies of the Season & a Health Food – 185
   (계절의 진미와 건강식품)

English Newspaper Article (column)
영어신문 기사(칼럼) 해설
---------------A Table of Contents ---------------

27) Typhoon and Rainy Spell in Summer – 195
  (여름철의 태풍과 장마)

28) The Kindly Fruits of the Earth – 207
  (땅의 산물)

29) An Attraction of Town Life – 220
  (도시생활의 매력)

30) Kwanak Mountain: A Place to Rest – 229
  (휴식의 공간을 마련해주는 관악산)

31) A Wind – 241
  (바람)

32) Road Improvement Project – 251
  (도로 개선 사업)

33) An Aesthetic Life in the City – 261
  (도시에서의 미적 생활)

34) A Roadside Tree – 270
  (가로수)

35) Magpie Nest in the Midtown Area – 280
  (도심지의 까치집)

36) The Future Prospect of Our Village – 289
  (우리 마을의 미래상)

37) A Logical Reasoning in Nature & Politicians' Public Pledges – 298
  (자연의 논리적 이치와 정치인들의 공약)

38) A Cityscape – 308
  (도시의 경관)

39) A Remembrance of Hard Days – 316
  (어렵던 시절의 추억)

English Newspaper Article (column)
영어신문 기사(칼럼) 해설
------------------A Table of Contents ------------------

40) Words are the Fossils of Our Thoughts - 327
(언어는 사상의 화석)

41) Overheated Out-of-Class Lesson - 337
(과열된 과외 교육)

42) Way to Unification - 349
(통일로 가는 길)

43) Dreaming of National Unification - 359
(통일의 꿈)

44) National Independence Fighter Selected for this Month - 368
(이달의 독립운동가)

45) Popular Song - 382
(대중가요)

46) Late President Park's Performance - 396
(고故 박 대통령의 업적)

47) Spiritual Asset of My Late Grandfather - 406
(작고한 조부祖父의 정신적 유산)

48) Real Estate Speculation - 422
(부동산 투기)

49) Pigeons in Midtown Area - 432
(도심 속의 비둘기들)

50) Religion & Meaning of Life - 438
(종교와 인생의 의미)

51) Holiday Trip to Dan-yang - 447
(단양으로 떠난 여름 휴가)

52) The Meaning of Solitude - 452
(고독의 의미)

English Newspaper Article (column)
영어신문 기사(칼럼) 해설
---------------- A Table of Contents ----------------

53) Seasons and the Starting Point – 459
   (사계절과 출발점)

54) Learning a Fine Language from Nature – 465
   (자연으로부터 멋진 언어 배우기)

55) March of 2014 – 476
   (2014년 3월)

56) Dreaming of Unification – 483
   (통일의 꿈)

57) A Climatic Change – 493
   (기후의 변화)

58) The Mind with the Utmost Sincerity – 500
   (정성을 다하는 마음)

59) A Desire to Love and be Loved in Return – 506
   (사랑하고 사랑받고 싶은 욕망)

60) Spring Delivers Many Messages – 513
   (봄은 많은 전갈(傳喝)을 전한다)

61) Walking along the Flower Path – 521
   (꽃 길을 거닐며)

62) Delights of Picking Wild Greens – 528
   (산나물 채취의 즐거움)

63) Delights of being Lost in Meditation – 535
   (사색에 잠기는 즐거움)

64) The Cuckoo in the Woods – 541
   (숲 속의 뻐꾸기)

65) A Football Player's Unusual Behavior – 548
   (어느 한 축구 선수의 유별난 행동)

English Newspaper Article (column)
영어신문 기사(칼럼) 해설
---------------- A Table of Contents ----------------

66) A Migratory Bird and an Opportunist – 555
    (철새와 기회주의자)
67) Incomprehensible Things – 562
    (이해할 수 없는 것들)
68) The Right Man in the Right Place – 569
    (적재적소(適材適所))
69) Let Nature Take Its Course – 576
    (대자연(大自然)을 흐르는 대로 그냥 두자)
70) The Component Ratio of 70-30 – 582
    (70퍼센트의 구성비율)
71) Education and Human life – 589
    (교육과 인생)
72) Hiding the sky in One's Hands – 596
    (손으로 하늘 가리기)
73) Kimchi – A Typical Fermented Korean Dish – 602
    (전통적인 한국인의 발효 반찬 – 김치)
74) The Rhythm of the Seasons and Mother Nature – 608
    (사계의 순환과 대자연)
75) The Personalities of Politicians in Our Time – 614
    (현대 정치인들의 인격)
76) Dreaming of Returning to the Farm – 621
    (귀농의 꿈)
77) A Boundary Line – 627
    (경계선(境界線))
78) Night Follows Day – 634
    (밤은 낮에 계속된다)

English Newspaper Article (column)
영어신문 기사(칼럼) 해설
------------------A Table of Contents -----------------

79) The Obligation of Conscience - 641
　　(양심의 구속)

80) Why I Tune out of K-pop - 648
　　(K-pop을 듣는 이유)

81) Science is the Discovery of a Law of Nature - 654
　　(과학이란 자연의 법칙을 발견하는 것)

82) Gardens are Not Made by Sitting in the Shade - 661
　　(화원은 그늘에 앉아 쉬면서 만들어지지 않는다)

83) Joys of mingling with Nature - 668
　　(자연을 벗삼는 즐거움)

84) The importance of preparation - 674
　　(준비의 중요성)

85) Fortune's wheel - 680
　　(운명의 수레바퀴)

86) Government interference - 686
　　(정부의 간섭)

87) A Musical Evening - 696
　　(음악의 밤)

88) The Value of Farm Products - 700
　　(농산물의 가치)

89) Gangbuk area in the 1970s - 707
　　(1970년대의 강북지역)

90) The Editor's Postscript - 726
　　(편집후기 1)

91) The Editor's Postscript - 727
　　(편집후기 2)

This revised edition is to all intents and purposes a new book

이 개정판은 사실상 또 다른 하나의 새 책입니다

영어신문 기사(칼럼) 해설

Nature is a Benevolent Sovereign

자연은 자비로운 통치자

The Korea Times
코리아타임스
Jun 18, 1999
1999년 6월 18일
By Kim Kwang-oup
김광업(송뢰)

Buddha's birthday in Korea seems to fall on one of those sunny, halcyon days of late spring every year. This year, the day of celebration fell as usual on a balmy spring day. The day gave me a good chance to make a trip to a secluded place.

한국에서 석가 탄신 일은 매년 늦은 봄의 맑고 화창한 날들 중의 하루에 오는 것 같다. 금년에도 그 축하의 날은 여느 때처럼 온화한 날에 있었다. 그 날은 나에게 한적한 곳으로 여행할 수 있는 좋은 기회였다.

So, I spent most of the day on a place of great natural beauty, where a tiny temple is situated. It was just the place overlooking a valley embraced by the bend of a river.

English Newspaper Article (column)

그래서 나는 무척이나 아름다운 한 장소에서 그날의 대부분을 보냈다. 그곳은 강의 굽이에 둘러싸인 골짜기가 내려다 보이는 곳에 위치한 한 작은 사찰(寺刹)이 있는 곳이다.

When I reached the end of my journey on that fresh morning, I saw some visitors already performing a Buddhist mass, with their hands pressed together in prayer.

그 신선한 아침에 나의 여행목적지에 도달했을 때 나는 몇몇 방문객들이 이미 두 손을 합장하고 불공을 올리고 있는 것을 보았다.

I also performed the mass in front of a statue of Buddha out of the sheer desire to wipe out the 108 passions - agonies a man is subject to. At the same time, I heard the priest's wood block beating in time to a Buddhist invocation while silence reigned all around. The priest conducted an elaborate ceremony that went on for nearly one hour.

나 역시 인간이 면할 수 없는 108번뇌에서 벗어나기 위한 단순한 욕망으로 불상(佛像) 앞에서 불공을 올렸다. 동시에 침묵이 주변을 맴도는 가운데 기도문(祈禱文)의 보조를 맞추는 승려(僧侶)의 목탁(木鐸) 소리도 들었다. 그 승려는 약 한 시간 동안 정성스럽게 의식을 진행했다.

After the mass, I perched myself on a flat rock and relaxed idly, as if I had sat in an armchair in the comfort of my own home. It was so quiet there that I was able to hear a pin drop.

불공을 드린 후 나는 어느 한 판판한 바위에 앉았다. 그리고 마치 집에서 안락의자에 쾌적한 상태로 앉아 있는 것처럼 아주 편안하게 휴식을 취했다. 그곳은 핀이 떨어지는 소리도 들을 수 있을 정도로 조용한 곳이었다.

There, I fixed my regard upon the beautiful vista, thinking that the heart of meditation is to calm your mind by allowing all your thoughts to flow freely. I was buried in the fresh smells, colors and sounds of nature, all of which transported me to relaxing atmosphere.

거기서 나는 명상의 핵심은 모든 생각이 자유롭게 흘러가도록 놔 두어서 마음을 진정시키는 것이라고 생각을 하면서 아름다운 경치를 눈 여겨 보았다. 나는 자연의 신선한 냄새, 색깔 그리고 소리에 취했으며, 그것들은 나를 긴장을 풀어주는 고요함으로 데려가 주었다.

In the meantime, I thought that meditation can be likened to a self-psychoanalysis as correctly applied meditation technique help to unravel the soul within.

그러는 동안 나는 정확한 명상기술이 정신의 내면세계를 밝혀 내도록 돕는다는 점에서 명상은 자가정신분석에 비유할 수 있다고 생각을 했다.

The old and tiny temple was, indeed, surrounded by the beauty of nature and relaxing solitude, with seasonal flowers, nameless trees clothed with verdant foliage, and rocks weathered by wind and rain.

English Newspaper Article (column)

실로 그 오래되고 작은 사찰은 계절의 꽃들과 푸른 잎을 입고 있는 이름 모를 나무들, 그리고 비바람으로 풍화(風化)된 바위가 있는 자연의 아름다움과 긴장을 풀어주는 고요함으로 둘러싸여 있었다.

In a word of one syllable, it was an ideal place to cultivate my spiritual strength, after getting away from the bustle of crowded streets, honking traffic and stress at the office.

한마디로 그곳은 사람들로 붐비는 거리의 부산함과, 자동차 경적소리, 그리고 사무실의 스트레스에서 벗어나 나의 정신력을 신장(伸張)시킬 수 있는 이상적인 장소였다.

I was under the impression that the surrounding area was just a place evocative of the typical Korean mountains and rivers in springtime.

그 주변의 지역은 봄철에 전통적인 한국의 산과 강들의 모습을 감동적으로 잘 드러내 주는 바로 그런 장소였다고 생각을 했다.

A short distance from the temple, there was a thin ribbon of a stream among the rocks, and it wove in and out among the trees. I drew water from it with the palm of my hand and moistened my throat. It gave me an impression of drinking a soda pop.

그 사찰의 바로 근처에는 바위틈을 흐르는 실개천 하나가 있었으며, 그것은 나무 사이를 보일 듯 말 듯 누비면서 흐르고 있었다. 나는 손바닥으로 물을

영어신문 기사(칼럼) 해설

받아 목을 축였다. 사이다를 마시는 느낌이 들었다.

I felt that murmurs of stream falling upon my ears were nearly the same as the melody of verse. In the meantime, I also heard whispers of love in the chirping of birds. In a word, it was relaxed, even to the point of reminding me of the languor of a siesta hour.

나의 귓전으로 들려오는 그 작은 시냇물의 소리는 시의 가락처럼 느껴졌다. 그러는 동안 나는 새들의 지저귐 속에서 사랑의 속삭임도 들었다. 한마디로 편안했다. 심지어 그것은 나에게 낮잠 시간의 기분 좋은 나른함을 상기시킬 정도였다.

It may be my imagination, but I thought the noises of the birds were the sound close to that of God that always remonstrates with us against our misconduct in deviating from the original path of humanity. This is because I believed that God always expresses himself in the landscape to mankind.

나의 상상일지는 모르지만, 그 새들의 지저귐은 인간속성의 원래의 방향에서 벗어난 우리의 비행에 대하여 언제나 충고해 주고 있는 신(神)의 목소리에 가깝다고 생각을 했다. 그 이유는 신은 언제나 인간에 대해 자연의 경관(景觀) 속에서 자기를 표현하고 있다고 믿고 있기 때문이다.

Thanks to the favorable weather that day, I also took pleasure in looking at the beautiful sight of the sunlight on the cliff of the mountain. The gentle rays of sunlight falling upon

English Newspaper Article (column)

the cliff seemed to me the expressions of a flash of hope.

좋은 날씨 덕분으로 나는 절벽에 비치는 햇빛의 아름다운 광경도 즐길 수가 있었다. 절벽으로 드리워지는 부드러운 햇살은 희망의 번득임의 표현인 것 같았다.

In the meantime, I enjoyed the essence of the green trees swaying in the breeze, the aroma of sun-kissed seasonal flowers.

그러는 동안 나는 산들바람이 흔들리는 푸른 나무들의 진수, 태양을 듬뿍 머금은 꽃들의 향기를 즐겼다.

After a while, my eyes were turned upon a small fountain site nestling in the woods, where the sunlight also beautifully glanced off the water surface. At this very moment, I made my impression into a poem, and my joy found expression in a song of love.

잠시 후 나는 숲 속에 안겨 있는 작은 샘터를 발견했는데, 거기에서도 햇빛이 수면에서 아름답게 반사되고 있었다. 바로 이때 나는 나의 감동을 시로 표현하고 그 기쁨은 다시 사랑의 노래로 표현되었다.

Toward evening, I carried my eyes along the edge of the western mountain in a casual way. Before I was fully aware of it, the sun was going down behind the western hills. The sky was filled with lovely shades of red and orange.

Mountains were also tinged with rose by the sinking sun.

저녁 무렵엔 무심결에 서산의 능선을 따라 눈길을 옮겼다. 어느새 태양은 서산아래로 기울어가고 있었다. 하늘은 아름다운 붉은색과 주황색으로 가득 차고 있었다. 산들도 지는 해를 받아 엷은 장미 빛으로 물들었다.

Slowly, dusk was melting the blue sky into a soft gray and the evening fog filled the valleys. Soon the sky shone with beautiful stars. The place was the perfect end to my idyllic stay.

땅거미는 하늘을 엷은 회색으로 차차 변하게 했으며, 저녁안개는 골짜기를 메웠다. 곧이어 하늘은 아름다운 별들로 빛이 났다. 그곳은 나의 목가적 휴가의 완벽한 마무리였다.

It was nearly time for me to leave. As I left the place, I could not escape the feeling that we humans are born on a planet − a benign planet, which has been conferring the bounty of Nature upon us with unsparing hand.

이제 내가 떠날 시간이었다. 그곳을 떠날 때 나는 우리 인간은 하나의 별, 즉 우리에게 언제나 자연의 혜택(惠澤)을 아낌없이 주고 있는 길한 별 위에 태어났다는 생각을 지울 수가 없었다.

Form my experience during this trip I would like to say a few words in connection with the protection of the environment. Of course, such problems in essence are best left to

English Newspaper Article (column)

those who are specialized in the field.

이번 여행 동안의 경험을 통해서 나는 환경보호에 관련하여 한마디 하려고 한다. 물론 근본적으로 이런 문제들은 이 분야의 전문가에게 맡기는 것이 가장 좋은 것이다.

However, I believe that environmental problems in this modern society are delicate matters than any other times, so the problems need to be dealt with carefully all together. If we are to speak about it at all, problems in the real world can no longer be solved by individuals working alone.

하지만 오늘날의 환경문제는 그 어느 때보다 까다로운 문제여서 우리 모두가 신중히 다루어야 한다고 믿고 있다. 즉 따져 말하면 현실 세계의 문제는 더 이상 개개인의 노력으로 해결될 수 없는 것이다.

In this regard, I believe that the common run of people have to be aware of what they should do to control the protection of environment. At the same time, people especially those who are making a specialty of environmental problem should wed reason to morality and ethics applicable to the entire human race.

이와 관련하여 환경보호를 다루는 일에는 일반인의 자각이 필요하다고 나는 믿고 있다. 동시에 특히 환경문제를 전문으로 하고 있는 사람들은 인류 전체에 적용할 수 있는 이성과 윤리도덕을 조화시켜야 할 것이다.

At all events, we must make an attempt to stay fully awake to the dangers of false ideals deviated from God's principles when it comes to the latest environmental developments.

어쨌든 우리는 최근의 환경개발을 볼 때 절대의 진리에서 벗어난 잘못된 관념의 위험에 대해 완전히 자각할 수 있도록 마음을 먹어야 할 것이다.

In conclusion, I'd like to say that if all our emotions are made subjected to our reason, they will embody none but true judgment, and we shall then be act one with things as they actually are.

마지막으로 나는 우리의 모든 감정이 이성에 따르도록 만들어졌다면, 감정은 진정한 판단만을 실현해 낼 것이고, 그렇다면 우리는 실제 있는 그대로의 사물과 하나가 될 것이라고 말하고 싶다.

Therefore, let Nature take its course. Nature is commended by obeying her. That is, Nature is a benevolent sovereign!

따라서 흘러가는 자연을 그대로 두자. 자연에 순종하는 것이 바로 자연을 정복하는 것이다. 즉, 자연은 자비로운 통치자인 것이다!

English Newspaper Article (column)

<참고자료 – 도교의 우주론>

The cosmology of Taoism

According to the cosmology of Taoism, all beings are related to each other through careful systems of correspondence. The creative and destructive processes are thus considered to be natural and not linked to any god's will or destiny. This was a universe that was created and evolved naturally through the interplay of cosmic forces according to the universal principle of the Tao. Taoism has always been a religion without a supreme being. Moreover, Taoism lifts humans up to a level above particular gods and ancestors, to a heaven, to the one universal principle that allows the world to find unity in its endless diversity.

도교의 우주론에 따르면 모든 존재는 조화의 세밀한 체제를 통해 서로에게 연결되어 있다. 따라서 창조와 파괴의 과정은 자연스런 것으로 간주되며 어떤 신의 의지나 운명과 관련이 없다. 이것은 도의 보편적 원리에 따라 우주의 힘들이 상호작용을 통해 창조되고 자연스럽게 진화되어온 우주였다. 도교는 항상 신을 내세우지 않는 종교였다. 게다가 도교는 특정 신이나 조상보다도 높은 수준으로 하늘 위의 하늘로, 세계가 그 끝없는 다양성 속에 일치를 발견하도록 해주는 하나의 보편적 원리로 인간을 격상시킨다.

영어신문 기사(칼럼) 해설

A Pure White Bird

새하얀 새

The Korea Times
코리아 타임스
May 8, 1999
1999년 5월 8일
By Kim Kwang-oup
김광업(송뢰)

Have you ever seen a pure white bird? Of course, we can see many kinds of beautiful white birds in this world. However, I once happened to see a really strange white bird.

순백색의 새를 본적이 있는가? 물론 우리는 이세상에서 많은 종류의 새하얀 새를 볼 수가 있다. 하지만 나는 정말 이상한 하얀 새 한 마리를 한차례 우연히 보았다.

Several years ago, when I spent my winter holidays in the countryside, I fell in with a pure white bird among a flock of sparrows. I was very taken with the bird's beauty. Indeed, my infatuation for the bird knew no bounds.

English Newspaper Article (column)

수년 전 시골에서 겨울 휴가를 보낼 때 나는 참새떼 중에서 새하얀 새 한 마리와 우연히 마주쳤다. 나는 그 새의 아름다움에 사로잡히고 말았다. 사실 그 새에 대한 나의 열중은 대단했다.

The moment I saw the bird, I confused it with another kind of bird. After seeing the bird, I was left wondering why it loafs around in the company of a flock of sparrows.

그 새를 보는 순간 나는 그 새를 다른 종류의 새로 착각을 했다. 그 새를 본 후 나는 왜 이 새가 참새떼들과 어울려 돌아다니는지 궁금했다.

A little later on, however, I realized that it was no other bird than a sparrow, and my heart pounded because never had I seen such a strange phenomenon, a phenomenon that made me go wild with excitement because the bird's beauty fetched me completely.

하지만 잠시 후 나는 그새가 다름아닌 참새라는 것을 알게 되었다. 그리고 나의 가슴은 뛰었는데, 그 이유는 그처럼 이상한 참새를 한번도 본적이 없었기 때문이다. 즉 그런 현상은 나를 흥분의 도가니로 몰아넣었었는데, 그 이유는 그 새의 아름다움이 나를 완전히 매혹시켜 놓았기 때문이다.

Instantly, I concealed myself behind a huge rock to the rear of the flock of sparrows so as not to miss an opportunity to observe the white sparrow.

즉시 나는 그 하얀 새를 관찰할 수 있는 기회를 놓치지 않기 위해서 그 참

새들 무리 뒤에 있는 큰 바위 뒤에 숨었다.

It seemed to me that the white sparrow flying over an abandoned field in quest of food was not only beautiful but also appeared healthy.

먹이를 찾아 버려진 들판 위를 날아가고 있는 그 하얀 새는 아름다울 뿐만 아니라 건강하게 보였다.

Unfortunately, however, I gradually realized that the strange member of that flock was a deformed sparrow that was probably poisoned by agricultural chemicals. In other words, it was probable that the pattern is a response to human-induced phenomena.

하지만 불행하게도 그 새떼 중의 이상한 그 하얀 새는 아마도 농약에 중독된 기형(奇型)의 참새라는 것을 점차적으로 알아차릴 수 있었다. 즉 그런 양상은 인간이 유발한 현상들에 대한 반응인 것 같았다.

Though seeing the bird was a delightful thing for me at first, it was a really sad sight in the end. This queer phenomenon filled my mind to the exclusion of all else for a while.

처음에 그 새를 보는 것은 흥겨운 일이었지만, 결국엔 정말로 슬픈 광경이었다. 이 이상한 장면은 한동안 여타(餘他)의 생각을 할 수 없게 했다.

It is socially accepted idea that when a careless driver

English Newspaper Article (column)

injures someone, the driver is responsible for compensating the wounded person. Equally, the wounded person has a right to claim compensation for his or her injuries.

부주의한 자동차의 운전자가 그 어떤 한 사람을 다치게 했다면 그 운전자는 다친 사람에게 보상을 해 줄 책임이 있다는 것은 사회적인 통념이다. 마찬가지로 그 다친 사람도 자신의 상처에 대한 보상을 요구할 권리가 있는 것이다.

According to this reasoning, the deformed sparrow caused by self-interested people is also entitled to demand compensation from those who injured her.

이 같은 이유에 따라 이기적인 사람들로 말미암아 상처를 입은 그 기형의 참새 역시 자신에게 상처를 입히게 한 사람들로부터 보상을 요구할 권리가 있는 것이다.

For that reason, failing to compensate the abnormal sparrow is tantamount to being a hit-and-run driver, which can never be tolerated for any reason in human society.

이 같은 이유로 그 기형의 참새에게 보상을 해 주지 않는다는 것은 우리 사회에서 그 어떤 이유로도 용서해 줄 수 없는 뺑소니 운전자가 되는 것과 별 다름이 없는 것이다.

In connection with this problem, I want to ask a question of you living in our own day. Why did people's selfishness cause the bird to turn white, of all colors?

이 같은 문제와 관련하여 나는 현대인들에게 하나의 질문을 던지고 싶다. 사람들의 이기심은 그 새를 그 많은 색깔들 중에서 왜 하필이면 하얀 색으로 변하게 했을까?

The answer to this question, I think, is that the pure white sparrow is a divine sign of her last-ditch stand against the reckless activities of humans, which could ultimately bring calamity upon themselves.

이 질문에 대한 나의 대답은 그 순백색의 참새는 결국 인간자신들에게 비운을 스스로 가져오게 될 분별없는 인간의 행동에 대하여 절대 절명의 입장을 밝히는 신(神)의 신호라고 생각을 한다.

In these modern times, there are fears about the excessive use of chemical goods containing poisonous toxins. Under these circumstances, various kinds of wildlife are gradually disappearing from this planet because our toxic chemicals suppress their reproductive ability.

사실 오늘과 같은 현대 사회에는 독성이 들어있는 화학 용품의 과대(過大) 사용에 대한 우려가 있다. 이 같은 상황아래 다양한 야생동물들이 이 지상에서 점차적으로 사라지고 있는데, 그 이유는 우리의 유독한 화학제품들이 그들의 생식능력을 억누르고 있기 때문인 것이다.

As the so-called 'the lord of all creation,' we humans can

English Newspaper Article (column)

easily judge from the circumstantial evidence that various poisonous materials (which sometimes injure us mortally) are accumulating on the whole surface of the earth by degrees.

우리 인간은 소위 만물의 영장으로서 치명적인 손상을 입히는 다양한 독성 물질들이 점차적으로 지구의 표면에 쌓여가고 있다는 것을 상황에 의한 증거로부터 쉽게 판단을 할 수가 있다.

The accumulation of toxic substances in water, the air, plants, wildlife and human beings must be recognized as a potentially very serious problem over the long term.

물, 바람, 식물, 야생동식물 그리고 인간들의 몸 속에 축적되는 독성물질은 장기간에 걸쳐서 잠재적으로 대단히 심각한 문제로 되어 있다는 것이 인지되어야만 할 것이다.

History teaches us many lessons. A couple of lessons I remember among them are "Luxury emasculates our mind." and "If we sit by and do nothing, we will pay a much greater price later on."

역사는 우리에게 많은 것을 가르쳐주고 있다. 그것들 중 내가 알고 있는 교훈은 '사치는 우리의 마음을 무기력하게 만든다' 그리고 '우리가 지금 아무 것도 하지 않고 앉아만 있는다면 나중에 훨씬 더 많은 값을 치르게 된다'라는 것이다.

Therefore, I am led to the conclusion that we must take

harsh measures to rescue the environment from pollution, because this is the world in which we must live and make our way. Needless to say, now is the time for us to rouse ourselves to action.

그러므로 나는 "우리는 환경을 오염으로부터 지키기 위해 엄격한 방책을 취해야만 한다"라고 결론을 지어본다. 그 이유는 이 세상은 우리가 살아야 하고 만들어 나아가야 할 곳이기 때문이다. 말할 나위 없이 이제야말로 우리가 궐기할 때인 것이다.

English Newspaper Article (column)

Honor Always Implies Justice
영예는 언제나 정의를 의미한다

The Korea Times
코리아 타임스
March 6, 1999
1999년 3월 6일

I believe that I am justified in saying that honor always implies justice, so that successful people are not apt to be loaded with honor if they have achieved their success by dishonest means.

명예란 언제나 정의가 수반된다고 말하는 것은 정당하다고 나는 믿는다. 따라서 성공한 사람들이 만약 부정직한 방법으로 그들의 성공을 성취했다면 명성을 누리는데 적절하지 않다고 나는 생각한다.

The relationship between honor and justice seems to be quite in accord with the principle that "the end does not always justify the means." This is because all activities in human society are inseparably linked to an awareness of morality. In other words, a moral obligation attaches to every position in the community of men.

명예와 정의의 관계는 '목적은 언제나 수단을 정당화하지는 않는다'라는 원리와 꼭 합치하는 것으로 여겨지는데, 그 이유는 인간사회에서 모든 활동은 도덕성의 인식과 불가분적으로 결합되어 있기 때문이다. 즉 인간 사회에서의 모든 지위에는 도덕적인 책임이 따르는 것이다.

If we study Korean history, we can clearly see that there have been many influential people; those who are (or were) reputed for their virtues and those who commit (or committed) a series of vicious acts in our society.

한국의 역사를 연구해 보면 우리는 매우 영향력이 있는 사람들, 즉 덕망이 있는 사람들과 악덕을 쌓은 사람들을 볼 수 있다.

Both kinds of people have been responsible for steering the country to its present state. However, only those who were virtuous among them are highly respected by most Korean people.

이 두 종류의 사람들은 모두 이 나라를 현재의 상태로 이끌어 온 것에 대해 책임이 있다. 하지만 그들 중 오직 덕망이 높은 사람들만이 대부분의 한국 사람들로부터 높이 존경을 받고 있는 것이다.

Most of their achievements satisfied our sense of justice. We admire them primarily because they, I think, devoted themselves to doing good deeds and showed a strong sense of moral responsibility.

English Newspaper Article (column)

그들의 위업 대부분은 우리의 정의감에 만족을 주고 있다. 우리가 그들을 훌륭하다고 생각하는 것은 주로 그들은 선행을 하는데 스스로 헌신을 했고, 윤리적으로 강한 책임감을 보여줬기 때문이라고 나는 생각을 한다.

Clearly, they attached great importance to concern for morality, which is the very thing we really want in human life to produce harmony regardless of whether a society is economically advanced or backward.

분명히 그들은 도덕성에 대하여 관심을 쓰는데 큰 중요성을 두었던 것이며, 그것이야 말로 어느 한 사회가 경제적으로 앞섰거나 뒤떨어진 것에 관계없이 인간의 삶에서 화합을 만들어 내기 위해서 우리가 정말 원하는 것이다.

It is useful to study not only the virtuous conduct of sages but also instances of past wrongdoings, which resulted from a lack of responsibility or moral conscience.

현인(賢人)들의 덕망 높은 처신뿐만 아니라 책임감 또는 도덕심의 결여로 생긴 과거의 그릇된 실례를 연구해 보는 것은 유익한 것이다.

If we learned earnestly from the mistakes of the past, it might be possible for us to achieve the brighter future that everyone dreams of. But it is clear that reverting to old bad habits will only be a step backward.

만약 우리가 과거의 실책으로부터 절실하게 배운다면, 우리 모두가 꿈꾸는 좀더 밝은 미래를 성취하는 것은 가능할 수 있을 것이다. 그러나 예전의 나쁜 습관으로 돌아간다는 것은 퇴보의 시초일 뿐이라는 것은 분명한 것이다.

A society's prevailing ideas of morality are determined by how individuals behave towards each other in their daily lives. It is common knowledge that only morality has an important bearing on human relations.

한 사회의 탁월한 도덕관념은 각 개인들이 그들의 일상생활에서 서로서로 어떻게 처신을 하느냐에 따라 결정되는 것이다. 인간의 관계에 있어서 도덕성만이 중요한 행동거지를 가지고 있다는 것은 상식이다.

Nevertheless, it seems that immorality is on the increase. Unfortunately, it might even be true that public morals have never been more deplorably corrupt than they are now.

그럼에도 불구하고 부도덕성은 날로 늘어나고 있다. 불행하게도 풍기(風紀)는 현재보다 더 비통하게 타락한 적이 과거에는 없었다는 것도 사실이다.

As a matter of fact, I think that scholarship alone does not qualify a person to be a teacher. Similarly, people who achieve leading positions in society are not always fit to guide others on the path of righteousness if they have a questionable moral philosophy.

현실의 문제로써 어느 한 사람을 학식만으로 교사가 될 수 있는 권한을 부여해 줄 수는 없다고 나는 생각한다. 마찬가지로 사회에서 지도적인 위치를 차지한 사람이 만약 의심스런 도덕철학을 갖고 있다면, 다른 사람들을 올바

English Newspaper Article (column)

른 길로 인도하는데 언제나 적합한 것은 아니다.

These days, we are sometimes finding that many politicians are unqualified to guide us in the right direction in view of the fact that the most unthinkable and unsavory practices have taken place under their governances.

우리는 요즘에 가장 생각할 수 없고 도덕적으로 가장 불미스러운 관행들이 많은 정치인들의 통치하에서 일어나고 있다는 것을 볼 때 그들은 우리를 올바른 방향으로 이끄는데 적임이 못 되고 있다는 것을 간파하고 있다.

If we try to think of ways to solve the problem, we can see that theoretical principles and practical requirements do not always correspond.

우리가 만약 이러한 문제를 풀기 위한 방법을 생각한다면, 이론적인 원리와 실제적인 요건들은 언제나 조화되지 않는다라는 것을 알 수가 있다.

Thus, we cannot solve ever-worsening moral problems by simply trying to put moral principles of our own day into practice. This is because when we study the history of philosophy, we find that the morality is always redefined by each generation.

따라서 우리는 현재 끊임없이 악화되어 가고 있는 도덕문제들을 단순히 현시대의 도덕원리만을 실행에 옮기는 것으로 문제를 해결할 수는 없을 것이다. 그것은 철학사를 공부할 때 우리는 도덕성이 세대에 따라 다르게 정의

되는 것을 깨닫게 되기 때문이다.

Many people, especially in the leadership class, have already lost their sense of morality. In this situation, we may need a slogan that touches the lute strings of people's hearts. In fact, words embody thoughts.

많은 사람들, 특히 지도층에 있는 사람들은 이미 그들의 도덕관념을 잃었다. 이러한 상황에서 우리는 국민들의 심금을 울려줄 캐치프레이즈가 필요할 것이다. 사실 언어는 사상을 구현해 주는 것이다.

We all know that when water freezes in the cracks of a rock, it expands and ultimately causes the rock to break apart. This simple phenomenon can be viewed as a metaphor for the effects of immoral leaders in the midst of law-abiding people.

우리는 물이 바위의 틈에서 얼게 되면 그 얼음은 팽창하고 마침내 바위를 갈라 놓는 원인이 된다는 것을 알고 있다. 이러한 단순한 현상은 법을 준수하는 국민들의 사이에 부도덕한 지도자들의 영향에 대한 것으로도 비유하여 볼 수가 있는 것이다.

As an ordinary citizen, I wish to ask a favor of all our lazy leaders. Please preserve your moral conscience before we are placed in uncontrollable confusion.

평민의 한 사람으로서 나는 우리의 게을러빠진 지도자들에게 부탁을 하나

English Newspaper Article (column)

하고 싶다. 우리가 더 이상 감당하기 어려운 혼란에 놓이기 전에 제발 당신네들의 도덕심을 지키기 바란다.

I believe that a good leader is one who corrects his or her mistakes and avoids repeating them in the future. In effect, a leader's central responsibility is to create the conditions necessary for a society's growth and success.

나는 좋은 리더는 자신의 실수를 바로잡고 그것들을 앞으로 되풀이하는 것을 피하는 사람이라고 믿는다. 실제로 지도자의 주된 책임은 사회의 성장과 발전에 필요한 환경을 조성하는 것이다.

I would also like to tell them that, briefly stated, "Honor always implies justice." A philosopher once said, "The most valuable skill one can acquire is the ability to think for oneself." He didn't say it is the ability to pull the wool over the eyes of the public or swindle law-abiding people.

또한, 간략히 말하여 '영예는 언제나 정의를 의미한다'라고 그들에게 말하고 싶다. 한 현명한 철학가가 말하기를 '우리가 얻을 수 있는 가장 가치 있는 것은 자신을 위해서 생각할 수 있는 능력이다'라고 했다. 그 철인은 대중의 눈을 속이려 하거나 법을 준수하는 국민들을 야바위 치는 능력이라고는 말을 절대 하지 않았다.

영어신문 기사(칼럼) 해설

A Tour of Inspection

시찰여행

The Korea Times
코리아 타임스
December 4, 1998
1998년 12월 4일

I am a winged inspector who can fly in the air at a speed of hundreds of kilometers per hour. My bodily structure also bears close resemblance to reconnaissance planes, so that the structure of my body is suited for flying a long distance.

나는 시간당 수백 킬로미터의 속도로 비행할 수 있는 날개가 달려있는 조사관이다. 또한 나의 신체구조는 정찰기와 꼭 닮았다. 따라서 내 몸의 구조는 장거리 여행에 안성맞춤이다.

My body has three distinct segments: head, thorax and abdomen. Most of my head is taken up by large goggle-like eyes, which are made so that I can inspect details of even a suspected nuclear fuel reprocessing plant.

나의 몸은 뚜렷한 세 개의 부분으로 되어 있다. 즉 머리, 가슴 그리고 복부

English Newspaper Article (column)

로 되어 있다. 나의 머리 대부분은 희번덕거리는 보호안경처럼 생긴 두 눈이 차지하고 있는데, 그것은 내가 의심스러운 핵연료 재처리공장의 세부사항까지도 조사할 수 있도록 만들어진 것이다.

Such an inspection can reveal information necessary to destroy a site's ballistic missiles, and its nuclear, biological and chemical weapons development programs.

이러한 시찰은 어느 한 장소의 탄도 미사일, 그리고 그곳의 핵, 생물학 또는 화학무기 개발프로그램을 파괴시키는데 필요한 정보를 폭로시킬 수가 있다.

Because of the importance of my mission, all birds of prey avoid making a meal out of me; they too want to avert any possibility of a nuclear tragedy. So, I am able to safely fly with my wings all over the world, including North Korea, which has probably built itself an atomic weapon or two.

나의 임무의 중요성 때문에 포식을 하는 새들은 나를 먹이 감으로 하지 않는다. 즉 그들 또한 핵으로 인한 그 어떤 비극의 가능성을 방지하기를 원하고 있다. 따라서 나는 한 두 개의 원자 핵무기를 아마 스스로 조립해 놓고 있을 북한을 포함하여 온 세상을 나의 두 날개로 안전하게 날 수가 있다.

One day, while checking out a suspected site, I met a kind civilian aviatrix. She was also flying in the sky on a special service.

영어신문 기사(칼럼) 해설

어느 날 나는 의심스러운 장소를 조사하는 동안 어느 한 친절한 여류 민간 비행사를 만났다. 그녀 역시 특별한 임무를 띠고 하늘을 날아가고 있었다.

Her plane takes off and climbs to the jump altitude of about fifteen thousand feet in ordinary circumstances, but, in some cases, it goes up to the land of the stars. At that time, she slowed down to my speed and began to tell me about the aircraft industry in human society.

그녀의 비행기는 보통 1만 5천 피트 상당의 점프 높이까지 올라가지만, 어떤 경우는 별나라까지 올라가기도 한다. 그 당시 그녀는 나의 비행속도로 낮췄고, 인간사회에서의 비행산업에 대하여 나에게 말을 하기 시작했다.

She told me that most human passenger planes are also fitted with eyes, which are made to resemble those of a dragonfly in a bid to frighten wild birds away from landing strips.

그녀는 모든 인간여객기들도 두 개의 눈을 부착시켜 놓고 있는데, 그것들은 야생의 새들을 활주로에서 쫓아내기 위해 잠자리의 눈과 닮은 꼴로 만들어졌다고 말했다.

In the midst of our conversation, I saw hundreds of my friends roaming the nameless stars, just as they were searching for some kind of Promised Land. Suddenly, one wounded creature flew between us and even interrupted our conversation.

English Newspaper Article (column)

대화 도중에 나는 마치 그 어떤 약속의 땅을 찾아 헤매고 있는 것 같은 수백 명의 나의 친구들이 이름 모를 별들을 배회하고 있는 것을 보았다. 그런데 갑자기 상처를 입은 한 생명체가 우리들 사이로 날아들더니 우리의 대화를 가로막기까지 했다.

She told us that she could not survive on the globe, and that, in fact, many of their comrades had already departed the Earth for a heavenly city as they, too, had been damaged, especially by the contamination of the Earth's environment.

그녀는 지구상에서는 살아남을 수가 없었고 또 사실 그들의 동료들은 지구의 환경오염으로 인하여 손상을 입고 있었기 때문에 천국 같은 도시를 찾아 지구를 이미 떠났다고 말을 했다.

In the days that followed, I saw that there was one part of the global village that seemed, from a distance, to be in a state of quasi-war, and a throng covered with blood from head to foot had gathered at the site.

그 후 여러 날 나는 멀리서 바라볼 때 준전쟁의 상태로 보이는 지구의 한 부분을 보았으며, 그 현장에는 머리에서 발끝까지 피투성이로 되어있는 군중이 모여 있었다.

The throng was none other than my surviving comrades, who were congregating in the place to discuss the future of the planet.

그 군중은 다름아닌 살아남은 나의 동료들이었으며, 그들은 이 지구의 미래에 대하여 토론하기 위해 모여 있었다.

After the meeting, they, in spite of their bodily injuries, would fly up into the sky as one, and also circle round and round above the human children, demonstrating against environmental pollution.

그 회담 이후에 그들은 육체의 상처에도 불구하고 하늘로 하나가 되어 날아오를 수 있었으며, 환경오염에 항의하는 시위를 벌이면서 어린이들의 머리 위를 빙빙 돌 수도 있었다.

Contrary to my expectation, the mass mainly composed of the casualties had been taking the initiative in making efforts to protect the environment for not only a human but also all creatures.

의외로 부상자들이 주체가 되어 있는 그 군중은 인간은 물론 모든 신의 피조물을 위한 환경보호를 위해 애를 쓰고 있었다.

A great many people, however, had no regard for my comrades' demonstration parade. In other words, the protest movement sat loose on the public. In addition to that, some heartless people continued casting away their garbage casually and selfishly.

하지만 수많은 사람들은 나의 동료들의 시위행진에 무관심했다. 즉 세상사

English Newspaper Article (column)

람들은 그 항의운동에 눈 한번 돌리지 않고 있었다. 더욱이 일부 몰지각한 사람들은 자신들의 쓰레기를 아무렇게나 또는 이기적으로 버리는 것을 계속했다.

No matter what becomes more intensified in the Earth, I will return to the terrestrial globe after having done my mission. This is because I am a red dragonfly with which the children want to play, and because this planet is my birthplace.

하지만 그 무슨 일이 지구에서 더 심각하게 벌어진다고 할지라도 나는 나의 임무를 수행하고 난 후 지구로 다시 돌아올 것이다. 왜냐하면 나는 어린이들이 함께 놀기를 원하는 고추잠자리이기 때문이며, 또한 이 지구는 나의 고향이기 때문이다.

<곤충의 신경계에 관한 참고자료>
The nervous system of an insect is quite different from that of a mammal. It is composed of a brain and a nerve cord that links the brain to the thorax and the abdomen. Clusters of neurons, which are called ganglia, are included in the brain. There are three pairs of ganglia in the brain, and these ganglia control various activities of an insect body. Interestingly, overt behavior, such as mating and movement, is largely regulated by segmental ganglia rather than by the brain. The influence of the brain on segmental ganglia is insignificant.

곤충의 신경계는 포유류의 신경계와는 상당히 다르다. 곤충의 신경계는 뇌와 뇌를 흉부와 복부에 연결하는 신경식으로 구성되어 있다. 신경절이라고 불리는 신경세포 덩어리들은 뇌에 들어 있다. 뇌에는 세 쌍의 신경절이 들어 있고, 이 신경절은 곤충의 몸의 다양한 활동을 제어한다. 흥미롭게도 짝짓기나 이동 같은 외현적행동(外現的行動)은 대개 뇌보다는 부분신경절에 의해 통제된다.

영어신문 기사(칼럼) 해설

A Fundamental Principle

근본원리

The Korea Times
코리아 타임스
August 5, 1998
1998년 8월 5일

Do you know that some creeping plants (but not all kinds of winders) have the habit of always crawling up things anticlockwise? Recently, I have learned this fundamental formula through my hobby of raising plants.

어떤 덩굴식물들은 언제나 시계 반대방향으로 물체를 감는 습관이 있다는 것을 알고 있는가? 나는 최근에 이러한 근본원리를 식물 기르기 취미로부터 알게 되었다.

According to my observation upon the growth of the creeper plants such as a morning glory and a kidney bean (vine) that I am taking care of in the front yard of my house, the plants have the iron laws of nature of their own just as the earth revolves round the sun in a year.

English Newspaper Article (column)

우리 집 앞뜰에서 내가 돌보고 있는 나팔꽃 그리고 강남콩 같은 덩굴식물의 성장에 관한 나의 관찰기록에 의하면, 그 덩굴식물들은 마치 지구가 일년에 태양을 한번 공전하듯이, 그들만의 자연철칙을 가지고 있다.

Once I put the vines artificially in contrariwise of their single course, I have noticed that the voiceless winders were reacting upon my interference as they were disentangling themselves.

일단 그 덩굴식물들을 그들의 한결 같이 뻗어 나아가는 방향에서 반대방향으로 인위적으로 놓아두었을 때, 나는 그 말없는 덩굴식물들이 스스로 풀면서 나의 간섭에 반응을 보이는 것을 알았다.

Several days later, I have found that the leafstalk spreads as ever in their established form again. It gave me many things to ponder, and much more ignited my interest in a natural phenomenon of this kind.

며칠 후 나는 그 잎줄기들은 그들의 확립된 방향으로 한결같이 다시 뻗어가는 것을 알게 되었다. 그것은 나에게 많은 것을 생각하게 했으며, 이 같은 자연현상에 한층 더 관심을 갖게 했다.

Why the crawling plants persist in building up their stalk in a regular form? At first, I couldn't force myself to have a logical thinking about this question.

왜 이 덩굴식물들은 한가지의 정연한 형식으로 줄기를 뻗어가는 것을 고집

52

하는 것일까? 처음에 나는 아무리 해도 이 질문에 대하여 논리적 사고를 가질 수가 없었다.

But the more difficult question I was confronted with, the more I was seized with curiosity so that I forced my attentions upon this question for a while.

그러나 나는 더 어려운 문제에 직면해 있으면 있을수록 더 많은 호기심에 끌리었다. 따라서 나는 한동안 이 질문에 관심을 쏟았다.

Then, I, myself, was in the way that I questioned the nature of inductive reasoning.

그리고 나서 나는 나 스스로가 귀납적 추리의 본질에 의문을 던지는 방식 안에 있게 되었다.

In the final analysis, this question impelled me to think of a dialectic answer, an answer that could be expressed by philosophical speculation reflecting upon their nature and characteristic.

결국 이 질문은 변증적(辨證的), 즉 그들의 천성과 특성을 반영하는 철학적 고찰로 표현될 수 있는 답변으로 생각하도록 나를 강요했다.

Though I haven't attacked the problem at the grass-roots as yet, it is my understanding that twining plants like all animate beings here below cannot live outside the course of nature,

English Newspaper Article (column)

which is a kindly mother of all flesh.

그 문제를 내가 아직 근본적으로 파헤친 것은 아니지만, 나름대로 이해를 하고 있는 바로는 그 덩굴식물들은 이 지구상에 있는 모든 생물들처럼 모든 생명체들에게 온화한 어머니인 자연의 섭리를 벗어나서 살 수는 없는 것이다.

So they act in harmony with the environment since they came within the category of this solar system in which we also live.

그래서 그들은 우리 인간도 역시 살고 있는 이 태양계의 범주 안으로 들어 온 이후 이 환경과 조화를 이루며 행동을 하는 것이다.

In this viewpoint, there are strong justifications for believing that the whole creations cannot exist without rhyme or reason.

이런 관점에서 모든 창조물들은 이치를 저버리고는 존재할 수 없다는 것을 믿도록 하는 유력한 이유가 있는 것이다.

It is nothing but all creatures do assert themselves in a particular way in accordance with the "basic principle" and the "atmospheric force of nature." These are timeless lessons from Nature to man from the year dot.

그것은 바로 모든 창조물들은 '기본원리'와 '대기권에 있는 자연의 힘'과 일치하여 특별한 방식으로 자신들의 신념을 절로 나타내고 있는 것이다. 이런 것들은 아주 오래 전부터 자연이 인간에게 주는 영원한 교훈인 것이다.

In a word, this suggests that when separated from nature, humanity also cannot lead a happy, meaningful ways of life.

한마디로 말하여, 이것은 인간도 자연과 동떨어졌을 때 행복하고 의미 있는 삶을 살 수 없다는 것을 암시하는 것이다.

In human society, however, it is ironic that lofty ideals of equality and justice are often used as a pretext for suppressing such high values.

하지만 인간 사회에서 평등과 고결한 이상이 때때로 그렇게 높은 가치를 억압하는 구실로 사용된다는 점은 아이러니한 것이다.

In other words, it is incomprehensible that the force of the human law did not always exert a beneficial influence upon the people, as is evident from the fact that a lot of people in the world are suffering from improper regulations.

다시 말하여 인간 법률의 힘은 이 세상의 많은 사람들이 그릇된 법규로부터 고통을 받고 있는 사실로부터의 증거로 알 수 있듯이, 사람들에게 언제나 이로운 영향을 행사하지 못한다는 것은 이해할 수 없는 일이다.

In such an environment, many weak people experience sufferings owing to a defect in legislation.

English Newspaper Article (column)

이러한 환경에서는 힘없는 많은 사람들이 법규의 불비(不備)로 고통을 경험한다.

In fact, humanity has a tendency to misapply a cardinal rule that demands our absolute obedience to protect ourselves from disruptive influences.

사실 인간의 속성은 분열시키는 영향들로부터 우리 자신들을 보호하기 위해서 우리가 절대 순종을 요구받고 있는 기본원칙을 악용하는 경향이 있다.

And another factor is that given our options and our preferences, we choose to do what we expect will be most rewarding, having no regard for others' interests.

그리고 또 다른 요인으로는 선택권과 우선권이 주어질 경우 인간은 남의 이익 따위는 개의치 않으면서 자신에게 가장 보상이 많을 것으로 기대되는 것을 선택한다는 것이다.

In this respect, we assume that everyone automatically understands what tragedy is, but this, to put it flatly, overlooks the fact that it is contextually defined.

이 같은 점에서 볼 때, 우리는 모든 이들이 무의식적으로 비극이 무엇인지를 알고 있다고 가정을 하게 되는 것이다. 그러나 이것은 분명히 말하여 비극이 문맥에 따라 정의된다는 사실을 간과하고 있다는 것이다.

For example, the difference between the death of a loved

one and that of a stranger - the first is a tragedy, the second, news. Your countryman being killed by others is a tragedy; your countryman killing others is often an act of heroism.

예를 들면 사랑하는 사람과 모르는 사람의 죽음의 차이를 보자. 전자의 경우는 비극이고, 후자의 경우는 뉴스인 것이다. 당신의 동포가 다른 나라 사람에 의해 죽음을 당하는 것은 비극이지만, 당신의 동포가 다른 나라 사람을 죽이는 것은 종종 영웅적인 행동이다.

Therefore, the difference in the world of mortals, unlike the natural world, is not in the action, but in the individual's relationship to the action.

따라서 자연계와는 달리 인간계에 있어서 차이는 행위에 있는 것이 아니라 그 행위와 개인의 관계에 있는 것이라고 볼 수 있는 것이다.

At any rate, I'm forced to conclude that nothing could be further from the law of nature. So, I think that it is desirable that the principle drawn from nature should be well applied to all cases in human life just as the true principle cannot fly in the face of Providence.

하여튼 나는 그 어떤 것도 자연의 법칙보다 더 나은 것은 없다라는 결론에 도달하게 되었다. 따라서 자연으로부터 얻어낸 원리는 마치 진정한 원리가 신의 뜻에 거역하지 아니하듯, 인간의 삶 모든 경우에 잘 적용되어야만 한다는 것은 바람직한 것이라고 생각을 해 본다.

English Newspaper Article (column)

My Fragrant Memories

어린 시절의 추억

The Korea Times
코리아타임스
June 23, 1998
1998년 6월 23일

When I am in a melancholy frame of mind, I employ a method or two in order to overcome it. One of the things I do is recall the halcyon days of my childhood, luring a fish into my won rubber shoes at a small stream adjacent to my house.

우울한 기분에 처해 있을 때 그것을 극복하기 위해 나는 한 두 가지 방법을 사용한다. 그것들 중의 하나는 즐거웠던 나의 어린 시절, 즉 집 근처에 있는 작은 냇물에서 낡은 고무신으로 물고기를 꾀어 들이던 때를 회상하는 것이다.

Now my thought ranges back to when I was a boy. The stream, which had perhaps washed off the roots of a wild ginseng plant, had been proceeding from a mountain valley to a small river, which was babbling and meandering around the base of a mountain.

나의 마음은 이제 그 어린 시절로 돌아가 본다. 아마도 산삼뿌리를 목욕시켰을 그 냇물은 산골짜기에서 작은 강으로 흘러가고 있었는데, 그 강물은 산기슭에서 졸졸 굽이쳐 흐르고 있었다.

At that time, my house was located in a remote village that was blocked from outside view by mountains. My house was a traditional grass-roofed dwelling with a fence made of bush clover.

그 당시 나의 집은 바깥세상이 산으로 가로막힌 외진 곳에 위치하고 있었다. 나의 집은 싸리나무 울타리가 있는 전통적인 초가집이었다.

During the summer, I used to spend most of my days in the stream, thickly inhabited with all kinds of freshwater fish. And in so doing, I typically absorbed myself deeply in the game of enticing fish into my rubber shoes, a type of footwear.

여름 동안에 나는 여러 종류의 담수고기가 수많이 살고 있는 그 냇물에서 낮 시간을 보냈다. 그러는 동안 나는 고무신으로 물고기를 꾀어 들이는 놀이에 아주 열중했다.

In those days there were little such things as leather shoes. Usually, I searched about for fish in a shallow stream and entertained myself with the notion that the more difficult to

English Newspaper Article (column)

catch the fish, the more pleasurable I will get from. So, I would often derive genuine pleasure from caching fish in the stream.

그 당시엔 가죽으로 만든 구두 같은 것은 거의 없었으며, 보통 나는 얕은 냇물에서 고기를 찾아 헤맸다. 또한 물고기를 잡는 것이 어려우면 어려울수록 그것을 잡는데 더 즐겁게 놀게 될 것이라는 생각으로 즐거움을 가졌다.

Sometimes, I had no time even to take a meal, and passingers told me that "it is more likely that the fish would catch you."

나는 물고기를 잡느라 때때로 식사를 할 시간까지 없었는데, 그때 지나가는 사람들은 나에게 말하기를 '물고기가 오히려 너를 더 잡으려 하겠다'라고 말을 하기도 했다.

However, on several occasions I had the good fortune to catch fish with my shoe. I would often really fascinate by the lively motions of the fish.

하지만 나는 몇 차례 물고기를 신발로 잡을 수 있는 행운이 있었다. 나는 물고기의 생기 있는 몸동작에 정말로 얼을 빼앗기곤 했다.

Now, I am in the middle years of my life and I have a great interest in raising plants, an interest that is perhaps motivated by the years of my childhood.

영어신문 기사(칼럼) 해설

이제 나는 삶의 중년에 있으며, 아마 나의 어릴 적 삶이 동기가 되어 생겼을 식물 기르기에 매우 큰 관심을 가지고 있다.

These days, it is my holiday occupation to take care of my vegetable garden, which is located on the top of a hill and can be reached by taking a ten-minute walk from my house.

그래서 요즘엔 일요일이면 집에서 걸어서 10분이면 도달할 수 있는 한 언덕의 꼭대기에 위치해 있는 채소밭을 온 종일 돌보는 것이 나의 일과이다.

Before I raised various kinds of greens, I set about cultivating the ground overgrown with weeds. The work of growing vegetables keeps me really busy all day long especially on Sundays.

여러 종류의 채소를 기르기 전에 나는 잡초가 무성하게 자란 땅을 개간하는 일에 착수했다. 야채를 기르는 일은 특히 일요일에 나를 정말로 분주하게 한다.

Personally, I have long nourished the dream of becoming a good landscape gardener and I will put my heart and soul into my volunteer work as a landscape gardener in the last phase of my life.

개인적으로 나는 훌륭한 조경가가 되는 꿈을 키워오고 있으며, 내 삶의 마지막 여생 동안에는 조경가로서 봉사활동에 전념할 것이다.

English Newspaper Article (column)

So, another habit I have in times of stress is to escape to my happy future world and enjoy of my imagination.

따라서 스트레스를 받고 있을 때 다른 하나의 습관은 즐거운 미래의 세계로 빠져들어가 나의 상상력을 즐기는 것이다.

For me, this is as much as I read fairy tales which take me to the land of make-believe where anything can happen.

이것은 마치 나에게는 어떤 일이든 일어날 수 있는 공상의 세계로 나를 데려가는 동화를 읽는 것과 마찬가지이다.

It is said that "the desire to accomplish one's purpose is a snare in which we are all caught." In view of this, I sometimes get lost in a reverie regarding my future and I turn away from reality to an artificial paradise.

흔히 말하기를 '목적을 성취하기 위한 욕망은 모두가 빠지는 함정이다'라고 한다. 이 점에 있어서 나는 나의 미래에 관하여 공상에 잠겨있는 때가 있으며, 현실에서 가공의 낙원으로 떠나가는 경우가 있다.

Since it is so, I am determined to put flesh and blood into my ideas and turn them into reality.

그러므로 나는 나의 사상에 피를 통하게 하여 그것들을 현실화시키기로 다짐을 했다.

영어신문 기사(칼럼) 해설

For this reason, it is my wont to make an excursion to the remote countryside as often as time permits and survey natural scenery, which inevitably brings me to an ever-deepening realization of profound beauty of the whole of nature.

이런 까닭에 시간이 허용하는 대로 외진 시골로 자주 소풍을 가서 자연풍경을 둘러보는 것은 나에게 이제 예사로운 일이 되었으며, 이 때 나는 끝없이 깊어지는 자연 전체의 심오한 아름다움을 이해하게 된다.

I have found from my experiences that nature is the best physician and I have also deeply realized that man's relation to nature is like the umbilical cord connecting a baby to its mother.

이 같은 경험으로 나는 자연은 가장 훌륭한 의사라는 것을 몸소 배우게 되었으며, 또 사람과 자연과의 관계는 뱃속의 아기가 엄마에게 연결되어 있는 탯줄과 같은 것이라는 것도 깊이 깨닫게 되었다.

But contrary to my basic conception, I have sometimes had a presentiment that we could become like a drowning person holding to a straw if we, in ordinary days, refuse to believe that all things in nature are in a class by themselves and admit the very fact that everyone must pay his debt to nature.

그러나 이 같은 기본적인 생각과는 달리 나는 때때로 만약에 우리가 자연

English Newspaper Article (column)

속에 있는 모든 것은 그 나름대로 각별한 것이 있다라는 것과 모든 사람들은 자연에 순응하여 살 수밖에 없다라는 바로 그 사실을 평소에 깊이 인정하기를 거절한다면, 물에 빠진 사람이 지푸라기를 붙들고 있는 것과 같이 될 것이라는 불길한 예감을 갖게 되기도 한다.

It is for this reason I would think that we, in essence, can find more psychological consolation in the place with good natural surroundings than the place where money governs the world.

이러한 이유에서 우리는 황금만능의 세상에서 보다는 훌륭한 자연환경을 갖춘 장소에서 본질적으로 더 많은 정신적인 위안을 찾을 수 있다고 생각을 한다.

영어신문 기사(칼럼) 해설

Toward Perfection

완벽을 향하여

The Korea Herald
코리아 헤럴드
September 4, 1997
1997년 9월 4일

I have been married to my wife for 8 years and together we have two fair pledges of our happy union so we are a family of four in all.

나는 나의 아내와 결혼한지 8년이 되었고 우리의 행복한 결혼생활에서 예쁜 두 자식을 두고 있다. 그래서 우리 가족은 모두 합해서 4명이다.

I think that our two daughters will grow into fine young adults through a combination of academic and home training, and I sincerely hope that they will render great service to our nation.

나는 우리의 두 딸이 학교 교육과 가정 교육을 통해서 훌륭한 젊은 성인으로 자라게 될 것이며, 우리나라에 크게 공헌을 하게 되기를 진심으로 희망

English Newspaper Article (column)

하고 있다.

I believe that the only true education comes through the stimulation of the child's powers by the demands of the social stimulation in which he finds himself. In other words, children will learn best in a stimulating environment focusing on social norms.

진정한 교육은 아이가 자신의 소속된 사회환경의 필요사항을 통해 자신의 능력을 자극함으로써 온다고 나는 믿고 있다. 다시 말하면 아이들은 사회적 규범에 중점을 둔 자극적 환경에서 가장 잘 배운다고 본다.

In this sense, I think that the best way to train the child's mind to recognize opportunities is to broaden it with lots of new experiences.

이런 의미에서 기회를 인지하도록 어린이의 정신을 훈련하는 가장 좋은 방법은 많은 새로운 경험들로 생각의 폭을 넓히는 것이라고 생각한다.

As part of their education, during this summer vacation we visited several galleries. Upon arriving at the gallery in the 63 Building in Yoido, our little two daughters were very interested in seeing the show in which a variety of live aquatic animals were displayed.

그들의 교육의 일환으로써 이번 여름방학 동안에 우리는 전시실 서너 군데를 방문했다. 여의도에 있는 63빌딩의 전시실에 도착하면서 우리의 작은

영어신문 기사(칼럼) 해설

두 딸들은 살아있는 수생동물들이 전시되어 있는 전람회를 구경하는 데 매우 흥미를 가졌다.

The exhibition hall was overcrowded with inquisitive children along with their parents. We watched the marine animal show in which fur seals showed their ability to count and solve basic arithmetic problems.

그 전시실은 부모들과 함께 호기심이 많은 어린이들로 북새통을 이루고 있었다. 우리는 물개들이 기본적인 산수문제들을 계산하고 푸는 능력을 보여주는 수생동물 쇼를 보았다.

The animals were doing cute things which we thought that they are unable to handle essential mathematical processes. It was really the reverse of what we thought. It was a lot of fun to see the fur seals perform at the aquarium.

그 동물들은 기본적인 수학과정을 처리하지 못한다고 우리가 여기고 있는 것을 재롱 있게 하고 있었다. 그것은 정말 우리의 생각과 반대되는 것이었다. 수족관에서 물개들이 공연하는 것을 보는 것이 대단히 즐거웠다.

On our way home after seeing the joyful and educational demonstrations, my elder daughter asked several questions: Father! I didn't know that fur seals were capable of solving the mathematical problems, but is it true that fur seals really can count? Can they also put their feelings into words like human beings? And, if so, how?

English Newspaper Article (column)

그 유쾌한 실물전시를 보고 난 후 집으로 돌아올 때 나의 큰 딸은 다음과 같이 몇 가지 질문을 했다. '아빠! 나는 물개들이 수학적 문제를 풀 수 있다는 것을 모르고 있었는데, 물개들이 실제로 계산을 한다는 것은 사실이야? 그리고 그들도 역시 사람처럼 자기들의 감정을 글자로 나타낼 수가 있어? 만약 그렇다면 어떻게 하지?'

In fact, it has been very clearly established that some animals have the ability in solving the basic mathematical problem.

사실 어떤 동물들은 기본적인 수학문제를 푸는 능력을 가지고 있다는 것은 인정되고 있다.

But a human being, unlike animals, has the potential abilities to develop not only a head for mathematics but also his or her power of expression in limitless ways, to attain happiness.

그러나 인간은 행복에 도달하기 위해 동물들과는 달리 수학적 두뇌와 표현력을 무제한의 방법으로 개발시킬 잠재적 능력을 가지고 있는 것이다.

I'm now thinking that "happiness is working toward one's goals, and the future belongs to those who believe in the beauty of their dreams." Therefore, I believe that investing in myself will pay me many happy returns in the days to come.

나는 '행복은 목표를 향해 일을 하는 것이며, 미래는 자기의 꿈의 아름다움의 가치를 믿는 사람들의 것이다'라는 것을 생각해 본다. 따라서 나는 나 자신에 대해 투자하면 훗날 좋은 보답이 많이 돌아올 것이라는 것을 믿는다.

With this thought in mind, I stay busy, feeling useful and knowing that I will attain my ultimate goals some time or other, as long as I make constant efforts.

이러한 생각으로 부단한 노력을 멈추지 않는다면 언젠가는 궁극의 목표를 꼭 달성하게 될 것이라는 것을 확신하면서 나는 보람을 느끼며 분주하게 살아가고 있다.

English Newspaper Article (column)

A Fine Piece of Photography

멋진 사진 한 장

The Korea Herald
코리아 헤럴드
July 31, 1997
1997년 7월 31일

These days, I have been fascinated by a fine piece of photography reproduced on a calendar. I came across it on July 1, upon turning the page of the calendar hanging on the wall in my office.

나는 요즈음 달력에 재현된 사진 한 장에 마음을 빼앗기고 있다. 7월 1일 사무실의 벽에 걸려 있는 달력 한 장을 넘기면서 그 사진을 보게 되었다.

It depicted none other than Towang-sung waterfall, cascading down from one of the highest peaks of Sorak Mountain, which is noted for its beauty all year-round.

그것은 다름 아닌 1년 내내 아름다움으로 유명한 설악산의 최고봉들 중의 하나에서 쏟아져 내리는 토왕성 폭포를 찍은 사진이다.

I take it for granted that that the photography was achieved through perfect coordination of all elements.

그 사진은 모든 요소들의 완벽한 조화를 통해 이루어진 것이 분명한 것 같다.

In other words, the photographer, in all likely-hood, I think, first envisioned the picture in the mind's eye, visualizing there the aesthetic, intellectual, and spiritual vision before attempting to capture it on film.

즉, 사진가는 아마도 찍으려는 사진을 먼저 마음의 눈으로 구상하고, 거기서 사진을 필름에 포착하려 시도하기 전에 미적, 지적, 정신적인 이미지를 실체화시킴으로써 이를 구현했을 것이다.

Accordingly, the more I gaze at this beautiful picture, the more beautiful it looks, and I feel refreshed in mind and body after looking upon this picture replete with life.

따라서 이 아름다운 사진을 바라보면 볼수록 나는 그 사진이 더 아름답게 보이는 것 같다. 그리고 생동감이 충만해 있는 그 사진을 보고 나면 심신이 상쾌해진 느낌도 든다.

This phenomenon, I think, is much the same that "a beautiful place tends to fire the imagination of us."

이러한 현상은 '아름다운 곳은 우리의 상상력을 자극한다'라는 말과 마찬가지라고 생각한다.

English Newspaper Article (column)

In connection with this, it is also said that "a thing of beauty is a joy forever" and "imagination spans the gap in our knowledge." With these thoughts in mind, I set the picture in frame and hung it on the line of my vision to boost my spirits.

이와 관련하여 '아름다움은 영원한 기쁨이다'라는 말과 '상상력은 우리들에게 지식의 부족을 보충해 준다'라는 말도 있다. 이런 생각을 하면서 나는 그 그림을 액자에 끼워서 나의 정신에 활력을 불어넣기 위해 눈높이에 맞게 걸었다.

Perhaps it is my own fanciful notion that Towang-sung waterfall is the source of a stream that infuses new blood into the Earth and enriches its soil.

나만의 공상적인 생각일지는 모르겠으나 토왕성 폭포는 지구에 새 생명을 주입해 주고 지질(地質)을 기름지게 해 주는 시냇물의 원천이라고 생각을 해 본다.

In other words, I imagine that the waterfall renders great services to the delicate balance of climatic, geologic and physical conditions that lead to life on Earth.

즉 이 폭포는 대지에 생명을 불러일으키게 하는 기후, 지질, 물리학적 상태의 미묘한 조화에 크게 공헌하고 있는 것이라고 상상을 해 본다.

It also seems to me that this picture arouses my interest in learning the mysteries of nature, so I feel like telling all the details about this fine picture.

또한 이 사진은 자연의 미스터리를 배우는데 대한 나의 관심에도 감흥을 돋우고 있는 것 같다. 따라서 나는 지금 이 멋진 그림에 대하여 보다 자세히 말하고 싶은 심정이다.

But I think that none of my instincts will be given much play here. In other words, I feel at a loss to explain the impact of it.

하지만 나의 소질은 여기서는 하나도 나타낼 수 없는 것 같다. 즉 이 그림의 감화(感化)를 잘 설명할 도리가 없는 것 같다.

This is because the picture, I think, demands an explanation of an expert who does always seek an explanation for nature's doing.

왜냐하면 이 그림은 자연의 행위에 대한 설명을 언제나 탐구하는 전문가의 설명을 요구하고 있다고 생각을 하고 있기 때문이다.

Nevertheless, I, as a man of nature lover, would like to say a few words in connection with what I have put my ideas into shape about the picture that always shows me a graphic description of a natural phenomenon.

그럼에도 불구하고 나는 자연애호가의 한 사람으로서 늘 아름다운 자연현상을 여실히 나에게 보여주고 있는 그 그림에 대하여 그 동안 생각을 정리

English Newspaper Article (column)

해 놓은 것을 말해 보려고 한다.

Saddled with my own limited powers of expression, I probably won't be able to explain at length. But I might describe this picture as follows.

물론 제한된 표현력으로 부담을 갖고 있기 때문에 아마 자세히 설명할 수가 없겠지만, 다음과 같이 설명을 해 보려고 한다.

A ravine formed by lofty and precipitous cliffs is bordered by a sparse line of trees on either side so the inaccessible precipices seem to be really too rocky to support more trees.

우뚝하고 가파른 절벽으로 형성돼 있는 계곡은 양쪽으로 나무들이 드물게 둘러싸여있다. 따라서 이 접근하기 어려운 두 경사면은 너무나 돌투성이이므로 더 많은 나무를 떠 받칠 수가 없는 것 같다.

The uneven slopes of the mountains, however, are covered with a delicate veil of the fresh-looking grasses and old pine trees unique to the range, evoking a friendly and harmonious atmosphere.

하지만 이 울퉁불퉁한 경사면에는 신선하게 보이는 풀과 노송들이 하나의 부드러운 덮개로 잘 덮여있는데, 그것은 그 산맥에만 아주 독특하게 있는 것으로써 친근하고 균형 잡힌 분위기를 자아내고 있다.

But what makes this photograph really noteworthy is its freezing of the long, turbulent white line the waterfall forms as it hurls itself to the floor of the deep valley, adding luster to the already beautiful mountain scene. That's what makes the mountain so beautiful.

그러나 이 사진이 정말 주목 받을만하게 하는 것은 이 폭포가 깊은 계곡의 바닥으로 길길이 쏟아져 내리면서 차갑게 소용돌이치는 하얀 물줄기인데, 이것은 이미 아름다운 산의 광경에 광채를 더하고 있는 것이다. 그게 바로 그 산을 아름답게 하는 것이다.

Considering this beautiful assemblage of elements, it seems no surprise that Sorak Mountain is noted for the grand spectacle of Towang-sung waterfall.

이처럼 아름다운 여러 자연물의 요소들을 꾸미고 있는 이 사진작품을 생각해 보면, 설악산은 이 멋진 토왕성 폭포로 유명하다는 것은 놀라운 일이 아닌 것 같다.

So, I, driven by an impulse to see the waterfall with my own eyes, will make an ascent of Sorak Mountain some time or other.

그래서 나는 그 폭포를 두 눈으로 직접 보겠다는 충동에 이끌리어 언젠가 설악산을 오를 것이다.

Now, I'm looking forward to the moment when it reveals to me the ineffable beauties of Nature which, I believe, will

English Newspaper Article (column)

always stimulate the growth of the quality of my life.

나는 지금 삶의 질의 성장을 언제나 촉진시켜주게 될 것이라고 믿고 있는 그 자연의 아름다움이 나에게 나타나게 될 그 순간을 즐거운 마음으로 고대하고 있다.

Hence, I am pretty excited about climbing Sorak Mountain.

따라서 나는 설악산을 오르게 된다는 것에 대하여 무척이나 들떠있다.

영어신문 기사(칼럼) 해설

Pumpkin Flower

호박꽃

The Korea Herald
코리아 헤럴드
August 19, 1996
1996년 8월 19일

A pumpkin flower
You blossomed just a few moments ago,
Looking simple and honest rather than beautiful
What have you learned of Nature
Since starting your life journey?
You are the just one, who begins the world in a polite way,
What's the secret of your humble manner,
Your pure style?

호박꽃
그대 아름답기 보다는 순수함을 보이면서
방금 피어났구나
너의 삶의 여정이 시작된 이래 너는
자연으로부터 무엇을 배웠니?
세상 앞에 공손히 삶을 내민 자 바로 그대였네
너의 그 겸손한 거동과 순수한 품격의 비밀은 무엇이더냐

English Newspaper Article (column)

A yellow pumpkin flower
You are my teacher endowed with natural gift
What lessons can be drawn from wind,
Rain, stars, the moon and the sun?
You have weathered natural disasters all along,
With amazing talent
I wonder at your branches' ability to spread vigorously,
Holding on fast to the stick I fastened for you.
Please teach me the mysteries in more ways than one
That will help me in my trade

노오란 호박꽃
너는 천부적 재능을 타고난 나의 스승
바람과 비와 별, 그리고 달과 태양으로부터
무슨 교훈을 배울 수 있니?
그대는 놀라운 재간으로
자연재해를 순조로이 극복해 냈구나
내가 너를 위해 설치해 놓은 나뭇가지를 꼭 붙잡고
왕성하게 뻗어 나아가는 너의 솜씨는
경이롭기만 하구나
나의 생업에 도움이 될 그 불가사의한 것들을
여러 가지 의미로 나에게 좀 가르쳐 주렴

A trumpet-shaped flower
You are a secret agent of information
Please tell me your mysterious news.
As love flows from the heart

영어신문 기사(칼럼) 해설

All good information flows
From your trumpet-shaped blossom,
Please guide me to the fruition of my hopes.

나팔 모양의 꽃
그대는 정보의 밀사密使
너의 불가사의한 소식을 말해 다오
사랑은 진심에서 흘러나오듯이
모든 훌륭한 정보는 너의 나팔 모양의 꽃에서 흘러나온단다
내 희망의 기쁨으로 나를 데려가 다오

You have heard from the wind that trees lay
At roadside and
Floods have swept a region.
In that situation, you successfully kept off the misfortune
And you will continue to grow unaffectedly,
Ripening into fruit,
Growing up almost equal in size to the moon
Teach me the wisdom that you obtained
After undergoing all sorts of hardships

나무들이 길옆으로 넘어지고
홍수가 어느 한 지역을 휩쓸고 지나갔다는 것을
너는 바람으로부터 들었지
그러나 너는 그 재앙을 잘 피했지. 그리고 너는
거의 달만한 크기로 자라나면서
그 어떤 영향을 받지 아니하고 성장을 지속할 것이며,

English Newspaper Article (column)

결실로 원숙해지겠지
네가 갖은 고초를 겪은 후에 얻은
바로 그 지혜를 나에게 가르쳐 다오

A pumpkin flower
As the sun, the moon, and stars are unique in the universe
You are a rare flower with magic to charm me,
With your understanding that I planted you
In a spacious pot and
Watered you every morning,
Please reveal your inner thought to me
Your confidential information will gratify
My thirst for knowledge and
Guide my life on the path of happiness.

호박꽃
태양과 달, 그리고 별들이 우주에서 무쌍無雙한 것처럼
그대는 불가사의한 힘으로 나를 황홀케 하는 진귀한 꽃이니라
내가 너를 넓은 화분에 심어 놓았다는 것을 그리고
매일 아침 너에게 물을 주었다는 사실을
네가 알고 있다면
너의 가슴 깊이 간직한 생각을 나에게 드러내 다오
너의 비밀정보는 나의 지식욕을 채워줄 것이며,
나의 삶을 행복의 길로 안내해 줄 테니까

영어신문 기사(칼럼) 해설

Seasons Glide by

계절은 돌고 돈다

The Korea Times
코리아타임스
September 13, 1999
1999년 9월 13일

When a great drowsiness grows upon me during the daytime, especially after lunch, I have a tendency to squat down on my table and amuse myself by taking a siesta. And then, I never fail to feel contented in heart and mind with the modicum of sleep.

낮 시간 동안, 특히 점심식사 이후 졸음이 몰려올 때 나는 책상에 엎드려서 낮잠을 즐기는 경우가 있다. 그러면 그 소량의 잠으로 나는 언제나 마음의 충족감을 느낀다.

Under the stress of this summer's unusual lingering heat, my physical strength was somewhat affected by the weather and started panting as I went up a gentle slope which I pass everyday on the way to my hillside house.

English Newspaper Article (column)

예년에 없는 이번 여름의 지속적인 더위 속에서 나의 체력은 다소 영향을 받았으며, 언덕배기에 있는 나의 집으로 매일 오가는 완만한 비탈길을 오를 때는 숨을 헐떡거리기 시작했다.

It was not until the dead end of August that I felt the cool winds of autumn settling in.

8월 말이 되어서야 나는 선선한 가을 바람이 불어오는 것을 느낄 수가 있었다.

That cooling condition shook off my habitual ways to doze off at my table after a meal and raveled out the languor of a hot summer afternoon.

그 상쾌한 현상은 식사 이후 책상 앞에서 꾸벅꾸벅 조는 습관을 벗어버리게 했으며, 뜨거운 여름 오후의 나른함을 해소시켜 주었다.

The moderating influence of the seasonal winds about the declining days of August prevented me from becoming further exhausted.

8월 말경의 이 온화한 계절풍의 영향은 내가 더 지쳐버리게 되지 않도록 해주었다.

Undoubtedly, Almighty god, who once made fundamental laws that regulate the movement of heavenly bodies, conducts the rhythmical course of nature.

영어신문 기사(칼럼) 해설

의심할 여지없이 우주의 움직임을 통제하는 근본원리를 그 언젠가 만들어 놓은 전능하신 하나님은 대자연의 주기적인 움직임을 관리하고 있는 것이다.

Once again, this is the moment that I feel an obligation to Nature for her methodical rule.

이 순간 나는 다시 한번 자연의 질서 있는 규칙의 은혜에 보답을 해야 한다고 생각을 해 본다.

Indeed, I don't know what to do in the presence of Mother Nature; I am only struck by her admirable performance, which she does not try to make no mystery of a matter.

정말이지 나는 대자연의 면전에서 어떻게 할 바를 모를 것만 같다. 즉 그 어떤 일도 비밀로 하지 않으려는 대자연의 훌륭한 실행에 나는 오직 감탄할 뿐이다.

A few days ago, I walked along a street lined with poplar trees. The sunbeams shining through the branches of street trees were exceptionally soft to the touch and felt good to my feelings.

며칠 전에 나는 포플러나무가 늘어선 길을 걸었다. 가로수의 가지 사이로 비치는 햇살은 예외적으로 부드러웠고, 촉감이 매우 좋았다.

In the midst of my walk, I found that some leaves of the

English Newspaper Article (column)

trees were falling on the road approaching my workshop. Emotionally speaking, a single leaf falling is a sign that the autumn season draws near. In effect, I sensed the autumn sunlight beating down on this fair Mother Earth.

나의 일 터전에서 그다지 멀지 않은 곳에서 산책을 하는 도중 나는 가로수의 나뭇잎들이 도로 위로 떨어지고 있는 것을 발견했다. 감상적으로 말을 하면, 하나의 나뭇잎이 떨어지는 것은 가을이 머지 않았다는 것을 의미한다. 사실 나는 이 아름다운 지구에 내리쬐는 가을햇살을 오감으로 느꼈다.

But, I am actually more of a summer person myself. It is because the summer season is a good chance to be in close contact with nature. Accordingly, as I have no inclination to part from a green season, my mind is now traveling back to one joyful moment which took place this past Arbor Day.

나는 사실 여름을 더 좋아한다. 그것은 여름철은 자연과 벗삼을 좋은 기회이기 때문이다. 따라서 푸른 계절과 멀어지고 싶지 않기 때문에 나의 마음은 지금 지난 식목일에 있었던 즐거운 순간으로 돌아가 본다.

That day, I paid reverence at the tomb of my late father in the countryside. After performing a ceremony for the late lamented, I was really attracted to the vernal aspect of wood, field and skies, just like a moth to a candle.

그 날 나는 시골에 있는 아버지의 산소에 참배를 했다. 고인에게 숭배의식을 하고 난 후 나는 마치 나방이 촛불에 끌리듯이 봄빛으로 물든 숲, 들판 그리고 하늘에 정말로 매혹되어 있었다.

At that time, I could not find a speck of cloud in the sky but spotted one beautiful skylark flying above. For a spell, the bird came to a standstill with its wings spread in the high altitude making the sky echo with an amorous song.

그때 하늘엔 구름 한 점 없었고 머리 위로 날고 있는 한 마리의 종달새만이 발견되고 있었다. 한동안 그 새는 사랑의 노래로 하늘을 메아리지게 하며, 하늘 높은 곳에서 두 날개를 펴고 멈춘 상태로 날고 있었다.

It is still lingering in my ears just like the droning of a cicada, which comes to my ears in these beautiful autumn days.

그 노랫소리는 마치 이 아름다운 가을날에 나의 귓전으로 울려오고 있는 매미의 울음소리처럼 귀에 남아 있다.

It was an atmosphere thick with drama, in which the bird chanted a beautiful song while she was writing a dot with her whole body in the skies.

그때의 분위기는 극적이었는데, 그 새는 자신의 몸 전체로 하나의 점을 하늘에 새기면서 사랑의 노래를 불렀다.

As an instantaneous reaction, I stood wondering before the scene as I listened to the song with absorbed interest.

English Newspaper Article (column)

나는 그 장면 앞에서 순간적인 반응으로 열심히 귀를 기울이며 경탄해하며 서 있었다.

Indeed, the scenery jumped with my humor and was fit for me to make my impression into a poem. I was really wrapped up in this poetical movement, a moment that inspired me to compose a lyric poem in conformity with these beautiful surroundings.

사실 그 풍경은 나의 기분에 꼭 맞았고 나의 감동을 시로 표현하기에 아주 적합했다. 실로 나는 이 시적인 몸짓에 몰두해 있었던 것이다. 즉 그것은 그 아름다운 환경에 걸 맞는 한 편의 서정시를 쓸 수 있도록 하는 순간이었다.

A little while later, I also made a valley echo with my emotional and poetical voice. It is certain that my feelings were expressed in a broad range of emotion, just like the bird's action.

잠시 후 나의 감성적이고 시적인 목소리도 골짜기로 울려 퍼졌다. 그 메아리는 그 새의 울음소리처럼 나의 기분이 폭넓게 펼쳐진 것이었다.

At that moment, however, I felt a species of shame because I realized that my voice was less melodious than the bird's song.

하지만 그 순간 나는 창피한 것 같은 기분이 들었는데, 그 이유는 나의 목소리가 그 새의 노래 소리보다 덜 선율적이었기 때문이었다.

Indeed, the bird sang a song with a charming lilt, the kind which always has a magical power of charming me. Accordingly, the song prompted memories of my childhood.

사실 그 새는 매력적이고 활발한 가락으로 노래를 했고, 바로 그런 것은 나를 언제나 매료시키는 매혹적인 힘을 가지고 있다. 따라서 그 새의 노래는 나의 천진스런 어린 시절의 기억들을 불러일으켰다.

In spite of my harsh voice, I thought that it never occurred to me that I was not completely wanted in the woods. On the contrary I was certain that wild animals, which I could not see at all as they hid themselves in the woods, were as glad to hear my voice as I was glad to see the skylark.

나의 거친 목소리에도 불구하고 나는 숲 속에서 전적으로 원치 않는 존재라고는 생각을 하진 않았다. 도리어 그날 숲 속에 있는 야생동물들도 마치 내가 그 종달새를 보고 즐거워했던 것처럼 나의 목소리를 듣고 즐거워했을 것이라고 확신을 했다.

On my way home, I thought that there is nothing more alone in the universe than the human being because he has constantly entered into a strange world of social change.

집으로 오는 도중 지구상에서 인간보다 더 외로운 존재는 없을 것이라고 생각을 했다. 왜냐하면 인간은 이상한 사회의 세계로 끊임없이 들어가고만

English Newspaper Article (column)

있기 때문이다.

To put in other words, man's life was always devoted to destroying the scenic beauty of Mother Earth in the name of development.

다시 말을 하면 사람의 삶은 개발이라는 미명아래 대자연의 아름다운 경치를 파괴시키는데 언제나 몰두를 하고 있기 때문이다.

Since it is so, the more I realized our strange behavior in the face of Heavenly Way, the more I realized that the human beings will sustain great damage in the future.

그런 까닭에 나는 천지의 도리 앞에서 우리의 이상한 행동을 깨달으면 깨달을수록 인간은 미래에 더 큰 손상을 입게 될 것이라는 것을 알게 되는 것 같다.

In spite of our selfishness, Nature always gives us good lesson. Mother Nature has molded her form and features with masterly touch, which we can see, read and hear in wonder but, in a way, should not take a leaf out of her book.

사실 대자연은 언제나 나무랄 때 없는 훌륭한 솜씨로 자신의 모습을 스스로 잘 가꾸어왔다. 그러나 이러한 자연의 솜씨를 우리가 보고 읽고 들을 수는 있지만 어떤 면에서는 결코 흉내를 내면 안 될 것이라고 생각을 하게 된다.

영어신문 기사(칼럼) 해설

At any rate, it is hardly necessary to say that we have no other choice but make a concession to the wise providence of Heaven. There is a theory to prove this as follows. "Seasons glide by, driven by the inexorable forces of Mother Nature."

어쨌든 우리는 현명한 천지신명의 뜻에 따를 수밖에 없다고 말을 해야 옳을 것이라고 생각을 하는데, 이 말을 증명할 하나의 이론은 바로 '사계(四季)는 자연의 불변(不變)의 힘으로 인하여 규칙적으로 돌고 돈다.'라는 것이 아니겠는가?

English Newspaper Article (column)

Let Wisdom Guide Our Feet

우리의 삶을 지혜롭게 이끌자

The Korea Times
코리아 타임스
August 12, 1999
1999년 8월 12일

We tend to think of science as absolute, and it seems that the practical application of scientific knowledge has enabled human beings to master his environment.

우리는 과학을 절대적이라고 생각하는 경향이 있으며, 과학지식의 실제적인 적용은 이제 인류가 자신의 환경을 지배할 수 있게 된 것 같다.

Nevertheless, especially in these modern days, there are questions that science not only cannot answer but also doesn't know how to ask.

그럼에도 불구하고 특히 요즘과 같은 현대 사회에서는 과학이 어떻게 대답을 할 수 없을 뿐만 아니라 물어야 할지를 모르는 문제들이 있다.

This is because there are kinds of eternal truth which

science itself should not concern with. Science, in effect, is highly subjective and riddled with human interpretations which are all too often fallible.

그것은 바로 과학이 관여를 하지 말아야 할 불변의 진리가 존재하고 있기 때문이다. 과학은 실제로 아주 주관적이며 종종 아주 틀릴 수 있는 인간적 해석들로 가득 차 있는 것이다.

Clearly, a scientific theory is nothing more than a set of concepts and propositions that indicate what a scientist believes to be true about his or her specific area of investigation. Therefore, science is nothing but man's instrument for the creation of an ideal environment.

분명히 과학이론은 과학자가 자신의 특정조사 분야에 대하여 무언가를 사실이라고 믿게 되는 것을 나타내는 개념 또는 제안에 불과한 것이다. 그러므로 과학은 다름아닌 하나의 이상적인 환경의 창조를 위한 인간의 도구에 지나지 않는 것이다.

At the same time, science itself is not only morally neutral but also indifferent to the value of the ends for which every artifice is used. It is therefore totally unable to give any moral direction.

동시에 과학 그 자체는 도덕적으로 중립이지 못할 뿐만 아니라 결과의 가치에 무관심한데, 그것을 위해서 모든 술책이 사용된다. 따라서 과학은 그 어떤 윤리감을 가진 방향을 전혀 제시하지 못하고 있는 것이다.

English Newspaper Article (column)

Scientific technique has finally ended up cloning animals using genetic engineering, something that threatens even basic human dignity. Who would have dreamed that things would come to this!

현재의 과학기술은 마침내 유전공학을 이용하여 복제(체세포 이식에 의한) 동물을 만드는 데에 이르렀는데, 그것은 인간의 존엄성마저 위협하고 있다. 과거에 그 누가 이 지경에까지 이를 것이라고 꿈을 꾸어 봤겠는가!

In the not-too-distance past, we weren't ready for that was going to happen. Accordingly, we must admit that modern science needs guidance from other sources.

얼마 전만 하더라도 그것은 상상도 못했던 일이었다. 따라서 우리는 이제 현대과학은 그 어떤 다른 원천으로부터의 지침이 필요하다는 것을 인정해야만 할 것이다.

In fact, scientific analyses are not always foolproof. Scientific methods are sometimes applied prematurely, leading to incorrect results.

사실 과학적 분석이 언제나 확실한 것은 아니다. 과학적 방법론은 때때로 성급하게 작용되어 부정확한 결과를 이끌어 냈다.

In this grave situation, I would like to point out that the regularity which we call the "law of nature" is the virtual manager of the cosmos.

이러한 중대한 상황 속에서 나는 우리가 소위(所謂) '자연법'이라고 말 하는 질서가 실제상의 천지만물의 관리자라는 것을 지적하고 싶다.

From this point of view, wisdom obtained from nature holds the upper hand over science in the scheme of things, and this wisdom itself stands aloof from the world both in culture and thought.

이런 관점에서 자연으로부터 터득하여 얻어낸 지혜는 모든 사물의 성질상으로 보아 과학에 앞서는 것이다. 그리고 이러한 지혜 그 자체는 문화와 사상(思想)이 있는 세계로부터 초연(超然)해 있는 것이다.

Therefore, I am of the persuasion that the progress of science cannot dispense with wisdom, which is still regard as a permanent truth applicable to all areas of life. A fundamental principle admits no exception.

따라서 나는 과학의 진보는 삶의 모든 영역에 적용할 수 있는 불변의 진리로 아직 여기고 있는 지혜(智慧) 없이는 해낼 수 없는 것으로 믿는다. 사실 근본원리는 예외를 허용하지 않는 것이다.

According to my observations of the habits of plants, each plant, just like animals, has its own character, and can grow in a variety of shapes, sizes and colors in accordance with their inner nature.

식물의 습성에 대한 나의 관찰에 의하면 모든 식물은 마치 동물처럼 그들

English Newspaper Article (column)

의 본성에 따라 자신만의 특성을 가지고 있고, 여러 형체와 크기 그리고 색깔로 자랄 수 있다.

The basic wisdom or principles of life are easily observed among plants, more particularly among climbing plants. In this regard, the characteristics and life of plants always exercise a great fascination over me.

삶의 기본적인 지혜와 원리는 식물들에서 쉽사리 관찰되는데, 특히 그러한 식물은 덩굴식물에서 잘 관찰된다. 이점에 있어서 식물의 특성과 삶은 나에게 언제나 크게 매혹을 시켜주고 있다.

The properties of climbing plants such as the grapevine and the pumpkin provide us with the basic wisdom or life principles that every man and woman can draw on in their life journey.

포도덩굴과 호박줄기와 같은 덩굴식물의 특성은 모든 사람들이 자신들의 삶의 여정(旅程)에 이용할 수 있는 기본적인 지혜와 삶의 원리를 제공해주고 있다.

The vines of this type send out tiny rootlets or tendrils by which the vine attaches itself to trees or solid objects as an unlearned instinct, preventing an unexpected calamity that might occur in the future.

이런 종류의 덩굴식물은 줄기에 잔뿌리 또는 덩굴손을 뻗는데, 그것은 미래에 발생할 수 있는 예상치 못한 재해를 막아주면서 배우지 않고도 알고 있는 본능으로 나무나 견고한 물체에 스스로 부착한다.

Accordingly, it is probable that the major uses of the tendrils of climbing plants and human hands are analogous in function.

그러므로 덩굴식물 줄기의 잔뿌리와 사람 손의 주요 사용법은 기능면에서 유사할 것이다.

In reality, nature itself forms an interesting study. The depth and variety of it is marvelous. The more the habits of any particular plants, especially climbing plants are studied, the more I am struck with admiration for their abilities to stand true to the principles of life.

사실 자연 그 자체는 흥미로운 학습의 형태를 하고 있다. 자연의 깊이와 다양성은 불가사의(不可思議)한 것이다. 어느 특정한 식물, 특히 덩굴식물들의 습성을 연구하면 연구할수록 나는 삶의 근본원리에 충실하고 있는 그들의 능력에 더 감탄하게 된다.

And these principles are reflected in their outward form. In practical terms, the application of a fundamental principle is not restricted to the world of mortals but runs the whole gamut of natural things.

이러한 원리들은 그들의 외형에 나타나고 있다. 실제적으로 근본원리의 적

English Newspaper Article (column)

용은 인간세계에만 제한되는 것이 아니라, 자연세계의 모든 영역에 미치고 있는 것이다.

In conclusion, science is neither human nor inhuman. It is also highly subjective and riddled with human interpretations which are too often fallible.

결론적으로 과학은 인간적이거나 비인간적 그 어느 쪽도 아니다. 과학은 또한 아주 주관적이며 종종 틀릴 수 있는 인간적 해석들로 가득 차 있는 것이다.

So far as the well being of humanity is concerned, wisdom is the best guiding star for the whole scientific world. Therefore, let wisdom guide our feet, remembering that "what a man calls fate is a web of his own weaving."

인류의 안녕(安寧)에 관해서 지혜는 모든 과학세계를 위해 가장 좋은 길잡이이다. 그러므로 '소위 운명이라는 것은 사람이 스스로 친 거미줄이다'라는 말을 기억하며 우리의 삶을 지혜롭게 이끌자.

영어신문 기사(칼럼) 해설

In the Bosom of Nature

자연의 품속에서

The Korea Times
코리아 타임스
June 8, 1999
1999년 6월 8일

I often derive much pleasure from my morning walk because it always blows away the cobwebs from my head, and helps me be more energetic. Accordingly, a walk in the park, I think, is the perfect method to ease fatigue.

나는 아침산책을 하는 것으로부터 많은 즐거움을 자주 얻곤 하는데, 그것은 늘 기분을 일신시켜주며 더욱 활력 있게 도움을 주기 때문이다. 따라서 공원 산책은 피로를 덜어주는 완벽한 방법이라고 생각을 한다.

For this reason, on an early morning some days ago, I rose in the wee hours of the morning to catch the freshness of the morning, and strolled through a forest path surrounded by green areas that stretches for hundreds of square miles between Sadang-dong and Cheongrim-dong.

English Newspaper Article (column)

이런 까닭에 며칠 전 아침의 신선함을 맛보려고 꼭두새벽에 일어났으며, 사당동과 청림동 간에 수백 평방미터로 펼쳐진 녹지대의 숲길을 걸었다.

Since I occupy a house in Cheongrim-dong, it is only a short walk from my house to the place that is one of my favorite resorts.

청림동에 살고 있기 때문에 그곳은 나의 집으로부터 가까운 거리에 있으며, 내가 자주 다니는 곳 중의 하나이다.

That day, I started on my walk before the dawning sun peeped over the sky. I walked, making every effort not to make any noise that would break the silence.

그날 나는 아침 해가 떠오르기 전에 산책을 했다. 나는 정적을 깰 만한 소리를 내지 않으려고 최대한 노력을 하며 걸었다.

It was as if I was making a patrol as a security guard or a ranger in the dead of night.

그것은 마치 내가 어두운 밤에 산림 순찰대원으로서 순회하고 있는 것과 같았다.

A breeze began to blow from the east and the mild sensuousness of it at this hour of the morning put me in a bright frame of mind. In the meantime, however, the sounds of my steps were softened into silence.

영어신문 기사(칼럼) 해설

산들바람은 동쪽으로부터 불어오기 시작했고, 이같이 어두운 아침시간에 부는 그 바람의 신선함은 나의 마음을 밝게 해 주었다. 그러는 동안 나의 발자국소리는 정적(靜寂)을 갈라 놓고 말았다.

While I enjoyed walking through the hilltop path in the gray of the morning, I looked forward to the moment when the rising sun would reveal itself at the eastern sky.

어슴새벽의 그 언덕길을 따라 걷는 것을 즐기는 동안 태양은 곧 동녘하늘에 그 모습을 나타낼 것이며, 나는 그 순간을 맛보게 될 것을 고대했다.

Prior to the sun rises, I climbed atop of a hill to take up a good vantage point to watch for the rising sun.

날이 밝기 전에 나는 솟아오르는 태양을 훤히 잘 볼 수 있는 지점을 차지하기 위해 언덕의 꼭대기로 올랐다.

It was not long before the first streaks of daylight began to glimmer at the farthest bounds of the eastern horizon, and the sun slowly brightened the nocturnal skies still strewn with stars.

곧 저 먼 동쪽하늘의 지평선엔 서광(曙光)이 어렴풋이 나타나기 시작했다. 그리고 태양은 별들이 아직 빛나고 있는 밤하늘을 서서히 밝히기 시작했다.

I watched the ineffable beauty of the rising sun in a feeling of awe; a moment that I always await with delicious

English Newspaper Article (column)

anticipation. Soon the sun had cleared a distant mountain and hung free in the sky.

나는 입에 올리기에도 황송한 이 해돋이의 아름다움을 경외(敬畏)하는 마음으로 바라보았다. 즉 그것은 유쾌한 기대감을 같고 늘 기다리는 한 순간이었다. 곧 태양은 먼산위로 솟아올랐고 하늘에서 편안히 뒹굴었다.

In the meantime, I noticed that blades of grass in fresh verdure were covered with fresh dew and shined brightly in the reflected light of the sun. The dew-laden green occupied all of my attention in an atmosphere thick with life.

그러는 동안 나는 푸른 초록의 풀잎들이 이슬에 맺혀서 태양빛의 반사에 밝게 빛나고 있는 것을 알아볼 수 있었다. 이슬 맺힌 풀잎은 생동감이 넘치는 분위기에서 나의 관심을 모두 사로잡았다.

A little later on, however, I fell into a brown study after seeing clear evidence of environmental pollution. I found out that the leaves of grass, which had apparently dropped off to a quiet sleep at night, were slightly covered with dust.

하지만 잠시 후 나는 환경오염의 분명한 흔적을 보았으며, 그 후 세밀한 검토를 했다. 밤 동안에 평온한 잠을 잔 것으로 보이는 자란지 얼마 안 되는 그 어린 잎들은 먼지로 살짝 쌓여 있는 것을 발견했다.

In my estimation, it is probable that the plants that had taken root in the suburbs were in a precarious state of health and weren't in any sense normal.

도시주변에 뿌리를 내린 식물들은 아마도 불안정한 건강상태에 있을 것이며, 결코 정상은 아닐 것이라고 추측을 했다.

At that time, I felt the urgent need to probe into the causes of the environmental pollution. It seemed to me that the chief causes of the polluted atmosphere of the city would be found in the illegal acts of unscrupulous citizens.

그때 나는 환경오염의 원인을 면밀히 조사해야 할 다급한 필요를 느꼈다. 도시의 오염된 대기의 주범은 조심성 없는 시민들의 부도덕한 행동에서 찾을 수가 있을 것이다.

Most likely, the pollution was made possible through the peddling of administrative favors. However, I think that environmental pollution is not a problem that defies solution within the framework of the present system.

무엇보다도 가장 그럴 듯한 환경오염의 발생 이유는 아마 시시한 행정상의 편애로 야기되었을 것이다. 하지만, 환경오염은 현 시스템의 테두리 안에서 전혀 해결되지 않는 문제라고는 생각하지 않는다.

It leaves no room for doubt that we have benefited much from nature. But, under these circumstances we cannot be positive about the future of this relationship unless necessary measures for its safeguard are provided. The problem should not be passed unnoticed lest it becomes too late.

우리가 자연으로부터 많은 혜택을 받고 있다는 것은 의심할 여지가 없다. 그러나 이러한 상황 속에서 이에 대한 안전장치가 마련되지 않는 한 이러한 미래의 관계를 확신할 수는 없는 것이다. 이 문제가 너무 늦기 전에 무시되고 넘어가지 말아야 할 것이다.

On account of this, I hazard the opinion that all of us together, both inside and outside of the government, have to take drastic measures to rescue the environment.

이러한 이유로 나는 정부 내외에 있는 모든 사람들이 환경을 보호하기 위한 철저한 조치를 취해야 한다고 감히 말하고 싶다.

This is because we cannot entrust only the government agency with complete responsibility of the matter.

이 같은 이유는 우리가 이 문제에 대하여 전면적인 책임을 정부기관에만 맡길 수가 없기 때문이다.

At any rate, I would like to say that we should dismiss the idea of monopolize the profit of the earth.

어쨌든 우리는 지구가 주는 혜택을 독점한다는 관념을 버려야만 된다고 말을 하고 싶다.

The earth, in reality, is the mother of all things though man acts as if he owns her; he does so in forgetfulness of the source of his vitality. Like the babe suckling at its mother, it is nature that sustains us.

인간은 자신만이 지구를 소유하고 있는 것 같이 행동을 하며, 지구가 자신의 생명력의 근원이라는 것을 망각해 버리고 행동을 하지만 사실 지구는 모든 것들의 어머니인 것이다. 어머니의 젖을 빨고 있는 아기처럼 우리를 양육하고 있는 것은 자연인 것이다.

English Newspaper Article (column)

Live in the Future

미래에 살다

The Korea Herald
코리아 헤럴드
May 2, 1996
1996년 5월 2일

It is my firm belief that Mr. Kim, who goes by the name of Green man (or song-rhei), will fulfill his mission in life at last and will return to his native place in triumph.

나는 Green man(또는 송뢰)이라는 별명으로 불리는 Mr. Kim이 마침내 그의 사명을 다하고 고향으로 의기 양양하여 귀향할 것이라는 것을 굳게 믿고 있다.

The reason why I believe this is that the Green man always pulls his weight, and has an ambition to become a good landscape gardener for pleasure.

그렇게 믿는 이유는 그 Green man은 언제나 자신의 임무를 다하며 즐거움을 위해 훌륭한 조경사가 되겠다는 야망을 갖고 있기 때문이다.

영어신문 기사(칼럼) 해설

It is heartbreaking that he, by a strange quirk of fate, could not help entering into independent study outside of the conventional school system from his youth of sixteen. Therefore, he has been teaching himself as sort of a hobby.

그는 안타깝게도 운명의 장난으로 인하여 16세부터 정규교육을 벗어나 독학을 할 수밖에 없었다. 따라서 그는 취미로 독학을 하고 있는 것이다.

The green man with excellence as his motivation shows an incredible willpower and persistence that most of us humans never have needed to call upon. He is decisive, so he never vacillates. He is also known for his vitality and energy.

훌륭한 동기를 가지고 있는 그 Green man은 대부분의 사람들에게는 결코 필요치 않았을 엄청난 의지력과 끈기를 보여준다. 그는 결단력이 강한 사람이어서 결코 우왕좌왕하지 않는다. 그는 또한 생동감과 에너지가 넘치는 것으로 알려져 있다.

Accordingly, I believe that the Green man, who has been interested in the beauties of nature for a long time, will taste the pleasure of rural life while indulging himself in romantic pursuits without a source of anxiety for the rest of his days.

따라서 오래 전부터 자연미에 관심을 가지고 있는 Green man이 그의 여생을 근심 걱정 없이 낭만적인 즐거움을 스스로 탐닉하면서 전원생활을 하게 될 것을 믿는다.

English Newspaper Article (column)

After he returns to his hometown, the Green man will promote his health a little more while working with a zest that is usual for him.

그 Green man이 귀향을 하고 나면 평소와 같이 열심히 일을 하면서 건강을 좀 더 증진시키게 될 것이다.

He will spend all of his fortune in building a snug cottage on a drowsy hill in a sunny place and will cultivate a field of flowers in the environs of his snug house.

그는 양지바른 곳에 위치한 잠들고 있는 듯한 언덕에 아담한 별장을 짓는데 그의 온 재산을 다 쓰게 될 것이다. 그리고 그의 조촐한 집 근처에는 넓은 꽃밭을 개간하게 될 것이다.

The Green man with a creative bent will plant the garden with various flowering plants and will embellish that place with many beautiful and peculiar plants, which will make an appeal to our artistic sentiment.

창의적인 성향을 지닌 그 Green man은 그 정원에 다양한 현화식물(顯花植物)과 아름답고 기묘한 나무들로 장식을 하게 될 텐데, 그것은 우리의 예술적인 감정을 매혹시키게 될 것이다.

In short, he will emphasize elements of nature through scenic elements such as flowers and insects.

한마디로 그는 꽃과 곤충같이 경치를 좋게 만드는 요소를 강조하게 될 것이다.

In other words, through the power of his great art instinct, even the ordinary circumference will be transformed into special places rich in aesthetic quality.

즉, 그의 탁월한 예술 본능의 힘으로 인하여 평범한 주변조차도 미학적인 특징이 풍부한 특별한 장소로 바꿔 놓게 될 것이다.

As a necessary consequence, the snug house facing the south will be encircled with a well-tendered garden where flowering plants of every variety will burst into blossom by turns from early spring to late autumn, and regions of his snug house will become a place alive with insect species and wild birds.

필연의 결과로써 그 조촐한 남향집은 이른 봄부터 늦가을까지 여러 꽃나무들이 번갈아 가며 피게 되는 잘 손질된 정원으로 둘러 싸여지게 될 것이다. 그리고 그의 그 작은 집 주변은 많은 곤충들과 야생의 새들이 살게 되는 장소가 될 것이다.

Villagers will be awaked from sleep early in the morning by the sound of wild birds that usher in the dawn. The fragrance of flowers will hang in the air and many beautiful flowers attracting bees and butterflies will indulge them with fresh honeydew.

English Newspaper Article (column)

마을 사람들은 새벽을 알리는 새들의 소리에 이른 아침에 잠에서 깨어나게 될 것이며, 꽃향기가 주변에 가득하고 벌과 나비들을 유혹하는 많은 아름다운 꽃들은 이 곤충들을 신선한 꿀로 기쁘게 해 줄 것이다.

Many kinds of beautiful butterflies with colorful wings will flutter from flower to flower, causing no harm to other living organism. Thus, a full-blown female flower will be fertilized with the assistance of bees and butterflies in accordance with the happy dispensation of nature.

다채로운 날개를 가진 많은 종류의 아름다운 나비들이 살아있는 생물에 아무런 해를 끼치지 아니하면서 이 꽃에서 저 꽃으로 훨훨 날아다닐 것이다. 따라서 활짝 핀 암꽃들은 자연의 오묘한 섭리에 따라 벌과 나비의 도움으로 수정이 될 것이다.

Grasshoppers of different kinds will cheerfully chirrup with the view of calling his mate. All of this beautiful scenery will add to the villagers' pleasure and, in the long run, will enhance the value of the image of an earthly paradise for many city dwellers of the future world.

여러 종류의 메뚜기들이 자신의 짝을 부르기 위한 목적으로 쾌활하게 지저귀게 될 것이다. 이러한 모든 아름다운 풍경은 그 지방의 시골사람들을 더욱 즐겁게 할 것이며, 결국엔 미래의 도시 거주민들을 위한 지상 낙원의 모습의 가치를 높여 주게 될 것이다.

In short, the place will be suitable for a family holiday, company retreat or much-needed solo vacation.

즉 그곳은 가족휴가, 회사휴양 또는 절실히 요구되는 단독여행에 알맞은 곳이 될 것이다.

The Green man's two daughters, who are city bred, will also visit their father's snug house every weekend with a sense of relief and will make use of every opportunity to increase their knowledge by observing natural phenomenon.

도시에서 성장한 그 Green man의 두 딸들도 매 주말마다 한시름 놓는 기분으로 그들의 아버지의 작은 집을 방문하게 될 것이며, 자연현상을 관찰하면서 자신들의 지식을 증진시키기 위해 모든 기회를 이용하게 될 것이다.

In the meantime, they will wonder at the beauty of nature, sympathizing with the spirit of nature. The working of nature will indeed make them aware of the principles of mutual prosperity in terms of coexistence.

그러는 동안 그들은 자연의 영기(靈氣)에 감응하면서 자연의 아름다움에 경탄을 하게 될 것이며, 공존의 관점에서 볼 때 자연의 작용은 그들에게 상호번영의 원리를 일깨우게 해 줄 것이다.

The wonders of nature will challenge them not to be satisfied with ordinary work but to demand of themselves the most creative work which they are capable of. Surely, studying nature will inspire creativity in them.

English Newspaper Article (column)

자연의 묘는 그들로 하여금 범상(凡常)한 일에 만족하지 않고 그들의 능력으로 해낼 수 있는 가장 창조적인 일들을 스스로 요구하도록 자극하게 될 것이다. 분명히 자연을 공부하는 것은 그들의 창조성을 고취하게 될 것이다.

It is my hope from the bottom of my heart that the Green man's lifelong desire of living in spacious flower garden will be finally materialized, and at the same time his noble spirit will be ever-present in his mind.

나는 그 Green man이 넓은 정원에서 살겠다는 평생의 원망(願望)은 마침내 실현될 것이며, 동시에 그의 고귀한 정신이 그의 마음속에 영원할 것을 진심으로 희망한다.

This is because I believe that the future belongs to those who believe in the beauty of their dreams.

그 이유는 미래는 자기의 꿈의 아름다움의 가치를 믿는 사람들의 것이라고 믿고 있기 때문이다.

영어신문 기사(칼럼) 해설

<참고자료>

The Flourishing Scale

- I lead a purposeful and meaningful life.
- My social relationships are supportive and rewarding.
- I am engaged and interested in my daily activities.
- I actively contribute to the happiness and well-being of others.
- I am competent and capable in the activities that are important for me.
- I am a good person and live a good life.
- I am optimistic about my future.
- People respect me.

번영척도 8개 항목

- 나는 목적 있고 의미 있는 삶을 살고 있다.
- 나의 사회적 유대관계는 나에게 힘이 되고 보람도 있다.
- 나는 일상 활동에 참여하고 있으며 흥미를 가지고 있다.
- 나는 타인의 행복과 안녕에 적극적으로 기여한다.
- 나는 나에게 중요한 활동을 하는 데 능숙하고 유능하다.
- 나는 좋은 사람이고 훌륭한 삶을 산다.
- 나는 미래에 대해 낙관적이다.
- 사람들은 나를 존경한다.

The flourishing scale, developed by Ed Diener and Robert Biswas-Diener, tries to find out how well an individual functions as a human being. The scale is made up of eight items aimed at measuring important aspects of human functioning. Therefore, high scores on the Flourishin Scale indicate that an individual is highly likely to lead a happy, successful life.

에드 디너와 로버트 비스와스 디너가 개발한 번영척도는 개인이 인간으로서 얼마나 잘 기능하는지를 알아내려고 한다. 번영척도는 인간 기능성의 중요한 측면들을 측정하는 것을 목표로 하는 8개 항목으로 구성되어 있다. 따라서 번영척도에서 높은 점수를 얻으면 그 개인이 행복하고, 성공적인 삶을 영위할 가능성이 높다는 것을 나타낸다.

English Newspaper Article (column)

Environmental Pollution

환경오염

The Korea Herald
코리아 헤럴드
January 9, 1996
1996년 1월 9일

Most environmental problems exist because adequate measures for preventing them were not taken in the past so that pollution problems are obvious throughout the world.

대부분의 환경문제는 과거에 그것을 막으려는 적절한 조치가 취해지지 않았기 때문에 현존하고 있는 것이다. 그리하여 오염문제는 전세계에 걸쳐 명백히 나타나고 있다.

Therefore, many countries that have been working overtime to build booming economies now face the daunting task of clearing up a gigantic environmental mess.

따라서 급속히 성장하는 경제를 세우기 위해 시간외 노동을 해 오고 있는 많은 나라들은 이제 거대한 환경 쓰레기 더미를 치우려는 막대한 과업에

영어신문 기사(칼럼) 해설

직면해 있다.

It is clear that increasing number of streams or rivers fouled with refuse or sewage, and urban areas wheezing under filthy skies, are largely the product of policies that have sacrificed the environment to economic development.

폐물이나 하수 오물(汚物)로 오염된 개울이나 강, 그리고 맑지 못한 하늘 아래에서 헐떡거리고 있는 도심지역이 점점 늘어나는 것은 주로 경제개발을 위해 환경을 희생시킨 정책의 산물인 것이다.

In this respect, I have been tempted to believe that environmental pollution which makes the situation worse as the industrial society has grown at an accelerating pace, will require of us a kind of sacrifice, the whole extinction of the lord of all creation.

이점에 관해서 나는 산업사회가 가속적으로 계속 성장해 가고 있으므로 상황을 더 나쁘게 만들고 있는 환경오염은 우리에게 희생, 즉 만물의 영장의 완전소멸과 같은 것을 요구하게 될 것이라고 믿고 싶을 때가 있다.

As a matter of fact, the obvious consequences are as follows. The offensive odor from some of the brooks and streams — polluted by industrial, agricultural and human waste — is at times unbearable.

현실의 문제로써 현재까지 명백한 결과는 다음과 같다. 산업, 농업 그리고

English Newspaper Article (column)

인간 폐기물로 오염된 시냇물이나 개울에서 나는 악취는 때때로 견딜 수 없을 정도다.

The smoke pollution that sometimes obscures things hundreds of meters ahead — mostly caused by the unmonitored harmful gas sent up by the factory chimneys or vehicles — has long been tolerated by the urban area's residents along with other nuisances resulting from the chaotic growth and overpopulation.

수백 미터 앞의 사물을 흐릿하게 만들어 놓는 매연공해, (즉 대부분 공장의 굴뚝이나 차량에서 뿜어져 나오는 측정되지 않은 유독가스로 원인이 된 것) 는 무질서한 성장과 인구과밀로부터 오는 여러 다른 성가신 것들과 함께 도심의 주민들이 관대히 대해왔던 것이다.

The increase of atmospheric carbon, sulfur and nitrogen dioxide caused by the burning of coal, oil and gas could be an overwhelming weather influence. After overpopulation and war, environmental pollution could be the most serious problem mankind faces.

석탄, 기름 그리고 가스가 타서 생긴 대기 중의 탄소, 유황 그리고 질소 이산화물(二酸化物)의 증가는 저항할 수 없는 기후의 영향력이 되고 있을 것이다. 인구과밀과 전쟁 다음으로 환경오염은 인류가 직면하고 있는 가장 심각한 문제일 것이다.

However, the true picture of the situation, I would think, is that it is not too late to restore the former condition. Thus, it does require our best effort and our willingness to believe in our capacity to resolve the problems, which now confront us.

하지만 실제 상황은 이전의 상태로 되돌리는데 그렇게 너무 늦지는 않았다고 나는 생각을 한다. 따라서 우리의 최상의 노력과, 현재 직면하고 있는 문제들을 풀 수 있다는 우리의 능력을 믿으려는 흔쾌한 마음이 요구되고 있는 것이다.

For decades, most people in this modern age have been making frequent use of chemical products for the sake of convenience. Most of them are harmful to the environment.

수십 년 동안 현시대의 대부분의 사람들은 편리를 위해 화학제품을 사용해 오고 있다. 이 대부분의 제품들은 사실 환경에 해로운 것들이다.

Moreover, the effect of this use of chemical products could be the mortgaging of our future and our children's future for the temporary convenience of the present. To continue this long trend, I would say, is to guarantee tremendous social, cultural and economic upheavals.

더욱이 현재의 일시적인 편리를 위해 사용하여 생기는 이 화학제품들의 영향은 우리의 미래 또는 자식들의 미래를 담보로 잡게 될 것이다. 이같이 오래도록 지속된 경향이 앞으로도 지속된다면 엄청난 사회적, 문화적 그리고 경제적인 대 변동을 보증하게 될 것이다.

English Newspaper Article (column)

Some days ago, I was told by someone who disclosed his identity as an ecologist that "if drastic measures are not taken soon, the consequences could be catastrophic" and he added that "the problem is more serious than the present economic difficulties and the collapse of building or bridge."

며칠 전 나는 자신의 신분을 생태학자라고 밝히는 어떤 사람으로부터 이야기를 들었는데, 그것은 '만약 과감한 조치가 취해지지 않는다면 그 결과는 대격변이 될 것이다' 그리고 또 말하기를 '환경문제는 현재의 경제적 어려움이나 건물 또는 다리의 붕괴보다 더 심각하다'라고 하는 것이었다.

In this respect, there is a realization among people in many countries that they have got environmental problems. But whether that realization translates into action, I believe, depends on local factors, including financial resources and political will.

이런 점에서 많은 나라에서 많은 사람들은 자신들의 환경문제를 가지고 있다고 자각(自覺)을 하고 있다. 그러나 그 자각이 행동으로 옮겨질지는 재정적인 자원과 정치적인 의지를 포함하여 지역적인 요인들에 달려 있다고 나는 믿고 있다.

In recent years, however, this country, which has led the Asian region in terms of rapid industrialization and economization in the last two or three decades and one of the fastest growing countries in the world, has begun to inflict damage on the environment after the neglect which followed the 1970s economic reforms that swept away poverty.

하지만 최근에는 지난 20~30년 동안 급속한 산업화와 경제화의 면에서 아시아지역을 이끌고, 세계에서 가장 빨리 성장하는 나라들 중의 하나인 이 나라는 가난을 퇴치해버린 1970년 대의 경제개혁에 뒤이어 경시되어온 이후 환경에 손상을 가해기 시작했다.

And meanwhile, the government authorities of our country is belatedly tackling the damage inflicted by decades of unmonitored industrial growth, along with toxic waste flowing from the hundreds of small or big factories that have sprung up like mushrooms after rain as a result of the economic reforms of the 1970s.

그러는 동안 우리나라의 정부당국은 1970년대의 경제개발의 결과로 우후죽순처럼 생겨난 수많은 크고 작은 공장들로부터 흘러나오는 중독성의 폐기물과 함께 수십 년 간 감시되지 않은 산업성장으로 타격을 입은 손해를 뒤늦게나마 본격적으로 처리하고 있다.

But I hazard the opinion that the government action did not go far enough and all the people in this world must exhaust every possibility to step up the fight against environmental pollution.

그러나 정부의 조치는 충분히 취해지지 못했다는 것과, 이 세상의 모든 사람들은 환경오염과 싸우는데 더욱 힘을 기울이기 위해 모든 수단을 다 해야만 한다고 다시 한번 감히 말을 하고 싶다.

English Newspaper Article (column)

The spread of environmental pollution, I think, is due partially to the lack of understanding of the present environmental situation, but chiefly to the corruption of politicians who neglect their duties and have long maintained corrupt links with the financial world for short-term profit.

환경오염의 만연(蔓延)은 부분적으로는 현재의 환경상황의 이해부족에 기인하고 있지만, 주로 임무를 게을리하고 단기간의 이득을 위해 재계(財界)와 오랫동안 부정한 유대를 지속하고 있는 부패한 정치인들 때문이라고 나는 생각을 한다.

Recently, I read a watchword that says, "Rescue the tributaries of the main river from pollution." In a moment, I thought the Han River, which most people believe that it is not fit to drink without a sophisticated refinement process, will become more seriously polluted unless all necessary measures are taken to control the origin of toxic liquid waste which pours into the tributaries running next to the main river daily.

최근에 나는 '환경으로부터 샛강을 살리자'라고 쓰여져 있는 표어를 보았다. 순간적으로 나는 모든 사람들이 정교한 정제과정(精製過程)을 거치지 않고서는 마시기에 적합하지 않다고 믿고 있는 한강은 그 강의 샛강으로 매일 쏟아져 들어오는 중독성의 액체 폐기물의 근원을 통제하는 조치가 이루어지지 않는다면 점점 더 심각하게 오염되어 갈 것이라고 생각했다.

I hazard the opinion once again that all of us together in and out government worldwide may have to take harsh measures to rescue the environment from pollution because this is the world in which we all must live and make our way.

나의 생각을 다시 한번 감히 말을 한다면 전 세계적으로 우리 모두가 정부에 속해 있던 그렇지 않던 오염으로부터 환경을 보호하기 위해서는 가혹한 조치를 취해야 할 텐데, 그 이유는 이 세상은 우리 모두가 함께 살아 가야만 하기 때문이다.

English Newspaper Article (column)

Ways of Communication

의사소통의 방법들

The Korea Herald
코리아 헤럴드
September 24, 1995
1995년 9월 24일

Lost
Searching for a lost pet dog
Breed : Spitze
Color : white speckled with yellow
Age : two and half years old
When : August 10, 1995

* Informer will be properly rewarded

잃어버린 애완견을 찾고 있음
종자 : 스피츠
색깔 : 노란 점에 흰색
나이 : 2년 반
때 : 1995년 8월 10일

*제보자는 적절히 보상을 받게 될 것임

영어신문 기사(칼럼) 해설

I came across the above poster on the wall when I strolled through a street with my elder daughter near my house. The moment I saw the poster, I entered into the owner of the lost pet dog and could fully understand the depth of his or her feelings without distinction as to sex or age.

나의 딸과 집 근처의 길을 산책할 때 벽에 걸려 있는 위의 포스터를 우연히 보았다. 그 포스터를 보는 순간 나는 그 잃어버린 애완견의 주인의 심정을 살폈으며, 남녀노소를 불문하고 그의 심정을 충분히 이해를 할 수가 있었다.

I had a bitter experience of this kind when I was a 9-year-old. At that time, my father bought me a couple of pigeons, which were about to fledgling. The pigeons became house-broken after being cooped up in a cute cage for a couple of weeks.

나도 9살이었을 때 이 같은 괴로운 경험을 했다. 그 당시 나의 아버지는 둥지를 막 떠나서 날아오르려고 하는 어린 비둘기 한 쌍을 나에게 사 주었다. 그 비둘기들은 몇 주 동안 근사한 새장에 가두어져 있은 후에 다시 집을 찾아올 수 있도록 길들여 졌다.

About one year later, however, one of these pet pigeons left this world all of a sudden for no particular reason. In addition to that, the lonely pigeon cried in a mournful manner every day since she lost her mate and even got out of the cage.

하지만 약 1년 이후 이 애완 비둘기들 중 한 마리가 특별한 이유 없이 갑자

English Newspaper Article (column)

기 죽고 말았다. 게다가 그 외로운 비둘기 한 마리는 자신의 짝을 잃은 후 매일 슬프게 울었으며 집까지 나갔다.

I was also overwhelmed by sorrow because I thought that I would never find the bird.

나 역시 슬픔에 잠겼었는데, 그 이유는 내가 그 비둘기를 절대 찾을 수 없을 것이라고 생각을 했기 때문이다.

But contrary to my expectation, one day I noticed that a couple of pigeons were flying in the air near my house. To my great delight, the pigeon came back taking a new mate about two weeks after she got out of the cage.

그러나 예상과는 반대로 어느 날 나는 비둘기 한 쌍이 우리 집 근처의 공중을 날고 있는 것을 보았다. 정말 기쁘게도 그 비둘기는 집을 나간 지 약 2주일 후에 새로운 짝을 동반하여 집으로 돌아왔던 것이다.

At that time, I was really curious to know about the way of animals' communication. From what I have learned out of my deep interest and a desire to know about animals' communication, I realized that their ways of communication are manifold and most animals can make many different sounds by which they can signal or communicate to each other.

그 당시 나는 동물들의 의사전달 수단에 대하여 정말 알고 싶었다. 동물들의 의사소통에 대하여 알기 위한 나의 깊은 관심과 열망으로 배운 바에 따르면 나는 그들의 의사소통 방법들은 다양하며, 대부분의 동물들은 많은 다른 소리를 낼 수가 있는데, 그것을 통하여 그들은 서로서로 신호 또는 의사소통을 할 수가 있다는 것을 알게 되었다.

I have confidence that their capabilities of communication should be attributed to the wariness that all species of animal are endowed with.

나는 그들의 의사소통 능력은 모든 동물들이 타고난 신중함의 탓으로 돌려야 할 것이라고 확신을 갖고 있다.

Practically, the act of communicating requires the presence of at least two beings - sender and receiver. In order to communicate one's thoughts and feelings properly to the other party, there should be an accepted standard of communication between sender and receiver.

실제로 전달행위는 적어도 두 사람의 존재를 필요로 하고 있다. 즉 전하는 사람과 받아들이는 사람이다. 사상과 감정을 상대에게 적절하게 전달하기 위해서는 전하는 사람과 받는 사람간에 인정된 통신 기준이 있어야 한다.

To put it in another way, there must be a conventional system of signs or symbols which mean the same to the sender and the receiver.

다시 말하면 전하는 사람과 받아들이는 사람에게 똑 같은 의미를 지니는 관습적인 부호 또는 상징법이 있어야만 하는 것이다.

English Newspaper Article (column)

We of this age have met with numerous forms and ways of communication without the use of speech. At all events, reception of communication is achieved by our sense.

현대에 살고 있는 우리는 말을 이용하지 않고 많은 통신의 형태와 방법들을 만나게 된다. 하여튼 통신을 받는 것은 감각에 의하여 성취된다.

For instance, sight, hearing and touch play the very role. Therefore, illustration in advertising can attract attention and convey a message quickly and conveniently, or express a concept that is difficult to put into words.

예를 들면 시각, 청각 그리고 촉각이 바로 그 역할을 한다. 따라서 광고에서 삽화는 관심을 끌 수 있게 하며, 전갈을 빨리 그리고 편리하게 전하고 또는 말로 나타내기 어려운 개념을 나타낸다.

Signals, signs, symbols and gestures are also forms of communication and apt to happen in all circumstances. For instance, a stop or starting signal, which denotes a traffic regulation, is a measure expedient to maintaining traffic order. The cross is the symbol of Christianity.

신호, 부호, 상징 그리고 몸짓도 역시 통신의 형태들이며 모든 환경에서 잘 나타난다. 예를 들면 교통 규칙을 나타내는 정지 또는 출발신호는 교통질서를 유지하는데 이바지하는 방책이다. 십자가는 기독교의 상징이다.

The blue, white and red pole trundling without a pause

indicates the location of a barbershop. The crucifix fixed on top of a building is emblematic of Christ's suffering and many people fully recognize that it is the location of a church.

쉼 없이 돌아가는 파란, 하양 그리고 빨간 간판기둥은 이발소의 위치를 나타낸다. 건물 위에 고정돼 있는 십자가 상은 예수의 수난을 상징하는 것이며, 많은 사람들이 교회의 위치로 완전히 알아본다.

However, some of these forms of communication are very difficult to make out because of the sender's and receiver's cultural perception.

하지만 이러한 통신 형태의 어떤 것들은 이해하기가 어려운데, 그 이유는 보내는 사람과 받는 사람의 문화적인 지각작용이 있기 때문이다.

To put it in other words, a means of communication such as systems of writing or speaking have evolved in isolation at different times in different parts of the world.

다시 말을 하면 글과 말의 체계 같은 통신수단이 세계의 여러 나라에서 서로 다른 시간에 분리하여 발전해 왔기 때문이다.

According to the principle of cultural relativism, one's culture provides the very value through which one sees other culture. At all events, the most highly developed form of communication, I think, is written language.

English Newspaper Article (column)

문화 상대론에 따르면 하나의 문화는 그것을 통해 다른 문화를 바라보는 가치관을 제공한다고 한다. 하여튼 통신의 가장 발달된 형태는 문어(文語)라고 나는 생각을 해 본다.

영어신문 기사(칼럼) 해설

A Knot

매 듭

The Korea Herald
코리아 헤럴드
July 16, 1995
1995년 7월 16일

There are various ways in accomplishing one's purpose in life. But let's suppose that there are only two ways or methods one may utilize to fulfill this purpose.

삶의 목적을 성취하는 데는 여러 방법들이 있지만, 그 목적을 성취하는 데는 오직 두 가지 방법이나 방식만 있다고 가정해 보자.

The first method emphasizes speed while quality is sacrificed. The second method employs a process, which aims for perfection regardless of the amount of time it may consume.

그 첫 번째 방식은 질(質)은 무시하고 속도만 강조되는 것이고, 두 번째는 그 일을 처리하는 과정에서 소비되는 시간의 양은 조금도 괘념(掛念)치 않고 완벽을 목표로 삼고 나아가는 하나의 과정을 취하는 것이다.

English Newspaper Article (column)

Most people, especially those in business who are in hot pursuit of profits, will prefer to the former because there is no marginal profit to be gained if the work is delayed.

대부분의 사람들, 특히 이윤을 맹렬히 추구하는 사업에 종사하는 사람들은 일이 지연되면 얻어지게 될 한계 수익이 없기 때문에 전자(前者)를 선호하게 될 것이다.

On the surface, these two methods contradict one another in conduct and behavioral patterns. Thus, one is forced to choose the one between speed and quality.

이 두 방법들은 겉보기에 경영이나 행동의 양식이 서로 어긋나는 것 같다. 따라서 사람은 속도나 질 중에서 그 하나를 선택하도록 강요된다.

Nevertheless, in my personal opinion, the above-mentioned methods can be applicable interactively in all manners of occupation, work or projects in this rapidly advancing technological age.

그렇지만 위에 언급한 방법들은 나의 개인 소견으로는 모든 종류의 일, 즉 이 같이 급속하게 발달하는 과학기술 시대의 생산활동과 계획사업에 상호 작용적으로 적용할 수 있는 것이다.

This, I believe, is possible not only in theory but also in actual application because having a competitive spirit in all aspects of life is inherent in our consciousness by nature.

나는 이것이 이론뿐만 아니라 응용에서도 가능하다고 믿는데, 그 이유는 삶의 모든 면에서 경쟁심을 갖는 것은 우리의 의식 속에 선천적으로 내재하고 있기 때문이다.

This idea would be best illustrated by a work of nature - the characteristics of a bamboo tree. The bamboo tree possesses the ability to sprout up in rapid fashion during the rainy season, not unlike the mushroom.

이러한 방식은 자연의 작용, 즉 대나무의 특성으로 더할 나위 없이 잘 설명될 수가 있다. 대나무는 버섯과 다를 바 없이 장마철 동안에 빠른 방식으로 성장하는 능력을 소유하고 있다.

Although the inner part would be considered hollow, the plant itself is more solid than most other plants.

물론 속은 비어 있는 것으로 여겨지고 있지만, 그 나무 자체는 대다수의 다른 나무들 보다 더 견고하다.

Now, how could a hollow trunk of a bamboo be solid enough to withstand the test of nature? It would be due to the presence of solid knots located in various segments of the trunk.

그러면 속이 빈 대나무의 줄기가 자연의 시련을 견디는데 어떻게 그처럼 충분히 단단한 것일까? 그것은 줄기의 여러 마디에 위치하고 있는 단단한 매듭들이 존재하고 있기 때문일 것이다.

English Newspaper Article (column)

These knots, in effect, are more solid than the trunk itself. Therefore, the jointed segments of a bamboo stem are as hard as a rock.

이 매듭들은 사실상 줄기 그 자체보다 더 단단하다. 따라서 대나무의 이음매 사이는 돌처럼 단단한 것이다.

This characteristic displayed by the bamboo tree best exemplifies the harmonious application of speed as well as quality.

대나무에 의해 나타난 이 특성은 질뿐만 아니라 속도의 조화로운 적용을 가장 잘 예증하고 있다.

Therefore, we can learn a good rule from the property of a bamboo tree which makes a knot in conformity with the rules. Making a knot is just all the same as doing an action as a balance to one's better nature of reaching the stage of perfect.

따라서 우리는 규칙대로 매듭을 짓는 대나무의 특성으로부터 훌륭한 규칙을 배울 수가 있다. 매듭을 짓는다는 것은 완벽단계에 이르려는 본심(本心)을 향하여 하나의 균형으로써의 행동을 취하는 것과 별다름 없는 것이다.

In this respect, let us allow the bamboo tree to teach us a thing or two about the secret to which the attainment of the perfect result is possible.

이점에 있어서 완전한 결과의 달성을 가능케 해 주는 비밀에 대하여 그 한 두 가지를 대나무로부터 배워 보도록 해 보자.

It has been truly believed that preparation is regarded as the best preventive measures to make things smoothness in operation and safety. Since it is so, we can translate the act of making a knot as the act of preparation for the next stage.

준비는 운영과 안전에 있어서 일을 순조롭게 하기 위한 가장 좋은 예방책으로 확실히 여겨지고 있는 것이다. 그러므로 매듭을 짓는 행위는 다음 단계를 위한 준비의 행위로 해석할 수 있는 것이다.

It is this aspect of the characteristics of a bamboo tree that I find most compelling.

대나무의 이런 측면에서 나는 가장 강력한 힘을 발견하게 된다.

A proverb says that "all's well that ends well." This means that cutting is said to require more skill than tailoring.

격언에 이르기를 '끝이 좋아야 모든 것이 좋다'라는 말이 있다. 이것은 마름질이 바느질보다 더 어렵다는 것을 의미하는 것이다.

But I think that this proverb, paradoxically speaking, is applicable not only in the final stages but also all parts of one's work. This is because all kinds of work must pass through various processes.

하지만 나는 이 속담을 역설적으로 말해서 일의 마지막 단계뿐만 아니라 모든 과정에 적용된다고 생각한다. 그 이유는 모든 종류의 일은 여러 과정을 거쳐야만 하기 때문이다.

These processes, I would think, are substantially the same with that of knots in bamboo trees.

이러한 과정들은 본질상으로 대나무의 매듭과 똑같다고 나는 생각을 한다.

Therefore, if a company (or someone) wishes to envision a result of excellent quality in a short period, I dare say that he or she must make a knot at regular intervals to ensure the continuance of these results.

따라서 어떤 한 사람이 짧은 기간 내에 훌륭한 품질의 결과를 기대하기를 원한다면 감히 말하겠는데, 이러한 결과들의 지속을 확실하게 하기 위해 일정한 사이를 두고 매듭을 지어야만 한다.

However, these proceedings are impossible if someone resorts to shoddy work practices by using inferior materials. These practices are detrimental to the best interest of them.

하지만 이러한 절차들은 만약 열등한 재료들을 사용하여 조잡한 노동관행에 의지한다면 불가능 한 것이다. 이러한 관행은 그들의 최선의 이익에 해가 되는 것이다.

These kinds of practices violate the rules and regulation

영어신문 기사(칼럼) 해설

designated to maintain efficiency and discipline. This is demonstrated by the law of nature, especially the properties of a bamboo tree.

이러한 종류의 관행은 능률과 규율을 유지하도록 지정된 규칙이나 법규들을 위반하게 되는 것이다. 이것은 자연의 법칙, 특히 대나무의 특성으로 증명되고 있다.

The offshoots of the bamboo appear to be independent but, in fact, grow up in multitude as one body. The tree has not individual root system.

이 대나무의 싹들은 독립적인 것처럼 보이지만 사실은 한 개의 몸으로서 무수하게 자라는 것이다. 이 나무는 각각의 뿌리를 가지고 있지 않다.

It grows in large colonies. Each colony begins with a single tree. Over time, the roots spread and new stems appear, which then grow into new tree.

이 나무는 큰 군락을 이루어 자라는 것이다. 각 군락은 나무 한 그루에서 시작하는 것이다. 시간이 지남에 따라 뿌리가 뻗어나가고 새 줄기가 뻗어나가면서 새로운 나무로 자라는 것이다.
Hence, should any branch or root of the plant be contaminated with the disease or a pollutional material, the bamboo as a whole will be affected and would bring about disastrous consequences.

그러므로 이 식물의 그 어떤 가지나 뿌리가 질병이나 공해로 오염이 되어

133

English Newspaper Article (column)

있다면, 그 대나무는 전체적으로 영향을 받게 될 것이며 비참한 결과를 맞게 될 것이다.

There is a proverb which says, "one may as well know nothing than know things by halves." This common saying would bring me to believe that one should give more weight on every phase of the work rather than the last phase alone.

'얼치기 학문은 안 배우느니만 못하다'라는 속담도 있다. 이 속담은 일의 마지막 단계보다는 모든 단계에 가중치를 더 두어야 한다는 것을 믿도록 해준다.

Of course, it is not easy to put the principle into practice but we can always condition ourselves to try to set out and accomplish step by step what we hope like the way of a bamboo's life that has the habit of making a knot with sincerity.

물론 원리를 실행으로 옮기는 것이 쉽지만은 않은 것이다. 그러나 우리는 성실하게 매듭을 짓는 습성을 가지고 있는 대나무의 삶의 방식처럼 우리가 희망하는 것을 하나하나 착수하고 성취할 수 있도록 언제나 훈련을 할 수 있다.

For this, we require a great deal of efforts. At the same time, we need to make decisions carefully, as impetuous choices can lead to problems later on.

이렇게 하기 위해서 우리는 많은 노력을 필요로 한다. 동시에 즉흥적인 선택은 향후에 문제를 만들 수 있으므로 신중하게 결정할 필요가 있는 것이다.

One way or the other, there is an order in doing everything like a bamboo's way of making a knot according to the rules.

어쨌든 규칙대로 매듭을 짓는 대나무의 습성처럼 모든 일에는 그 나름대로 순서가 있는 것이다.

English Newspaper Article (column)

The Position

지 위

The Korea Herald
코리아 헤럴드
May 17, 1995
1995년 5월 17일

From the natural viewpoint, there are many facts to make us believe that everything, regardless of things animate and inanimate keeps the balance with one another and provides us with a sense of stability in their surroundings.

자연적인 관점에서 볼 때 모든 것들은 생물과 무생물에 관계없이 그들의 환경에서 서로서로 균형을 유지하며, 우리에게 안전 감을 제공해 주고 있다는 것을 우리가 믿을 수 있도록 하는 많은 사실들이 있다.

To put it in another way, it is obvious that every object of consideration is situated in a proper place and tastefully arranged in its natural state. This is just the economy of nature. Therefore, we should be all the more thankful for the pleasure of the pink of perfection upon looking at these natural profundities.

즉 고려의 대상이 되는 모든 것들은 자연적인 상태에서 적당한 곳에 놓여져 있고 정교하게 배열이 되어 있는 것이 분명하다. 이것이 바로 자연계의 이치인 것이다. 따라서 우리는 이러한 자연의 심연(深淵)한 것들을 보면서 완전의 극치에 대하여 더욱 감사를 해야만 할 것이다.

From this viewpoint, the beauties of nature can be described as follows. The azalea trees thrive mostly on the mountain's breast so they offer a splendid view beyond expression when we see from the mountaintop.

이런 관점에서 자연의 미관은 대략 아래와 같이 묘사할 수가 있다. 진달래는 대부분 산의 중턱에서 잘 자란다. 그래서 우리가 산의 정상에서 보면 그것들은 표현할 수 없을 정도로 근사한 풍경을 제공해 주고 있다.

Willow trees thrive near the brook or the riverside, showing to its fullest potential. So that we can appreciate the exquisite scenery of long drooping branches of the tree from early spring to late autumn.

버드나무는 개울이나 강 근처에서 가장 멋지게 보여주며 무성하게 자란다. 그래서 우리는 이른 봄부터 늦가을까지 그 나무의 늘어진 가지의 절묘(絶妙)한 풍경을 즐길 수가 있다.

In the same manner, many people plant trees in the garden with a tender heart. This landscape architecture was the result not of accident but of careful design.

마찬가지로 많은 사람들은 다정한 마음으로 정원에 나무를 심는다. 이러한 조경술은 우연이 아니라 주의 깊은 설계의 결과인 것이다.

For instance, a climbing rose tree domesticated for a garden tree or an ornamental plant is mostly planted near the fence so pedestrians can take pleasure in looking at it as the plant blossoms on top of the fence.

예를 들면 정원수 또는 관상식물로 재배할 수 있게 된 덩굴장미는 대부분 울타리 근처에 심어진다. 그래서 보행자들은 그 나무들이 울타리 위에서 피어날 때 그 꽃들을 바라보면서 즐거움을 가질 수가 있는 것이다.

A lily mostly planted in the serene garden or the school's rear garden creates an atmosphere of loneliness for a lover of solitude. A lilac planted in front yard always looks lovely when the flower is in full bloom.

대부분 조용한 정원 또는 학교의 뒤뜰에 심어진 백합꽃은 고독을 즐기는 사람에게 외로운 분위기를 자아 낸다. 앞마당에 심어진 라일락은 꽃이 활짝 피어 있을 때 언제나 사랑스럽게 보인다.

Travelers or pedestrians would be fascinated with the beauty of a golden bell tree planted on the head of a slope when the tree blooms yellow in early spring. The street bordered by cherry trees does always well match with the picturesque scenery.

여행객이나 보행자들은 언덕 위에 심어진 개나리가 이른봄에 피어날 때 그 꽃의 아름다움에 매혹을 당하곤 한다. 벚나무가 심어진 거리는 언제나 아름다운 풍경과 잘 어울린다.

Since it is so, a natural atmosphere does always present us with a grand sight without concealment. But if someone or something is deviated from the proper position by artificial means or behaves improperly, it makes an ill appearance.

그러므로 자연적인 분위기는 언제나 우리에게 숨김없이 웅대한 경치를 선물해 주고 있다. 그러나 만약 그 어떤 사람이나 또는 그 어떤 것이 인위적인 방법으로 본래의 위치에서 벗어났다던가 아니면 적절치 못한 행동을 했다면 그것은 꼴불견이 되고 마는 것이다.

In view of these facts, there is no one who wants to deviate from his or her position or its exemplary conduct and rejects the beauties of nature.

이러한 사실에 비추어보면 그 어느 누구도 자신의 위치 또는 모범적인 행위로부터 벗어나기를 원하거나 자연의 아름다움을 거절할 사람은 없을 것이다.

From the material viewpoint, however, some people are easily infected with greed or the evil ways of the world and have a tendency to cover up the evil practices such as the

English Newspaper Article (column)

shameful practices of a blackmailer from the sight of the world.

하지만 물질적인 측면에서 보면 어떤 사람들은 탐욕이나 부도덕한 수단에 쉽게 물드는가 하면 파렴치한 공갈 행위 같은 나쁜 관행을 감추려 하는 경향이 있다.

But there are many people who take the responsibility upon themselves in stony silence. In this exemplary conduct, they usually make constant efforts to form a close friendship with their associates and maintain their position.

그렇지만 묵묵히 책임을 한 몸으로 떠맡는 사람들도 많이 있다. 이러한 모범적인 행위에서 그들은 보통 동료들과 친하게 사귀며 자신의 위치를 지키려고 부단한 노력을 한다.

For instance, a young lady is much more beautiful when she works ardently sitting in front of her desk.

예를 들면 어느 한 젊은 여자가 자신의 책상에 앉아 열심히 일을 하고 있을 때 훨씬 더 아름다운 것이다.

A journalist is much more splendid when he or she covers the accident and announces the news at the scene. A policeman is held in a great esteem when he or she goes into action immediately or investigates the scene of the accident thoroughly and makes the whole picture of the incident clear as a public service.

취재기자는 기사를 특히 사고현장에서 취재하고 뉴스를 발표할 때 훨씬 더 멋지다. 경찰은 공공봉사로서 즉각적인 행동을 취하고 사고현장을 철저히 조사하여 사건전모를 밝힐 때 크게 존경을 받는다.

But above all, a mother's love is a fine example of an exemplary conduct for everyone.

그러나 무엇보다 어머니의 사랑이 모든 사람에게 가장 모범적인 행위의 표본이 되는 것이다.

It is, of course, that everyone without distinction of rank must be faithful to one's duties or position because doing one's part, in a strict sense, is a problem in which individual or national honor and prestige are involved.

물론 모든 사람들은 지위고하를 막론하고 자신의 임무 또는 직위에 충실해야만 하는데, 그 이유는 자신의 임무를 수행한다는 것은 엄밀한 의미로 볼 때 개인 또는 국가의 위신이 연루되어 있는 문제이기 때문이다.

If we cannot put this function out of our mind, we are sure to prepare for future contingences.

만약 우리가 이러한 임무를 염두에서 떠나지 않게 한다면 장래에 있을지도 모를 우발사건을 확실하게 예방할 수가 있는 것이다.

English Newspaper Article (column)

Our chronic disastrous accidents of the past such as the series of gas pipe explosion (e.g., gas explosion in Taegu following Mapo) were, in most cases, caused by dereliction of one's duty.

가스폭발사건과 같은 우리의 만성적인 비참한 사고(마포에 이어 대구에서의 가스폭발사건 등)는 대개의 경우 직무태만으로 생긴 것이다.

Therefore, there seems to be few exceptions to the natural law in our everyday conduct.

그러므로 우리의 일상행실에서 자연법이 적용되지 않는 경우는 거의 없는 것 같다.

영어신문 기사(칼럼) 해설

Memories of My Childhood & Natural Environment

어릴 적의 기억들과 자연환경

The Korea Herald
코리아 헤럴드
April 13, 1995
1995년 4월 13일

Episodic memory is a form of long-term memory associated with personal experiences that are tied to particular times and places.

일화기억(逸話記憶)은 특정 시간과 공간에 얽힌 개인적 경험과 연관이 있는 장기 기억의 한 형태이다.

I also have an episodic memory or remembrance which has sank deep in my mind since I was 6-year-old. Now, I try to write about my childhood, searching my good old days.

나 역시 6살부터 내 마음 속에 깊이 새겨져 있는 일화 기억, 즉 추억을 하

English Newspaper Article (column)

나 가지고 있는데, 지금 그 좋았던 옛 시절을 더듬으면서 어렸을 때의 일에 대해서 써보려고 한다.

At that time, my grandfather came to my house from Seoul where he had been living since he came south over the 38th parallel.

그 당시 나의 할아버지는 38도선을 넘어 남한으로 온 후 살고 있었던 서울에서 우리 집으로 왔다.

He talked to my father for a little while and then he took me to the brook, which was murmuring over the pebbles.

그는 나의 아버지와 잠시 이야기를 나누고 나더니 조약돌 위를 졸졸 흐르고 있는 시냇가로 나를 데려 갔다.

My house was at a stone's throw from an elementary school in the countryside. In other words, my family had been living in a house for a school-master. This is because my father was carrying out his duties as a principal at an elementary school at that time.

우리 집은 시골의 어느 한 초등학교에서 엎어지면 코 닿을 데 있었다. 즉 우리 가족은 학교 교장사택에 살고 있었는데, 그 당시 나의 아버지는 초등학교 교장으로 임무를 수행하고 있었기 때문이다.

Upon arriving at the brook, my grandfather stripped me

naked to give me a bath without paying attention to my psychological conditions.

개울가에 도착하면서 할아버지는 나의 심적 상태는 생각지 않고 나에게 목욕을 시켜주기 위해서 나를 발가벗겼다.

Just then, the school children were at the end of school hour. Thus, many students were leaving the school grounds at the same time and when they were on their way home, some of them gazed at us intently from the roadside.

바로 그때 학생들은 수업이 끝나는 시간이었다. 그래서 그들은 동시에 교문을 빠져나오고 있었으며, 그들이 집으로 가는 도중 몇몇 학생들은 길가에서 우리를 빤히 쳐다 보았다.

On that account, I felt shame to take a bath in company with my old grandfather in front of them. Moreover, I was in the no humor for taking a bath in the brook because my mind was all eagerness to fish with my rubber shoes.

그래서 나는 그들 앞에서 나이든 할아버지와 목욕을 하는 것이 창피스럽게 느껴졌다. 더구나 나는 개울에서 미역을 감을 기분이 내키지 않았는데, 그 이유는 내 마음은 나의 고무신으로 오직 물고기를 잡으려고 온 정신을 쏟고 있었기 때문이었다.

After the bath, I gave undivided attention to fish, and some of the school children joined me in driving fish into my shoes.

English Newspaper Article (column)

At that time, there were lots of fish of many kinds such as a minnow, a trout, and a mudfish in the brook.

목욕을 하고 난 후 나는 고기를 잡는데 여념이 없었으며, 몇몇 아이들은 물고기를 나의 신으로 몰아넣는 일에 합세를 했다. 그 당시 개울 속에는 피라미, 송어, 미꾸라지 같은 여러 종류의 물고기가 많았다.

Sometimes, especially on a rainy day, I had a chance to find a shoal of mudfish on the ground not far away from the waterside. I treasure those beautiful days in my memory until now.

때때로 특히 비 오는 날에 나는 물가에서 멀리 떨어져 있지 않은 땅 위에서 미꾸라지 떼를 발견할 수 있는 기회도 있었다. 나는 그 아름다웠던 나날을 아직도 잊지 않고 있다.

The natural phenomenon, however, has long disappeared, so that it is a thing of the past now.

그러나 그 같은 자연 현상은 오래 전에 사라졌으며, 이젠 과거사가 되고 말았다.

To make matters worse, many rivers or brooks in these modern days are contaminated by rotten industrial waste products. So we can hardly find any fresh living organism that is absolutely beneficial to the ecosystem.

게다가 많은 강이나 개울은 썩은 산업폐기물로 오염이 되어 있다. 그래서 생태계에 전적으로 유익한 신선한 생명체는 거의 찾을 수가 없다.

If things continue at this rate, it is certainly that the state of things will have gone from bad to the worse and eventually we will be adversely affected by our malpractices such as casting away industrial waste products carelessly.

만약 이 같은 일이 지속된다면 사태는 틀림없이 더 나빠질 것이며, 결국 산업폐기물을 부주의하게 버리는 것과 같은 우리의 위법행위에 의해 불운하게 영향을 받게 될 것이다.

As I mentioned at the beginning, every person has memories of childhood, and sometimes is filled with nostalgia on thinking the bygone days. In relation to this, as the proverb says, "What is learned in the cradle is carried to the grave."

서두에 언급했듯이 모든 사람은 어린 시절의 추억을 가지고 있으며, 때때로 과거를 생각하면서 향수를 느낀다. 이와 관련하여 '세 살 버릇이 여든까지 간다'라는 옛말이 있다.

This common saying, I think, is not limited within the purview of the world of mortals, but runs the whole gamut of natural living things.

이 속담은 인간계의 범위 안에만 제한된 것이 아니라, 자연생명체의 모든 영역에 미친다고 생각을 한다.

English Newspaper Article (column)

So far as I know, it seems that many kinds of living creatures feel homesick while living far from home, and return to their native place when their death is near.

내가 알고 있는 바로는 많은 종류의 생명체들은 고향을 멀리 떠나서 살면서 향수를 느끼다가 결국 죽음이 가까워질 때는 고향으로 돌아오는 것 같다.

For instance, the salmon has an instinct for returning to its native place after spending most of its life in the sea, and when it returns to the river it lays spawn in safety and meets the dying hour following its primitive instincts.

예를 들면 연어는 대부분의 삶을 바다에서 보내고 난 후 자신의 고향으로 돌아오는 본능을 가지고 있다. 그리고 본능에 따라 강으로 돌아오고 나면 안전하게 알을 낳고 죽음의 시간을 맞이한다.

It is distressing to learn that a large number of salmon couldn't return to their native place because the river is contaminated with industrial waste products.

많은 연어들이 강이 산업폐기물로 오염되어 있기 때문에 그들의 출생지로 돌아오지 못하고 있다는 것은 슬픈 일이다.

All the more, the salmons, in many cases, are captured mercilessly with an implement such as the net by the conscienceless people at the estuary of the river.

더욱이 연어들은 많은 경우에 강의 어귀에서 파렴치한 사람들에 의해 그물과 같은 도구로 무자비하게 포획되고 있다.

Taking one thing with another concerning the natural world, we can find that we have done regrettable things such as subversive activities.

자연세계에 관하여 이것저것 돌이켜 생각해 보면 우리는 파괴적인 행위와 같은 유감스런 일을 했다는 것을 발견할 수 있다.

So, it is no exaggeration to say that many people have only a superficial understanding of the present environmental pollution. In this respect, we must take drastic action to remove pollutants.

따라서 현재의 환경오염에 대한 많은 사람들의 인식은 깊지 않다고 해도 과언이 아닐 것이다. 이와 관련하여 우리는 오염을 제거하기 위해 강경한 조처를 취해야만 할 것이다.

In this situation, however, we had better not try a hasty solution but should find a long-term strategy to tackle the environmental problem.

하지만 이런 상황에서 이 환경문제는 서둘러 해결하려 하지 말고 장기전으로 나가는 것이 좋을 것 같다.

This is because making renunciation of our old bad habits in

English Newspaper Article (column)

reference to environment management will not only take much time but also cause side effects on the contrary if we handle the matter in a short period of time.

왜 그런가 하면 환경관리와 관련하여 우리의 오래 된 나쁜 습관을 단념한다는 것은 오래 걸릴 뿐만 아니라 만약 단기적으로 그 문제를 다룬다면 오히려 부작용도 일으키게 될 것이기 때문이다.

At any rate, my memories of my late grandfather's visage is still vivid in my mind even though I met him when I was in my early childhood, and I've cherished his precept which I heard from my father who died when I was attending elementary school. The precept says that "ignorance is the fiercest enemy."

어쨌든 나는 할아버지를 아주 어렸을 때 만나보았지만 그에 대한 기억은 아직도 나의 마음 속에 선명하게 남아있다. 그리고 내가 초등학교에 다닐 때 돌아가신 아버지로부터 듣게 된 그의 교훈을 나는 간직하고 있다. 그 교훈은 '무지가 가장 큰 적이다'라는 것이다.

In a wide meaning, I infer from the precept handed down to us from my grand-father that everything in the world has an intrinsic value.

넓은 의미에서 나는 그가 우리에게 남겨놓은 교훈으로 추론하건 데, 이세상의 모든 것은 고유의 가치가 있는 것이다.

In other words, because nature is always governed by rational principles, there are reasons why everything is as it is.

다시 말하면 자연은 언제나 합리적인 원칙에 의해 지배되고 있으므로 모든 것은 다 그 나름의 이유가 있는 것이다.

Therefore, insofar as our emotions rebel against anything in the companionship of nature, our emotions are ethically in the wrong. In reality, we can learn a variety of lessons from nature.

따라서 우리의 감정이 자연을 상대로 그 무엇에라도 반감을 가진다면 우리의 감정은 윤리적으로 그릇된 것이다. 사실상 우리는 자연으로부터 여러 가지의 교훈을 배울 수가 있는 것이다.

Accordingly, if we do not trouble ourselves about an appalling scene of the destruction of nature of our own time, it is clear that the present state will not be restored to a primitive natural state and we, in a sense, will court disaster by our own reckless conduct or due to our ignorance.

그러므로 오늘날의 자연파괴의 놀랄만한 장면에 우리가 무관심한다면 현재의 상태는 원시적인 자연상태로 복원되지 않을 것이 분명하다. 그리고 우리는 어떤 면에서는 우리의 무모한 행위 또는 무지로 인하여 불행을 자초하게 될 것이다.

English Newspaper Article (column)

The enjoyment and exercise of a right perception in relation to nature, I believe, will be realized only through careful activeties.

자연에 관하여 올바른 지각작용의 향유 및 행사는 오직 조심스런 활동으로만 실현될 것이라고 나는 믿고 있다.

Now is the season of fresh verdure, so I will go for an outing with my daughter to the fresh countryside.

이제 생기 넘치는 푸릇푸릇한 초목의 계절이다. 그래서 나는 나의 딸을 데리고 깨끗한 시골로 소풍을 가려고 한다.

The reason why I take a walk with my daughter in the suburbs is to make pleasant memories, which will be deeply implanted in her mind forever, just like my grandfather did for me.

교외로 나의 딸과 함께 소풍을 나가는 이유는 나의 할아버지가 나에게 그랬듯이, 그녀의 마음에 영원히 새겨지게 될 즐거운 추억을 만들어주기 위해서이다.

And I will tell her the importance of nature, explaining the characteristics of plants.

그리고 식물의 특성을 설명하면서 자연의 중요성을 말할 것이다.

In this way, I will not only make her have correct understanding of nature, but also she will get a general idea of the matters that she is confronted with.

이러한 방식은 내가 그녀에게 자연에 대하여 올바른 인식을 갖게 해 줄 뿐만 아니라 그녀 역시 직면하고 있는 문제들을 개념적으로 파악하게 될 것이다.

Improving one's ability to get a general idea of the matters facing us, I think, is a thing as dear as life itself.

우리에게 직면한 문제들을 개념적으로 파악할 수 있도록 재능을 키우는 것은 목숨만큼이나 소중한 것이라고 생각을 한다.

English Newspaper Article (column)

Power of Language in Proverbs

속담의 힘

The Korea Herald
코리아 헤럴드
March 19, 1995
1995년 3월 19일

"Speech is silver, and silence is gold." This old Korean proverb has been generally used to prevent people from misusing language and expressions from a long time ago.

'웅변은 은이요, 침묵은 금이다.' 이 옛 한국 속담은 오래 전부터 사람들이 말이나 표현들을 남용하지 않도록 하기 위해 널리 사용되어오고 있다.

This is because respect for the wisdom of the ancients is deeply embedded in Korean tradition.

이것은 옛사람의 지혜를 존중한다는 것은 한국의 관습에 깊이 뿌리를 내리고 있기 때문이다.

However, times have changed; today is the age of the self-advertisement-oriented society. Consequently, some would reverse the above-mentioned proverb to state, "Speech is gold, and silence is silver."

하지만 시대는 바뀌었다. 즉 현대는 자기 선전시대 지향의 사회이다. 따라서 어떤 사람들은 앞서 언급한 속담을 '말은 금이요, 침묵은 은이다'라고 뒤집어 말을 할 수도 있을 것이다.

In practice, some people especially young people have a tendency to reject not only traditional moralities but also old proverb.

실제로 어떤 사람들 특히 젊은이들은 전통적 도덕관념뿐만 아니라 옛 속담을 거부하는 경향이 있다.

It seems that they make question of the wisdom behind the proverb. Thus, the proverb, in a sense, has already lost its meaning and value for them.

그들은 속담의 이면에 있는 지혜에 의심을 하고 있는 것 같다. 그러므로 그들에겐 속담의 의미와 가치는 어떤 면에서는 이미 실종된 것이다.

It is regrettable that the rejection of such a wise proverb sometimes results in a person's blunders. Of course, the old proverb may not apply to all circumstances, but it could at least be used to guide a person's life.

English Newspaper Article (column)

이러한 현명한 속담을 거부하기 때문에 때때로 실수를 저지르고 만다는 것은 유감스런 일이다. 물론 옛 속담을 모든 상황에 적용할 수는 없으나 적어도 삶을 인도하는데 사용될 수 있는 것이다.

In other words, some sayings may seem like mere platitudes but they often have important meanings.

즉 몇몇 속담은 단순히 상투적인 말처럼 보일 수 있다. 그러나 그것들은 종종 중요한 의미를 내포하고 있는 것이다.

Another old Korean proverb says, "More easily said than done." This proverb, I think, gives us a hint that one must not only be prudent in speech as possible as one can, but also express one's thoughts in word after due consideration.

다른 옛 한국 속담으로 '말하기는 쉬우나 행하기는 어렵다'라는 말이 있다. 생각하건대 이 속담은 될 수 있는 대로 말을 삼가야 할 뿐만 아니라 충분히 고려한 끝에 말로 나타내야 한다는 것을 암시하고 있다.

But one would notice that the above proverb has exceptions because in reality one cannot live without making a slip of the tongue.

그러나 위에 언급한 이 속담은 예외가 있다는 것을 인지하게 되는데, 그 이유는 사람은 실제로는 말을 실수하지 않고는 살아갈 수가 없기 때문이다.

This, of course, is a matter of conscience. In other words, it means that people must act according to what their conscience dictate.

이런 실수는 물론 양심의 문제이다. 즉 이 말은 사람은 양심의 명령에 따라 행동을 해야만 한다는 뜻이다.

Everyone has the right to enjoy his own life, freedom, and happiness so long as one lives in this world, but does not have the right to trouble a person while making an improper use of words or expression.

모든 사람은 이 세상에 살고 있는 한 각기 자기 자신의 생명, 자유, 행복을 누릴 권리를 갖고 있다. 그러나 말이나 표현을 남용하면서 남에게 폐를 끼치는 권리를 갖고 있는 것은 아니다.

In other words, it is improper for an individual to take pleasure in blaming others without minding the demoralizing effect it would have upon the whole society.

다시 말하면 한 개인이 사회 전체에 입히게 될 혼란스런 영향을 신경 쓰지 아니하고 다른 사람들을 비난하는 것을 즐거움으로 여기는 것은 적절하지 않은 것이다.

The thoughtless use of words is in some cases equivalent to an insult no matter how good the expression is. From this point of view, it is not words that matter so much as the way you say them.

English Newspaper Article (column)

아무리 좋은 표현이라도 말의 남용은 때로는 모욕과 같을 수가 있는 것이다. 이런 관점에서 중요한 것은 말이 아니라 오히려 그 말을 어떻게 하느냐 하는 것이다.

This reminds me of another old Korean proverb which says, "Your tongue can make or break you." The wisdom behind this proverb is something that should be contemplated from the heart.

이 말은 다른 하나의 한국 속담 즉, '말 한마디 잘하면 천냥 빚도 갚는다'라는 말을 생각나게 한다. 이 속담의 이면에 있는 지혜는 마음 속으로부터 신중히 생각하고 말을 해야만 할 그 어떤 것을 말하고 있는 것이다.

These days, we live in a society full of people who have a talent for speaking, but seldom would they fulfill to their verbal promises.

우리는 요즈음 말재주가 많은 사람들이 충만한 사회에 살고 있지만 자신들의 언약이라고는 거의 지키지 않는 사회에 살고 있다.

Unfortunately, it is especially true to those who run for an elective post, too. For instance, assemblyman, governors or mayors are, I think, the very men breaking their pledges.

불행하게도 이 같은 것은 특히 민선 관직에 출마하는 사람들에 관해서도 마찬가지다. 예를 들면 국회의원, 도지사 또는 시장들이 자신들의 약속을 어기는 바로 그 장본인들이라고 나는 생각을 한다.

영어신문 기사(칼럼) 해설

It is certain that those who run for elective offices know very well that there are loud cries demanding reforms of structural contradictions in our society.

민선 관직에 출마하는 사람들은 우리사회의 구조적인 모순들을 개혁하라는 소리가 드높다는 것을 잘 알고 있는 것은 분명하다.

But the clamor for reform is sometimes exploited by the election candidates making superficial promises that they know they could not fulfill.

그러나 개혁의 외침은 자신들이 이행하지 못할 것을 알고 있는 피상적인 약속을 하는 선거후보자들에 의해 때로는 착취당하고 있다.

Accordingly, these empty words based on their superficial way of thinking are quite detrimental to our society, which cries out for true democracy.

따라서 얄팍한 생각에 근거한 이 같은 빈말들은 진정한 민주주의를 요구하는 우리사회에 아주 해로운 것이다.

Here is another old Korean proverb which says, "Wisdom is better than gold or silver." The proverb means that if a person once has wisdom, he or she can cope with the complex demands of life as well as handle problems that are sometimes beyond reason.

English Newspaper Article (column)

그리고 '지혜는 금이나 은보다 낫다'라는 옛 한국 속담이 있다. 이 속담은 사람이 지혜를 갖게 되면 가끔씩 있는 터무니없는 문제들을 다룰 수 있을 뿐만 아니라 복잡한 요구사항들도 잘 처리할 수가 있다는 것을 의미한다.

However, of all the proverbs in reference to our speech and behavior I came across in my studies, the following makes most profound impression on me; "We can perceive and peep into the depth of a spring well, but we cannot perceive or fathom a person's heart."

하지만 언어 행동에 관련한 속담들을 연구하면서 마주치게 되는 것 중에는 아래의 것이 나에게 가장 깊은 감명을 주는 것 같다. 즉 '한 길 우물 속 깊이는 알아도 사람 마음속은 알 수 없다.'

This helps me understand that there are things in life that cannot be known unless a person reveals them to others.

이 말은 우리의 삶 속에서 어느 한 사람이 다른 사람들에게 무언가를 나타내지 않으면 알 수 없다는 것을 이해시켜 주고 있다.

For this, I think, it requires intimacy and active conversation as another witty remark, "The more difficult our thoughts are, the less able is language to express them."

이렇게 하기 위해서는 다른 명언, 즉 '우리의 사상(思想)이 어려우면 어려울수록 언어가 그 사상을 표현할 능력은 더 적어진다'라는 말이 있듯이 친밀하고 능동적인 대화가 요구된다고 생각을 한다.

Paradoxically speaking, this expression, I think, requires action by a sentimental motive rather than speech, for there is no need to verbalize something that defies words.

역설적으로 말해서 이 말은 말보다는 감정적인 동기에 의한 행동을 요구한다고 생각을 하는데 그렇게 하기 위해서는 그 무언가를 말로 나타낼 필요가 없기 때문이다.

English Newspaper Article (column)

Learning from Nature

자연으로부터 배우기

The Korea Herald
코리아 헤럴드
March 9, 1995
1995년 3월 9일

People, in general, differ in their opinion or principles when it comes to pursuing the goals of their lives. In other words, different people have different ideas about the pursuit of happiness.

일반적으로 사람은 자신의 삶의 목적을 추구할 때 소신이나 절조가 다를 수 있다. 즉 사람들은 각자 행복을 추구하는데 있어서 서로 다른 견해를 가지고 있다.

But on all occasions in life's journey, it is a characteristic common to all that people take an interest in extending the range of his or her sense and intellectual power.

하지만 인생여정의 모든 경우에 있어서 자신의 분별력이나 지력의 한계를 확장하려는데 관심을 갖게 되는 것은 누구에게나 공통적인 성질인 것 같다.

In this respect, I think that it is very sensible to make good use of the law of nature.

이점에 있어서 자연법을 잘 이용하는 것은 매우 현명하다고 생각한다.

This is because Nature itself is a repository of all valuable information and it always provides us sufficient and basic principles about life, a principle that every man or woman can draw from on every occasion in life's journey.

그 이유는 자연 그 자체는 가치 있는 정보의 보고인 것이며, 모든 사람들이 인생여정의 모든 경우에서 받아들일 수 있는 충분하고 기본적인 원리를 우리에게 늘 제공해 준다고 믿고 있기 때문이다.

I am not a scientist or botanist, but I am very interested in studying nature - the characteristics of plant life. Making a profound study of nature, I, first of all, have discovered that plants are in a state of readiness in all seasons.

나는 과학자나 식물학자가 아니지만, 자연, 즉 식물의 특성을 연구하는데 깊은 관심을 가지고 있다. 자연을 깊이 연구하면서 나는 무엇보다 식물들은 언제나 준비 상태에 있다는 것을 알게 되었다.

Plants bear new shoots and bloom or shed their leaves

English Newspaper Article (column)

according to their own timetable, a schedule that always carries out as a conditioned response by the change in seasons of the year.

식물들은 한 해의 여러 계절의 변화에 의한 하나의 조건 반사로 언제나 실행되는 그들의 예정표에 따라 새싹과 꽃을 피우게 되고 또는 잎을 지게 한다.

Now trees and shrubs have begun to bud with the change of seasons. They exist in time and space in conformity to a happy dispensation of Nature. To put it in another way, plants are in no hurry to grow, but they are always busy preparing for the next stage.

이제 수목(樹木)들은 계절의 추이(推移)와 더불어 싹이 트기 시작했다. 그들은 자연의 오묘한 섭리에 순응하여 시간과 공간 속에 존재하고 있다. 다시 말을 하면 식물들은 성장하기 위해서 서두르지는 않지만 다음 단계를 준비하느라 언제나 바쁘다.

What a rhythmic movement of the universe it is! In fact, making necessary preparations for the next stage is almost the same as keeping on doing good deeds.

이 얼마나 율동적인 우주의 움직이란 말인가! 사실 다음 단계를 위해서 필요한 준비를 한다는 것은 미덕을 쌓는 것이나 마찬가지인 것이다.

In human society, however, the act of keeping pace with the

tempo of modern life sometimes causes many people to have a lot of irritation and confusion. The proverb says that "Nothing excellent is ever done in a hurry."

하지만 인간사회에서 우리가 현대생활의 템포에 맞추려고 하는 행위는 많은 사람들에게 적지 않은 짜증과 혼란을 주고 있다. 속담에 '훌륭한 일은 서둘러서 된 적이 없다'라는 말이 있다.

For that reason, to speed up one's work is one thing, to be busy preparing for the next stage is quite another. In relation to this, we have a proverb which says "More haste, less speed."

그러므로 일을 서두르는 것과 다음 단계를 위해서 바쁜 것은 전혀 다른 것이다. 이와 관련하여 '서두를 일일수록 천천히 하라.'라는 속담이 있다.

This proverb, I think, implies that we need to make decisions carefully, as impetuous choices can lead to problems later on.

이 속담은 즉흥적인 선택은 향후에 문제를 만들 수 있으므로 신중하게 결정할 필요가 있다는 것을 암시하고 있는 것이라고 생각을 한다.

Accordingly, if a person lives faithfully according to the laws of nature, he or she can prepare for future contingencies. The recent explosion of gas pipe in Mapo district was obviously caused by man-made catastrophes.

English Newspaper Article (column)

따라서 사람이 자연법에 따라 충실하게 산다면 미래의 우발사건은 예방할 수 있는 것이다. 최근의 마포지역의 가스파이프 폭파사건은 분명히 인재(人災)에 의한 것이었다.

We did not contemplate such a consequence. Such a man-made catastrophes is usually caused by carelessness or doing something too quickly.

그런 결과는 예기하지 않았던 것이었다. 이러한 인재는 보통 부주의 또는 뭔가를 너무 빨리 하기 때문에 생기는 것이다.

One day, I enjoyed being up close with nature that always exerts a favorable influence on me. Looking over the grandeur of the mountain that day, I was overwhelmed by the beauties of nature and its effect on my life.

어느 날 나는 나에게 언제나 좋은 영향을 주고 있는 자연과 가까이하면서 즐겁게 보냈다. 그날 산의 장엄함을 바라보면서 나는 자연의 미관과 그것이 나의 삶에 미치는 것에 몹시 감격을 했다.

Therefore, I couldn't help but sympathizing with the spirit of nature. In other words, it was the time of deriving inspiration from the contemplation of nature.

따라서 나는 자연의 영기(靈氣)에 감응(感應)할 수밖에 없었다. 즉 그것은 자연의 정관(靜觀)에서 영감을 얻는 시간이었다.

My careful study about seasonal changes allows me to make a fresh start in life each time especially when I face troubles. It also stimulates me to exert great efforts. Of all seasons, spring is the best time to have a sense of readiness.

계절의 변화에 대한 나의 신중한 연구는 특히 내가 어려움에 직면해있을 때 마다 새로운 출발을 할 수 있도록 해 주고 있다. 또한 큰 노력을 발휘하도록 나에게 자극을 준다. 모든 계절 중에서 봄은 준비의식을 가질 수 있는 가장 좋은 때이다.

Now is the spring time that one can learn about new life as plants and trees start to bud. It is also a time to reflect upon the natural beauty which has the magnificent power to produce harmony in human life.

이제 식물이 새로운 싹을 피우기 시작했듯이 새로운 삶에 대하여 배울 수 있는 봄이다. 또한 인간의 삶에 조화를 만들어 내는 장대한 힘을 가지고 있는 자연의 아름다움을 생각해 볼 시간이다.

English Newspaper Article (column)

Pot-planting and Purpose of Life

화분과 인생의 목적

The Korea Herald
코리아 헤럴드
February 22, 1995
1995년 2월 22일

What is your goal in the future? I have heard this question occasionally from my friends.

나는 친구들로부터 '너의 장래 목표는 뭐냐?'라는 질문을 이따금씩 듣는다.

The question compels me to think of a logical answer, an answer that could be expressed by taking advantage of dwarf-tree culture as an analogy.

이 질문은 하나의 유추(類推)로써 분재(盆栽) 가꾸기를 이용하여 표현할 수 있는 논리적 답변으로 생각을 하도록 강요를 한다.

About six years ago, I received a dwarfed pine tree from my

neighbor who was moving into the country.

약 6년 전 나는 시골로 이사를 가는 한 이웃사람으로부터 분재소나무 한 그루를 받았다.

Since the tree passed into my possession, I have begun to get interested in raising dwarf trees and realized that this habit really helps me live a healthy, sensible life.

그 나무가 나의 소유가 된 이후부터 나는 분재 가꾸기에 취미를 붙이기 시작했으며, 이러한 습관은 정말 건전한 생활을 할 수 있도록 도움을 준다는 것을 깨달았다.

I also realized that growing pot-planting requires me to reflect deeply on important things in life.

나는 또한 화분을 가꾸는 것은 삶의 중요한 부분을 깊이 성찰하게 된다는 것을 알게 되었다.

But, first and foremost, the habit, I thought, has the power to help us develop a sensitive heart. And, in turn, a sensitive heart makes it possible for us to develop character.

그러나 무엇보다도 그 취미는 우리의 감수성을 발달시키도록 돕는 힘이 있으며, 그 결과로써 감수성은 사람들이 인격을 발달시키는 것을 가능하게 해 주는 것이라고 생각을 했다.

Accordingly, I resolved to quit smoking and drinking. Since then, I have treasured up various potted plants such as pine trees, the royal azalea, the ginkgo trees, and several kinds of orchids, among others.

이에 따라 나는 담배와 술을 끊기로 결심을 했다. 그 후 나는 여러 화초들 중에서 소나무, 철쭉, 은행나무 그리고 몇 종류의 난초 같은 여러 분재나무들을 소중하게 모았다.

Looking at some of these potted plants one morning, my attention was caught by a young flower, which was in the process of blooming. It was really a lovely sight and at this very moment I was imbued with a sense of love, hope and courage.

어느 날 아침 이 분재들을 바라보고 있을 때 나는 꽃을 피우려고 하는 어린 꽃봉오리에 마음을 빼앗겼다. 그것은 정말 굉장히 사랑스런 광경이었으며, 바로 이때 나는 사랑과 희망 그리고 용기에 물들고 말았다.

That kind of feeling, I believe, offered me clues about some important facts in human life.

그러한 종류의 느낌은 인생에 있어서 그 어떤 중요한 사실에 대한 실마리를 제공해 준다고 믿는다.

In other words, having a good time in making an observation of the beauties of nature is, I think, much the same as having goods not valuable in terms of cash worth. It leaves my mind feeling softer with each time.

다시 말하면 자연미에 대한 관찰을 하면서 즐거운 시간을 보내는 것은 돈으로 따질 수 없는 물건을 소유하는 것과 같은 것이라고 생각을 한다. 그것은 나의 마음을 매번 부드럽게 해 주고 있다.

Philosophically speaking, the human craving for external objects, in reality, I think, inevitably causes suffering. This is because individual itself feels separated from the world.

철학적으로 말하여 외부 대상에 대한 인간의 갈망은 사실상 필연적으로 고통을 초래하는 것이라고 생각한다. 이것은 개인은 자신이 세계와 분리되어 있다고 느끼기 때문인 것이다.

That suffering, I think, can be avoided when one is engaged in aesthetic contemplation in nature.

그 고통은 개인이 대자연에서의 미적 고찰에 몰두할 때 비로서 피할 수가 있는 것이다.

This is chiefly because aesthetic contemplation enables the individual to feel connected with the world. In this state, the individual feels as if he or she were the same as the world.

이것은 주로 미적 고찰은 개인이 세계와 결합되어 있다고 느끼는 것을 가능하게 하기 때문인 것이다. 이런 상태에서 개인은 마치 자신이 세계라고 느끼게 되는 것이다.

In other words, the perceiver is not separated from the object of the perception.

다시 말하여 인지하는 사람은 인지 대상과 분리되어 있지 않게 되는 것이다.

Based on this reasoning, it is normal for me to get up at 5:30 in the morning, proceed to the room designated for my pot-plants, and spend about 20 minutes taking care of the plants.

이 같은 논법에 따라 아침 5시 30분에 일어나서 분재나무들을 위해 지정해 둔 방으로 가서 그 식물들을 돌보면서 약 20분 정도 시간을 보내는 것은 나에게 보통의 일이다.

In this pot-plating activity, I also have learned that true creativity and originality is a time-consuming process.

이러한 분재 기르기 활동에서 나는 진정한 창의성과 독창성은 시간을 소모하는 과정이라는 것도 또한 알게 되었다.

For this, imagination, a sense of curiosity and analytical skills all play an integral part in it. In this respect, I think that raising dwarfed trees probably is one of the best ways.

이렇게 하기 위해서는 상상력, 호기심 그리고 분석적 능력이 필수적인 역할을 한다고 생각을 한다. 이런 점에 있어서 분재 기르기는 아마 가장 좋은 방법들 중의 하나일 것이라고 생각한다.

Of course, I, like many other people, sometimes find myself caught in a situation where time management and daily life schedule become difficult.

물론 나는 때때로 다른 많은 사람들과 마찬가지로 시간 관리와 일상 생활의 일정이 곤란해지는 상황에 사로잡혀 있다는 것을 알게 된다.

However, each time difficult situations comes, I employ one or two methods in order to overcome them.

하지만 곤란한 상황이 있을 때 마다 나는 그것을 극복하기 위해 한 두 가지 방법을 사용한다.

One of the things I do is to derive inspiration from the contemplation of nature, using my hobby of pot-planting as an object lesson.

그렇게 하는 것들 중에 하나는 하나의 목적학습으로써 내가 하고 있는 분재 가꾸기 취미를 이용하여 자연의 정관(靜觀)에서 영감(靈感)을 얻어 내는 것이다.

In this occasion, I draw principles of life from the observations, reflecting upon the true nature and characteristics of the plants that I am tending.

English Newspaper Article (column)

이 경우 나는 내가 재배하고 있는 식물들의 본질 또는 특성을 곰곰이 생각을 하며, 경험적인 지식으로부터 삶의 원리를 끌어내는 것이다.

Another thing I do is to plan a new garden for my future and entertain myself by thinking that I will live a quiet life for the rest of my days in the garden.

또 다른 한 가지는 나의 미래를 위해서 새로운 정원을 설계하는 것이며, 그 정원에서 나의 여생을 조용히 보내게 될 것이라는 생각으로 스스로 즐기는 것이다.

In many instances, I experienced that planning about expanding my pot-planting garden melts my troubles away.

많은 경우에 분재정원을 넓히는 것에 대한 계획을 하는 것은 고민 거리들을 누그러지게 해준다는 것을 경험했다.

Then I would also reflect upon an old saying which says, "Talents are best nurtured in solitude; character is best formed in the stormy billows of the world".

그리고 또한 나는 예로부터 전해져 오는 명언, 즉 '재능(才能)은 고독(孤獨) 속에서 훈육(訓育)이 가장 잘 되며, 성격(性格)은 격렬(激烈)한 풍파(風波)의 세계에서 가장 잘 형성이 된다'라는 말을 생각해 본다.

Words like these always give me an inspiration and help me intensify my courage as well as reinforce my convictions in life.

이 같은 말들은 나에게 언제나 영감을 주고 삶의 신념뿐만 아니라 나의 용기를 증강시키는데 도움을 준다.

It thus appears that plants and trees, even when planted in small pots, have their own way of opening up some clues about one's purpose in life.

따라서 작은 화분에 심어진 식물일지라도 삶의 목적에 대한 그 어떤 단서(端緖)를 열어주는 그들만의 방식을 가지고 있다고 생각을 한다.

So, I will keep on raising dwarf trees so long as I am alive, thinking that just a few minutes every day is all it takes, but the long term benefits can be worth the little bit of time that I use for the hobby.

그래서 나는 하루에 몇 분만이 필요할 뿐이며, 그것이 나에게 주는 장기적인 이점은 나의 취미를 위해 사용하는 약간의 시간을 들일 가치가 있다라고 생각하면서 살아있는 동안 분재 가꾸기를 계속할 생각이다.

English Newspaper Article (column)

Summertime Amenities

여름철의 즐거움

The Korea Times
코리아 타임스
July 31, 2003
2003년 7월 31일

In August of last year, my family, including me, spent summer holidays at the Shinduri beach resort on the west coast of the Korean Peninsula.

작년 8월에 나는 가족과 함께 한반도의 서해안에 있는 신두리 해수욕장에서 여름휴가를 보냈다.

The place had been used as a naval vase for many years until it was transformed into a recreation center several years ago. Accordingly, the place still remains relatively unknown.

그곳은 몇 년 전에 휴양지로 바뀌기 전까지는 수 년 동안 해군기지로 사용되고 있었다. 따라서 그곳은 아직까지 비교적 알려지지 않고 있다.

When we visited the place, I realized that it has a very unique landscape.

우리가 그곳을 방문했을 때, 나는 그곳은 매우 비길 데 없는 경관을 갖추고 있다고 생각을 했다.

It took the form of a large sand dune all around, which is molded by nature for a long period of time, and there were many wild sweetbriers along the seashore with their branches hung low. It was sweet to see the flowers.

그곳은 그 일대가 오랜 세월 동안 자연에 의해 만들어진 넓은 사구(砂丘)의 형체를 하고 있었으며, 해변가로는 많은 야생 해당화 꽃들이 가지를 낮게 늘어뜨린 채 있었다. 그 꽃을 바라보는 것은 즐거운 일이었다.

The aroma of the ocean greeted us when we arrived. It was a pleasant sea wind, which was quite different from the breeze from electric fan or air conditioner.

우리가 도착할 때 바다의 향기(香氣)가 우리를 맞이했다. 그것은 에어컨이나 선풍기바람과 사뭇 다른 기분 좋은 바닷바람이었다.

To enjoy this atmosphere a little more, we sat on a broad and flat rock overlooking a blue expense of water before we entered our lodging.

이러한 분위기를 좀더 즐기기 위해 우리는 숙소로 들어가기 전에 광활한

English Newspaper Article (column)

푸른 바다를 바라보면서 넓적한 바위에 앉았다.

It was the very scene of the sea that my family really loved seeing. In this friendly atmosphere, I felt greatly relieved, the kind of feeling that I could hardly get in the bustle of a big city.

그것은 나의 가족이 정말 즐기기를 바라던 바다의 경치였다. 이렇게 정감 있는 분위기 속에서 나는 복잡한 큰 도시에서는 도무지 가질 수 없는 아주 편안함을 느꼈다.

It made me think that I should place a higher value on enjoying a pleasant trip than making money. In other words, my quality of life, I thought, is more important than financial compensation.

그것은 내가 돈벌이 보다는 즐거운 여행을 향유하는 것에 더 높은 가치를 두어야만 한다는 것을 생각할 수 있게 했다. 즉 내 삶의 질이 금전적 보상 보다 더 중요하다는 것이라고 생각을 했다.

But, before long, I was given to understand that the sand dune was left in a defenseless state.

그러나 얼마 후, 나는 그 모래 언덕이 무방비의 상태에 놓여져 있음을 알게 되었다.

Many hotels and private lodgings were mushrooming in the

area and there were many holes in the sand as though a crane dug it out.

많은 호텔과 민박집들이 그 지역에 우후죽순처럼 들어서고 있었으며, 모래는 마치 기중기(起重機)가 파헤치어 놓은 것처럼 많은 구덩이가 있었다.

In addition to that, coastal forests were also being threatened by various human activities, which imply that humans are making the mistake of rendering themselves vulnerable to the destructive natural forces.

게다가 해안의 숲 역시 인간의 다양한 활동에 의해 위협받고 있는데, 그것은 인간이 자신들을 자연의 파괴적인 힘에 취약한 상태로 만드는 실수를 저지르고 있다는 것을 의미하는 것이다.

I got an ominous presentment that the sand hill would soon be too serious to be ignored, should things continue at this rate.

나는 그 모래더미를 만약 그러한 상태로 계속 내버려 둔다면 곧 방치(放置)할 수 없을 정도로 심각해질 것이라는 심상치 않은 예감이 들기도 했다.

After unpacking at our lodging, which commanded a view of the entire sea, we had a light meal enjoying a distant view of the sea. After a little while, we headed for the beach.

바다를 한눈으로 바라볼 수 있는 숙소에서 짐을 푼 이후에 우리는 바다경치

English Newspaper Article (column)

를 즐기며 가벼운 식사를 했다. 그리고 잠시 후에 우리는 해변으로 향했다.

On our way, we saw several fishing boats in the middle of the sea. One of my daughters told me that it was just like a beautiful scene out of a movie.

도중에 바다 한복판에 몇 척의 고기잡이 배를 보았다. 나의 딸들 중에 하나는 나에게 그것은 마치 영화의 한 아름다운 장면 같았다고 말을 했다.

As soon as we arrived at the beach, every member of my family dipped their feet into the water.

바닷가에 도착되자 마자 나의 가족 모두는 물속에 발을 담갔다.

The waves, one after the other, crashed on the beach, leaving white form. It was tolerably the essential crystal-clear water lapping at the edge.

파도는 차례로 해변 위에 부서지면서 모래 위에 흰 거품을 남기고 지나갔다. 그것은 해변에 밀려오는 그런대로 맑은 물이었다.

We pleasantly walked along the beach as gentle waves splashed softly against our legs. We were perfectly happy.

우리는 해변을 따라 기분 좋게 걸었고 평온한 파도는 우리의 다리에 철썩 부딪쳤다. 이때 우리는 더할 나위 없는 행복감을 느꼈다.

영어신문 기사(칼럼) 해설

In the evening, the sunset over the ocean was so beautiful. In other words, the sky was lit up with the glow of the lovely setting sun. The whole universe seemed to be reflected on the calm ocean.

저녁에는 바다 위 일몰이 정말 아름다웠다. 즉 하늘은 마음을 사로잡는 노을 빛으로 빛났다. 전체의 우주가 평온한 바다 위에 모습을 나타내고 있는 것 같았다.

Just then, I perceived the fish rising out of the water. In other words, several big fish skipped on the surface of the water.

바로 그 때, 나는 물고기가 수면으로 떠오르는 것을 보았다. 다시 말하면 큰 고기 몇 마리가 바다표면으로 물방구를 쳤던 것이다.

It was the highest reach of beautiful scene that could be easily missed during the broad daylight hours.

그것은 대낮 동안에는 쉽게 볼 수가 없었던 극치의 장면이었다.

I thought a group of fish might have been on an excursion that night under the sky aglow with the setting sun.

나는 물고기 떼가 그날 저녁 노을 빛으로 물들은 하늘 아래에서 틀림없이 유람여행을 하고 있었을 것이라는 생각을 했다.

English Newspaper Article (column)

We really enjoyed the view of the sea that night. In a word, rarely have we enjoyed an evening quite so much.

우리는 그날 저녁 바다의 경치를 마음껏 즐겼다. 한마디로 우리는 그날 저녁 모처럼의 즐거움을 가졌다.

It was the real summertime amenity that made my body and mind relaxed.

그것은 나의 심신의 긴장을 편안하게 해준 진정한 여름날의 즐거움이었다.

The place, indeed, had everything needed to make the day enjoyable for us.

그 장소는 정말이지 우리를 즐겁게 해 줄 수 있는 모든 것을 갖추고 있는 장소였다.

I realized once again that participation in outdoor exercises such as taking an excursion to the seashore or into the countryside produces both release from tension and physical wellbeing.

나는 해변이나 시골로 소풍을 가는 것과 같은 야외수련은 긴장을 풀어주고 신체적인 안녕을 만들어 낸다는 것을 다시 한번 깨닫게 되었다.

That is, activities of these kinds encourage me to use my mind and my body in ways that they don't normally get used at work or elsewhere.

즉 이 같은 유형의 활동은 평소에 직장이나 기타 다른 곳에서는 익숙하지 않은 방식으로 정신과 신체를 사용할 수 있도록 촉진시켜 준다는 것이다.

Accordingly, it is clear that nature itself is the greatest author that the world has ever produced.

그러므로 자연이란 그 자체가 바로 이 세상의 모든 것을 만들어 내고, 보살 피고 통제하는 조물주인 것이 분명한 것이다.

However, it soon came to my realization that many outdoor summertime activities sometimes invite dangers without warning.

하지만 많은 여름철의 야외 활동들은 때때로 예고 없이 위험을 가져온다는 생각이 문득 들었다.

This thought led me to watch out for my two daughters and my wife until we safely returned to our quarters.

이런 생각은 우리가 숙소로 안전하게 돌아올 수 있을 때까지 나의 두 딸과 아내를 살펴보게 했다.

Now, the summer vacation is near, and I am looking forward to having another wonderful summer vacation this year, comparable to last year's.

이제 또다시 여름철 휴가는 다가오고 있다. 그래서 나는 금년에도 작년과 필적할 수 있는 또 다른 멋진 여름휴가를 갖게 되기를 고대하고 있다.

English Newspaper Article (column)

When all is said and done, I think, summertime is the most wonderful season of the year with so many amenities it offers.

뭐니뭐니 해도 여름철이 많은 즐거움을 제공해 주고 있기에 일년 중 가장 멋진 계절이라고 나는 생각한다.

영어신문 기사(칼럼) 해설

Delicacies of the Season & A Health Food

계절의 진미와 건강식품

The Korea Times
코리아 타임스
November 1, 2002
2002년 11월 1일

Weeks ago, all by myself, I made an ascent of Mt. Sobaik in North Chungchong Province, out of sheer desire to pick song-i mushrooms.

수 주일 전 나는 송이버섯을 따겠다는 일념으로 충청북도에 있는 소백산을 혼자서 등반했다.

That day was the ideal weather for climbing a mountain, and the surrounding scenery put me in a good mood. In other words, the sky was even blue. So, I expected that I could gather many mushrooms.

English Newspaper Article (column)

그 날은 산을 오르기에 안성맞춤인 날씨였으며, 주변 경관도 좋은 분위기를 만들어주고 있었다. 즉 하늘은 한결같이 푸르렀다. 그래서 나는 많은 버섯을 따게 될 것이라고 기대를 했다.

As I gradually climbed the mountain, my heart was throbbing with expectation because a dense old pinewood forest spread out before me.

점점 더 산으로 오르게 되자 오랜 세월을 살아온 밀집된 소나무 숲이 펼치어 있는 것을 보고 나의 마음은 기대감으로 설레었다.

I put more and more hopes on gathering the mushrooms. In other words, the more I proceeded up the mountain, the more I was excited.

나는 버섯을 따겠다는 희망을 더욱 더 갖게 되었다. 다시 말하면 산에 오르면 오를수록 나는 더 신이 났다.

Considering that song-i mushrooms grow in dense pine forests, they obviously grow in the big mountain like Sobaik.

송이버섯이 짙은 소나무 숲에서 자란다는 것을 생각하면, 그것은 소백산과 같은 큰 산에서 자란다는 것은 틀림없는 것이다.

At that time, however, I could not find out the mushroom easily. It was like looking for a needle in a haystack.

그러나 그 당시 나는 그 버섯을 쉽게 발견하지 못했다. 그것은 마치 건초더미에서 바늘을 찾는 것과 마찬가지였다.

In the meantime, however, I happened to find wild fruits such as wild grapes and pipals in a valley. At that time, I felt hungry so the aromatic scent of the fruits made my mouth water.

하지만, 그러는 동안 나는 어느 한 계곡에서 머루와 보리수를 우연히 발견했다. 그때 나는 허기를 느끼고 있었으므로 그 열매들의 향기로운 냄새에 군침이 돌았다.

I alleviated my hunger with the fruits. They were as tasty as a rice cake covered with honey. I regaled my hunger with them.

나는 그 열매들로 배고픔을 달랬다. 그것들은 마치 꿀을 발라 놓은 쌀 떡만큼이나 맛이 있었다. 나는 그것을 먹고 기운을 차렸다.

As a person who likes rustic charm, these fruits reminded me of countrymen who are ignorant of the ways of the world.

순박한 용모를 좋아하는 사람으로서, 이 열매들은 나에게 세상을 모르는 사람들을 상기시켜 주었다.

Nevertheless, the fruits are, I thought, one of delicacies of the season in terms of natural food that harmonize with the natural world.

그럼에도 불구하고, 나는 그 열매들을 자연세계를 조화시키는 천연 음식의 관점에서 볼 때 계절의 진미들 중에 하나라고 생각을 했다.

To use a metaphorical expression, the fruits were the love song of mountain birds in the meadows. In this sense, I realized that all wild lives are peaches and cream.

비유적으로 말을 해서, 그 열매들은 초원에 날아온 산새들의 사랑의 노래였다. 이런 의미에서 나는 모든 야생들은 다 멋지다고 실감을 했다.

As a matter of fact, many natural products, such as a song-i mushroom, not only provide us with good ingredients, but also teach us precious things. The peculiar properties of song-i mushroom allow us to more greatly appreciate its value.

사실 송이버섯과 같은 많은 자연 산물들은 우리에게 훌륭한 성분을 제공해 줄 뿐만 아니라, 귀중한 것을 깨닫게 한다. 송이버섯의 특유한 속성은 그 가치의 진가를 더 훌륭하게 음미할 수 있게 해 준다.

First of all, the mushroom has a sweet scent of pine trees and many nutritive elements. However, it is impossible thing to grow it through artificial cultivation.

영어신문 기사(칼럼) 해설

우선 그 버섯은 향기로운 소나무 향기와 많은 영양 성분을 갖고 있다. 하지만 인위적인 배양을 통해 그 버섯을 재배하는 것은 불가능한 일이다.

The mushroom comes into being from bacterium in the wild. In a practical manner, bacteria grow on the surface of the culture medium and spread into colonies.

버섯은 야생에 있는 박테리아에서 생성되어 나온다. 실제적으로 박테리아는 배양체의 표면에서 성장한 후 균사체로 퍼져나간다.

According to a medical book, the bacterium of the mushroom has the highest curative qualities in all cases of cancers.

어느 한 의학 서적에 따르면 송이버섯의 박테리아는 모든 암을 치료할 수 있는 특성을 가지고 있다고 한다.

In fact, bacterium is one of the things that serve as convenient model organisms for studying the process of life. I think this is just a heavenly gift.

사실, 박테리아는 생명의 진행상태를 연구하기 위한 편리한 모델 유기체로 제공되는 것들 중에 하나이다. 나는 이것이 바로 하늘의 선물이라고 생각한다.

In this respect, there is no denying that we live in prosperity, enjoying the blessings of Nature.

English Newspaper Article (column)

이런 관점에서, 우리는 자연의 축복을 누리며 유복하게 살고 있다는 것을 부인할 수는 없는 것이다.

Therefore, I think, it is desirable that we should duly recognize the fact that forests are renewable, and when managed in a way that is compatible with environmental conservation, we can produce health food and useful things that turn to assist in development of medical and pharmaceutical products.

따라서 우리는 숲은 재생이 가능한 것이라는 것을 당연하게 인정하는 것이 바람직하며, 환경 보존에 모순이 되지 않는 방식으로 우리가 자연을 관리하면 건강식과, 의학과 약학의 개발을 도울 수 있는 유용한 것들을 생산할 수 있다고 나는 생각을 한다.

These days, we make greater efforts to improve our health than any other time.

요즘 우리는 그 어느 때보다 건강을 개선하는 데 더 많은 마음을 기울인다.

Therefore, many people prefer natural foods to processed foodstuffs. In most cases, the processed foodstuffs are seasoned with an artificial sweetener or monosodium glutamate.

따라서 많은 사람들은 가공식품 보다 천연식을 훨씬 더 좋아하고 있다. 대부분 가공식품은 인공 감미료와 화학조미료로 맛을 낸 것이다.

In view of these facts, there is no denying that synthetic flavoring can be a possible cause of a cancer if taken excessively. A cancer is a chronic disease for which there is no yet definite cure.

이러한 사실을 두고 볼 때 인공조미료는 너무 과도하게 섭취하면 암을 유발할 수 있는 원인이 될 수 있다. 암은 아직 명확한 치료법이 없는 고질적인 질병이다.

However, if we utilize natural resources as a method of medical treatment, we will someday conquer the disease.

하지만 의학 취급의 한 방법으로써 자연 자원을 활용하게 된다면, 우리는 언젠가 그 질병을 정복하게 될 것이다.

In fact, there are many delicious natural foods such as honey, which is regarded as one of the best delicacies of the season.

사실 계절의 진미들 중에 하나로 여겨지고 있는 꿀과 같은 맛있는 자연식은 많다.

Its natural flavor will never be replaced by any fabricated food, just like the human touch will never be replaced by any material comfort.

그것의 자연향미는 마치 인간미가 그 어떤 물질적 위안물로 대신할 수 없듯이, 어떠한 가공식품으로도 교체할 수가 없는 것이다.

English Newspaper Article (column)

In connection with this, a saying goes that "if a person gives a glass of cold water with a warm heart to a guest, it plays the role of a sumptuous meal."

이와 관련하여 '냉수 한잔도 온정이 깃든 마음으로 주면, 그것은 값진 식사의 구실을 하게 된다'라는 말이 있다.

In fact, a warm heart makes us eat and drink more enjoyable, and complements our meal. It is much the same as love and justice are complements each of the other.

사실 따뜻한 마음은 우리가 식음(食飲)을 더 즐길 수 있게 해 주는 것이며, 식사를 나무랄 데 없이 해 준다. 이것은 마치 사랑과 정의는 서로 더불어야 완전해진다는 것과 마찬가지인 것이다.

In our everyday lives, there are many parties, such as birthday parties, weddings, sixtieth birthday banquets and year-end social gatherings.

우리의 일상생활에는 생일파티, 결혼기념, 환갑잔치 그리고 망년회와 같은 많은 파티가 있다.

In such parties, participants take enjoyment in dining while celebrating. Refreshments in such social gatherings are very important element and a source of pleasure in our lives

이런 잔치에서 참석자들은 경축을 하면서 식사를 즐기게 된다. 이러한 모임

영어신문 기사(칼럼) 해설

에서 가벼운 식음료는 우리의 삶에서 매우 중요한 요소이며 즐거움의 근원이 되는 것이다.

Now autumn is getting far advanced, so my heart yearns to eat delicacies of the season.

이제 가을이 깊어 가고 있다. 그래서 이 계절의 진미가 먹고 싶은 생각이 든다.

At some time or another, I will come to a restaurant offering a buffet with my family to eat song-i mushroom coated with egg and then boiled on a skewer.

어쨌든 나는 조만간 송이 누름적을 먹기 위해 나의 가족과 함께 뷔페 식사가 제공되는 한 식당으로 가려고 한다.

This is because I came home with empty hands from my trip to pick up song-i mushrooms

그 많은 음식들 중에 송이누름적을 먹으려고 하는 이유는 나는 송이버섯을 따러 간 여행에서 빈 손으로 집에 돌아왔기 때문이다.

At any rate, I hope that all people, especially those who are in a melancholy frame of mind in this global village, will get a chance to dine on all kinds of delicacies of the season during this lonely autumn.

English Newspaper Article (column)

하여튼 나는 지구촌에 살고 있는 모든 사람들, 특히 울적한 기분으로 있는 사람들이 외로운 계절인 이 가을에 모든 종류의 계절의 진미를 먹을 수 있는 기회를 갖기를 희망해 본다.

영어신문 기사(칼럼) 해설

Typhoon and the Rainy Spell in Summer

여름철의 태풍과 장마

The Korea Times
코리아 타임스
August 28, 2002
2002년 8월 28일

The rainy season usually begins in July under the influence of a typhoon. On the average, about six or seven typhoons form over the southern Pacific Ocean each year and move northward at the velocity of 30~50 meters per second.

장마는 태풍의 영향으로 보통 6월 달에 시작한다. 매년 평균 약 예닐곱 개의 태풍이 남태평양에서 형성되고 초속 30~50미터의 속도로 북쪽으로 이동한다.

But it usually takes about a week to reach the Korean Peninsular from its place of origin so that we have some preparatory time to cope with a difficult situation.

그러나 그것은 발생지에서 한반도까지 도달되는데 보통 약 1주일이 걸리므로, 우리는 위험한 상황을 대처할 수 있는 얼마간의 준비 시간을 가질 수 있다.

Naturally, the typhoon loses more of its force when it hit the land, and yet it wields great influence over the entire Korean Peninsular almost every year.

자연적인 현상으로 태풍은 육지에 도달하게 되면 그 위력이 약해지지만, 그 힘은 거의 해마다 전체 한반도에 대단한 영향을 미치게 한다.

This is because the violent storm runs wildly to the Japanese Archipelago or the Korean Peninsular all along the vast expanse of the South Pacific without any particular obstruction, just like a new car running at full speed on an express highway.

이것은 그 거센 폭풍이 마치 고속도로에서 전속력으로 달리는 자동차처럼 그 어떤 장애물 없이 드넓은 남태평양을 따라 일본 열도 또는 한반도로 사납게 치닫기 때문이다.

Furthermore, the Korean territory is surrounded by seas on all sides but one. Accordingly, every typhoon has a direct influence on the Peninsular even though the typhoon moves aside from the Peninsular by way of the Japanese Islands.

더욱이 한국의 영토는 삼면이 바다로 둘러 쌓여있다. 따라서 모든 태풍은 일본열도를 경유하여 한반도를 벗어나서 통과한다 할지라도 직접적인 영향

영어신문 기사(칼럼) 해설

을 준다.

Rainfall at this time usually accompanies a strong wind so that damages caused by a typhoon are tremendous every year.

이 때의 강우량은 보통 강풍이 동반되며, 태풍에 의한 손실은 해마다 엄청나다.

This year, however, we have had much rain that had no correlation with any of the typhoons.

하지만 금년엔 그 어떤 태풍과도 아무런 관련이 없었던 많은 비가 내렸다.

According to the weather forecast released by the central weather bureau, many unexpected rain-laden clouds were suddenly molded by turbulent air and it rained hard. I find this far-fetched and an excuse, and nothing more.

중앙기상청이 발표한 날씨예보에 따르면 예상하지 않던 많은 비구름이 불안한 대기에서 갑자기 형성되어 비가 많이 내렸다고 했다. 나는 그것이 억지라고 생각하며 다름아닌 변명에 불과한 것이다.

As I look at it, the occurrence of air turbulence is frequent in August so that a long spell of rainy weather prevailed in August rather than July every year.

197

English Newspaper Article (column)

나의 관찰에 의하면 대기의 불안은 8월 달에 자주 있으며, 장마는 해마다 7월 달 보다 8월 달에 더 지배적이다.

This is because a blast of hot air from the south and a cold wind from the north collides with each other in the upper regions of the Korean Peninsula and its vicinities.

이것은 남쪽에서 불어온 뜨거운 바람과 북쪽에서 불어온 차가운 공기가 한반도와 그 주변의 상공에서 서로 충돌하기 때문이다.

The two winds are seasonal winds occurring especially at the change of season. As far as I know, weather becomes more extreme and variable with atmospheric heating in part because the warm-heated air accelerates the water cycle.

이 두 바람은 특히 환절기에 발생하는 계절풍이다. 내가 알고 있는 바로는 뜨거워진 공기가 물의 순환을 촉진하기 때문에 기후는 대기의 열로 어느 정도 극심해지고 변화를 일으키게 된다.

If our Government took a serious view of statistics in the past, it is quite probable that the Central Meteorological Office has recorded the above-mentioned facts in material form for meteorological statistics.

만약 우리 정부가 과거에 통계자료에 신중한 견해를 갖고 있었더라면, 중앙기상청이 기상학상의 통계자료를 위해 구체적인 형식으로 위에서 언급한 사실들을 기록해 놓았을 것이 거의 틀림없을 것이다.

Therefore, I think, it was right of them to predict that the weather, according to statistics, could be changeable for the time being and announce that the people should be careful with any change in the weather for safety's sake.

따라서 정부는 통계수치에 따라 안전을 위하여 날씨가 당분간 변화가 있을 것이며, 국민들은 그 어떤 변화의 날씨에도 조심해야만 한다고 발표를 하는 것이 옳았다.

Meteorology entails a systematical study of short-term variations in temperature, humidity, atmospheric pressure and precipitation along with their causes.

기상학이란 온도, 습도, 기압, 강수량의 원인과 더불어 그것들의 단기간의 변화상에 대한 체계적인 연구를 수반하는 것이다.

In a certain way, applying a statistics to uncertain cases in days to come is safer than a new uncertain scientific method.

분명히 불확실한 미래의 경우에 통계자료를 적용시키는 것은 불확실한 과학적인 방법보다 더 안전하다.

In fact, good statistics are essential to paint an objective picture of the state of a country - its economic and social condition.

사실 정확한 통계수치는 하나의 객관적인 모습, 즉 경제적 사회적인 상황을

English Newspaper Article (column)

그리는데 필수적인 것이다.

In late July, I heard from a weatherman on television that a long spell of rainy weather this year was virtually over and fine weather would last for weeks. But that report ultimately became wrong as well.

7월 말에 나는 텔레비전에서 기상 예보관으로부터 금년도의 장마는 사실상 끝이 났으며, 맑은 날씨가 몇 주 동안 지속될 것이라고 들었다. 그러나 그 보고는 역시 결국 틀리고 말았다.

As far as I am concerned, a long-range weather forecast in the rainy season in Korea seems to be on the level of an underdeveloped country in spite of the meteorological observatory is furnished with the state-of-the-art facilities.

내가 알고 있기로는 한국에서 장마철의 장기 기상예보는 기상 관측소가 최신식 시설이 공급되어 있음에도 불구하고 후진국 수준인 것 같다.

Of course, a long-range weather forecast, in reality, is an impossible task because the distribution of atmospheric pressure changes from time to time.

물론 현실적으로 장기 기상예보는 불가능한 것이다. 왜냐하면 대기 압력의 분포는 수시로 변하기 때문이다.

If we want more accurate long-range weather forecast, I

think, weather experts should not only make meteorological observations in the atmosphere but also build many marine meteorological observatories at the bottom of the sea.

우리가 더 정확한 장기 기상예보를 원한다면, 기상 전문가들은 대기의 기상관측만 할 뿐만 아니라, 바다 밑바닥에 많은 해양 기상관측소도 지어야 한다고 생각한다.

If my guess is right, a localized torrential downpour is subjected to the influence of an ocean current of sea-bed and ocean floor beyond the limits of national jurisdiction.

모르면 모르되, 집중호우는 심해저의 해류에 지배를 받고 있을 것이다.

The ocean current of deep sea floor at the change of season is probably quite different from winds or waves on the surface of the water in terms of a wave motion.

환절기에 깊은 바다의 해류는 아마 파도의 움직임 면에서 바다 표면의 바람 또는 파도와 꽤 다를 것이다.

This is because the ocean current is always influenced by the universal gravitation.

이것은 바다 바람이 전 자연계의 중력에 영향을 받기 때문이다.

At the turning of season, the atmospheric conditions are

subject to sharp fluctuations. On that account, atmospheric temperature at this time always changes all of a sudden.

환절기에는 대기 현상이 큰 변동이 있기 마련이다. 그래서 이때의 대기 온도는 언제나 갑자기 변화한다.

Therefore, good meteorological statistics applying at this time compare quite well with a scientific method. But the treatment of the meteorological statistics also entails circumspection.

따라서 훌륭한 기상학상의 통계자료를 이때에 적용하는 것은 과학적인 방법에 못지않을 것이다. 그러나 기상학상의 통계자료의 취급은 역시 주의 깊은 관찰이 수반되어야 할 것이다.

Generally, Korea has a mild climate. But at the turning of season, it is subject to sudden changes in atmospheric temperature because southerly hot winds and northerly cold winds make an effort to hold a dominant position in the upper air.

일반적으로 한국은 온화하다. 그러나 환절기에는 대기의 온도가 급변하기 마련인데 그것은 남쪽의 뜨거운 바람과 북쪽의 차가운 바람이 상층의 대기에서 지배적인 위치를 확보하려는 노력을 하기 때문이다.

Accordingly, an ordinary air stream in the skies changes itself into a treacherous air current. Therefore, a typhoon and the torrential rains in summer are quite different in character.

따라서 하늘에 있는 평상시의 기류는 불안정한 기류로 변하게 되며, 여름철의 태풍과 집중호우는 성격 면에서 상당히 다른 것이다.

In many cases in the past, a localized torrential downpour invited more unhappy events than a long spell of rainy weather.

과거에 집중호우는 많은 경우 장마보다 더 불운한 사건을 초래했다.

This year, too, we have had many torrential rains that caused not only the river to flood, but also landslides killing many innocent people in mountainous areas.

금년에도 역시 강을 범람시키게 했을 뿐만 아니라, 산간 지역의 죄 없는 많은 사람들의 운명을 앗아가게 하는 산사태를 일으키게 한 많은 집중호우가 있었다.

The people of the flooded area, especially in the southern region, have sustained severe injuries both physically and mentally.

특히 남부지방의 홍수지역에 사는 사람들은 신체적 그리고 정신적으로 큰 손상을 입었다.

English Newspaper Article (column)

The authorities concerned this time, I think, should draw a clear distinction between whether these unhappy events are man-made disasters or natural disasters.

당국은 이번의 이 비참한 대사건이 인재인지 아니면 자연재해인지 분명한 식별을 명시해야만 할 것이라고 생각한다.

Should they put themselves in the injured person's place and have a new slant on the situation, the ability of our meteorological observations will be remarkably improved.

만약 그들이 부상(負傷)한 사람들의 입장이 되고 그 상황에서 새로운 태도를 갖는다면, 우리의 기상관측의 능력은 현저하게 개선될 것이다.

In connection with this, we need powerful measures and a powerful new plan that should be based on proposals from the people of flooded districts.

이와 관련하여 우리는 홍수지역의 사람들의 제안에 근거를 해야만 하는 강력한 조치와 강력한 계획이 필요할 것이다.

In other words, desperation times call for desperate measures. This is, I think, the best way dealing with the problem.

즉, 비상시에는 비상조치가 필요한 것이다. 이것이 나는 그 문제를 다루는 가장 좋은 방법이라고 생각을 한다.

영어신문 기사(칼럼) 해설

New beginnings at a proper time are very important, just like a blossom develops from a bud. "A good beginning is a task half done." as the proverb puts it.

적절한 시기에 새로운 시작은 꽃봉오리에서 새로 피어나는 꽃처럼 매우 중요하다고 생각한다. 속담이 말해주고 있듯이 '시작이 반이다'라는 말이 있다.

In these difficult situations, at any rate, people of the flooded districts are now eagerly making an effort to put the situateion under control.

어쨌든 이러한 어려운 상황에서 홍수지역의 사람들은 이 처지를 통제하려고 안간힘을 쓰고 있다.

I hope that their residential districts will be blossomed out again with charming and attractive town houses, without thinking about the problem of a spell of ill luck.

희망 하건대 그들의 거주지역이 이 한바탕의 불운에 대하여 더 이상 생각을 하지 않는 쾌적하고 매력 있는 도시 주택지로 다시 번영하기를 바란다.

We truly need Government's solemn promise not to disregard the will of the people. This is the very substantial aid that we want in the period of difficult time. In fact, an ounce of practice is worth a pound of theory.

우리는 민의를 저버리지 않겠다는 정부의 엄숙한 약속을 정말로 필요로 한

English Newspaper Article (column)

다. 이것이 이 어려운 기간에 원하는 아주 실질적인 도움인 것이다. 사실 사소한 실천이 큰 이론의 수고를 덜어주는 것이다.

<참고 자료>

The Process of Clouds Formation

Many factors can cause air containing water vapor to move up to the troposphere. Clouds are formed when the temperature of such air decreases to its dew point. As the air containing water vapor rises, it expends due to low atmospheric pressure and consumes large amounts of energy, with the result that the temperature of the air drops to its dew point. When that occurs, the air cannot retain certain amounts of water vapor anymore, and the water vapor is separated from the air, which leads to the formation of clouds

많은 요인들로 인해 수증기를 함유한 공기가 대류권으로 이동한다. 구름은 그러한 공기의 온도가 이슬점까지 떨어질 때 형성된다. 수증기가 함유된 공기가 상승하면, 저기압으로 인해 팽창하게 되고, 많은 양의 에너지를 소비한다. 그 결과 공기의 온도가 이슬점까지 하락한다. 그렇게 되면 공기는 일정한 양의 수증기를 더 이상 보유할 수 없게 되고 수증기는 공기와 분리된다. 그 결과 구름이 형성된다.

영어신문 기사(칼럼) 해설

The Fruits of the Earth

땅의 산물

The Korea Times
코리아 타임스
August 13, 2002
2002년 8월 13일

It is still sizzling hot, even though autumn has already begun according to the lunar calendar. In the course of nature, we have to endure the heat for some more days but these days I feel a touch of an autumn.

음력(陰曆)으로는 이미 가을이기는 하지만 아직 뜨거운 날씨다. 자연의 섭리에 따라 우리는 앞으로 더위를 며칠 정도 더 견디어야만 되겠지만, 나는 요즈음 가을의 정취를 느낀다.

It may be all the same to people living in a place where the four seasons are distinct.

이것은 사계절이 분명한 지상에서 살고 있는 사람들은 모두 마찬가지일 것

English Newspaper Article (column)

이다.

This year, the harvest of some fruits and grains is also going to be moved up one or two months ahead of right season, thanks to a newly developed farming method.

금년에도 역시 어떤 과일이나 곡물들의 추수는 새로 개발된 농사법의 덕분으로 제때보다 한 두 달 앞당겨질 예정이다.

The other day, I found newly harvested grapes in a store, as I walked up and down a street to buy some fruits. The grapes looked good enough to eat, so I bought several bunches of them for my family and came back home.

엊그제 과일을 좀 사려고 길을 걸어가고 있을 때, 나는 어느 한 가게에서 햇포도를 보았다. 그 포도는 먹기에도 잘 익은 것 같아서 나는 가족들을 위해 몇 송이를 사서 집으로 돌아왔다.

Most seasonal fruits are supposed to ripen in autumn. But these days, some fruits, grains and vegetables are forced to bloom in greenhouses for early harvest.

계절에 따른 대부분의 과일들은 가을에 익는 것으로 되어있다. 그러나 요즈음엔 어떤 과일들과 곡식 그리고 야채들은 이른 수확을 위해서 온상에서 꽃이 피도록 인공적으로 촉성(促成)된다.

Moreover, staple grains such as rice and wheat are

sometimes cultivated for two crops a year in this way.

더욱이 쌀이나 밀과 같은 주요 곡물들은 이런 방법으로 일년에 이작(裏作)을 할 때도 있다.

As a result of this kind of cultivation, we can see the first agricultural products of the year serve earlier at our tables.

이런 방식의 경작의 결과로 우리는 한 해의 첫 농산물이 좀더 일찍 식탁에 오르는 것을 볼 수 있다.

It goes without saying that grains and fruits of the Earth are the source of energy that keeps man's health because they are loaded with various kinds of vitamins or nutrients the human body requires.

말할 필요 없이 땅의 산물들은 사람들의 몸이 요구하는 여러 종류의 비타민이나 영양분을 충분히 담고 있기 때문에 사람들의 건강을 지켜주는 에너지의 원천이다.

Particularly, vitamins produced by fruits are a major group of organic compounds that regulate the mechanisms by which the body converts food into energy.

특히 과일에서 생산된 비타민은 메커니즘을 조절하는 유기물의 주요 원자단(原子團)이며, 몸은 그 메커니즘으로 음식을 에너지로 바꾸게 된다.

English Newspaper Article (column)

In other words, vitamins are substances that the body cannot manufacture itself, but must have for some vital functions.

즉 비타민은 우리 몸이 스스로 만들어내지 못하지만 여러 가지 필수적인 기능을 위해서 몸에 반드시 필요한 물질이다.

From this point of view, who will deny these products are truly the kindly fruits of the Earth?

이런 점에서 볼 때, 그 누가 이런 생산물들이 진정한 땅의 산물이라는 것을 부인(否認)하겠는가?

But, I think, not all the agricultural products are the kindly fruits of the Earth because some of them have been recently produced by genetic manipulation. They haven't gone through a drug review process.

그러나 나는 모든 농산물들이 땅의 산물은 아니라고 생각을 한다. 왜냐하면, 그것들 중 어떤 것들은 유전자의 인위적 조작으로 최근에 생산되고 있기 때문이다. 그것들은 아직 약품 검사 과정을 거치지 않았다.

So, there's a danger of contaminating other crops and possibly harming human health.

그것은 다른 여타의 농작물(農作物)을 오염시키게 되거나 사람의 건강에 해(害)를 줄 위험이 있는 것이다.

It is significant to note that over 90 percent of genetically modified foods are forbidden under European Union labeling norms, known as the most stringent in the world.

유전자 변형식품들의 90% 이상이 세계에서 가장 엄격한 것으로 알려진 유럽연합의 분류표준에서 금지되어 있다는 것은 주목할 만한 것이다.

In this respect, our country must treat these products in the same manner if we are not to get in harm's way in days to come. It is necessary to conduct an inquiry into possible dangers of consuming them.

이런 점에 있어서 우리나라도 미래에 위험에 빠지지 않으려면 이런 생산물들을 같은 방법으로 취급을 해야만 할 것이다. 그것들을 소비하면서 있을지도 모를 위험에 대한 조사를 실시하는 것은 필요한 것이다.

With the progress of science, we understand that genes are bits of biochemical instructions found inside the cells of every organism, from bacteria to humans.

과학의 진보와 함께 유전자는 박테리아에서부터 인간에 이르기까지 모든 유기체의 세포 안에서 발견되는 생화학상의 작은 지시사항이라고 우리는 이해를 한다.

According to the genetic research, many weaknesses in plants, animals and humans have their origin in tiny imperfections in the genetic code.

English Newspaper Article (column)

유전학 연구에 따르면 식물, 동물 그리고 인간에 있어 많은 결함은 유전암호의 작은 결함에서 기인한다고 한다.

In the same manner, all plants and animals have their own instincts, which are still wrapped in mystery. It is, I think, impossible to discover the mystery by means of scientific technique, no matter how it may make remarkable progress in the future.

마찬가지로 모든 식물들과 동물들은 그들 자신들만의 본능을 가지고 있는데, 그것들은 아직 신비에 싸여 있다. 과학 기술이 미래에 아무리 발전한다 하더라도 그 신비를 밝혀내는 것은 불가능하다고 나는 생각한다.

For instance, have you identified the gen that attracts bees to pollinate the plants? Your answer about this may as follows. We are just altering this one gene that will make it hardy.

예를 들면 당신들은 식물의 어떤 유전자가 가루받이를 위하여 벌을 유인하는지 알아 냈는가? 이에 대한 당신의 답변은 아마 다음과 같을 것이다. 즉, "우리는 식물들을 더 강하게 만드는 유전자를 바꾸고 있을 뿐이다"라고.

And why do so many wild animals avoid the poisoned food, of their own accord? I am confident that it is an instinct for survival. The instinct, I think, is the only thing that all living creatures can follow.

그리고 그 많은 야생 동물들이 왜 독이 들어 있는 먹이를 자발적으로 거절하는가? 나는 그것이 살아남기 위한 본능(本能)이라고 확신을 한다. 즉 그 본능은 모든 살아있는 유기체(有機體)들이 따라야 하는 유일(唯一)한 것이라고 생각을 한다.

In practice, all natural creatures possess the instinct of self-preservation and follow their instincts from the beginning of life. I think that the primitive instincts of living creatures must be left as eternal riddles of human life.

실제로 모든 자연 유기체들은 자기보존(自己保存)의 본능을 갖고 있으며, 삶의 시작부터 그들의 본능을 따르고 있다. 그래서 나는 살아있는 유기체들의 원시적인 본능은 우리의 삶에서 영원히 풀리지 않는 수수께끼로 남겨놓아야만 한다고 생각을 한다.

Accordingly, we have to accept the fact that there are some questions whose answers are not known to us. Only when we accept the fact that we do not know certain things in our lives can we begin to explore many different possibilities available to us.

우리는 우리에게 답이 알려지지 않은 몇 가지 질문이 있다는 사실을 인정해야 한다. 우리의 삶에서 우리가 어떤 것들은 알지 못한다는 것을 인정할 때만이 우리가 얻을 수 있는 많은 다양한 가능성을 탐색하기 시작할 수 있는 것이다.

When I was young, I saw a tomato plant with branches

English Newspaper Article (column)

heavily laden with fruits near my house and I discovered a disfigured tomato that looks like Siamese twins linked at the body.

나는 어렸을 때 집 근처에서 가지가 휘어지도록 열매가 열린 토마토 식물을 보았다. 그리고 몸체가 연결된 샴 쌍둥이처럼 보이는 이상하게 생긴 토마토를 발견했다.

I immediately picked it out of curiosity and wandered from place to place, making a display of it.

나는 호기심에 이끌리어 그것을 즉시 따서 자랑을 해 보이며 이리저리 가지고 돌아다녔다.

At that time, a man stared at me and then he said, "You should not eat such an odd-looking thing!" And he added, "If you eat it, you will have twins."

그 당시 어떤 한 사람이 나를 쳐다 보더니, '너 그처럼 이상하게 생긴 것을 먹으면 안 된다!'라고 말했다. 그리고 그는 다시 '만약 네가 그걸 먹으면 너는 커서 쌍둥이 자식을 갖게 될 것이다'라고 덧붙여 말했다.

It is probable that this utterance came from his basic instincts, just like other animals and plants' primitive instincts.

이러한 제언(提言)은 아마 마치 다른 동물들이나 식물들의 본능처럼 그의 기본적인 본능에서 나왔을 것이다.

Of course, that admonition was not supported by a scientific method. But, a scientific method of that time was dominated by instinctive behavior from a long time ago.

물론 그 훈계(訓戒)는 과학적 방법으로 뒷받침이 되지는 않지만, 그 당시의 과학적 방식은 오래 전부터 본능적인 행동에 의해 더 지배되고 있었다.

In a sense, instincts are far superior to scientific methods in terms of preservation of the species. In reality, there are many things in nature that defy human attempts to imitate them.

어떤 면에서 본능은 종자의 번식 면으로 볼 때 과학적 방식보다 훨씬 우월하다. 사실 자연 속에는 인간이 그것을 흉내 내려고 시도하는 것을 거부하는 많은 것들이 있다.

From this point of view, we should be careful of genetically engineered fruit because, contrary to our beliefs, they are not entirely safe.

이런 관점에서 볼 때, 우리는 유전공학(遺傳工學)으로 조작(造作)된 농산물을 조심해야 할 것이다. 그 이유는 우리가 믿고 있는 것과는 달리 전적으로 안전한 것이 아니기 때문이다.

Strictly speaking, the fruits produced by genetic engineering are not their natural shape in terms of natural viewpoint.

English Newspaper Article (column)

엄격히 말해서 유전공학으로 산출된 과일들은 자연적인 관점에서 볼 때 그것들의 원래의 모습이 아닌 것이다.

The fruits, paradoxically speaking, are like objects reflected in a mirror whose image is slightly altered by a flaw.

그 과일들은, 역설적으로 말하자면, 마치 약간의 결점을 가진 거울 속에서 변형(變形)된 모습으로 비춰진 물체들인 것이다.

But scientists not only fail to notice the weak point of the fruits produced by genetic engineering, but also the defect of the distorted mirror. I mean that the distorted mirror, at this point, is scientific knowledge.

그러나 과학자들은 유전공학으로 생산된 열매들의 결점도 발견하지 못하고 있을 뿐만 아니라, 일그러진 거울의 결점도 발견하지 못하고 있는 것이다. 나는 그 일그러진 거울을 과학지식을 두고 하는 말이다.

Of course, there are some freaks of nature as a result of cross-fertilization in the natural world. But all these hybridized species, without distinction of plants or animals, are deprived of their generative powers as soon as they come into existence.

물론 자연 세계에는 교잡종(交雜種)의 결과로 몇몇 돌연변이(突然變異)들이 살아 움직이고 있다. 그러나 이모든 잡종들은 식물들과 동물들을 막론하고 삶으로 태어나는 순간 곧 그들의 생식력은 빼앗기고 만다.

This is because their parent's chromosomes are not in accordance with each other. That is, fertile offspring cannot be produced by interspecies breeding.

이런 이유는 그들의 부모의 유전염색체(遺傳 染色體)가 서로 일치하지 않기 때문이다. 즉, 종간 번식에 의해 생식력이 있는 새끼가 태어 날 수 없다는 것이다.

Therefore, they are destined to live only once in this world without leaving offspring as a result of congenital malformation.

따라서 그들은 선천적 기형(奇型)의 결과로써 이세상에서 자손을 남기지 못하고 오직 한번만 살아야 할 운명에 있는 것이다.

Such being the case, the order of natural world is maintained. This is nothing less than the law of Nature. The law of Nature is benevolent, but, on the other hand, it is as cold as a stone.

이런즉, 자연의 질서(秩序)는 유지가 되는 것이다. 이것이 다름아닌 자연의 법칙인 것이다. 자연의 법칙은 호의적(好意的)이긴 하지만, 반면에 아주 냉정(冷靜)한 것이다.

For this reason, we need to make an effort to maintain preservation of natural species, which should take priority over genetic engineering.

English Newspaper Article (column)

이 같은 이유로 우리는 유전공학보다 중요시해야만 하는 원래의 종자들을 보존 유지하기 위한 노력을 할 필요가 있는 것이다.

Otherwise, the benevolent Almighty God will ultimately treat us as the foolish people with dubious evidence that cannot positively be denied.

그렇지 않으면 자비로운 전능(全能)하신 신은 마침내 우리를 닭 잡아먹고 오리발 내미는 바보 같은 사람으로 취급하게 될 것이다.

Now, the rainy season is over and the sun beats down on the growing crops day after day by the grace of God. Sunshine is beneficial to plants and ripens fruits.

이제 장마철은 끝났고 태양은 신의 은총아래 날마다 자라나는 농작물들을 쪼여주고 있다. 태양은 식물에 유익하게 하며 과일을 익힌다.

As a matter of fact, there are no treasures more precious than the kindly fruits of the Earth to maintain our lives.

사실 우리의 삶을 유지시키는데 땅의 산물보다 더 값진 보물은 없다.

In every respect, the fruits of the Earth are gifts from God. Therefore, let us express our sense of gratitude to Almighty God who produces the kindly fruits of the Earth, which are the bread of life.

모든 면에서 볼 때 땅의 산물은 신의 선물인 것이다. 따라서 우리는 삶의 양식인 땅의 산물을 생산해 주는 전능한 신에게 늘 감사의 표시를 해야만 할 것이다.

<참고자료 - 아래 글은 어느 한 자료에서 발췌한 것을 번역한 것임>
Let's review some of nature's ingenious solutions for dealing with the complex problem of reproduction. To make the move from asexual to sexual reproduction, for instance, nature modified an existing system to allow the DNA of two parent cells to combine to create the new offspring. As you know, unlike asexual reproduction, where the entire DNA of the new cell is an exact copy of the parent cell, the new cell receives only half of the DNA from each parent cell, thereby producing novel combinations of genetic material.

번식의 복잡한 문제를 해결하는 자연의 놀라운 방법을 몇 개 살펴보도록 하자. 예를 들어 무성생식에서 유성생식으로 이동하기 위해 자연은 기존의 체계를 수정하여 두 부모 세포의 DNA가 결합하여 새 자손을 만들도록 했다. 알다시피 새 세포의 DNA 전체가 부모 세포의 정확한 복제인 무성생식과는 달리 유성생식의 새 세포는 각 부모 세포로부터 절반의 DNA만을 받음으로써 유전물질의 새로운 조합을 만들어 낸다.

English Newspaper Article (column)

An Attraction of Town Life

도시생활의 매력

The Korea Times
코리아 타임스
July 11, 2002
2002년 7월 11일

There are many bridges across the Han River. Among them, the Grand Han River Bridge that connects Noryangjin and Yongsan is the oldest of all, and it is the historied one that crosses over an islet.

한강을 횡단하는 다리가 많이 있지만, 그 중에 노량진과 용산을 연결하는 한강대교는 가장 오래된 다리이다. 그리고 그것은 작은 섬을 가로지르는 유서 깊은 다리이다.

The islet is situated in the middle of the Han, which runs through Seoul and finds its way to the West Sea (or Yellow Sea).

이 작은 섬은 서울을 관통하여 서해(즉, 황해)로 빠져나가는 한강의 한 복판에 있다.

The island lying between the districts on the southern and northern side of the river is called Nodeul-som ("som" means island.) Recently, I made an etymological study of the region's name in an encyclopedic dictionary. The book helped me realize the derivation of the word.

한강의 남쪽과 북쪽 지역 사이에 있는 이 섬은 노들섬이라고 불린다. 최근에 나는 이 지역의 이름을 백과사전에서 어원적으로 연구를 해보았다. 그 책은 나에게 그 단어의 유래를 이해시키는데 도움이 되었다.

According to this book, the etymology of "Noryangjin" comes from the word meaning "ferry," where many snowy herons once gathered. "No" is derived from the area of "Noryangjin", and "Deul" is derived from "Su-yang-bo-deul," or "weeping willow."

이 책에 따르면 '노량진'이라는 어원은 한때 많은 백로들이 모였던 '나루터'를 의미하는 단어에서 왔다. '노'는 '노량진'에서 유래되었으며, '들'은 '수양버들'에서 유래되었다.

Finally, I realized that the word "No" refers to "Nonilda" or "stroll about" in English and "Deul" is taken from Su-yang-bo-deul.

마침내 나는 '노'라는 단어는 '노닐다' 또는 영어로는 '어슬렁거리다'를 나타내며, '들'은 '수양버들'에서 파생됐다는 것을 알게 되었다.

English Newspaper Article (column)

Recently, the aspect of Nodeul-som at night looks more striking than ever because the island has a new feature. Beautiful lighting apparatuses are set up around the island.

최근에 노들섬은 새로운 모습을 갖추고 있으므로, 이 섬의 밤의 양상은 여느 때보다도 더 인상적으로 보인다. 아름다운 조명 장치가 섬 주변에 설치되었다.

They give an adventitious charm to the undistinguished architecture of the riverbank covered with cement. In other words, they give the circumference a cool and peaceful feeling.

이 조명은 시멘트로 덮어 씌워진 평범한 강둑의 건축양식에 기대하지 못했던 매력을 주고 있다. 즉 그 조명은 그 주변에 시원하고 평온한 느낌을 주고 있다.

The lights adorning Nodeulsom remind me of a beacon lamp. As a matter of fact, Noryangjin is a place of historic interest where a steady light once beaconed.

노들섬을 장식하고 있는 그 조명은 나에게 등대불을 상기시켜 준다. 사실 노량진은 한때 불변의 불빛이 빛나던 역사적인 명소이다.

The place was known as a ferry point and its vicinity was full of weeping willows. In old times, people, of course, used to cross the Han River by ferryboats.

그 장소는 나루터로 알려져 있었으며, 그 주변은 버드나무가 가득했다. 옛날엔 사람들이 이 강을 물론 나룻배로 건너곤 했다.

According to historical documents, the ferry point was crowded with many fishing boats because it was the only ship-to-shore route along the river from Incheon port to Mapo. It served as arteries of commerce.

역사 기록문서에 따르면, 이 나루터는 인천항에서 마포까지 그 강을 따라 선박에서 육로로의 유일한 수송로였으므로 많은 고기잡이 배들로 복잡했었다. 그 강은 교역의 주요 동맥역할을 했던 것이다.

Naturally, the area was the center of business transactions, where people from various regions flocked to trade an article for another. The lists of articles were various such as the crops and marine products ferried along the river.

자연적으로 이 지역은 각처의 사람들이 물건과 물건을 맞바꾸기 위해 모였던 상거래의 중심지였다. 그 품목들은 강을 따라 수송된 농산물 그리고 해산물과 같은 것으로 다양했다.

Time passed, and now few faces of the old customs remained. However, Nodeul-som is as green as ever with weeping willows.

시간은 흘렀고 이제 그 옛 관습의 모습은 거의 남아있지 않다. 하지만 노들섬은 수양버들로 변함없이 푸르다.

English Newspaper Article (column)

The island, in the natural aspect, is as valuable as ever, even after the passage of time. Indeed, the long branches of the trees on the island are just as beautiful.

자연적인 측면에서 이 섬은 시간이 흘렀다 할지라도 변함없이 가치가 있다. 정말이지 이 섬 위에 있는 이 나무들의 길게 늘어진 가지들은 그저 아름답기만 할 뿐이다.

Now, I imagine the old days when many tall and short weeping willows shaded the water's edge and people took a pleasant rest in the shade, appreciating the scenery along the river as the branches of the trees drooped gracefully.

나는 크고 작은 수양버들이 물가에 그늘을 드리우고 많은 사람들이 강가에 우아하게 축 늘어뜨린 나뭇가지들의 경치를 즐기며, 그 그늘에서 즐겁게 휴식을 취했을 그 옛날을 상상해 본다.

There might have been many boats moored at the pier where sunlight was shining through the branches of the trees.

거기에는 많은 배들이 햇살이 그 버들 나뭇가지로 비치고 있는 나루터에 정박해 있었을 것이다.

A proverb says, "Fashion varies according to the time." Actually, fads come and go, and that is very their nature. In the same way, Nodeul-som also developed in a different way.

속담에 '유행은 변한다'라는 말이 있다. 실제로 유행은 일시적이며 그것이 바로 유행의 본질이다. 마찬가지로 노들섬 역시 다른 방식으로 발전을 했다.

At any rate, Nodeul-som today has improved in appearance with the new lighting that adds a fine tone of color.

어쨌든 오늘날의 노들섬은 멋진 색상을 가미한 새로운 조명으로 외관이 개선되었다.

The lights send out rays of dark green with a dash of purple. It's the soft shades of green and purple. They are really pleasant green colors spaced alternately with light ones, which gives the surrounding area a cool and peaceful feeling.

이 조명은 자주빛을 띤 짙은 초록빛을 발산하고 있다. 그것은 녹과 자주빛의 부드러운 색조이다. 그 빛들은 밝은 색상들이 번갈아 어우러지는 아름다운 초록색인데, 그것은 주변을 시원하고 평온한 느낌을 준다.

To use a metaphor, the color of a flame is a delicious cake that has alternate layers of vanilla and chocolate.

비유적으로 말하면, 그 불꽃의 색상은 바닐라와 초콜릿이 번갈아 층을 이루는 맛있는 케이크이다.

The night scenery of Nodeul-som of today is really some-

English Newspaper Article (column)

thing special that appeals to our artistic sentiments. A pleasure boat can be seen sailing up and down the river at night.

오늘날 노들섬의 밤의 경치는 정말 우리의 기분을 사로잡는 독특한 정취가 있다. 야간엔 유람선이 강을 오르락 내리락 뱃놀이하는 모습을 볼 수가 있다.

It is a truly beautiful modern scene of Ndeul-som. Therein lies an attraction of town life.

이것은 정말 현대의 아름다운 노들섬의 모습이다. 바로 거기엔 도시생활의 매력이 있는 것이 아니겠는가?

According to an old saying, "The world belongs to the courageous." Likewise, I believe that it requires great courage to make a city beautiful. That is, I think, among the things we must do.

옛 속담에 따르면 '용기 있는 자가 세상을 차지한다'라고 한다. 마찬가지로 도시를 아름답게 만들기 위해서는 큰 용기가 요구된다고 나는 믿는다. 또한 그것은 우리가 해야만 하는 것들 중에 하나라고 생각한다.

This kind of act, I firmly believe, is the way of making oneself appeal to others, and will eventually serve as a beacon.

이러한 행위는 자신을 남에게 돋보이게 하는 방법이며, 마침내 하나의 등불

영어신문 기사(칼럼) 해설

로 봉사하게 될 것이라고 나는 굳게 믿는다.

It may be perhaps that I am not modest in my words, but many city dwellers seem to have lost their moorings in our jostling life of today.

나의 말에 어폐가 있을지는 모르겠지만, 많은 도시 생활인들은 오늘날의 복잡한 삶 속에서 마음의 지주를 잃고 사는 것 같다.

Modern cities surely need more facilities for recreation. Thus, it is required to set up more natural parks in the downtown area.

현대의 도시는 분명히 더 많은 휴식 편의시설을 필요로 하고 있다. 그러므로 도심 속엔 더 많은 자연공원의 설치가 요구되고 있는 것이다.

As a person who studies natural philosophy as a hobby, it is very difficult to escape the subtle attractions of natural phenomena, conversing with nature and forgetting earthly affairs, just like a pig wallowing happily in the mud.

나는 자연철학을 취미로 공부를 하고 있는 사람으로서 마치 돼지가 진흙 속에서 정신없이 뒹굴듯이, 자연과 대화를 하고 세상사를 잊는 동안 포착하기 어려운 자연현상의 매력에서 도저히 빠져나올 수가 없는 것 같다.

As the proverb goes, "Nature is the best physician." If we keep this proverb in mind and build more natural parks in the

English Newspaper Article (column)

downtown area, we will find town life more attractive.

속담에 '자연은 가장 좋은 의사'라고 한다. 우리가 이 속담을 염두에 두고 도심지역에 더 많은 자연공원을 만든다면, 우리는 더 매력 있는 도시생활을 찾게 될 것이다.

Therefore, let us build more natural parks in the midtown area and find out how many attractions lie in the parks designated for the protection of nature!

따라서 도시 한 복판에 더 많은 자연공원을 세우고, 자연보호구역으로 지정된 공원에서 얼마나 많은 매력을 발견하게 될는지 우리 모두 함께 나서야 되지 않겠는가?

영어신문 기사(칼럼) 해설

Kwanak Mountain: A Place to Rest

휴식 공간을 마련해주는 관악산

The Korea Times
코리아 타임스
Jun 14, 2002
2002년 6월 14일

Busy days call for relaxing evenings – a chance to enjoy a leisurely dinner and catch your breath.

바쁜 하루를 보내고 나면 긴장을 풀 수 있는 저녁이 필요하다. 즉, 여유 있는 저녁 식사를 즐기고 한숨 돌릴 수 있는 기회가 필요한 것이다.

Likewise, mountain climbing on Sundays does always bring me a world of good. So, it is usual for me to make an ascent of a mountain on Sundays.

마찬가지로 일요일 등산은 나에게 언제나 멋진 세상을 안겨주고 있다. 그래서 일요일마다 산을 오르는 것은 다반사가 되었다.

Last Sunday was the same to me. I walked up to the top of

English Newspaper Article (column)

Kwanak Mountain without a companion and spent hours, deeming it is good for me to do so.

지난 일요일에도 마찬가지였다. 나는 관악산 정상까지 올라갔으며 수 시간을 혼자 보내는 것이 좋을 거라고 생각을 해서 그렇게 했다.

This is because I, sometimes, prefer being alone to having company. That always gives me time to examine my life.

그것은 나는 다른 사람들과 함께 있는 것보다 때때로 혼자 있는 것을 더 좋아하기 때문이다. 그것은 언제나 나의 인생을 분석하는 시간을 준다.

The Mountain path that starts from the back of Seoul National University branches off into crowded and isolated paths. I deliberately chose a remote mountain trail to make the ascent of the mountain.

서울 대학교 뒤에서 시작되는 등산로는 복잡한 길과 외진 길로 갈라진다. 나는 그 산의 정상까지 오르기 위해서 일부러 외진 길을 택했다.

There was a narrow path running along by the cliff where there were always walkers trapping.

벼랑 가를 따라 항상 도보여행자들이 걷는 좁은 길이 나 있었다.

It was a really meandering and rugged mountain path and there was no one there, so that I was completely alone before I topped the mountain peak.

그 길은 정말 꼬불꼬불했고 바위투성이였으며, 아무도 보이지 않았다. 그래서 산꼭대기에 오를 때까지 나는 완전히 혼자였다.

Kwanak Mountain spreads out in many ridges and it has many mountain tracks all over it. Somewhere along the way, the path I chose was like a region where no human being has ever set foot.

관악산은 많은 산맥이 뻗어 있으며, 동시에 많은 등산로가 그 산등성이 위로 있다. 중도에 내가 택한 길은 사람들의 발길이 한번도 닿지 않은, 즉 인적(人跡) 미답(未踏)의 땅 같았다.

From the mid-slope of the mountain, there was a really rocky path with strange and contorted rocks all over the hillside. To avoid slipping on the rocks, I took great care of my steps and kept my body slightly bent forward to have a better balance of my body.

산의 중턱에서부터 구릉의 여러 도처에는 정말 이상하고 울퉁불퉁한 바위들이 있는 바위길이 있었다. 바위 위에서 미끄러지는 것을 피하기 위해 나는 한 걸음 한 걸음을 무척 조심했으며, 몸의 균형을 보다 안전하게 잡기 위해 몸을 약간 앞으로 숙였다.

I also devoted myself to match my spirit to the undaunted spirit of the mountain.

English Newspaper Article (column)

나는 또한 나의 정신이 굽힐 줄 모르는 그 산의 기풍과 필적할 수 있도록 온 힘을 기울였다.

At that time, I felt a great sense of inner peace and calmness and felt one with nature. I further realized that my walking toward the mountain summit was a calling by the undaunted spirit of the mountain.

나는 그때 엄청난 내적 평화와 평온함을 느꼈으며, 자연과 하나됨을 실감했다. 그리고 나는 그 산의 정상을 향한 나의 걸음은 그 산의 굽힐 줄 모르는 기백의 부름에 의한 것임을 알게 되었다.

With this thought in mind, I really appreciated the day off after a hard six-day workweek, during which I sometimes had too many things on my hands.

이러한 마음으로 나는 일주일 동안 때로는 너무 많은 업무로 6일 간의 고된 일과에서 벗어나 정말 이날 하루를 값지게 보낼 수가 있었다.

On the mountain's crest, I perched myself on a flat rock lazily, as if the sun would never go down. In that place I took great pleasure in looking at the woodlands that evoked the fresh smells, colors, and sound of the mountain embraced by early summer.

산의 정상에서 나는 태양이 절대 지지 않을 것처럼 한가하게 어느 한 판판한 바위에 앉았다. 그곳에서 나는 초여름의 품에 안겨있는 산의 신선한 냄

새, 색깔 그리고 소리가 자아져 나오는 숲을 바라보며 큰 즐거움을 가졌다.

The moist earth was giving out a delicious fragrance. A thicket of assorted trees was swaying by the gentle wind. A brace of ringdoves were flying through the air forming a curve. The fleeces were fleeing before the wind.

촉촉한 땅은 기분 좋은 향기를 발산하고 있었고 여러 잡다한 관목들의 숲은 미풍에 흔들리고 있었다. 산비둘기 한 쌍이 곡선을 그리며 날고 있었다. 흰구름은 바람에 몰려 가고 있었다.

A little later on, a wind-hover was taking flight higher and higher into the sky, turning in circles for a good while. I also saw a nameless migratory bird flying with a gentle flap of the wings mottled with brown and yellow, and looked over the delicacy of a spider's web.

잠시 후엔 황조롱이 한 마리가 하늘 높이 날아들더니 한동안 원을 그리고 있었다. 또한 나는 갈색과 노란색의 무늬가 박힌 날개로 부드럽게 푸덕거리며 날고 있는 이름 모를 철새 한 마리도 보았으며, 정교한 거미줄도 들여다 보았다.

There was a breeze passing around me and, after a little while, the branches of a thicket were rustling in another gentle wind. It was the sound that made me more content.

미풍이 나의 곁을 스치더니 잠시 후 관목들의 가지들도 또 다른 바람에 바

English Newspaper Article (column)

스락거렸다. 그 소리는 나를 더 만족스럽게 해 줬다.

So, I was standing fixed to the spot for a while, captivating by the scene. The mountain was indeed full of life.

그래서 나는 그 장면에 정신을 빼앗기면서 한동안 그 자리에 꼼짝 않고 서 있었다. 산은 정말 생기로 가득했었다.

To make me more surprised, the physical aspect of Mt. Kwanak, as its name implies, is really magnificent. "Kwan" means crown and "ak" means huge mountain.

더 놀라게 하는 것은 그 산의 이름이 암시하고 있듯이 관악산의 산세(山勢)는 정말 당당하다는 것이다. '관'은 왕관을 의미하며, '악'은 큰 산을 의미한다.

Therefore, the combined word "Kwanak," true to its name, can be construed as a crowned huge mountain. On this account, my two feet freely walk themselves toward the mountain on Sundays, as if my mind is blinded by a beautiful woman.

따라서 '관악'이라는 합성어는 그 이름대로 왕관을 쓴 큰 산으로 해석이 될 수 있다. 이런 까닭에 나의 마음은 마치 아름다운 한 여인에게 현혹되고 있는 것처럼 나의 두 발은 일요일이면 그 산을 향해 정신 없이 향한다.

In the open air of the mountain on that day, I was totally embraced by the mountain's warm breast in the indefinable

영어신문 기사(칼럼) 해설

passage of season.

그날 드넓은 산의 그 노천(露天)에서 나는 완전히 알아낼 수 없는 계절의 추이 속에서 이 산의 따뜻한 품속에 완전히 껴 안겨지고 있었다.

So that I thought that there is nothing quite like reposing in Kwanak Mountain. In other words, I felt comfortable in the open air just like an infant nestling in its mother's breast.

그래서 나는 관악산에서 휴식을 하는 것과 비교할 만한 것이 없다고 생각을 했다. 즉 이 같은 야외(野外)에서 나는 마치 어머니의 품속에 안기어 있는 아이처럼 편안함을 느꼈다.

Metaphorically speaking, I sat on the mountain as if I had ensconced myself in an armchair listening to soothing music.

비유적으로 말하여 나는 마치 마음을 달래주는 음악을 들으며 그냥 안락의자에 앉아 있었다.

In the meantime, I tried to examine nature, and its models, systems, processes, and elements, and emulate or take inspiration from them to solve the problems facing me in my life.

그러는 동안 나는 나의 인생에서 내가 직면하고 있는 문제들을 해결해 보려고 자연과 그 모형, 체제, 절차와 요소들을 검토하고 그것들을 흉내 내거나 혹은 거기에서 영감을 얻기 위해 힘써 보기도 했다.

English Newspaper Article (column)

At any rate, Kwanak Mountain in every respect possesses great value in terms of natural beauty and resources.

하여튼 관악산은 어느 면으로 보나 자연적 아름다움과 자원의 관점에서 볼 때 큰 가치를 가지고 있다.

Many pine trees stand in a well-proportioned form along the ridgelines, and various kinds of deciduous trees grow wild on all side of the mountain capped with rocks in every shape and form, many of which bear a resemblance to traditional Korean top hat made of bamboo.

많은 소나무들이 산등성이를 따라 잘 균형 잡힌 채 서 있고, 여러 종류의 낙엽수들이 대나무로 만든 한국의 전통모자(갓)를 닮은 갖가지 형체의 바위가 놓여있는 산 전체에서 자라고 있다.

Since it is so, the mountain scenery, as I look at it, leaves nothing to be desired in the charm of nature. In fact, Kwanak Mountain lends itself to rest and recreation, and is one of the attractions of Seoul, isn't it?

그러므로 내가 볼 때 이 산의 경치는 자연의 매력에서 그 무엇 하나 나무랄 데가 없다고 생각을 한다. 사실 관악산은 휴식과 기분 전환의 장소로 적합하며, 서울의 명물중의 하나가 아니겠는가?

However, I realized that many buildings gradually come into being at the foot of the mountain.

하지만 나는 많은 건물들이 점차적으로 산밑으로 들어서고 있다는 것을 알게 됐다.

This truly illustrates a tendency to forget a conservation movement. Because of this, the harm already well extended to the remaining wild animals.

이것은 자연보호운동을 망각하고 있다는 경향을 분명히 보여주고 있는 것이다. 이 때문에 그 피해는 이미 남아있는 야생 동물들에게까지 확대가 되었다.

The mountain, in a sense, is the wildlife conservation park. On that day, I followed the tracts of four-footed wild animals but I could not discover any of them.

어떤 의미에서 산은 야생동물 보호 공원인 것이다. 그날 나는 네 발 짐승의 자취를 찾아보았지만 그 어떤 것도 발견하지 못했다.

The best way to preserve mountains and forest, I think, is that all people should be awakened to its significance.

나는 산과 숲을 보존하기 위한 가장 좋은 방법은 모든 사람들이 자연의 중대성을 자각해야만 한다고 생각한다.

Many small sized mountains near the city have undergone complete change. Some of them are entirely disappeared in the good name of development. The disregard for nature

English Newspaper Article (column)

that characterizes a city's growth can ultimately cause its ruin.

도시 근처에 있는 많은 작은 산들은 완전한 변화가 있었다. 그 산들 중 어떤 것은 개발이라는 미명아래 완전히 사라진 것도 있다. 한 도시의 성장을 특징 짓는 자연을 무시하는 것은 궁극적으로 도시의 파괴를 야기시키는 것이다.

Religious faith can move mountains. But if a mountain disappears because of the self-interest of people, it must be the kind of fault that cannot be tolerated for any reason. This destructive act is revolting, not only to our sense of morality, but also to the will of Heaven.

신앙은 산을 움직일 수도 있다고 한다. 그러나 만약 산이 사람들의 이기(利己)로 살아졌다면, 그것은 어떤 이유로라도 용납될 수 없는 비행과 같은 것임에 틀림없다. 이러한 파괴행위는 도덕정신뿐만 아니라, 하늘의 뜻에도 거역 되는 것이다.

When I think of it, men cultivate the earth and live on its fruits. This is an old and established way of thinking. However, the people of nowadays, I dare say, confuse wishful thinking with grim reality.

생각하건대 사람은 땅을 개간하고 그 열매를 먹고 산다. 이것은 오랫동안 관습적으로 인정된 것이다. 하지만 나는 요즘의 사람들은 결코 실현시킬 수 없는 탐욕과 냉혹한 현실을 혼동하는 것 같다고 감히 말하고 싶다.

Modern cities are not as permanent as they were designed to be. When the city grows to a point where its resources can no longer support its population, it's in danger.

현대 도시들은 처음에 설계된 것만큼 영원하지는 않다. 도시의 자원들이 더 이상 그 인구를 부양할 수 없을 정도로 성장하면 그 도시는 위험에 처하게 되는 것이다.

From this point of view, I think that we should find a happy medium. Nature and men have all been closely bound together since the beginning of the world.

이러한 관점에서 우리는 어느 쪽으로도 치우치지 않는 적당한 해결책을 찾아내야만 한다고 생각을 한다. 자연과 인간은 천지창조 이래 서로 밀접하게 결속되어 있는 것이다.

As a person who studies natural philosophy, I want to say that the relationship between nature and men up to now was a one-way exchange with nature doing all the giving and men content to do the taking.

자연 철학을 연구하는 사람으로서 나는 현재까지 자연과 인간의 관계란 자연은 사람들에게 언제나 모든 것을 주고 사람들은 자연으로부터 언제나 받는 것으로 만족을 하는 일방적인 교환 방식이었다고 말을 하고 싶다.

I think that what really matters is that we all connected to each other.

English Newspaper Article (column)

정말 중요한 것은 우리 모두는 서로에게 연결되어 있다고 여겨진다.

For such reasons as mentioned, it seems to me that Kwanak Mountain capped with its royal crown always tells us that all of us are in the long run bound up together by common interests in conformity with a satisfactory environment, just as the mountain ranges stand shoulder to shoulder with another from a long time ago.

이 같은 이유로 왕관을 쓰고 있는 관악산은 마치 그 산맥들이 그 옛날부터 서로서로 어깨를 걸고 있는 것처럼 우리는 모두 장기적으로 만족스러운 환경에 부합하여 공동의 이해로 묶여있다는 것을 언제나 말을 해 주고 있는 것 같다.

영어신문 기사(칼럼) 해설

A Wind

바 람

The Korea Times
코리아 타임스
May 1, 2000
2000년 5월 1일

It was a cloudy spring day with snatches of sunshine. What is more, a chilly wind in early spring was blowing hard. So, it was my impression that the weather was not most propitious to take a stroll in the suburbs.

이따금 햇빛이 얼굴을 내미는 흐린 봄날이었다. 게다가 이른 봄의 쌀쌀한 바람은 심하게 불고 있었다. 그래서 교외로 산책을 하러 가기엔 썩 좋은 날씨가 아니라고 생각을 했다.

However, I thought that taking the air would help me be more energetic, so I went out of my house to make an observation of the vernal aspect of nature. That is to say I preferred going out to staying home.

English Newspaper Article (column)

하지만 나는 산책을 하는 것은 기분을 일신시켜 줄 것이라 생각을 했다. 그래서 봄빛의 모습을 관찰하기 위해서 집을 나섰다. 즉 나는 집에 머무르는 것보다는 외출을 택하였다.

It might be that I was allured by Nature's gentle voice to go out of doors, though a wind-chill index (or sensible temperature) was low in that manner.

체감온도가 그와 같이 낮기는 했지만, 나는 어쩌면 밖에서 불러내는 부드러운 자연의 목소리에 끌리어 외출을 했다고 보아야 할 것이다.

The trees had begun to bud and many flower buds were swollen to burst. All things of nature seemed to have little concern with a chill wind in early spring.

나무들은 싹이 트기 시작했고 많은 꽃망울들이 커져서 막 피어나려 했다. 모든 만물은 쌀쌀한 봄바람과 관계가 없는 것 같았다.

From the natural viewpoint, they were all in warm breezes indexing the approach of spring with a new energy. In fact, spring pervaded the air.

자연적인 관점에서 그것들은 새로운 에너지를 가지고 봄이 옴을 알려주는 따뜻한 미풍 속에 안기어 있었다. 정말이지 봄기운은 대기에 충만해 있었다.

In this atmosphere, I was imbued with a sense of love, hope and courage, feeling a breath of spring. Naturally, my heart was throbbing with expectations as plants did. It was a pledge of love, grown up between Nature and me.

이런 분위기 속에서 나는 봄기운을 느끼면서 사랑, 희망 그리고 용기로 물들어 있었다. 당연히 나의 마음은 그 식물들처럼 기대감으로 고동을 치고 있었다. 그것은 자연과 나 사이에서 자란 사랑의 약속이었다.

From the natural viewpoint, a chill wind in early spring, I always think, is more of a soothing touch of mother's hand than a green-eyed monster's (or a touch of evil), because they are moving under the stimulus of its vitality.

자연적인 관점에서 나는 언제나 차가운 봄바람은 시샘을 하는 악한이의 거친 손길이라기 보다는 엄마의 부드러운 손길이라고 생각한다. 왜 그런가 하면 그것들은 이 바람의 활력에 자극을 받아 움직이고 있기 때문이다.

In reality, all things under the sun stand in a manner natural to them so that, paradoxically speaking, there will be nothing so unnatural as nature. Therefore, it may be said that in this connection that natural wind is quite a contrast to a political storm.

사실 자연 속에 파묻혀 있는 모든 것들은 바로 자신의 모습을 준수하고 있다. 그러므로 역설적으로 말을 한다면 자연처럼 부자연스러운 것도 없을 것이다. 따라서 이와 관련하여 자연 바람은 정치바람과는 극히 상반된다고 말할 수가 있을 것이다.

English Newspaper Article (column)

A political storm in the abstract is a kind of wind that could not blow without the mind of the people.

이론상으로 정치바람이란 민심(民心)이 없이는 불 수가 없는 바람이다.

Therefore, the current political wind in reality is a far cry from that of a natural wind, which is always blown from a reality stripped to its essential property of matter, just like the trees begin to bud from naked boughs.

따라서 현재의 정치바람은 마치 나무들이 벌거벗은 가지에서 새싹이 피어 오르듯이 물질 본래의 성질로 벗어버린 적나라한 현실로부터 부는 자연 바람과는 아주 동떨어진 것이다.

The reason why I insist on this is that a political wind in practice usually takes its course fanning the popular passions rather than exerting all possible efforts to win the confidence of the people.

이렇게 주장하는 이유는 정치바람이란 현실적으로 국민들의 신임을 얻기 위해 모든 가능한 노력에 힘을 기울이기 보다는 인기 감정을 조장하는 방향으로 불기 때문이다.

Most of the political winds of the past did not win the full confidence of the people because the wind made erratic changes from the course of the right direction reflecting the will of the people.

영어신문 기사(칼럼) 해설

과거의 거의 모든 정치 바람은 민의를 반영하는 바른 방향에서 벗어나 변덕스러운 변화를 일으키는 바람이었기에 국민의 전적인 신임을 얻지 못했다.

Since it has come to this, the recent primaries, which have been held across the nation to select the party's presidential candidate, are events that attract public attention, just like a natural refreshing wind in early spring.

이런즉 정당의 대통령 후보를 선출하기 위해 전국적으로 열리고 있는 최근의 예비선거는 이른 봄의 신선한 자연 바람처럼 국민의 관심이 모아지는 중요한 행사이다.

But it is unclear if it would affect the political climate, which always directly affects the people's lives. This is because most candidates, I think, make the people laugh by taking off a natural refreshing wind.

하지만 국민들의 삶에 직접적으로 영향을 미치는 정치풍토에 영향을 줄 수 있을지는 미지수이다. 그 이유는 대부분의 후보들이 신선한 자연바람을 흉내 내어 국민들을 웃기고 있기 때문이다.

In this situation, there is the manifestation that things are getting worse. If things continue at this rate, most candidates are to be no more than imitators or windbags.

이런 상황에서 많은 것들이 더 나빠지고 있다는 발로(發露)가 있다. 이런 상태가 앞으로 지속된다면 대부분의 후보들은 다름아닌 흉내쟁이나 허풍쟁

English Newspaper Article (column)

이에 지나지 않게 될 것이다.

Nevertheless, I think that it is not too late yet to blow a political refreshing wind. A refreshing wind coming from the rivers and mountains is very cool and pleasant. Rivers and mountains are the starting points to blow a refreshing wind.

그렇지만 신선한 정치바람을 불기에 그렇게 늦었다고는 생각하지 않는다. 강이나 산에서부터 불어오는 신선한 바람은 무척 시원하고 기분이 좋다. 강과 산은 신선한 바람을 일으키는 시발점이다.

Likewise, politicians should also blow a political wind from the true in all its nakedness. Then, a refreshing political wind will be blown from a reality stripped to its essentials that people are yearning for.

마찬가지로 정치인들도 정치바람을 적나라한 현실로부터 불어야만 한다. 그러면 신선한 정치바람은 국민들이 갈망하는 본질적인 현실로부터 불어오게 될 것이다.

To tell the truth, the people's mind is more stainless than politicians'. In other words, all politicians must not disregard the will of the people. This is nothing less than a refreshing wind.

사실, 국민들의 마음은 정치인들보다 더 깨끗하다. 다시 말을 하면 정치인들은 이 깨끗한 민의를 저 버리면 안 되는 것이다. 이것이 바로 신선한 바

영어신문 기사(칼럼) 해설

람인 것이다.

When I confront with difficult situation, I always look for some example from nature to find a clue to the solution of the problem. This is because, I believe, nature itself always does not escape from the logic of natural events.

어려운 상황에 부딪칠 때 나는 언제나 그 문제의 해명의 실마리를 찾기 위해 자연의 그 어떤 실례를 찾아 나선다. 그 이유는 자연이란 그 자체는 언제나 자연적인 발생들의 논법에서 벗어나지 않기 때문이다.

This is nothing less than a work of nature, which is so difficult to imitate. But, I think, it always challenges me to do something new with a great concern.

이것이 바로 흉내내기 어려운 자연의 법칙인 것이다. 하지만 이 자연법은 나에게 큰 관심을 갖게 하고 뭔가 새로운 것에 도전해 보라고 늘 촉구하고 있다고 생각을 한다.

In this regard, I think, it is human nature to create, as it is the nature of water to run down a hill.

이와 관련하여 물의 성질이 높은 데서 낮은 곳으로 흘러가듯, 새로운 것을 만들어 내려고 하는 것이 사람의 본성이라고 생각한다.

At this reflection, all politicians must be on waves of the will of the people with a creative mind, not fanning popular passions.

이런 점을 고려해 볼 때 모든 정치인들은 인기 감정을 조장할 것이 아니라 창의력을 갖고 민의의 파도를 타야만 할 것이다.

The people's voice is just the voice of God. Politicians also must know that the usual fruit of the interaction between majority and minority is compromise, and compromise is the heart and soul of the political process.

민의의 목소리가 바로 신의 목소리인 것이다. 정치인들은 또한 다수와 소수 사이의 상호작용의 통상적인 성과는 타협이며, 타협은 정치과정의 진수(眞髓)라는 것도 알아야만 할 것이다.

In the context of the world situation today, we want a man of action. Consequently, we want more deeds than words from politicians. As the proverb says, "Actions speak louder than words."

오늘날의 정세에 비추어 볼 때, 우리는 행동하는 사람이 필요하다. 따라서 우리는 정치인으로부터 말보다는 행동을 더 원한다. 속담에 '말보다 행동이 더 중요하다'라는 말이 있다.

Figuratively speaking, a good deed corresponds to a refreshing wind. A refreshing wind always strikes a fresh note.

비유적으로 말을 해서 선행(善行)은 신선한 바람에 일치할 수 있다. 신선한 바람은 언제나 참신한 맛을 준다.

Who dislikes this on earth? If someone dislike this, I believe that he or she may know too little of the ways of the world.

도대체 이 맛을 누가 싫어한단 말인가? 그 누군가 이런 느낌을 싫어한다면, 믿건대 그는 아마 세상 사를 아주 잘 모르고 있을 것이다.

At any rate, the primaries, the unprecedented experiment in Korean political history, are clearly a kind of refreshing wind or a looked-for rain during the dry season.

어쨌든 한국의 역사에서 전례 없었던 이 예비선거는 분명히 신선한 바람 또는 가뭄에 단비와 같은 것이다.

Accordingly, we have great expectations of the presidency candidates participating in the primaries.

따라서 우리는 이 예비선거에 참여하고 있는 대통령 후보들에게 큰 기대를 걸고 있다.

After finishing this process, the candidate whose polling scores is far larger than that of any other candidate will stand as a party candidate for the Dec. 18 presidential election.

이 과정이 끝나고 난 후에 다른 후보보다 더 많은 득표를 한 후보는 12월

English Newspaper Article (column)

18일 대통령 선거에 당의 후보로 나서게 될 것이다.

Now, all things under the sun become active through the influence of a spring wind.

이제 모든 만물이 봄바람의 영향으로 활기를 띠고 있다.

Equally, I, in my capacity as a citizen, hope that the recent primaries will really breathe a fresh wind into the political climate that directly affects the people's lives, and will make another dash toward better political climate just like a spring wind which always drives all things in nature into a world beaming with hopes.

나는 국민으로서의 입장에서 이번 예비선거가 국민의 삶에 직접적으로 영향을 미치는 정치풍토에 신선한 바람을 불어넣게 되고, 마치 봄바람이 모든 천지만물을 희망으로 빛나고 있는 세계로 데려 가듯이 더 나은 정치풍토로 거듭 발진(發進)이 있기를 희망해 본다.

영어신문 기사(칼럼) 해설

Road Improvement Project

도로 개선 사업

The Korea Times
코리아 타임스
October 18, 2001
2001년 10월 18일

It is natural that traffic is always congested at bottleneck streets. From the geographical configuration of the ground, the entrance to Sangdo Tunnel leading to downtown was the same as usual until two divisional islands occupied the center of both sides of the road.

병목도로에서 교통이 언제나 혼잡해지는 것은 당연한 것이다. 지리적 형상으로 볼 때 시내로 통하는 상도 터널의 입구도 양 도로의 중간에 두 개의 경계 안전지대가 점유할 때까지는 마찬가지였다.

These safety islands were recently created as part of traffic improvement measures, and planted with a patch of grass and trees. It was the result not of accident but of careful

English Newspaper Article (column)

design.

이 안전지대는 교통개선 시책의 일환으로 조성된 것이며, 잔디와 나무가 심어졌다. 이것은 우연한 결과가 아니라 의도적인 것이었다.

The general effect of reconstructed road in Sangdo-dong not only shows much artistic merit, but also let vehicles go along the road without much delay as compared with former times.

상도동의 재 건설된 도로의 일반적인 영향은 미적 가치를 보여주고 있을 뿐만 아니라, 차량들이 이전보다 많이 지연되지 않고 도로를 통과할 수 있게 해주고 있다.

As things turned out, the reconstructed road makes it the perfect setting for a driver.

결과가 이렇게 나왔듯이 재 건설된 도로는 운전자에게 완전한 환경을 만들어 주고 있다.

In many ways, a road maintenance and improvement project, I think, is more important than a new road-building project. To relieve traffic congestion, it is also well advised to improve or demolish the existing traffic facilities, such as elevated bridges.

여러 면으로 볼 때 나는 도로 유지와 개선사업은 새로운 도로건설 사업보

영어신문 기사(칼럼) 해설

다 더 중요하다고 생각을 한다. 교통혼잡을 경감하기 위해서 고가도로와 같은 교통 시설들을 개선하거나 헐어버리는 것도 역시 권장이 된다.

Elevated roads built on crossroads in downtown area are usually designed to relieve traffic congestion so that drivers using the facilities can pass the road without having to stop at traffic signals.

도심의 교차로에 건설된 고가도로는 교통 혼잡을 경감하기 위해 설계된 것이다. 그래서 그 시설을 이용하는 운전기사들은 교통신호에서 멈추는 일 없이 도로를 통과할 수가 있다.

However, elevated roads are not always convenient for all drivers because drivers (and passengers) passing under the bridge should go through inconvenience.

하지만 고가도로는 운전기사들에게 언제나 편리한 것만은 아니다. 왜냐하면 그 다리 아래를 지나가는 운전 기사들 (그리고 행인들)은 불편을 겪어야만 하기 때문이다.

With this object in view, the multi-level crossing built on a crossroad in Samgakji was demolished to improve the network of road in the area in the middle of 1990s.

이런 점에서 삼각지의 교차로에 지어진 다층 교각은 1990년대 중반에 그 지역의 교통망을 개선하기 위해 헐렸다.

English Newspaper Article (column)

The architectural design of the structure was also designed to relieve traffic congestion in the latter half of the 1960s.

그 다리의 건축 디자인도 역시 1960년대의 후반에 교통혼잡을 줄이기 위해 설계되었던 것이다.

At present, the place where a round and round-shaped elevated bridge stood in former day looks different. In former times, the structure had been made a feature as one of the specialties of Seoul - the capital city of the Republic of Korea.

빙~글 빙글 돌아가는 모양을 취한 다리가 전에 서 있었던 그 자리는 이제 우리에게 다른 모습을 보여주고 있다. 지난 날엔 그 다리는 대한민국 수도 서울의 명물들 중의 하나로 인기를 만들어 내고 있었다.

In the very nick of time, the popular song entitled "Revolving Samgakji" set out in the world. The song quickly grew in popularity and was played on radio stations across the country. In a word, the popular song quickly became a smash commercial hit.

바로 그때 '돌아가는 삼각지'라는 제목의 대중가요가 세상에 나왔다. 그 노래는 급속히 인기를 끌었고 전국의 라디오 방송국에서 흘러나왔다. 한마디로 그 대중 음악은 빠르게(굉장하게) 상업적인 성공을 거두었다.

A popular singer named Bae Ho who sang this song also

enjoyed tremendous popularity. He sang the song in a soft and deep voice prompted by melodies and lyrics. As a result of this, the singer first exploded into the mainstream music scene.

이 노래를 부른 가수 배호도 역시 엄청난 인기를 누렸다. 그는 멜로디와 가사에 고무되어 부드럽고 저음의 목소리로 그 노래를 불렀다. 그 결과 그는 주류 음악계에 폭발적으로 등장했던 것이다.

His remarkable gift was his ability to transform a simple sentimental song into a moody sound full of deep feeling. His musical style was so distinct and evoked the past.

그는 단순한 감상적인 노래를 깊은 감정이 가득 차 있는 분위기 있는 곡으로 변화시키는 뛰어난 재능을 갖고 있었다. 그의 음악 스타일은 너무 독특했고 과거를 떠오르게 했다.

Clearly, not only did the pop singer Bae Ho produce the necessary piercing high notes, but his humanity, glorious soft singing and utter musicality left a huge impression on everyone.

분명히 가수(歌手) 배호는 공연에 꼭 필요했던 찌르는 듯한 높은 선율을 만들어 냈을 뿐만 아니라, 그의 인간적인 매력, 멋지고 부드러운 노래와 완전한 음악성은 모든 사람들에게 큰 인상을 남겼다.

The haunting beauty of his voice was so mesmerizing that

English Newspaper Article (column)

many people were attracted to his music.

잊혀지지 않는 그의 아름다운 목소리는 너무나 매혹적이어서 굉장히 많은 사람들이 그의 음악에 매혹되었다.

The area came to fame along with the song. The lyrics of the song are overflowed with deep affection for a lover. Like most of the popular songs of its period, "Revolving Samgakji" touched the lute strings of people's heart.

그 지역은 그 노래와 함께 유명해졌다. 그 노래의 가사는 사랑하는 애인에 대한 깊은 애정이 충만해 있다. 이 당시의 대부분의 대중가요처럼 '돌아가는 삼각지'는 국민들의 심금을 울렸다.

With the passage of the time, however, the flyover roadway, which Seoul was once famous for, is now a thing of the past, leaving behind many legends.

하지만 서울이 한때 그로 인하여 유명했던 그 고가도로는 세월의 흐름에 따라 많은 전설을 남기면서 과거사가 되고 말았다.

According to the old legend that had grown up around the region, "Samgakji" as the name implies took its name from the geographical features of the district where the road branches off into three. In other words, the road is linking the Han River, Itaewon and Seoul Station.

영어신문 기사(칼럼) 해설

그 지역 주변에서 생겨난 옛 전설에 따르면, 그 이름이 내포하고 있듯이 '삼각지'는 도로가 세 갈래로 갈라진 그 지역의 지리적 특징으로부터 이름을 딴 것이다. 다시 말하면, 그 도로는 한강, 이태원 그리고 서울역으로 이어지고 있다.

In fact, "Samgakji" means "delta" in English. Delta is an area of land, usually triangular in shape. Accidentally, the present geographical configuration of the ground takes the form of a triangle.

사실 '삼각지'는 영어로 'delta'라는 뜻이며, 이 말은 보통 삼각형을 취하고 있는 지역을 말한다. 우연하게 그 땅의 지리적 형상은 삼각형을 취하고 있다.

In addition, four divisional islands that occupied the center of both sides of the crossroads also get into the shape of a triangle.

게다가 네거리의 중앙 모두를 점유하고 있는 네 군데의 분할 지역도 역시 삼각형의 형체를 이루고 있다.

At any rate, the typical scenery distinguishing the area from others represents the area. This seems quite in accord with the legend that has been woven around the area. Therefore, it seems that the legend surrounding the area is vibrant with life until now.

어쨌든 다른 지역과 특색을 나타내고 있는 전형적인 경치는 그 지역을 잘

English Newspaper Article (column)

상징해 주고 있다. 이것은 그 지역에서 엮어지고 있는 전설과 꽤 일치를 하고 있는 것 같다. 따라서 이 지역을 둘러싸고 있는 그 전설은 아직까지 생동하고 있는 것 같다.

The four patches of divisional islands in Samgakji were created not only to landscape the area, but also improve traffic conditions as a part of landscape architecture. And they afforested the zone. Eventually, it once again idealized the area's character.

삼각지에 있는 그 네 개 분할지역은 환경설계의 일환으로 경치를 미화하기 위한 것뿐만 아니라, 교통형편을 개선하려고 조성된 것이었다. 그리고 그들은 그 구역에다 조림을 했다. 결국 그것은 또 한번 그 지역의 특성을 이상화 해 놓은 것이다.

On reflect upon the peculiar circumstances of the region, the authorities' action to take down the elevated road, I think, was appropriate. The street scene really looks like a folding screen with all panels spread. Moreover, many picture galleries are now clustered around the area.

그 지역의 특유한 환경을 고려해 볼 때, 당국의 그 고가도로의 철거조치는 적절했다고 생각을 한다. 거리의 경치는 정말 모두 펼친 병풍처럼 보인다. 게다가 많은 화랑들이 그 지역주변에 집단을 이루고 있다.

According to what I have heard, the galleries are doing a roaring business because many American soldiers stationed near Yongsan are ardent art lovers, and they have the tendency to make heavy purchases of pictures.

들리는 바에 의하면 그 화랑들은 용산 근처에 주둔하고 있는 미국 군인들은 열광적인 미술 애호가이며, 많은 그림을 구입하는 경향이 있기 때문에 크게 성황을 이루고 있다고 한다.

In these circumstances, I always enjoy the street scene whenever I go through Samgakji by bus that I take daily to and from my work.

이런 환경 속에서 나는 매일 출·퇴근 길을 버스로 타고 갈 때 마다 그 거리의 경치를 즐긴다.

The policy of re-planning the streets has transformed an old-fashioned section of the city into a new-fashioned section and has proven to be quite successful.

거리를 재설계하는 정책은 옛 방식으로 설계되었던 도시구역을 신식 지구로 바꾸어 놓았으며, 아주 성공적인 것으로 입증이 되었다.

In fact, it seems to me that there were no other means of improving crowded urban transport but to work out a new design for both road capacity and an aesthetic life in the city.

사실 도심의 복잡한 교통을 도로 교통량과 도시에서의 미적 삶을 위해서는 새로운 설계를 할 수밖에 없는 것 같다.

English Newspaper Article (column)

Although the street scene has undergone some major changes for the last few decades, we, I think, still have much work to improve not only our traffic network, but also the beauties of the city.

지난 20~30년 동안 거리의 경치는 많은 변화를 가져왔지만, 아직 우리는 교통망뿐만 아니라 도시의 미관을 개선하기 위해 많은 일들이 남아 있다고 나는 생각을 한다.

Improving the cityscape by widening roads and planting trees, I think, are processes that can be represented by the trend of the time.

도로를 넓히고 나무를 심음으로써 도시경관을 개선시키는 것은 시류(時流)로 나타나는 과정이라고 생각한다.

Therefore, all citizens, I think, should offer a steady stream of constructive proposals for the beatification of the city.

따라서 모든 시민들은 도시의 미화를 위해서 끊임없이 건설적인 제안들을 제공해야만 한다고 생각한다.

영어신문 기사(칼럼) 해설

An Aesthetic Life in the City

도시에서의 미적생활

The Korea Times
코리아 타임스
August 17, 2001
2001년 8월 17일

One Sunday morning, I rose up from my sleep at 5:40 as usual, and walked down the road in a leisurely way, with my face bathed in the morning sun. The sidewalk was filled with sunbeams shining through branches of trees along a street.

어느 일요일 아침 나는 평소대로 5시 40분에 잠자리에서 일어났다. 그리고 아침햇살을 받으며 한가히 도로를 걸어갔다. 인도는 가로수 잎 사이로 비치는 햇살이 가득히 퍼지고 있었다.

In the meantime, I enjoyed the soft beauty of the main streets of Seoul city, thinking that walking in pleasant surroundings is a good way to let go of stress.

English Newspaper Article (column)

그러는 동안 나는 기분 좋게 걷는 것은 스트레스를 해소하는 하나의 좋은 방법이라고 생각하면서 서울의 큰 거리의 조용한 아름다움을 즐겼다.

A little later on, however, I learned about the rarity of encountering true aesthetic pleasure, because almost all the roadside trees were enclosed with iron railings. At the first glance, the metal things looked just like decorations similar to rings.

하지만 나는 좀처럼 진정한 미적 즐거움을 마주할 수 없다는 것을 잠시 후 알게 되었다. 왜냐하면 거의 모든 가로수들이 쇠붙이 가로장으로 둘러싸여 있었기 때문이다. 첫눈으로 볼 때 그 쇠붙이는 마치 반지(斑指)와 비슷한 장식물로 보였다.

It was my judgment that the iron railings are like metal chains. To put it in another way, the roadside trees were like prisoners shackled in chain.

나는 그 철 가드레일이 쇠사슬이나 마찬가지라고 판단을 하게 되었다. 다시 말하면 가로수들은 쇠사슬에 매인 죄수들이나 마찬가지로 여겨지게 되었던 것이다.

Therefore, I had different patterns of thought based on premise that they degraded the quality of an aesthetic life in the city. It occurred to me that the iron railings disturbed a train of my aesthetic thought at that time.

따라서 나는 그 쇠붙이들이 도시에서의 미적 삶의 가치를 떨어뜨리고 있다는 전제를 두고 다른 생각양식을 가지게 되었다. 그 당시 그 쇠붙이 레일은 나의 일련의 미적 사고를 훼방 놓고 있었던 것이다.

In fact, the roadside trees are fettered by reason of anthropocentricism. So, it is no wonder that the iron railings do not harmonize with the roadside trees in the aesthetic sense.

사실 가로수는 인간 중심주의로 인하여 속박되어있는 것이다. 그러므로 쇠붙이 가로장은 미적 의미에서 조화를 이루지 못한다는 것은 조금도 놀라운 일이 아닐 것이다.

The city planners in charge of landscape architect, I think, may have a mistaken idea of landscaping.

나는 조경술(造景術)을 담당하고 있는 도시 설계자들은 잘못된 관념을 가지고 있을 수도 있다고 생각을 한다.

It is a general idea that artistic creativity is one of the abilities that make a human being different from animal, and all human beings are linked together with the common thread of art.

예술적 창조력은 인간을 동물과 구분해주는 능력들 중에 하나라는 것은 일반적인 견해이며, 모든 인간은 예술이라는 공통의 실로 연결되어 있는 것이다.

English Newspaper Article (column)

Creative power usually arises from hard work, but I sometimes think that a new idea of artistic creativity including landscape architecture often arises from chance as well as from experimentation.

또한 창조력은 보통 고된 노력의 결과일 경우가 많다. 그러나 나는 가끔 조경술을 포함해서 예술적 창조력은 실험에서뿐만 아니라 때때로 우연으로부터 나타나는 경우도 있다고 생각한다.

It may be noted here that I found a tangled growth of grass by chance. The grass was growing around a roadside tree. The moment I saw it, I felt a sort of tender curiosity and sensed that it grew of its own accord.

그것은 하나로 뭉쳐서 자라는 잔디를 내가 우연히 발견한 것으로 입증을 시킬 수 있을 것이다. 그 잔디는 어느 한 가로수 주변에서 자라고 있었다. 그것을 본 순간 나는 그 어떤 미묘한 호기심을 느꼈으며, 그 잔디는 저절로 자랐다는 것을 알았다.

Naturally, the turf both softened the road tree and enhanced the beauty of its surroundings. In effect, the small piece of ground overgrown with weeds not only looked fine but also matched the roadside tree. That is, I think, the case worthy of attention.

자연스럽게 그 잔디는 가로수를 부드럽게 하고 그 주변을 더 한층 아름답게 했다. 사실 잔디가 뒤덮인 그 작은 땅덩이는 보기에도 좋았을 뿐만 아니라 그 가로수에도 잘 어울렸다. 그것이 바로 주목할만한 것이라고 생각을 한다.

It is my belief that, nature, in a sense, is always sympathetic to the difficulties that we are confronted with, but, in effect, it doesn't have the least interest in worldly affairs by nature, transcending the limit of human knowledge.

나는 자연은 어떤 면에서는 우리가 직면하는 어려움들에 언제나 동정적이라고 믿고 있다. 그러나 그것은 실제로는 인지(人智)의 한계를 초월하면서 세상사에는 전혀 무관심한 것이다.

In other words, I mean that understanding Nature's real intention, unlike making a study of natural science, is not acknowledged as legitimate science. What an unfathomable natural phenomenon it is!

다시 말하면 자연의 본심(本心)을 이해하는 것은 자연과학을 공부하는 것과는 달리 정당한 과학으로는 인지(認知)되지 않는다는 말이다. 이 얼마나 심원(深遠)한 자연현상이란 말인가!

It was at that moment that I drew technical information about landscape architecture from it by chance. That is to say, I, impelled by curiosity, wanted to apply a natural phenomenon to everyday life.

그 잔디를 지켜보던 바로 그 순간 나는 그것으로부터 우연히 환경설계에

English Newspaper Article (column)

대한 기술적인 정보를 얻을 수가 있었던 것이다. 즉 나는 호기심에 이끌리어 자연현상을 일상생활에 응용하고 싶었던 것이다.

It was not for some time that I noticed that the idea of enclosing a roadside tree with an iron railing was an anachronism, so, I believe it should be replaced by a lawn.

잠시 후 나는 가로수에 쇠붙이 가드레일을 두른다는 착상은 시대착오적인 것임을 알게 되었다. 그래서 그것은 잔디로 교체되어야만 한다고 생각을 했다.

A gentle lawn will certainly not only provide protection for roadside trees, but also join together harmoniously. The grasses can be, in a manner of speaking, autumnal leaves, which display their symphony of red, brown and yellow.

부드러운 잔디는 분명히 가로수들을 보호해 줄 뿐만 아니라, 서로 잘 조화시켜 줄 것이다. 어떤 의미로, 잔디는 빨강, 갈색 그리고 노랑색으로 조화를 이루는 것을 보여주는 단풍잎이 될 수도 있는 것이다.

In a mountain, we can find many trees, weeds, mosses and rocks in every shape and form. All of these are in tune with each other. In a sense, plant life such as moss, which we regard as having little value, is more beautiful than trees.

우리는 산에서 많은 나무들, 잡초, 이끼 그리고 여러 가지 모양의 암석들을 볼 수 있다. 이 모든 것들은 서로 잘 어울린다. 어떤 의미에서 별 가치가 없다고 여기는 이끼와 같은 식물은 나무들 보다 더 아름다운 것이다.

These trivial phenomena, in fact, create details in the realm of nature such as rain and wind are natural agents that create scenic beauty.

이 하찮은 현상들이 사실은 비나 바람이 경치의 아름다움을 만드는 자연의 힘인 것처럼, 자연영역내의 모든 구체적인 것들을 느끼게 해주는 것이다.

In view of these facts, I would like to say the following things. A lawn to be planted around the roadside tree will not only serve as weeds or moss but also an ornament or a precious metal.

이 같은 사실의 관점에서 다음과 같은 것을 말하고 싶다. 가로수 주변에 심어지게 될 잔디는 잡초나 이끼로 쓸모가 있을 뿐만 아니라, 장식품 또는 귀금속으로 역할을 할 수 있을 것이다.

An ornament of small size, I think, is more beautiful than a large one. Aesthetically, a small piece of decoration such as a diamond ring adds beauty to the objects of consideration.

작은 규모의 장식품은 사실 큰 것보다 더 아름답다고 나는 생각한다. 미적인 면으로 다이아몬드 같은 작은 장식물이 고려의 대상이 되는 것들에 아름다움을 더 해주는 것이다.

Therefore, planting a lawn around roadside trees for decorative purposes will enhance the image of the streets for many city dwellers.

English Newspaper Article (column)

따라서 장식 목적으로 가로수 주변에 잔디를 심는 것은 많은 도시 거주자들을 위한 거리의 이미지를 향상시키게 될 것이다.

I believe the pursuit of aesthetic values in everyday life is a discipline that aims to focus our spiritual life, so it is necessary that we should make the look of the town beautiful.

나는 일상생활에서의 미적 가치의 추구는 우리의 정신적 삶에 초점을 맞추는 데 목적을 둔 일련의 규칙이므로, 도시를 미화해야만 한다고 생각을 한다.

Considering philosophically, the human craving for external objects inevitably causes suffering.

철학적으로 고찰해 볼 때, 외부 대상에 대하여 갈망을 하고 있는 인간은 필연적으로 고통을 초래하게 되는 것이다.

This is because the individual itself feels separated from the world. That suffering, however, can be avoided when one is engaged in aesthetic contemplation.

이것은 개인 자신이 세계와 스스로 분리되어 있다고 느끼기 때문인 것이다. 하지만 그 고통은 개인이 미적 고찰에 몰두할 때 피할 수가 있는 것이다.

This is chiefly because aesthetic contemplation enables the individual to feel connected with the world. In this very state, the person feels as if he or she were the same as the world.

이것은 주로 미적 고찰이 개인이 세계와 결합되어 있다고 느끼는 것을 가능하게 하기 때문인 것이다. 이런 상태에서 개인은 자신이 마치 세계라고 느끼게 되는 것이다.

To put it in another way, the perceiver is not separated from the object of the perception.

바꿔 말하면 인지하고 있는 사람은 인식 대상과 분리되어 있지 않기 때문인 것이다.

From this point of view, the pursuit of an aesthetic life in the downtown area, I think, will be accomplished only through a city beautification movement. If a city fails to be beautiful, it will fail to develop into a nice cosmopolitan city.

이런 견지에서 볼 때, 도심에서의 미적 삶의 추구는 오직 도시 미화운동으로만 성취될 것이라고 생각을 한다. 어느 한 도시가 아름다워지는데 실패된다면, 그 도시는 멋진 국제도시로 발전하는데 실패하게 될 것이다.

English Newspaper Article (column)

A Roadside Tree

가로수

The Korea Times
코리아 타임스
July 4, 2001
2001년 7월 4일

Trees provide cleaner air and a better aesthetic appearance for all cities. They also help to stimulate relaxation and well-being.

나무는 모든 도시에 더욱 깨끗한 공기와 더 나은 미적 외관을 제공해 준다. 또한 편안함과 건강함을 고무시키는 데도 도움이 된다.

For this reason, having lots of trees in cities positively helps to relieve psychological stress among city-dwellers.

따라서 도시에 많은 나무가 있는 것은 도심 거주자들의 심리적 스트레스를 완화하는 데 분명히 도움을 준다.

In this context, there are some characteristics of the poplar tree that makes it ideal for city sidewalks. The plant has a constitution that resists pollution-related diseases and spreads its branches, evenly, all around.

이 같은 맥락(脈絡)에서 포플러나무는 도시의 보도를 극치(極致) 있게 하는 몇 가지 특성을 가지고 있다. 그 나무는 오염과 관련된 질병에 걸리지 않는 체질을 가지고 있으며, 가지를 사방으로 차분하게 펼친다.

The tree also grows quickly and has thick foliage in the summer season, offering shade to the passersby.

또한 이 나무는 빨리 자라고 여름철에 무성한 잎을 가지고 있어서 행인들에게 그늘진 곳을 제공해 준다.

For this reason, the tree was introduced into Korea to be planted as roadside tree quite a while ago. However, the tree is not entirely suited for landscaping because of its affluence of pollen that flies all directions in the flowering season.

이 같은 이유 때문에 이 나무는 꽤 오래 전에 가로수로 식수(植樹)를 하기 위해 한국에 도입이 되었다. 하지만 그 나무는 꽃이 피는 시기에는 사방으로 퍼지는 꽃가루의 풍부함 때문에 조경으로 완전히 적합하지가 않다.

It already developed that pollen flying in the air exerts an evil influence upon our health. Accordingly, it is a seasonal

English Newspaper Article (column)

incident that many people suffer from some kind of respiratory ailments and pollenosis as spring comes round.

공기 중에 있는 꽃가루는 우리의 건강에 악영향을 미치고 있다는 것이 이미 밝혀졌다. 따라서 많은 사람들이 봄이 되면 몇 가지 호흡기 질환과 꽃가루 알레르기로 고통을 겪는 것은 계절적으로 흔히 일어나는 일이다.

According to my observation, all kinds of trees with the exception of creeping plants put forth flower buds on the sprigs that run up the year before.

나의 관찰에 따르면 덩굴식물을 제외한 모든 식물들은 1년 전에 자란 잔가지에서 꽃망울들이 돋아난다.

Creeping plants, however, such as a grapevine bear flower buds on the new shoot. We, of course, can prevent the tree from bursting into bloom by means of lopping off branches.

하지만 포도덩굴과 같은 덩굴식물들은 새싹에서 꽃망울을 터뜨린다. 물론 우리는 가지를 치는 방법으로 그 가로수가 꽃이 피어나는 것을 예방할 수가 있다.

Therefore, the work of pruning the tree should go into operation in due season. But, it requires a great deal of time and labor to prune the branches off the roadside trees before the time of flowering

따라서 가지를 다듬는 일은 마땅한 시기에 실행되어야만 한다. 그러나 꽃이 피는 시기 이전에 가로수들의 가지들을 다듬기 위해서는 많은 시간과 노동이 필요하다.

If a tree is once trimmed, it evidently became all but a stumpy tree, which, from the natural viewpoint, I would say, looks more dead than alive.

어떤 한 나무가 일단 다듬어진 다음엔 어쩔 수 없이 그 나무는 땅딸막한 그 루터기가 되고 마는데, 나는 이것을 자연적인 관점에서 볼 때, 살아있는 나무라기 보다는 죽은 나무 같다고 말을 하고 싶다.

Inevitably, this damaged tree is not only apt to present dry and monotonous scenery, but apt to mar the appearance of the streets until the tree spreads its new branches.

필연적으로 이 손상을 입은 나무는 단조로울 뿐만 아니라, 새로운 가지를 뻗기 전까지는 도로의 모습을 흉하게 한다.

Naturally, however, this damaged tree (particularly the poplar tree) grows very well owing to their strong hold on life.

하지만 이 손상을 입은 나무는 천성적으로 생명력이 강해서 잘 자란다.

I wonder if I am right in saying that many trees that have taken root in the downtown area look just like men who

English Newspaper Article (column)

stand there with a vacant face.

나의 말에 어폐가 있을지는 잘 모르겠으나, 도심지대에 심어져 있는 많은 나무들은 마치 멍한 얼굴로 그 자리에 버티어 서 있는 사람들과 같은 것 같다.

Therefore, it is my impression that we should unavoidably enjoy a musical performance playing a song out of tune, a tune that is unsuitable for the words, in a music hall. That is to say, the stumpy tree does not suit a cityscape.

따라서 우리는 어느 한 연예관(演藝館)에서 곡조가 안 맞는 노래, 즉 가사에 어울리지 않는 곡을 공연하는 연주회를 어쩔 수 없이 즐겨야만 한다는 느낌이 든다. 즉 땅딸막한 그루터기 나무는 도시의 경관에 어울리지 않는 것이다.

I often observe this disagreeable impression among roadside trees, more particularly among poplar trees in the winter season when the leaves are all gone.

나는 이런 어울리지 않는 인상을 가로수, 특히 나뭇잎이 다 떨어진 겨울철에 포플러나무에서 알아차리게 된다.

Natural objects touched up by human skill often produce sorry plights and bring about boomerang effects on the scenic beauty.

사람의 기교로 손질된 자연 물체는 때때로 흉한 꼴을 만들어내며, 아름다운 풍경에 나쁜 영향을 가져오기도 한다.

Since it has come to this, others like gingko and zelkova trees are replacing poplar trees. Still, many poplar trees are remained in the old section of the city.

이런즉 은행나무와 느티나무 같은 다른 나무들이 포플러나무가 서 있는 자리에 대신 들어서고 있다. 그렇지만 아직 구식(舊式) 도심지역에는 많은 포플러나무가 그대로 남아 있다.

The zelkova tree is a splendid tree that enhances roadsides, beautifies a city, and revitalizes the atmosphere.

느티나무는 거리를 개선하고 도시를 아름답게 하며 분위기를 생기 있게 만들어 주는 멋진 나무이다.

According to my observation on the botany of the zelkova tree, it grows up in a graceful manner and has an excellent resistance to pollution-caused illnesses as well.

느티나무의 생태에 대한 나의 관찰에 의하면, 이 나무는 우아하게 자라며 오염으로 야기된 질병에도 역시 훌륭한 저항력을 가지고 있다.

Accordingly, the zelkova tree goes very well with not only townscape but also a forest grown for scenic beauty.

따라서 느티나무는 도시경관뿐만 아니라, 풍치를 위해 가꾸어 놓은 숲에도

English Newspaper Article (column)

역시 잘 어울린다.

From the viewpoint of natural beauty, a desolate winter scene, such as a broad landscape of snow-covered fields and scattered bare trees, has a charm of its own.

자연미의 관점에서 눈이 덮인 넓은 들판의 경치와, 산재(散在)해 있는 벌거벗은 나무들 같은 황량한 겨울철의 경치에도 특유한 풍치가 있다.

Indeed, careful observation individualizes the features of natural scenery.

사실 주의 깊게 살펴보면 자연경치의 부분부분이 뚜렷한 특징을 가진 것을 알 수 있다.

Likewise, we will find numerous graces in the street lined with lovely trees, i.e., zelkova trees, pine trees, maple trees and oak trees among others.

마찬가지로 우리는 여러 나무들 중에서 느티나무, 소나무, 단풍나무 그리고 참나무 등 멋진 나무들로 즐비하게 늘어선 도로에서 많은 매력을 발견하게 될 것이다.

Should such a thing happened, we will enjoy ourselves to our heart's content in looking at well-kept streets even in the winter.

그렇게만 된다면, 우리는 겨울철에도 잘 가꾸어 놓은 가로수를 바라보며 한 껏 즐길 수 있을 것이다.

In consideration of this, landscape architecture should not place too much emphasis on ostensible decoration. Thus, we should garnish the street with various species, just like a fish is often garnished with parsley to stimulate our appetite.

이렇게 생각할 때 조경술은 허울적인 장식에 너무 강조하면 안 될 것이다. 따라서 우리는 마치 우리의 식욕을 촉진하기 위해 생선을 가끔 파셀리와 곁들여 먹듯이, 여러 나무 종자들로 도로를 꾸며야 할 것이다.

In fact, when we eat a good tasty food, it fields our mind to the exclusion of all else.

사실 맛 좋은 음식을 먹을 때는 그 맛에 온통 신경이 쏠려 그 밖의 일을 생각할 수가 없는 것이다.

A well-planned city is indeed a place where many green patches of land laid out in apple-pie order based on natural beauty rather than self-centered thinking.

잘 계획된 도시는 분명 자연미에 바탕을 둔 많은 녹지를 이룬 토지가 질서 정연하게 펼쳐진 곳일 것이다.

In this regard, I am of the opinion that the more we developed our city based on anthropocentricism, the more

English Newspaper Article (column)

we will be estranged from natural world.

이런 점에서 나는 우리가 우리의 도시를 인간중심주의로 더 개발하면 할수록 우리는 자연세계로부터 더 소원해질 것이라고 생각한다.

In other words, the more we get modernized city, the more we will be seized with an impulse to see a virgin forest.

다시 말하면 우리가 더 현대화된 도시를 더 갖게 되면 갖게 될수록 원시림을 보고픈 충동에 더 사로잡히게 될 것이다.

Cities have already become full of many modern structures, but trees or clump of shrubs are insufficient as compared with population density.

도시들은 이미 현대 구조물들이 가득 들어서 있다. 그러나 나무나 관목 숲은 인구밀도와 비교하여 보면 턱없이 부족하다.

People from old times always want to live in prosperity, enjoying the blessings of nature. So, it is in the nature of things that we sometimes enjoy ourselves looking at the light play of tree leaves in a soft breeze.

예로부터 사람들은 자연의 혜택을 즐기면서 언제나 풍요롭게 살기를 원하고 있다. 그래서 우리는 가끔 미풍에 살랑대는 나뭇잎만 봐도 즐거워하는 것은 당연한 일이다.

But, it is sad that sometimes we are unable to see the wood for the trees. I hazard the opinion once again that landscape architecture should be based on the beauties of nature. If we do not do so, we will damage the worse, the more we will develop.

그러나 우리는 때때로 나무는 보면서 숲은 보지 못하는 것은 안타까운 일이다. 내 생각을 다시 한번 감히 말한다면 조경술은 자연미에 바탕을 두어야 한다. 그렇게 하지 않으면, 우리는 더 많이 개발하면 할수록 더 심각하게 손해를 끼칠 것이다.

English Newspaper Article (column)

Magpie Nest in the Midtown Area

도심지의 까치집

The Korea Times
코리아 타임스
May 23, 2001
2001년 5월 23일

Do you know that the magpie is the emblem of the city of Seoul? The municipal authorities formally appointed the bird as the symbol of Seoul in 1971.

까치가 서울을 표상하고 있다는 것을 알고 있는가? 서울시 당국은 1971년에 정식으로 그 새를 서울의 상징으로 지정했다.

It seems to me that the idea of symbolizing Seoul as an animal has originated from the viewpoint of our old social customs.

서울을 동물로 상징하려는 착상은 우리의 오랜 사회적 관습의 관점에서 연유된 것으로 여겨진다.

영어신문 기사(칼럼) 해설

When the Korean people listen to a magpie's singing, they consider the sound to be a lucky sign or as a sign of a welcome guest to come.

한국 사람들이 까치의 노래 소리를 들을 때는, 그들은 그 소리를 행운의 징조 또는 반가운 손님이 올 것이라는 징후로 여긴다.

For that reason, the majority of the Korean people are favorably disposed toward the bird. Naturally, the population of Korean magpies continues to increase in the custody of a nation for a long time.

이러한 이유로 대부분의 한국 사람들은 그 새를 호의적으로 대한다. 자연적으로 한국의 까치 개체 수는 오랫동안 국민의 보호 하에 증가 일로에 있다.

However, the bird has been faced danger in these days. According to a publicity booklet distributed by campaigners who are under the command of the Korea Electric Power Corporation, the Ministry of Environment has specified the bird as a noxious bird.

하지만 요즘 이 새는 위험에 직면해 있다. 한국전력공사에 소속되어 있는 홍보원들에 의해 배포된 선전 소책자에 의하면, 환경부는 이 새를 유해조(有害藻)로 지정했다고 한다.

The reason why they decided to do this is that the electric poles and the electric power installations have been sustain-

English Newspaper Article (column)

ed great damage from the bird's nests, which are sometimes made of metal goods – the kinds that make a short circuit.

그들이 이 같이 결정한 이유는 전기합선을 일으키는 종류인 금속물질로 가끔 집을 짓는 이 새들의 둥지들로부터 전봇대와 전력(電力) 시설물들이 큰 피해를 입고 있기 때문이다.

In fact, a short circuit usually blows the fuse and may cause a fire by heating wires.

사실 전선이 합선되면 대개 퓨즈가 끊어지고 전선의 가열로 불이 나기 쉽다.

Many newspapers also have treated this incident as a material for a news item. They report that farm areas also have been suffered from the birds because they do damage agricultural products.

많은 신문들도 이 사건을 뉴스 기사거리로 취급하고 있다. 그 신문들은 농촌지역에서도 그 새들이 농작물에 손상을 주기 때문에 손해를 보고 있다고 보도하고 있다.

Therefore, farmers' recognition of the bird has been changing since they had totally new experience. Such being the case, some farmers even catch the bird with permission of the authorities.

따라서 농부들의 새에 대한 인식은 그들이 완전히 새로운 체험을 하게 된 이후부터 바뀌어 가고 있다. 이런즉 어떤 농부들은 정부의 허락을 얻어 그 새를 포획하기까지 한다.

As the case stands at present, the greater part of the Korean people cannot but treat the bird like a detestable duckling.

이 같은 실정에서 대다수의 한국인들은 어쩔 수 없이 이 새를 미운 오리 새끼로 취급하고 있다.

Accordingly, the bird is no longer in people's favor and destined to be driven out not only the midtown area but also agricultural regions.

따라서 이 새는 더 이상 사람들의 총애를 받지 못하고 있으며, 도심지역뿐만 아니라 농촌지역에서도 쫓겨날 운명에 처해있다.

On this account, the agencies concerned have set up a traveling exhibit hall and have been strengthening publicity activities on this matter. Moreover, they are making the round of the district to draw in public attention.

이런 까닭에 관계기관은 순회 전시관을 세워놓고 이 문제에 대하여 선전활동을 강화하고 있다. 그것도 모자라 그들은 대중의 관심을 끌기 위해 그 지역을 순회하고 있다.

To maintain the electric facilities in safety and prevent the failure of electric power supply, the campaigners said that

English Newspaper Article (column)

some electric poles are already provided with safety devices.

전기 시설물들을 안전하게 유지하고 정전을 막기 위해서 홍보원들은 어떤 전봇대는 이미 안전장치가 달려있다고 말했다.

But they are asking a favor of the citizen to report to the authorities as soon as one discovers the bird's nest built on an electric pole.

하지만 그들은 시민들이 전봇대에 지어진 그 새의 둥지를 발견하는 즉시 당국에 보고해 줄 것을 부탁하고 있다.

Thus, the impulse behind the campaign is seemingly reasonable. However, the drive, I think, is likely to be in a highly touch-and-go situation by a lack of follow-up measures.

그러므로 이 선전의 배후의 추진력은 타당한 것 같다. 하지만 그 운동은 후속조치의 미비(未備)로 큰 난관에 직면하게 될 것이라고 나는 생각한다.

When I went through the exhibit hall adjacent to Ulchiro 3-ga subway station, I made a survey of the whole assemblies of the exhibit and I saw a variety of things connected with the magpie's nest and electric facilities.

을지로 3가 역의 인근에 있는 그 전시관을 지나칠 때, 나는 전체의 전시조립품들을 둘러보고 까치집과 연관된 여러 물건들과 전기 시설물들을 보았다.

영어신문 기사(칼럼) 해설

The agencies concerned moved several magpies' nest built on electric poles to the exhibit hall intact. The nests were built in a practical manner and attracted my eyes.

그 관계기관은 전봇대에 지어진 몇 개의 까치집들을 전시관에 온전한 채로 옮겨왔다. 그 둥지들은 실제적으로 만들어진 것이며, 나의 눈길을 끌었다.

The bird put potter's clay on the inside of its nest and spread it with very tender fragments, such as feathers and litters on the floor. The newly laid eggs, which seemed to be on the eve of incubation, were nestled in the nest comfortably.

이 새는 둥지의 안쪽 측면에 진흙을 바르고 바닥에는 깃털과 깔짚 같은 부드러운 여러 조각들을 깔았다. 부화 직전에 있는 것으로 보이는 새로 탄생한 알들은 포근히 그 둥지에 안겨 있었다.

It was a pitiful sight to see the eggs bereft of their parent's bosom. That exhibit was appealed to my emotion rather than to reason. As a matter of emotion, I felt that there was no necessity for showing the eggs, which were exposed to a nipping wind in the late February.

그러나 어미의 품을 벗어난 그 알들을 보는 것은 불쌍한 광경이었다. 그 전시는 이성보다는 나의 감정에 호소하고 있었다. 감정의 문제로써 나는 2월 말의 혹독한 추위에 노출되어 있는 그 알들을 보여줄 필요까지는 없다고 느꼈다.

English Newspaper Article (column)

According to my observation on the habits of birds, many of them have the habits of choosing a place not far from human habitation for their habitat, a safety zone where they defend against natural enemies.

새들의 습관에 대한 나의 관찰에 의하면 그들 중 많은 새들은 그들의 서식지, 즉 천적으로부터 방어하기 위한 안전한 구역을 찾기 위해 사람들이 거주하고 있는 지역으로부터 멀리 떨어져 있지 않은 어느 한 장소를 고르는 버릇을 가지고 있다.

As a last resort, they use human beings as a shield. On that ground, many kinds of birds, such as magpies and sparrows, live in the downtown area rather than in the recesses of a mountain.

이 새들은 마지막 수단으로 인간을 하나의 방패로 이용하고 있는 것이다. 그러한 이유로 까치와 참새 같은 많은 새들이 깊은 산속 보다는 도심지역에 살고 있다.

Clearly, woodland in the downtown area is a medium in which the birds thrive.

분명히 도심지역의 산림지대는 새들이 잘 살아갈 수 있는 하나의 서식 장소이다.

Usually, a magpie builds a nest in the knotty limbs of an enormous tree, such as a dignified-looking old pine or a zelkova tree where our forefathers sometimes held services for tutelary deity.

통상적으로 까치는 우리의 조상들이 서낭제를 지내기도 했던 우람스러운 소나무 또는 느티나무 같은 큰 나무의 옹이가 많은 큰 가지에다 둥지를 튼다.

But, these days, those kinds of trees are insufficient in the midtown area. In former days, we could easily find the bird's nests on big trees where we believed local gods dwelled.

그러나 요즘엔 그러한 나무들의 종류들은 도심지역에 많지가 않다. 예전엔 우리는 서낭신이 살고 있다고 믿었던 큰 나무 위에서 까치 집을 쉽사리 찾아볼 수가 있었다.

In Korea every rural community has a shrine for its tutelary deity, where we performed the festival of the local God. This old custom still prevails in many parts of the country.

한국에서는 각 농촌지역마다 우리가 서낭제를 지냈던 서낭당이 있다. 이 오랜 풍습은 아직도 이 나라의 많은 지역에서 지켜지고 있다.

In general, we can hear the magpie's merry note in the early morning because the bird has a habit of singing early in the morning.

보통 우리는 이른 아침에 까치 소리를 들을 수가 있는데 그 이유는 그 새가 아침 일찍 우는 습관이 있기 때문이다.

English Newspaper Article (column)

If we once hear the bird's merry note, we usually take a careful look at the bird and consider it we would have a good luck for the day.

우리가 그 새의 소리를 들을 때면 우리는 보통 그 새를 조심스럽게 바라보며, 그 날 좋은 행운을 얻게 될 것이라고 여긴다.

From the standpoint of nature conservation, I am of the opinion that a human being is surely their ultimate protector.

자연보존 관점에서 나는 사람은 그 새들의 근본적인 후견자라고 생각한다.

At all events, I think that the bird's populations will be often used as an indicator of environmental pollution, as its presence is dependent on a number of factors such as food availability, air quality and habitat availability.

하여튼 나는 그 새의 개체 수는 종종 환경오염의 지표로 이용될 것이라고 생각하는데, 이는 이 새의 존재가 먹이를 구하는 용이성, 공기의 질 그리고 서식지와 같은 요인에 달려있기 때문이다.

The Future Prospect of Our Village

우리 마을의 미래상

The Korea Times
코리아 타임스
October 7, 2000
2000년 10월 7일

It has been about ten years since the municipal authorities designated our village as a redevelopment area. However, the redevelopment project to build an apartment complex was delayed due to various reasons.

자치정부가 우리 마을을 재개발 지역으로 지정한 지 약 10여 년이 흘렀다. 하지만 아파트 단지를 건설하려는 재개발 계획은 여러 가지 요인들 때문에 지체되었다.

Recently, however, full planning permission has been granted for the erection of a large scale apartment complex, and the project has begun to show signs of activity. In other words, engineering works is well advanced after obtaining the official sanction of the authorities.

English Newspaper Article (column)

그러나 최근에 그 부지에 대규모 아파트 단지 설립을 위한 계획이 완전히 허가되었으며, 그 계획은 활기를 띠기 시작했다. 즉 당국의 공식적인 허가를 취득한 이후 토목공사가 많이 진척되었다.

More precisely speaking, our residential district lagging far behind the other areas in terms of civic improvement has undergone some major changes during the past several years, though after many difficulties.

더 정확히 말하면 도시개량 면에서 다른 지역들보다 훨씬 뒤떨어진 우리 지역은 많은 어려움이 있긴 했지만 지난 몇 년 동안 크게 변했다.

All barrack-like old houses of this region have been dismantled in favor of a healthy civic environment and good living conditions, and, along with this, the Kwanak road linking the Pongchon intersection to Sangdo-dong has already been expended from a four-lane to an eight-lane road.

이 지역의 임시건물 같은 모든 주택들은 건강한 도시환경과 좋은 생활상태를 택하여 해체가 됐으며, 게다가 봉천 사거리에서 상도동으로 이어지는 관악로는 이미 4차선에서 8차선으로 확장되었다.

The need for such supplementation of road networks was, undoubtedly, keenly felt to content with the dramatic increase in traffic.
이러한 도로망의 보완은 급격한 교통량의 증가에 대처하기 위해 의심할 여지없이 절실히 필요한 것이었다.

Therefore, our village Pongchon-dong is no longer what it used to be when I moved here about seven years ago.

따라서 우리 마을 봉천동은 약 8년 전 내가 이곳으로 이사 왔을 때의 모습은 더 이상 찾아볼 수가 없다.

At that time, a proposal was brought forward for redeveloping the village to overcome its regional backwardness, and the great part of dwellers took the initiative in supporting the redevelopment project.

그 당시 이 지역의 후진성을 극복하기 위해 이 마을을 개발하자는 제안(提案)이 나왔으며, 주민들 대다수가 솔선하여 이 재개발 사업에 찬성을 했다.

As is often the case, redevelopment works is proved a great boon for not just the builders, but also all else involved, including house owners. Therefore, this project not only will bring economic advantages to the builders, but to the house owners as well.

흔히 있는 일이지만, 개발사업은 건축업자뿐만 아니라 가옥주를 포함해서 연루되어 있는 모든 사람들에게 큰 혜택을 준 것으로 입증됐다. 따라서 그 사업은 분명히 건축업자에게 실적을 줄뿐만 아니라, 가옥주들에게도 이득을 주게 될 것이다.

South Korea is a relatively small country with much of its population crowded into the national capital region, so the

English Newspaper Article (column)

area is densely populated. As a result, it is a tough job for the common people to purchase a house.

한국은 인구의 대부분이 수도권으로 몰려있는 대체로 작은 나라이다. 그래서 이 수도권 지역은 인구가 조밀하다. 그 결과 일반인들이 집을 장만하기란 여간 어려운 것이 아니다.

For many years, I also have directed my attention to move into a fine apartment, which will provide our family with a comfortable living space.

수년 동안, 나 역시 우리 가족에게 편안한 삶의 공간을 제공해줄 멋진 아파트로 이사하는 쪽으로 주의를 돌리고 있다.

In the first stage of my plan, I opened an apartment-application deposit in a bank and bought an old house in Pongchon-dong, with an eye on obtaining my vested rights to purchase an apartment in the region.

계획의 첫 번째 단계로 나는 은행에 아파트 청약예금을 개설했고, 봉천동에 아파트를 장만하기 위한 기득권을 취득할 목적으로 이 지역에 낡은 집 한 채를 구입했다.

Until recently, many people have regarded Pongchon-dong as a backward region, but the situation of the village has been developing rapidly.

영어신문 기사(칼럼) 해설

최근까지 많은 사람들은 봉천동을 후진 지역으로 알고 있다. 그러나 이 마을의 국면은 급속하게 전개되어 가고 있다.

In view of the results so far achieved, the progressive redevelopment project will eventually remove the stigma of backwardness that has been attached to its village name.

지금까지의 결과로 보아 이 진보적인 재개발 사업은 마침내 후진성이라는 오명이 이 마을의 이름에 붙어 있는 것을 제거해 줄 것이다.

Watching the regional development of events, I have a great attachment for living in Pongchon-dong, where I still have my residence.

이러한 지역 발전을 바라보면서 나는 봉천동에서 사는 것에 강한 애착을 가지고 있으며, 아직도 이 마을에 거처를 두고 있다.

According to the local society that has undertaken the regional development project from the beginning, the on- going construction work is scheduled to finish its completion by the end of year 2003, and will transform this board-framed house village into a fine and large-scale apartment complex, built in modern style with many green tracts and patches of land laid out in apple-pie order.

초기부터 지역 개발사업을 떠맡게 된 지역조합에 의하면, 진행 중에 있는 건설작업은 2003년 말까지 완공될 것으로 계획이 짜여 있으며, 이 판잣집

English Newspaper Article (column)

마을은 잘 정돈된 많은 녹지를 갖추고 지어진 현대식 대단위 아파트 단지로 바뀌게 될 것이라고 한다.

Incidentally, I, as a member of the local society who is able to employ his privilege, may remark that the sound development of human affairs such as building an apartment complex is supported by a similar process, as the one(?) who undergone in a plant's life.

지역 사회 회원으로 특권(特權)을 갖고 있는 한 사람으로서 첨언(添言)하여 언급(言及)해 보면, 아파트 단지를 짓는 것과 같은 인간사의 견실(堅實)한 발전(發展)은 마치 바로 그 어떤 한 사람(저자)이 식물(植物)의 삶을 체험(體驗)했던 것 같은 그 유사(類似)한 과정(科程)으로 지탱(支撐)이 될 수 있는 것이다.

In more concrete terms, architectural companies should bear in their minds that almost all plants continue their efforts to make a node so long as they live.

더 분명(分明)히 말하면, 건축회사(建築會社)들은 모든 식물(植物)들은 그들이 살아있는 한 매듭을 짓는데 끊임없는 노력(努力)을 한다는 것을 명심(銘心)해야만 할 것이다.

The continuation of the node movement during the warm period of the year is the internal logic of a theory of a plant's life, a method that works for a balanced development in the vegetative stage.

1년 중 온화한 기간 동안 지속되는 매듭운동은 식물의 삶에 내재하고 있는 논리(論理)인 것이다. 즉 식물의 생장단계(生長段階)에서 균형 잡힌 발전을 위한 방식인 것이다.

Likewise, we must have a notion that a strong-built knot in human affairs always not only stabilizes security of our lives and properties, but also provides us the sense of stability.

마찬가지로 인간사에서 단단하게 지어 놓은 매듭은 우리의 생명과 재산의 안전을 지켜줄 뿐만 아니라, 우리에게 안전감을 제공해 준다는 생각을 우리는 마음 속에 늘 품어야만 할 것이다.

The importance of settling a knot is always presented in the plant's life that can be applied to personal and organizational learning. It is a matter worthy to be considered.

매듭짓는 일의 중요성은 언제나 식물의 삶 속에 나타나 있으며, 그것을 우리는 개인과 조직의 학습에 적용시킬 수가 있는 것이다. 이것이 바로 고려할 가치가 있는 문제이다.

Also, it is needless to say that making profits should be a major goal of businesses, but they must not forget the social implications of their activities. In other words, a major objective of urban renewal is to preserve the historical and cultural character of locality.

또한 말할 필요 없이 이익을 남기는 것이 기업들의 중요한 목표가 되어야

English Newspaper Article (column)

만 하지만, 기업들은 그들의 활동에 대한 사회적인 연관성을 잊어서는 안 되는 것이다. 즉 도시 재개발의 주목적은 지역 고유의 역사와 문화적인 특성을 보전하는 것이다.

Conceiving all imaginable situations, all members of our local association should take a close look at the on-going construction work in consideration of the future prospect of our village.

모든 가능한 상황을 상상하면서 우리 지역조합의 회원모두는 우리 마을의 미래상(未來像)을 숙고하여 현재 진행되고 있는 건설작업을 면밀히 지켜보아야만 할 것이다.

The executive members of the local society who manage the business affairs of the redevelopment construction site should also bear in mind that any dishonest act regarding the property of members of the association will not be tolerated.

재개발 건축현장의 상거래 업무를 관리하고 있는 이 지역 조합의 집행 위원들은 조합 회원들의 자산과 관련된 그 어떤 부정행위는 절대 용납될 수 없다는 것을 염두에 두어야 할 것이다.

As a matter of duty, the responsible person in charge of the affair is under an obligation to protect the property of about 2,500 families who will shoulder the heavy expenses of building an apartment complex in the region.

임무상 이 사업에 담당을 하고 있는 책임자는 이 지역의 아파트 단지를 건설하는데 큰 비용을 떠맡게 될 약 2,500가구의 재산을 보호해줄 책임이 있다.

Most preferably then, working out a design for the future prospect of our village should be closely related to establishing a grand national policy on a long- term bases, for its long-lasting success.

그리고 가장 가급적으로 우리 마을의 미래상을 위한 설계를 산정(算定)하는 것은 오래도록 지속될 수 있는 성공을 위해 국가의 백년대계를 세우는 것과 밀접하게 연관(聯關) 지어져야만 할 것이다.

English Newspaper Article (column)

A Logical Reasoning in Nature & Politicians' Public Pledges

자연의 논리적 이치와 정치인들의 공약

The Korea Times
코리아 타임스
April 8, 2000
2000년 4월 8일

One bright March afternoon when new buds began to appear, I spent my time walking through a park. It was an occasion to derive inspiration from the contemplation of nature.

초목이 움트기 시작하는 시절인 어느 3월 오후, 나는 어느 한 공원을 산책하면서 시간을 보냈다. 그 시간은 자연의 정관(靜觀)에서 영감을 연역(演繹)하는 기회였다.

When I took a brief survey of the garden in the park, I was touched by the pleasant breezes that whispered low among the plants coming out of hibernation. It was soft warm breezes indexing the approach of spring.

영어신문 기사(칼럼) 해설

우선 그 공원의 뜰을 한눈으로 바라볼 때 겨울잠에서 깨어나고 있는 나무들 사이로 살랑거리는 상쾌한 바람이 내 곁을 스쳐지나 갔다. 그것은 봄이 옴을 알려주는 부드럽고 따뜻한 미풍이었다.

The sap was rising in the decorative trees. That is, every ramification of the trees in the garden was tinged with blue. The trees were none other plants than azalea, peach, apricot, forsythia, magnolia, pussy willow and all sorts of trees befitted to the park.

정원수(庭園樹)들에는 물이 오르고 있었다. 즉 정원에 있는 모든 나무들의 가지는 푸른 빛으로 물들어 있었다. 그 나무들은 다름아닌 진달래, 복숭아, 살구나무, 개나리, 목련, 갯버들 그리고 공원에 잘 어울리는 그 밖의 많은 나무들이었다.

All such plants put forth many flower buds and some of them were even swollen to bloom. They were the buds just ready to burst. In a word, the park indeed calmly reposed under a soft warm spring sun.

이 모든 나무들은 꽃망울이 맺혀 있었으며, 그 중 어떤 것들은 꽃을 막 피우려고 부풀어올라 있기까지 했다. 그것들은 금방 피어날 듯한 새순이었다. 한마디로 그 정원은 부드럽고 따스한 봄볕 아래 평온하기 그지없었다.

In that atmosphere, I was brimming over with love, hope and courage, and pleasant reveries sauntered through my mind in the hope of seeing various kinds of dainty flowers and

299

English Newspaper Article (column)

great bursts of verdant leaves growing on trees before long.

그런 분위기 속에서 나는 사랑과 희망 그리고 용기가 넘쳐흐르는 것 같았다. 그리고 머지않아 여러 종류의 섬세한 꽃들과, 나무에는 새싹이 돋아날 것을 보게 될 것이라는 생각으로 짜릿한 기쁨이 내 마음을 진동시키며 지나갔다.

I once again realized the truth that spring, with its greening power, allows the seed and germ to break open and struggle towards the light.

나는 봄은 그 푸르게 하는 힘으로 씨앗과 싹을 터뜨려 빛을 향해 나아가도록 만들어 준다는 사실을 다시 한번 실감했다.

Every year in springtime, when the days become long, my mind is always occupied with the expectation of seeing lovely flowers, which seem to be vying for splendor with one another.

해마다 낮이 길어지는 봄이 되면 나의 생각은 서로가 호화로움을 겨루는 것처럼 보이는 아름다운 꽃을 보겠다는 기대감으로 여념이 없다.

In fact, trees compete with each other for sunlight, water and minerals, which they use to produce the energy they need to live on.

사실 나무는 그들이 살아가기 위해 필요한 에너지를 만들기 위해 사용하는 햇빛과 물 그리고 무기질을 얻기 위해 경쟁을 한다.

Accordingly, the first green of spring and new-blown flower always induce me to make greater efforts, and raise my spirits, which is all that I can desire as a vital power in life.

그러므로 봄의 신록과 새로 피어난 꽃은 언제나 최선을 다하라고 나를 설득시켜 주며 나의 정신을 분기시켜주는데, 그것은 바로 내가 요망할 수 있는 모든 것이다.

I once again attribute this to the plants' lively motion by a happy dispensation of Nature.

나는 이것을 오묘한 자연의 섭리에 의한 식물들의 생동감 있는 움직임에서 기인(起因)하고 있다고 생각을 한다.

In fact, in accordance with what is reasonable, the provision of nature reposes on the truth of nature. In other words, because nature is always governed by rational principles, there are reasons why everything is as it is.

사실 자연의 섭리는 그 이치에 따라 자연의 진리 속에 입각(立脚)하고 있다. 다시 말하면 자연은 언제나 합리적인 원칙에 의해 지배되고 있으므로 모든 것은 다 그 나름의 이유가 있는 것이다.

Therefore, insofar as our emotions rebel against anything in the companionship of nature, our emotions are in the wrong.

English Newspaper Article (column)

그러므로 우리의 감정이 자연을 상대로 그 무엇에라도 반감을 가지는 한 우리의 감정은 잘못된 것이다.

It is quite true — as I have learned — that the purpose of an inductive reasoning is to infer general laws from particular occurrences.

내가 알고 있는 바로는 귀납법의 목적은 특정한 사실에서 일반적인 법칙을 추론하는 것에 있다는 것은 틀림없는 사실인 것 같다.

In this respect, if we once contemplate the present political situation, we notice that many politicians are the very men who infringe the law.

이런 점에 있어서 우리가 현재의 정치 상황을 일단 주의 깊게 관찰해 보면, 우리는 많은 정치인들이 법률을 위반하는 장본인이라는 것을 알 수 있다.

Their deeds are in sharp contrast to the truth exemplified by nature. Nature, as I stated above, always tells the truth, and is closely related to our daily life. This is because human beings are also part of nature.

그들의 행위는 자연에서 예증(例證)된 진실과 아주 상반된다. 위에 언급한 바 있듯이 자연은 진실을 말하고 있으며, 우리의 삶과 밀접하게 관련되어 있다. 이것은 인간도 자연의 일부이기 때문이기도 하다.

In consideration of this, I would like to infer from the recent nation's distrust in politics that the people want politicians or lawmakers to think over what they have done in the presence of Mother Nature.

이를 참작하여 볼 때 나는 작금(昨今)의 정치에 대한 국민의 불신감으로부터 미루어 보건대 국민들은 모든 정치인들 혹은 입법자들이 대자연의 면전에서 무엇을 했는지를 반성해 주기를 원하고 있는 것 같다.

Clearly, a considerable number of politicians are out of character with their words.

분명히 적지 않은 많은 정치인들이 자신들의 말과 일치하지 않고 있다.

Therefore, I personally want to make them realize the fact that all plants push out new shoots in spring, revealing their character with a unique color — as if they had a language of their own.

따라서 나는 개인적으로 그들에게 모든 식물들은 봄에 새로운 싹을 터뜨리며, 마치 그들만의 언어가 있는 것처럼 자신들의 독특한 색깔과 일치하게 된다는 사실을 깨닫게 해주고 싶다.

Biologically speaking, plants' leaves are ways and means by which the plant grows. They are used to store nourishments in their trunk and resuscitate them whenever needed.

식물학적으로 말을 하면 식물들의 잎은 그것에 의해 식물이 성장을 하는 수단과 방법이다. 그들은 나무의 줄기에 자양분을 저장하는데 익숙해 있으며, 필요할 때마다 그것들을 에너지로 소생시킨다.

Therefore, there is an analogy between the plant's trunk and the human brain. This is because memory is the process by which people encode, store and retrieve information.

따라서 식물의 줄기는 인간의 뇌와 유사하다고 할 수 있는데, 그 이유는 기억은 그것에 의해 사람들이 정보를 암호화하고, 저장하고 그리고 복구하는 과정이기 때문이다.

Accordingly, emotional tagging is the process by which emotional information attaches itself to the thoughts and experiences stored in our memories.

그러므로 감정적 애착이란 감정 정보가 우리의 기억에 저장된 생각과 경험에 결합되는 과정인 것이다.

On this account, a leaf is as much as a tool to the plants' life as words are necessary to share our ideas in human society.

따라서 나뭇잎은 언어가 인간 사회에서 우리의 관념을 서로 주고받는데 꼭 필요한 것처럼 식물의 삶에서는 도구가 되는 셈이다.

From this point of view, I reason that a language is not simply an encoding process for voicing our ideas and needs, but rather, a shaping force that guides our thinking and behavior.

이런 관점에서 나는 '말이란 우리의 사고와 욕구를 표명하는 기호화 과정일 뿐만 아니라, 우리의 생각과 행동을 통제하고 표현하는 힘이다'라고 생각한다.

These days, in the light of precedents, it seems that the candidates for the April 13 parliamentary elections devote their time to make up fictitious election pledges rather than a bread-and-butter theory.

요즈음 4·13 국회의원 선거에 출마하는 후보자들은 전례에 비추어 볼 때 현실론 보다는 거짓 공약을 꾸며내는데 그들의 시간을 보내고 있는 것 같다.

This kind of conduct and behavior is also in sharp contrast with the truth of nature. Inductively speaking, they should know that politician's public pledges are the fossils of their political ideas.

이 같은 행실은 자연의 진실과 아주 상반되는 것이다. 귀납적으로 말을 해서 정치인들의 공약은 그들의 정치 사상의 화석이라는 것을 알아야 할 것이다.

Therefore, it is desirable that politicians of our society should make up their mind not to make fool of the people any more for the very simple reason that they are the leaders of our society in fact as well as in name.

따라서 우리 사회의 정치인들은 명실공히 우리사회의 지도자라는 바로 그 이유만으로 라도 더 이상 국민들을 우롱하지 않겠다는 결의를 하는 것이

English Newspaper Article (column)

바람직할 것이다.

In any event, it stands to reason that there can be no right without the corresponding obligation.

어쨌든 부합되는 의무를 저버리고는 그 어떤 권리도 결코 가질 수가 없다는 것은 매우 타당한 것이다.

This is because obligation always goes with rights or duties, and a morale obligation attaches to every position. Accordingly, it is proper that politicians should show the correspondence between their words and actions just as the logical reasoning in Nature.

그 이유는 권리에는 언제나 의무가 따르는 것이며, 그 어떤 지위에도 도덕적인 책임이 따르기 때문이다. 그러므로 정치인들은 마치 자연의 논리적 이치처럼 그들의 언행이 일치가 되는 것을 보여주어야만 마땅할 것이다.

They also must know that language is vital in shaping our reaction to a critical event. The words we use to characterize the event may determine the nature of the response.

그들은 또한 언어는 비판적인 사건에 우리의 반응을 구체화하는데 필수적이라는 것도 알아야만 할 것이다. 사건을 묘사하려고 우리가 사용하는 말들은 반응에 대한 성격을 나타날 수 있게 되는 것이다.

Now, spring has fairly set in and all plants push out their

young green leaves and are full of vitality, benefited from nature's irresistible logic of fact.

이제 완연한 봄이 시작됐다. 그리고 모든 식물들은 자연의 저항할 수 없는 논리에 은혜를 입어 그들의 어린 싹을 내밀고 생동감이 충만해 있다.

It is no wonder that now it is the best time to think about a common cause. For this, it is imperative that politician's actions should be conformable to both reason and morality.

이제 공동의 목적에 대하여 생각을 할 가장 좋은 때인 것 같다. 그러기 위해서 정치인들의 행동은 이성과 도덕성에 다 함께 따르도록 해야 한다는 것이 절대적으로 필요한 것이다.

English Newspaper Article (column)

A Cityscape

도시의 경관

The Korea Times
코리아 타임스
March 10, 2000
2000년 3월 10일

The pine is a free grower in the wood, especially in an arid waste so that the tree grows very well in the rocky hill, provided that it is situated in the sunny side.

소나무는 숲 속에서, 특히 메마른 황무지에서 저절로 자라는 나무이다. 그래서 햇빛이 잘 드는 장소에 그 나무가 자리잡고 있다면 바위가 많은 언덕배기에서도 아주 잘 자란다.

The pine, so far as I can tell, has an intrepid spirit but a low capacity to tolerate altered conditions, especially when the tree has grown to an immense size.

내가 알고 있는 바로는 소나무는 도도한 기풍을 가지고 있다. 하지만 바뀐 환경을 견디는 힘이 약한데, 특히 크게 성장한 이후엔 더 그러하다.

Therefore, it is impossible to plant the tree in other territory if the planter does not consider the matter seriously.

따라서 나무를 심는 사람이 이 문제를 신중하게 고려하지 않는다면 이 나무를 다른 곳으로 옮겨 심는 것은 불가능한 것이다.

In recent years, however, we can see many dignified-looking old pines standing gracefully as an ornamental plant in the downtown area. But, it is my impression that many of them are annoyed with people for what we have done.

하지만 최근에 우리는 시내 중심지역에 관상식물로 우람스러운 노송이 기품 있게 서 있는 것을 볼 수가 있다. 그러나 나는 이들 중 많은 나무들은 사람들이 저질러 놓은 일로 괴로워하고 있다는 느낌을 갖고 있다.

The other day, I got sight of some of the trees getting an injection of chemicals in the bulk, and the trees looked as if they were having a hard time. Surely, the trees barely live under the influence of injections.

며칠 전 나는 이 나무들의 몇 그루가 줄기에 약품주사를 맞고 있는 것을 보았다. 그리고 이 나무들은 어려움을 겪고 있는 것 같이 보였다. 분명히 그 나무들은 주사약의 영향으로 간신히 살아가고 있을 것이다.

It may perhaps that I am not modest in my words but I dare say that many people are unable to see the wood for the trees.

English Newspaper Article (column)

나의 말에 어폐가 있을 수도 있겠으나 많은 사람들은 나무는 바라보지만 숲은 보지 못하고 있다고 말을 하고 싶다.

From the natural viewpoint, it is obvious that every object of consideration is situated in a proper place and tastefully arranged in its natural state.

자연적인 관점에서, 고려의 대상이 되는 모든 것들은 적절한 자리에 위치를 하고 있으며, 그 자연 상태로 아취가 있게 배열되어 있다.

We should be all the more thankful for the pleasure of the pink of perfection upon looking at natural profundities.

우리는 자연의 그 헤아릴 수 없는 것들을 바라보면서 완전의 극치를 즐기는 것에 더 한층 감사해야 할 것이다.

The pine also provides us with something peculiar which appeals to our artistic mood, and pine-grove in the downtown area will bring up the image of a piedmont district where the scenery is always delicious to our eyes.

소나무 역시 독특한 아취를 제공해 주고 있으며, 도심지역의 소나무 숲은 우리에게 언제나 보기에 즐거운 작은 숲의 인상을 가져다줄 수 있을 것이다.

To use a metaphor, parks are to the city as lungs are to the animals. In reality, the function of the lung is indispensable to animal life.

비유적으로 도시에 있어서 공원은 동물의 폐와 같다. 사실 폐의 기능은 동물의 삶에 필수적인 것이다.

Accordingly, forest plantation in the downtown area not only lends animation to townspeople but also provides us a resting place.

따라서 도심지역의 조림지는 도시인들에게 생기를 더해 줄 뿐만 아니라, 휴식공간도 제공해 준다.

However, the green area where unauthorized alteration of the landscape is forbidden by law is completely out of proportion to the dangers presented by the gravitation of population toward cities.

하지만 풍치림 지구는 인구의 도시 집중화의 위험에 비해서 전혀 균형을 이루고 있지 못하고 있는 실정이다.

As a matter of fact, big cities are much suffering from environmental pollution, which causes various kind of disease. On closer inspection, atmospheric contamination by exhaust from cars or factories is visible to the ordinary sight.

사실 큰 도시들은 여러 종류의 질병을 유발시키는 환경오염으로 매우 고통을 받고 있다. 잘 살펴보면 차량과 공장들에서 나온 배출물에 의한 대기 오염은 육안으로도 볼 수 있다.

English Newspaper Article (column)

I think that many people believe that air pollution has nothing to do with them. They seem to think that it is caused not by individuals but large corporations.

많은 사람들이 공기오염은 그들과 전혀 관계가 없다고 믿고 있는 것 같다. 그들은 공기 오염이 개인이 아니라 대기업에 의해 초래된다고 생각하는 것 같다.

They are mistaken. More than 50 percent of air pollution is caused by pollutants released by motor vehicles.

그것은 잘못 알고 있는 것이다. 공기 오염의 50퍼센트 이상이 자동차에서 배출된 오염물질에 의해 초래되는 것이다.

Should things continue at this rate, sooner or later we will be adversely affected by our careless activities.

이 같은 상태가 지속된다면, 조만간 우리는 우리의 조심성 없는 행위로 인하여 불리한 영향을 받게 될 것이다.

In this situation, we must acknowledge to ourselves that we have little understanding of the present situation and it is we who are to blame.

이런 상황에서 우리는 현재의 실정을 많이 이해하지 못하고 있으며, 비난을 받아야 할 사람은 바로 우리라는 것을 인정해야 할 것이다.

Thus, we must be awakened to its new significance. The environment problem at this crucial period takes precedence over everything else.

그러므로 우리는 이 새로운 중대성을 깨달아야만 할 것이다. 이 중대한 시기에 환경문제는 무엇보다 앞서는 것이다.

Surely, we have nothing to do but should be obedient to the great law of heaven and earth. It is a matter of universal knowledge that every animate being builds up her healthy body and leads a life through assimilation of the new and excretion of the old.

분명히 우리는 위대한 천지의 법칙에 순종할 수밖에 없다. 모든 살아 있는 것은 동화작용과 배설작용을 통해서 건강을 증진시키고 삶을 보내고 있다는 것은 보편적으로 잘 이해되고 있는 것이다.

In this process of metabolism, the plant discharges the oxygen and breathes in carbon dioxide.

이러한 신진대사를 통해서 식물은 산소를 배출하고 이산화탄소를 들이쉰다.

On the contrary, however, our bodies use oxygen and give off carbon dioxide. In this reason, human body must be supplied with the fresh oxygen.

하지만, 이와는 반대로 우리의 신체는 산소를 쓰고 탄산가스를 내보낸다.

English Newspaper Article (column)

이러한 이치로 사람의 신체는 신선한 산소가 공급이 되어야만 한다.

In this natural relation of man and nature, we always feel refreshed in mind and body after taking a walk in the park to breathe fresh air.

자연과 사람의 이 같은 자연적인 관계에서 우리는 신선한 공기를 마시기 위해 공원을 산책한 이후에 몸과 마음이 언제나 상쾌함을 느낀다.

From a logical point of view, the air is a mechanical mixture, not of chemical compounds. Therefore, man's ability cannot make an enormous amount of fresh air through the scientific method, even though modern science has made startling progress.

논리적으로 공기는 물리적 혼합물이지 화합물이 아니다. 따라서 아무리 현대과학이 눈부시게 발달을 했다 하더라도 사람의 능력은 과학적 방법으로 방대한 양의 신선한 공기를 만들 수가 없는 것이다.

But, we can purify the polluted atmosphere of the city by means of designing clean cityscape.

하지만 우리는 오염된 도시의 공기를 깨끗한 도시 경관을 설계하는 방식에 의해서 정화할 수는 있는 것이다.

Consequently, we must concentrate our attention on the protection of environment through the strict performance of our duties.

따라서 우리는 엄격한 직무의 수행을 통해 환경보호에 주의를 집중시켜야만 할 것이다.

Then pleasant and comfortable cityscape will be created as the logical result of act. Positively, everything depends on what we do next.

그러면 유쾌하고 쾌적한 도시의 경관은 행위의 필연적 결과로써 만들어지게 될 것이다. 확실히 말하여 모든 것은 우리가 다음에 무엇을 하느냐에 달려있는 것이다.

English Newspaper Article (column)

A Remembrance of Hard Days

어렵던 시절의 추억

The Korea Times
코리아 타임스
August 19, 2003
2003년 8월 19일

Have you ever eaten a gettock? Gettock is a pie-shaped cake made of hulls of grain, such as rice, barley and millet. Given its main ingredients, gettock is a very simple food that lacks in nutrition.

당신께선 개떡을 먹어보신 적이 있는가? 개떡은 쌀, 보리 그리고 수수와 같은 곡물의 겉껍질로 만들어진 파이 모양의 케이크이다. 그것의 주요 성분을 두고 볼 때, 개떡은 영양소가 부족한 아주 단순한 음식이다.

Accordingly, most of the hulls of grains were used to feed domestic animals, and many people who lived in affluence treated these hulls as inedible for humans.

따라서 대부분의 곡물들의 겨는 가축의 먹이로 사용되어 왔었고, 유복하게 살고 있는 많은 사람들은 이러한 곡물 껍질들을 사람들이 먹을 수 없는 것으로 취급했다.

However, those who lived in poverty in the past used the hulls in their food. They shaped the hulls and heated them with steam.

하지만 과거에 빈곤하게 살았던 사람들은 그 곡물 껍질을 그들의 음식에 사용했다. 그들은 그 겨를 반죽하여 그것을 수증기로 가열하였다.

Then, the poor ate them as supplementary food to their staple-food grain, such as rice and barley, especially a time of hunger in the past.

그런 다음 가난한 사람들은 특히 과거의 배고픈 시절에 쌀과 보리 같은 그들의 주식의 곡물에 대한 보충음식으로 그것을 먹었다.

Without this gettock, many poor people had to have a lot of difficulties making it through to the next harvest. For them, gettock was the main source of energy and nutrients when the period having extreme difficulties of farm life before the barely harvest or the food situation had taken an unfavorable turn owing to the year of bad crops.

이 개떡이 없이는 많은 가난한 사람들은 다음 추수까지 살아가는데 많은 어려움을 겪어야만 했다. 그들에게 개떡은 보릿고개와 흉년으로 인해 식량

English Newspaper Article (column)

사정이 좋지 않게 되었을 때 에너지와 영양소의 주요 원천이었다.

In fact, the hulls of grain, in contrast to what is typically thought, often contained nutritive substances, such as the plant's embryo.

사실 곡물의 껍질은 일반적으로 생각되는 것과는 반대로 간혹 그 식물의 씨눈과 같은 영양물질이 포함되어 있다.

On the other hand, some wealthy people of that period enjoyed large-sized round rice cakes, which was a pie in the sky for the poor people.

반면에 그 시기의 어떤 부유층 사람들은 도래떡을 즐겼으며, 그것은 가난한 사람들에게는 실현될 수 없는 유토피아적인 것이었다.

Moreover, the wealthy people would garnish their cakes with meat, such as pork and beef.

또한 부유한 사람들은 그 떡을 돼지고기와 쇠고기 같은 고기를 곁들여 먹기도 했다.

To set the table for a good meal, pieces of bone were picked out and thrown away for utilizing them as stock feed, as the bones were believed to be just as inedible as grain hulls.

훌륭한 식사를 차리기 위해서 뼈는 곡식 껍질만큼이나 먹을 수 없는 것으로 믿고 있었으므로 뼈다귀들을 골라내어 가축의 먹이로 활용하기 위해 따로 처분했다.

In such cases, the extremely poor people, however, picked up these scraps and boiled them for many hours in a large pot filled with water.

하지만 이 같은 경우에 극도로 가난한 사람들은 이 버려진 것들을 주어 모아서 물로 채워진 큰 솥에 수 시간 동안 끓였다.

The reason why the bones were boiled for a long time was that, it was believed, the bones were poor in nutritive value. Thus, the people would put the bones in a pot filled with water and boiled them until the nutritious elements oozed out.

그 뼈들이 장 시간 동안 끓여져야만 했던 이유는 그 뼈들은 영양가가 빈약하다고 믿어졌기 때문이다. 그러므로 가난한 사람들은 물이 채워진 큰 솥에 뼈를 넣고 자양분이 배어 나올 때까지 끓이곤 했다.

After what they had done, the liquid part of the dish was highly nutritious. So, you could say, in a sense, the poor people took in more nutritious elements than wealthy people, because bones contain more nutriments than meat.

그들이 이렇게 끓여 놓았기 때문에 이 국물은 높은 영양분이 있었다. 그래서 우리는 어떤 의미에서는 가난한 사람들이 부유한 사람들 보다 더 많은

English Newspaper Article (column)

영양분을 섭취했다고 말을 할 수가 있다. 왜냐하면 뼈는 고기보다 더 많은 영양소를 포함하고 있기 때문이다.

It was like the wealthy people eating the white of an egg and starving people the yolk of an egg. In fact, the yolk of an egg contains a great deal of nutriment.

그것은 계란의 흰자위를 먹는 부유층과 계란의 노른자를 먹는 굶주린 사람과 같은 것이었다. 사실 계란의 노른자는 상당히 많은 영양분을 함유하고 있다.

Today, no food has more humble origins than "gettock." But, there is "pudaejjige" from which we enjoy very much, not to mention the fact that we take nutritive.

오늘날 그 어떤 음식도 "개떡" 보다 더 하찮은 원천은 없다. 그러나 영양소까지 섭취할 뿐만 아니라 퍽 맛있게 먹는 "부대찌개"가 있다.

For all that, pudaejjige is no more than humble fare in terms of the etymology of the word. Then, what is the etymology of this word?

그렇지만 부대찌게는 이 단어의 어원을 환산하여 볼 때 변변찮은 음식에 불과할 뿐이다. 그러면 이 말의 어원은 어떤 것인가?

The word pudaejjige is not in a Korean dictionary because the word is a new compound word of "pudae" and "jjige."

영어신문 기사(칼럼) 해설

"Pudae" means a military unit and "jjige" means a pot stew in English.

부대찌개라는 단어는 한국어 사전에 없는데, 그 이유는 그 단어가 "부대"라는 말과 "찌개"라는 말의 새로운 합성어이기 때문이다. "부대"라는 말은 군대(軍隊)를 의미하며, "찌개"라는 말은 영어로 "a pot stew"를 의미한다.

Therefore, pudaejjige is literally a pot stew for a member of the armed forces. The origin of this compound word goes back to the days of the Korean War.

따라서 부대찌게는 글자 그대로 군인들을 위한 찌개이다. 이 합성어의 발단은 한국전쟁 시기로 거슬러 올라간다.

When the Korean War broke out in 1950, many American soldiers fought in the war (and are still stationed in Korea). As a result of this war, many Korean people suffered from hunger.

1950년 한국전쟁이 발발(勃發)했을 때, 많은 미군들이 그 전쟁에 참가 (그리고 그들은 한국에 아직 주둔하고 있다) 하여 싸웠다. 이 전쟁의 결과로 많은 한국인들이 굶주림으로 고통을 받았다.

So, it is not surprising that many of the starving people who lived around the American bases took away leftover foods thrown away by military. They ate them after boiling the food scraps into gruel to alleviate their hunger.

English Newspaper Article (column)

그래서 미군기지 주변에 살고 있던 배고픈 많은 사람들이 병사가 먹고 버린 남은 음식을 수거(收去)해간 것은 놀라운 일이 아니다. 그들은 허기를 달래기 위해 그 음식 찌꺼기를 죽으로 끓인 다음 먹었다.

From that time, this type of boiled food is called pudaejjige or "suckerjjige", which means "mix" in English.

그때부터 이런 종류의 끓인 음식을 부대찌개 또는 영어로 "mix"를 의미하는 "섞어찌개"라고 불리어지고 있다.

These days, however, pudaejjige, or suckerjige, is very popular in restaurants. I may be wrong but I think that many people including the owners of restaurants don't know about the origin of the words.

하지만 오늘날 부대찌개와 섞어찌개는 식당에서 매우 인기 있다. 외람된 말일 수도 있겠지만, 나는 식당 주인들을 포함해서 많은 사람들이 이 단어들의 어원에 대하여 모르고 있다고 생각한다.

Of course, most of the words which are in use today have an origin.

물론 오늘날 사용되고 있는 대부분의 단어들은 어원을 가지고 있다.

If we make an etymological study of words, we realize that some words are derived from disagreeable term. In such a case, some words should be replaced with a proper name for a good use.

우리가 단어들을 어원적으로 연구를 해보면, 어떤 단어들은 불쾌감을 주는 말에서 유래했다는 것을 알 수 있다. 이 같은 경우 어떤 용어는 올바른 사용을 위해서 적절한 명칭으로 교체되어야만 할 것이다.

In fact, where good water flows, it means there's a sparkling spring at its source. In the same way, where good words flow, it means purity, compassion and love are somewhere behind them.

사실 좋은 물이 흘러 넘치는 곳에는 그 근원에 반짝이는 샘물이 있음을 의미한다. 마찬가지로 좋은 말이 흘러 넘치는 곳에는 순수와 동정과 사랑이 그것들 뒤 어딘가에 있다는 것을 의미한다.

The food pudaejjige is also derived from disagreeable term. It is the products of war. For this reason, I am of the opinion that such a menu needs another proper name because the name is unbecoming to a delicious food.

부대찌개라는 음식도 역시 달갑지 않은 말에서 유래했다. 그것은 전쟁의 산물이다. 이런 이유에서 이 같은 식사는 그 이름이 맛있는 음식에 걸맞지 않기 때문에 적절한 다른 이름이 필요하다고 생각한다.

Therefore, it is improper for us to preserve an unpleasant food name.

English Newspaper Article (column)

따라서 달갑지 않은 음식 이름을 우리가 계속 사용하는 것은 그릇된 것이다.

But, I think it is proper for us to make an effort to preserve the name of our traditional food "gettock" from changing. This is because the food is the product of wisdom for living.

그러나 나는 우리의 전통음식 "개떡"이라는 이름이 바뀌지 않도록 보존하려는 우리의 노력은 타당하다고 생각한다. 왜냐하면 그 음식은 삶을 위한 지혜의 산물이기 때문이다.

These days, the food situation has taken a favorable turn, but the economic situation is bad. However, many people especially the wealthy classes spend money like water.

요즈음 식량의 사정은 양호한 상황을 맞고 있지만, 경제사정은 좋지 않다. 하지만 많은 사람들, 특히 부유층 사람들은 돈을 물 쓰듯 소비하고 있다.

They should know that spending money without discretion like this, especially in merrymaking places, is an act that leads all of us into the depths of poverty.

그들은 돈을 특히 유흥업소에서 이처럼 마구 낭비하는 것은 우리 모두를 심각한 빈곤의 늪으로 몰아넣고 있는 행위라는 것을 알아야만 할 것이다.

If this trend continues, we will be faced with hardship equivalent to the spring famines or the period having extreme difficulties of farm life in the year before the barley harvest of old.

만약 이러한 추세가 지속된다면 우리는 봄 기근, 즉 옛 보릿고개에 상응하는 고초를 맞게 될 것이다.

The high-income bracket should also remember the proverb that says, "people who gain prosperity are apt to forget their early days."

고소득층 사람들은 "개구리가 올챙이 시절 모른다"라는 속담을 역시 기억해야만 할 것이다.

In the past, most of our ancestors were engaged in agriculture. Accordingly, the difficulty of obtaining food came only just before the barley harvest in the early summer.

과거에 우리의 조상들 대부분은 농업에 종사했다. 그러므로 식량구입의 어려움은 이른 여름 보리추수 전에만 왔다.

But now we are engaged in various kinds of business. Therefore, a financial difficulty will be come at any time if we spend money recklessly.

그러나 이제 우리는 각양각색의 직업에 종사하고 있다. 따라서 우리가 돈을 무모하게 쓴다면 재정상의 어려움은 언제든지 올 수가 있는 것이다.

In this respect, I think, we must ruminate upon our traditional

English Newspaper Article (column)

food such as gettock. It makes us aware of the trials of our ancestor's life.

이런 관점에서 우리는 개떡과 같은 우리의 전통음식을 마음으로 그려야만 한다고 생각한다. 그것은 우리가 우리의 조상의 삶의 고초를 깨닫게 해주는 것이다.

We could always learn from their frugal lives. The ability to recognize signs of impending financial distress is an act requiring common sense and experience.

우리는 그들의 검소한 삶으로부터 언제나 배울 수가 있다. 곧 일어날 재정적 문제에 관한 징조를 간파하는 능력은 상식과 경험을 필요로 하는 기술이다.

For this purpose, it is a good thing to make gettock and eat it rather than delicious food for this coming Chusok, the Korean Thanksgiving Day.

이런 목적으로 다가오는 추석엔 맛있는 음식 보다는 개떡을 만들어 그것을 먹는 것이 좋을 것이다.

Thus, the food will make us aware of how the economic situation has been deteriorated over the past years.

그리하여 그 음식은 지난 몇 년간 경제가 얼마나 악화되었는가를 우리가 알 수 있게 해 줄 것이다.

영어신문 기사(칼럼) 해설

Words Are the Fossils of Our Thoughts

언어는 사상의 화석

The Korea Times
코리아 타임스
June 21, 2003
2003년 6월 21일

Politics is little of my concern (or I'm pretty apathetic about politics) and I have no use for politicians. But I am very interested in what politicians utter their view on national interests.

나는 정치에 별 관심이 없고 정치인들은 아주 딱 질색이다. 그러나 정치인들이 국익에 관하여 의견을 말하는 것에는 많은 관심을 기울인다.

This is because the words have direct influence on common people like me.

왜냐하면 그 말들은 나처럼 보통 사람들에게 직접적으로 영향을 미치게 하고 있기 때문이다.

In spite of this, I sometimes feel an impulse to turn a deaf

English Newspaper Article (column)

ear to their words.

그럼에도 불구하고, 나는 때때로 그들의 발언을 듣지 않으려고 하는 충동을 느낀다.

This is because many politicians, who seem to have a love for his country but mindless of national interest, are not prudent when they make speeches in public, using only pretentious language.

그 이유는 애국심을 갖고 있는 것 같지만, 국가적 관심사에 신경을 별로 쓰지 않는 많은 정치인들이 대중 앞에서 연설을 할 때 가식적인 말만 사용하면서 신중하지 못하기 때문이다.

It is clear that the negative way the politicians talk and acts in public makes many people uncomfortable.

정치인들이 공개적으로 들어내는 부정적인 말과 행동이 많은 사람들을 불편하게 하는 것은 분명한 것이다.

So that it is probable that many people think that the politicians' incoherent remarks of this kind are not only offensive to hear but harmful to national interests. Why do they make such reckless remarks without scruple?

그래서 많은 사람들은 아마 정치인들의 이 같은 지리멸렬(支離滅裂)한 논지(論旨)는 듣기에도 불쾌할 뿐만 아니라, 국익에도 해롭다고 생각을 하고 있는 것 같다. 왜 그들은 이 같은 무모한 발언을 서슴없이 하는 것일까?

Of course, the eligible voters including me should be initially criticized for not having the foresights to elect a person as to be politician.

물론 본인을 포함한 유권자들이 어느 한 사람을 정치인으로 뽑는데 선견지명이 없었던 탓으로 우선적으로 비난을 받아야 할 것이다.

Most adherents of democratic principles in South Korea, I believe, have difficulty understanding President Roh Moo-hyun's recent imprudent remarks that said, "The existence of a communist party would complete democracy in South Korea."

대부분 한국의 민주주의 신봉자들은 노무현 대통령이 '남한에서 공산당의 존재는 민주주의를 완성시킬 수 있을 것'이라고 말한 최근의 경솔한 견해를 이해하는데 어려움을 겪고 있다고 나는 생각한다.

He uttered these words when he paid a formal visit to Japan weeks ago. Thus, public opinion has become vocal about the remark, and comes to the forefront of public discourse about the remark.

그는 이 말을 몇 주일 전 일본을 공식 방문했을 때 했다. 그래서 그 문제에 관해 여론이 시끄러워졌으며, 대중적 담론의 최전선에 놓이게 되었다.

English Newspaper Article (column)

He should have been more carful about his word choice. In other words, he should have eschewed making such bold claim.

그는 언어의 선택에 좀 더 신중했어야 했던 것이다. 다시 말하여 그는 그같은 대담한 주장을 하지 말았어야 했다.

Such an utterance will neither diminish the military threat of the despotic, communist North, nor prevent the rise of figures like Kim Jong-ill and his father Kim Il-sung who started the Korean War on June 25, 1950.

이러한 발언은 횡포한 북한 공산주의의 군사위협도 줄여줄 수 없으며, 김정일 그리고 1950년 6월 25일 한국전쟁을 일으킨 그의 아버지 김일성과 같은 인물들이 부상(浮上)하는 것을 막아주지도 못할 것이다.

No rational person would ever assert such an absurdity.

이성이 있는 사람이라면 그런 터무니없는 주장은 하지 않는 것이다.

As a result of this fratricidal war, which lasted for three years, many people still have horrible memories of the war.

3년 동안 지속된 이 동포살해 전쟁의 결과로 많은 사람들은 아직도 그 전쟁의 끔찍한 기억들을 가지고 있다.

Moreover, North Korea recently declared it has nuclear

weapons, a proclamation that has had a great impact not only upon the Korean people but also on the whole international community.

게다가 북한은 최근에 핵무기를 가지고 있다고 공표했으며, 이것은 한국사람뿐만 아니라 전 국제사회에도 큰 충격을 던져주고 있다.

This is more likely a threat against the world, rather than a political bargaining chip. North Korea has not changed an iota in this era of rapid change. Under these circumstances, how can the general public understand the president's remark?

이것은 정치적인 협상의 수단이기 보다는 세계를 더 위협하려는 것이다. 북한은 이처럼 급격히 변하고 있는 시대에 눈곱만큼도 변하지 않았다. 이러한 상황 속에서 일반 국민들이 어떻게 대통령의 그 단평(短評)을 이해할 수 있겠는가?

Once the people elect candidates to their political positions, they are the men who have the power to move things that the common people have no capacity of.

국민들이 후보자들을 그들의 정치적 지위로 일단 선출해주고 나면, 그들은 일반 국민들이 담당할 수 없는 일을 할 수 있는 능력을 갖는 사람들이다.

If they do not try to improve our society, they will eventually lose the very privileges given by the society.

English Newspaper Article (column)

만약 그들이 우리 사회를 개선하려고 노력하지 않는다면 그들은 사회에 의해 주어진 바로 그 특권을 잃게 될 것이다.

Therefore, to say the least, they must take a cautious attitude in their language at meetings or conferences.

따라서 그들은 적어도 회합이나 회담에서는 그들의 언어를 신중한 자세로 표현해야만 할 것이다.

Language is not simply an encoding process for voicing our ideas and needs, but rather, a shaping force that guides our thinking and behavior.

언어란 우리의 사고와 욕구를 표명하는 기호화 과정일 뿐만 아니라, 우리의 생각과 행동을 통제하고 표현하는 힘인 것이다.

Practically speaking, there is little expectation of good results from a man of many words. This is because a slip of the tongue is more frequent in a talkative person rather than a man of few words.

실제로 말 많은 사람들로부터는 좋은 기대를 할 수는 없는 것이다. 그 이유는 실언(失言)이란 말 수가 적은 사람보다 말 수가 많은 사람들한테 더 빈번하게 있기 때문이다.

Freedom of speech laws, ingrained in the Constitution of the Republic of Korea, means that every individual has the right to express his or her opinion, be it verbally or in writing.

한국 헌법에 명시된 언론의 자유법은 모든 개인은 말이든 글이든 자신의 의견을 표현할 권리가 있음을 의미한다.

Accordingly, speaking many words is not a criminal act, but, in this case, it is often accompanied by verbal gaffes, which sometimes give bad impressions to others.

그러므로 말을 많이 하는 것은 범죄행위가 아니다. 그러나 이 같은 경우 때때로 다른 사람들에게 나쁜 인상을 심어주게 되는 자구상(字句上)의 실수가 자주 동반되기도 한다.

That's why people in the leadership class, especially the politicians, had better take care with their words and actions.

그래서 지도층, 특히 정치인들은 그들의 언행을 조심하는 것이 좋은 것이다.

A proverb says that "your tongue can make or break you." This traditional Korean proverb teaches us to speak in measured words to prevent the misuse of language and expression.

격언에 이르기를 '말 한마디에 천냥 빚도 갚는다'라는 말이 있다. 이 전통적인 한국 속담은 말과 표현의 남용을 막기 위해 신중하게 말을 하라고 우리에게 가르쳐주고 있다.

English Newspaper Article (column)

Strictly speaking, to say something glibly and to speak in measured words are quite different from each other in terms of linguistic ability. This is because a person with oratorical power inclined to speak his mind without self-restraint.

엄격히 말해서 입심 좋게 말하는 것과 신중하게 말을 하는 것은 언어능력의 관점으로 볼 때 아주 다른 것이다. 그 이유는 말재주가 있는 사람은 자제력을 잃고 자신의 심정을 밝히는 경향이 있기 때문이다.

Thus, it is certain that the percentage of verbal lapses of thoughtless person is more likely to be happening than a discreet person's. In fact, if one or more of the premises of an argument is false, the conclusion of a valid argument may be false.

그러므로 경솔한 사람의 말의 실수의 비율은 신중한 사람보다 더 많아질 것이라는 것은 틀림없는 것이다. 사실 어떤 한 논거(論據)에서 하나 이상의 전제(前提)가 그릇되면, 타당한 논거의 결론은 틀릴 수가 있는 것이다.

I believe that a person with a double standard is more likely to lose his or her temper over issues in connection with his deceit or cheat. From this perspective, it is no wonder that many people entertain doubts about President Roh's remark.

이중 척도를 갖고 있는 사람은 자신의 속임수나 부정행위와 관련하여 더 쉽사리 자신의 침착성을 잃는다고 나는 믿고 있다. 이런 양상으로 볼 때 많은 사람들이 노 대통령의 소견에 대하여 의심을 품고 있는 것은 놀라운 일이 아닌 것이다.

At any rate, a fluent speech does not always make sense of persuasive speech. On the contrary, it sometimes has an adverse effect upon listeners.

어쨌든 유창한 연설은 설득력 있는 연설로 언제나 이해되는 것은 아니다. 오히려 그것은 때때로 듣는 사람에게 역효과를 주기도 한다.

There are two sides to every matter. Likewise, every man is capable of both deep and superficial thoughts. They are not always mutually exclusive.

모든 것엔 양면이 있다. 마찬가지로 모든 사람은 본심과 실체가 없는 두 가지 생각을 할 수 있다. 그것들은 언제나 상호적으로 용납되지 않는 것은 아니다.

They are sometimes different in essence as well as in outward form. Therefore, we must see both sides of an issue.

그것들은 때때로 본질뿐만 아니라 외관상의 모습도 다르다. 따라서 우리는 어느 한 문제의 양 면을 주시(注視) 해야만 한다.

A poor speaker who presents his view with measured word has more reasoning power than a smooth talker. Undoubtedly, the former is more reliable than the latter.

English Newspaper Article (column)

신중한 언어로 자신의 견해를 공손히 말하는 열등한 연사가 세련 있게 말하는 사람보다 논증력(論證力)이 더 많다. 의심할 여지없이 전자(前者)가 후자(後者)보다 더 신뢰성이 있는 것이다.

In fact, the person who has acquired knowledge of language has internalized a system of rules. Logically speaking, the words are the fossils of our thoughts.

사실 언어의 지식을 습득한 사람은 하나의 규칙의 체계를 자기 것으로 만들어 놓고 있는 것이다. 논리적으로 말해서 언어(言語)는 사상(思想)의 화석(化石)인 것이다.

영어신문 기사(칼럼) 해설

Overheated Out-of-Class Lesson

과열된 과외 교육

The Korea Times
코리아 타임스
April 17, 2003
2003년 4월 17일

Most parents, especially in these days, do not begrudge spending money on their children's education. That is, they tent to invest significant amount of their money in the education of their children.

요즈음 대부분의 부모들은 그들의 자녀들에 대한 교육비를 아끼지 않고 있다. 즉, 그들은 자녀들의 교육에 상당한 양의 돈을 투자하는 경향이 있다.

The only reason for doing this is that they want their children to surpass others in academic records.

이렇게 하는 유일한 이유는 그들은 자식들이 학업성적에서 다른 학생들에게 앞서가기를 바라고 있기 때문인 것이다.

English Newspaper Article (column)

To put it in another way, they want their children to pass the state-run scholastic achievement examination for the college entrance without difficulty.

달리 말을 하면 그들은 대입 수능시험에 수월하게 합격하기를 원하고 있는 것이다.

In fact, Korea now has one of the most test-driven education systems to form a line in the chain of policy.

사실 한국은 교육정책의 일환을 이루기 위해서 가장 많은 시험을 보는 교육시스템들 중에 하나를 채택하고 있다.

Therefore, out-of-school studies intended not only for grade-schoolers but also junior and high school students are prevalent.

따라서 초등학생뿐만 아니라 중·고등 학생을 위한 과외공부는 널리 만연하고 있다.

It's spawned an industry of "cram schools" after-hours classes designed to keep students at the top of their game.

이 때문에 남보다 앞서가려는 학생들을 위해 입학학원이 번창하게 되었다.

Under these circumstances, my elder daughter was graduated from an elementary school and gained admission to a middle school this year and she is faring well in school.

이러한 상황에서 나의 맏딸은 금년에 초등학교를 졸업하고 중학교에 입학했으며 학교에서 곧잘 해나가고 있다.

If students who take extracurricular lectures are always excellent in scholastic achievement, it is clearly inadvisable for my daughter to depend upon only regular school education.

만약 과외 강의를 받는 학생이 언제나 학업성적이 우수하다면, 나의 딸을 정규수업에만 의존하도록 하는 것은 분명히 현명하지 못할 것이다.

However, my wife and I made up our minds not to send her to a private school or hakwon after much thought.

하지만 나의 아내와 나는 많은 고심 이후에 그녀를 사설학원에 보내지 않기로 마음을 굳혔다.

Considering the amount of regular school education and homework hours, we thought that she would be unable to bear the burden if we sent her to extracurricular lessons.

학교 교육의 정규수업과 숙제를 하는 시간의 양을 고려해 볼 때, 우리가 그녀를 과외 수업에 보내게 되면 그녀는 그 부담을 감당하지 못할 것이라고 생각을 했다.

By good providence, she is always busy doing her homewo-

English Newspaper Article (column)

rk after school.

다행히 그녀는 방과 후에 숙제를 하느라 언제나 바쁘다.

Usually, school begins at half past eight in the morning and ends at three or four in the afternoon.

평상시에 학교수업은 아침 8시 30분에 시작해서 오후 3시나 4시에 끝난다.

School lessons and homework hours in some degree impose a burden on young students who are in a period of growth both mentally and physically.

학교 수업과 숙제 시간은 성장기에 있는 어린 학생들에게는 정신과 신체적으로 어느 정도 부담을 준다고 본다.

As far as I know, mental and physical exhaustion retards the growth of body and mind, and it often causes mental and physical disorder.

내가 알고 있는 바로는 정신적 또는 신체적으로 소진(消盡)하면 심신의 성장을 지체시키게 된다. 그리고 그것은 가끔 심신장애를 일으킨다.

Stress, simply defined, is the body's reaction to a perceived threat, whether it is physical or psychological.

간단히 정의를 하면 스트레스는 신체적이든 심리적이든 간에 인지되고 있

영어신문 기사(칼럼) 해설

는 위협에 대한 신체의 반응인 것이다.

It also weakens the body's immune system through decreasing levels of important chemicals. How we handle it determines whether we succeed or fail in children's school life or our business life.

그리고 그것은 중요한 화학 작용의 수준을 줄여 줌으로써 신체의 면역 시스템을 약화시키게 된다. 우리가 그것을 어떻게 다루는 것에 따라 학생들의 학교생활 또는 우리의 사업활동에서 성공을 하게 되느냐 실패를 하게 되느냐를 결정하게 되는 것이다.

Clearly, the proper amount of study and relaxation hours will help one make good progress in one's studies. Therefore, students are in need of a good breathing time after school.

분명히 적절한 공부시간과 휴식시간의 양은 학생의 수업에 좋은 진전이 되도록 도움이 될 것이다. 따라서, 학생들은 방과 후에 충분한 휴식시간이 필요한 것이다.

However, many students of today are troubled with not only formal school education and out-of-school studies, but also their parents' unreasonable demands. Since it has come to this, they are placed under restraint and confronted with difficult situation.

하지만 오늘날 많은 학생들은 정규학교 수업과 과외수업뿐만 아니라, 그들

English Newspaper Article (column)

부모들의 불합리한 요구에 시달리고 있다. 이런 까닭에 그들은 구속을 당하고 어려운 상황에 직면해 있는 것이다.

Under these circumstances, it may be that many young students do not have the power to carry out their ideas.

이런 상황에서는 많은 어린 학생들은 아마 그들의 이상을 성취할 수 있는 힘을 갖고 있지 못하고 있을 것이다.

A proverb says, "you can lead a horse to water, but you cannot make it drink." In this regard, an extracurricular lesson, I think, is not a thing to be recommended.

속담에 '말을 물가로 대리고 갈 수는 있어도 물을 먹일 수는 없다'고 한다. 이와 연관하여, 나는 과외공부는 권장할 만한 것이 아니라고 생각한다.

Dealing with a student to govern himself or herself rather than force him or her to study is, I think, more important in educating a child. In fact, the only reason for doing a thing as a hobby is that you want to do it or like it by oneself.

공부를 하도록 강요하는 것 보다는 자신을 다스릴 수 있도록 다루는 것이 어린이를 교육하는데 더 중요하다고 나는 생각한다. 사실 취미로 어떤 일을 하는 유일한 이유는 그 일을 독력(獨力)으로 원하거나 좋아하기 때문인 것이다.

At any rate, one's academic points and intellectual faculties should not be used as a way of measuring for the sole appraisal standard of personality.

어쨌든 학교성적과 지적 능력이 개인 인품의 유일한 평가를 측정하는 방법으로 사용되어서는 안될 것이다.

This is because intelligence is a highly desirable characteristic in society, but it is no universally accepted definition for a fair evaluation of personality.

그 이유는 지력은 사회에서 대단히 바람직한 특성이기는 하지만, 그것이 개인 인품의 공정한 평가 기준을 위해 보편적으로 정당하다고 인정되는 정의는 없기 때문이다.

It is becoming increasingly clear that overheated out-of-school lessons contribute to social unrest. What is the main reason for this? In my opinion, private lesson do not care about the cultivation of children's personality.

과열된 과외교육이 사회불안의 원인이 되고 있다는 것은 점차적으로 분명해지고 있다. 이것에 대한 주요 원인은 무엇인가? 나의 견해로는 개인 과외는 어린이의 성격 양성에 대하여 관심을 갖지 않고 있다.

Also, private educational institutions, unlike regular schools, have different methods of studying, and their intentions are only to improve in one's studies. In this way, they see education in terms of money, making efforts to win parents

English Newspaper Article (column)

favor.

또한 사설 교육기관은 정규학교와는 달리 다른 수업방식을 가지고 있고, 그들의 취지는 오직 학문을 향상시키는 것이다. 이러한 방식으로 그들은 부모들의 인기를 얻으려고 애쓰면서 교육을 금전으로 평가하고 있는 것이다.

Therefore, private schools' method of study, which is often referred to as the wise course to improve in one's studies, is not only unfit for building up the formation of children's character but also for cultivating the spirit of self-government.

따라서 학문을 향상시키는 데 현명한 방책으로 종종 간주되고 있는 개인학원의 수업방식은 어린이의 성격 형성뿐만 아니라, 극기(克己) 정신을 도야(陶冶)하는 데에도 부적합한 것이다.

Cultivating the spirit of self-government is undoubtedly one of the best methods to govern oneself. In general, formal education provides the child with plenty of factual knowledge and a certain amount of training in analytical deductive thinking.

극기 정신을 키우는 것은 의심할 여지없이 자신을 관리할 수 있는 가장 좋은 방법들 중에 하나인 것이다. 일반적으로 정규교육은 충분한 사실적인 지식과 분석적 방법에 의한 연역적인 사고로 어느 정도의 현장교육을 제공한다.

In my estimation, students who attend private schools are over two-thirds of all students in Korea.

나의 판단으로 한국에서 사설학원에 다니는 학생들은 모든 학생들의 3분의 2가 넘는다고 본다.

If I may be permitted to say so, the school system is little removed from backwardness. Such an educational system, I think, it goes against the trend of the time.

분명히 말하자면, 교육 시스템은 후진성을 전혀 벗어나지 못했다. 이러한 시스템 하에서 교육은 시대의 흐름에 역행하고 있다고 나는 생각한다.

I am not in a position to tell you anything definite about education, but, from the educational point of view, I would say that education draws out the best lurking in each and every person.

나는 교육에 대하여 명확하게 언급할 위치에 있지는 않지만, 교육적인 견지에서 보면 교육이란 모든 사람에게 잠재하고 있는 장점을 끌어내는 것이라고 말을 하고 싶다.

Therefore, every organ of study (including parents of students) is under an obligation to develop the learner's latent faculties.

따라서 모든 교육기관(학생들의 부모를 포함해서)은 학습자들의 재능을 개발시켜줄 의무가 있는 것이다.

But, in any case, education should wed reason to morality and ethics, especially in this age of information technology.

English Newspaper Article (column)

In view of this, out-of-class lessons are largely absent from the correct teaching method.

그러나 어떤 경우든 특히 오늘과 같은 정보화시대에는 교육은 이성과 윤리 도덕을 조화시켜야만 한다. 이런 관점에서 볼 때 과외수업은 올바른 교육방법에서 많이 결여되어 있다고 본다.

What is more, private school's tuition fees can in no way be negligible. It costs much money, and is thus too much weight on parents' shoulders.

더욱이 개인학원의 수업료는 만만히 여길 일이 아니다. 그것은 너무 많은 돈이 든다. 그러므로 부모들에게 과중한 부담을 주고 있다.

Putting any money away is hard enough for parents, worrying over their children's education and financing their own retirement accounts.

자녀들의 교육에 대한 걱정과 자신들의 은퇴저축(연금)의 경제적 걱정을 하면서 돈을 저축하는 것은 어려운 일인 것이다.

Nevertheless, government authorities assume an indifferent attitude toward the current educational climate.

그럼에도 불구하고 정부당국은 현재의 교육 풍토에 무관심을 보이고 있다.

They only change policy frequently that stirs up excessive

competition for the university entrance test, without thinking that fostering altruistic spirit is an essential part of education.

그들은 정신의 함양은 교육의 중요한 일부라는 것을 생각하지 않고, 오직 대학교육의 터무니없는 경쟁만 일으키는 정책을 수시로 바꾼다.

Even now the authorities, I think, should examine about the present educational system minutely and calm down the overheated out-of-class lessons.

지금이라도 당국은 현재의 교육 시스템을 용의주도하게 검토해야 할 것이며, 과열된 과외수업을 진정시켜야 할 것이다.

At any rate, a grand educational policy on a long-range basis should be planed, directed and carried out by the regular school course and home training.

어쨌든 백년대계의 교육정책은 학교 정규교육과 가정교육에 의해 관리되고 성취되도록 계획되어야 할 것이다.

With this object in view, it is my pleasure to provide a reference for my children's further education and I sincerely wish them good luck in the future.

이러한 관점에서 나는 자식들에게 더 나은 교육을 위해 도움을 줄 수 있는 것을 기쁘게 생각하며, 그들의 미래에 부디 행운이 있기를 충심으로 바란다.

English Newspaper Article (column)

My pet daughters! Please always remember that the power to change your future rests in your own hands!

사랑하는 나의 딸들아! 너희들의 미래를 변화시킬 수 있는 힘은 바로 너희들의 손 안에 있느니라!

영어신문 기사(칼럼) 해설

Way to Unification

통일로 가는 길

The Korea Times
코리아 타임스
September 30, 2002
2002년 9월 30일

Koreans' longing for national unification is well described in many popular tunes or folk songs. In most cases, songs about unification in the past met with public approval. Among them, a popular song entitled "Rusted Railroad" is one of my favorites.

한국 사람들의 국가통일에 대한 염원은 많은 대중가요의 곡조에 깃들여져 있다. 지난 과거 통일에 관한 노래들은 대부분 대중의 호평을 받았다. 그 노래들 중 '녹슨 기찻길'은 나의 애창곡들 중에 하나이다.

When I listen to the song or sing it, I always think the writer chose the words well, and the composition style gives the lyrics life. In short, the tune, I think, has a strong hold on the masses.

English Newspaper Article (column)

그 노래를 듣거나 부를 때 나는 언제나 그 노래의 작사가는 가사를 참 잘 선택했고, 작곡 형식은 가사에 생기를 주고 있다고 늘 생각을 한다. 요컨대 그 곡은 대중의 마음을 사로잡고 있다고 생각을 한다.

In terms of the portion of work or duties, it is appreciated that the two artists made strenuous efforts to write the words and music. It is clear that they put their principles into practice.

업무 또는 임무의 분담 면에서 두 명인(名人)들은 작사와 작곡을 쓰기 위해 부단한 노력을 했다는 것으로 이해된다. 분명히 그들은 그들의 원리를 실행으로 옮겼다는 것이 분명하다.

As I am a second-generation of the war victim, I am very strongly of the view that the realization of our dream of a unified nation depends upon political effort and ability, particularly the attitude of the top leaders of the two Koreas.

전쟁 피해자의 2세로서 나는 국가통일의 꿈의 실현은 정치적 노력과 능력, 특히 남북의 두 최고 지도자의 태도에 달려있다는 견고한 생각을 가지고 있다.

For the benefit of the music-loving nation, the President of South Korea, in a figurative sense, should become a writer of lyrics, and the North Korean leader should also try hard to become a great musical composer.

그러므로 음악을 애호하는 국가를 위해서, 남쪽의 대통령은 비유적인 의미에서 작사가가 되어야 할 것이며, 북쪽의 지도자도 역시 위대한 작곡가가 되기 위해 큰 노력을 해야만 할 것이다.

In fact, Koreans show enthusiasm for songs filled with joy and sorrow. This just goes to show that sentimental songs can promote the country's peaceful unification.

사실 한국인들은 애환이 담긴 노래들에 많은 열정을 보이고 있다. 이것이 바로 감성적인 노래들은 이 나라의 평화로운 통일을 촉진시킬 수 있다는 것을 보여주고 있는 것이다.

Then, what shall we do to begin with? First of all, I believe that the two political leaders should transform themselves in a conspicuous way before everything else and initiate a mass movement based on the spirit of compromise.

그러면 우리는 무엇부터 시작을 해야 할까? 무엇보다도 나는 두 정치 지도자가 최우선적으로 뚜렷한 방식으로 일변하고, 타협의 정신에 근거하여 대중운동을 착수해야만 한다고 생각한다.

Therefore, future unification policy, I think, should be made in a way similar to a policy toward the masses.

따라서 미래의 통일 정책은 대중을 생각하는 정책과 유사한 방식으로 만들어져야 한다.

English Newspaper Article (column)

If the two leaders or their representatives try to negotiate the unification issue in secret, it will be nothing more than a political compromise.

만약 두 지도자 또는 그들의 대표자들이 통일의 문제를 암암리에 협상을 하려고 한다면, 그것은 다름아닌 정치협상에 불과할 것이다.

If such occasion arises, their actions will be tantamount to betrayal of democratic ideas - a policy inimical to democracy.

그러한 경우가 생긴다면 그들의 행동은 민주주의 원리의 배신행위, 즉 민주주의에 역행하는 정책과 다를 바가 없는 것이다.

In any democratic system, citizens are the ones vested with power. Accordingly, all policies should be carried out transparently so that the nation can measure the clarity of the policies with sharp edged yardsticks.

그 어떤 민주주의에서도 시민들은 법적 권한의 기득권이 있는 사람들이다. 따라서 모든 정책은 투명하게 실행되어야 하며, 그렇게 함으로써 국민은 예리한 기준척도로 정책의 투명성을 측정할 수가 있는 것이다.

Under any circumstances, the unification policy should meet the need of the times.

어떤 상황 아래에서도 통일정책은 시대에 부응해야만 할 것이다.

In fact, our people really enjoy listening to sentimental songs or making chants like "Tae~han~Min~guk" (the Republic of Korea), which was repeated with wild excitement during the World Cup.

사실 우리 국민은 감정적인 노래를 듣거나, 또는 월드컵 축구경기 동안 미칠 듯한 즐거움으로 반복하여 외쳐댔던 "대~한~민~국"과 같이 흥겹게 외쳐대기를 정말 좋아한다.

This was especially the case when our team thrilled the country by cruising into the semifinals with a 5-3 penalty shootout victory over Spain.

이것은 특히 우리 팀이 스페인을 승부차기에서 5대 3으로 이기고 준결승전에 올라가면서 나라를 흥분의 도가니로 만들어 놓았을 때 그러했다.

It was really an eye-opening event in World Cup history. At that time, many people even proposed that we should make our national hero Guus Hiddink, who coached the Korean team, the next President.

한국이 준결승에 오른 것은 월드컵 역사상 정말 놀라운 사건이었다. 그 당시 많은 우리 국민들은 한국팀의 감독을 맡았던, 즉 우리 국가의 영웅 Guus Hiddink를 차기 대통령으로 만들어야 한다고 제의를 하기까지 했다

It was an indeed extraordinary demand, which, from the standpoint of the dearth of political leaders in Korea, truly

English Newspaper Article (column)

met the requirements of the times.

그것은 정말 놀라운 요구였으며, 한국에서 정치 지도자들의 부족하다는 관점에서 볼 때 정말로 시대의 요구에 부합되는 것이었다.

The Korean people have been longing for the reunification of South and North since the country was divided by the powerful countries of the world. But our desire of bringing the country under a single authority is frustrated by a series of misfortunes.

한국 사람들은 세계의 강국들에 의해 분단이 된 이후로 남북통일을 갈망해 오고 있다. 그러나 나라를 통일하려는 우리의 열망은 일련의 불행으로 좌절되었다.

As a matter of fact, I think, politicians of South and North have frustrated our efforts toward unification during the past decades. But let bygones be bygones. This is because it is time to unravel tangled thread with united efforts.

사실 나는 남북의 정치인들이 지난 몇 십 년 동안 통일을 이루려는 우리들의 노력을 좌절시켰다고 생각한다. 그러나 지나간 과거는 잊기로 하자. 그 이유는 지금은 하나된 노력으로 엉킨 실을 풀어야 할 때이기 때문이다.

On a recent Saturday night, I watched the inter-Korean football match on TV. The game was held at Seoul's World Cup Stadium, which drew a large audience and ended in a scoreless draw.

최근 한 토요일 저녁에 나는 TV에서 남북 상호간의 축구 경기를 시청했다. 그 게임은 서울의 월드컵 경기장에서 열렸고, 많은 관객을 끌어들였으며 득점 없이 끝났다.

It was a friendly match as part of settling disputes between Seoul and Pyongyang.

그것은 남과 북의 정부 사이의 불화를 해결하는 일환으로써 하나의 친선경기였다.

Before the game, the South and North agreed that the two teams should use the "Korean Peninsular Flag" or a white flag with a blue image of the Korean peninsula instead of the taeguki (the South's national flag) and the inkongki (the North's national flag). The decision also reflected the on going cooperation between South and North.

경기 전에 남과 북은 태극기(남쪽의 국기)와 인공기(북쪽의 국기) 대신에 한반도기를 사용하는데 합의했다. 그 결정 역시 남과 북 사이에 진행중인 협력을 반영하는 것이다.

The flag sometimes is called "Unification Flag." It was a good proposal that will eventually move us closer to an amicable settlement.

English Newspaper Article (column)

이 기는 때때로 '통일기'라고 불리기도 했다. 그 합의는 마침내 우리를 평화적인 타협으로 가까이 접근하게 할 훌륭한 제안이었다.

At this point of time, however, all Korean people should take the baton solidly and be the next runners in the race for unification.

하지만 이 시점에서 모든 한국인들은 이 통일의 경주에서 바톤(지휘봉)을 꼭 움켜 쥐고 다음 주자가 되어야 할 것이다.

Historically, there were many good leaders who took the initiative in various fields. In most cases, I think, they had good successors.

역사적으로 볼 때 여러 분야에서 선도를 한 훌륭한 지도자들이 많이 있다. 나는 이들 대부분들이 훌륭한 후계자들이 있었다고 생각을 한다.

For instance, Albert Einstein and Rosen of glorious memory were the architects of the space-time shortcut, but Kip Thorn was its structural engineer.

예를 들면, 영예스러운 고(故) Albert Einstein과 Rosen이 시간과 공간상의 지름길의 설계자였더라면, Kip Thorn은 이것의 구조적 엔지니어였던 것이다.

Likewise, Robert Schumann managed to compose virtually every form of music known in his day, but it was his protégé Johannes Brahms that helped to make Schumann's music widely known to the world.

마찬가지로 로베르트 슈만은 그의 시대에 알려진 거의 모든 형태의 음악을 작곡했지만, 그의 음악이 세상에 알려지도록 도와준 것은 바로 그의 제자 요하네스 부람스였다.

In this respect, I am of the opinion that all Koreans today should be in the vanguard of the unification movement so the next generation will be followed up on our progress.

이런 관점에서 나는 오늘날의 모든 한국인들은 통일운동에 선두자가 되어야만 한다고 생각한다. 그렇게 함으로써 다음 세대들이 우리의 진척상태를 뒤이어 따라올 수 있게 될 것이다.

According to a proverb, "time will solve all problems." But unification problem is a different case.

속담에 '시간이 약이다'라는 말이 있다. 그러나 통일문제는 다른 것이다.

If we allow the problem to take its course, it will become more aggravated. It requires a great deal of labor to achieve peaceful unification.

우리가 이 문제를 그대로 방치해 둔다면, 그것은 한층 더 심각하게 될 것이다. 평화로운 통일을 성취하기 위해서는 대단한 노고가 요구되는 것이다.

From this point of view, it is necessary to remember that the

English Newspaper Article (column)

success of future generations is based upon our deeds.

이런 관점에서 볼 때 미래 세대들의 성공은 우리의 행위에 달려있다는 것을 기억해야 할 필요가 있을 것이다.

That is why I am sometimes filled with emotion when singing or listening to "Rusted Railroad," though I have never seen the rusted railroad in the demilitarized zone.

그래서 나는 휴전선 달밤 아래의 녹슨 기찻길을 한번도 보지는 못했지만 '녹슨 기찻길'을 노래하거나 들을 때 감동에 사로잡혀 있을 때가 있다.

Clearly, I think that my present way of thinking will be similar to that of my children in the future. It is said that, love of children is common to us all. Therefore, let's participate in the unification race for the new generation!

분명히 나는 현재의 나의 생각 방식이 미래의 나의 자식들의 생각과 유사할 것이라고 생각한다. 자식 사랑은 누구에게나 공통이라고 말을 한다. 그러므로 미래의 세대를 위해서 통일 경주에 우리 모두 다 함께 참가하도록 하자!

영어신문 기사(칼럼) 해설

Dreaming of National Unification

통일의 꿈

The Korea Herald
코리아 헤럴드
February 8, 1995
2001년 7월 11일

Hey, there! It's getting dark. Feed the chickens with grains before darkness falls.

야, 이 봐라! 날이 저물어간다. 더 어두워지기 전에 닭들에게 먹이 좀 주거라.

I was very much surprised to hear my mother's order because we do not raise chickens or animals at this time. Actually, the request was part of my mother's old memories.

나는 닭이나 그 밖의 동물들을 현재 키우고 있지 않기에 어머니의 이 같은 지시를 듣는 순간 깜짝 놀라고 말았다. 사실상 그 말은 어머니의 옛 기억의 한 부분으로써 흘러나왔던 것이다.

It was a request related to her poor health as she was

English Newspaper Article (column)

stricken with paralysis at the age of 72.

그것은 어머니께서 72세 때 쓰러지시고 그에 따라 좋지 않은 건강과 관련된 말이었다.

At the time mother was struck with paralysis, there was not the ghost of a chance for recovery.

어머니께서 쓰러지셨을 때는 회복이 될 것이라는 기미는 그 어디에서도 찾아볼 수 없었다.

But to the surprise of many, my mother was recovered slowly and is still relatively healthy at her age, except from the inconveniences of walking by herself. Her recovery is little short of a miracle.

그러나 놀랍게도 어머니는 서서히 회복이 되었으며, 혼자서 걸을 수 없는 것 외에는 연세에 비해 아직 그런대로 건강하시다. 어머니의 회복은 기적이나 다름없는 것이다.

My parents' original hometown was Shineuju, North Korea. Father and his relatives crossed the 38th parallel (demarkation zone between South and North) into the South when the country was divided into two parts by the powerful countries of the world.

나의 부모님의 고향은 원래 북한의 신의주이다. 아버지와 어머니는 이 나라가 강대국들에 의해 남북으로 갈라졌을 때 삼팔선(남과 북 사이의 비무장 지대)을 넘어 월남하셨다.

His family like hundreds of other families had undergone all kinds of hardship, including the three-year long tragic Korean War. After coming to the South, father spent the rest of his life as a principal of elementary school in Chucheong-do until his death thirty years ago.

다른 많은 가족들처럼 아버지의 가족은 3년 간 지속되었던 한국전쟁을 포함하여 온갖 시련을 겪으셨다. 아버지는 월남을 하고 난 후에 약 30년 전에 세상을 떠나시기 전까지 충청북도에서 초등학교의 교장선생님으로 여생을 보내셨다.

My father suffered a physical break-down from overwork while working as an educator. He was not able to recover from the illness and, after all, died at his post of duty at the age of 53, leaving behind four sons and two daughters.

나의 아버지는 교육자서 근무 중 과로로 갑자기 쓰러지셨다. 그는 그로 인해 회복을 하지 못하고 53세의 나이로 4남 2녀를 두고 결국 순직하고 말았다.

As I advance in age, I have got more and more concerned about unification of South and North Korea.

나는 이제 나이가 들어가면서 남북통일에 관하여 점점 더 관심을 갖게 되었다.

English Newspaper Article (column)

It is my dream to visit my parents' hometown before mother takes her last breath. I feel it really tragic for Koreans to be separated in a tiny country due to different political ideologies or government policies.

어머니가 세상을 떠나기 전에 부모님의 고향을 방문하는 것이 나의 꿈이다. 나는 이 작은 나라가 정치적 이념으로 남북으로 갈라졌다는 것은 한국인들에겐 참으로 비극이라 생각한다.

As I dream about visiting my parents' hometown, I realized that national unification, as a matter of fact, has to take place first. But there is a vivid gap of political ideology between South and North Korea.

부모님 고향을 방문한다는 것에 대한 꿈을 꾸면서 나는 우선적으로 통일이 현실의 문제로써 선행되어야 한다는 것을 알게 되었다. 그러나 남과 북 사이에는 정치적 이념이 너무나 다르다.

Before it is too late, all of us must reconcile these differing views, settle our disputes and seek to promote mutual understanding in a reciprocal fashion.

너무 늦기 전에 우리 모두는 호혜적인 방법으로 이 다른 견해를 잘 조화시키고, 논쟁을 진정시켜야 하며, 상호 이해를 증진시키도록 애를 써야만 할 것이다.

We must strive hard to put our divided country under a

single authority by the end of the 20th century so that families who have been long separated and still suffer from the scars of war can be reunited.

우리는 20세기가 끝나기 전까지 분단국가를 하나로 통일시키는데 노력을 해야만 할 것이다. 그리하여 오랫동안 헤어져 있으면서 또한 전쟁의 상처로 고통을 받고 있는 이산가족들은 상봉(相逢)할 수 있게 될 것이다.

I think that achieving a united Korea by the end of this century could be one of this generation's gifts to the succeeding generations which will lead the country into the 21th century.

금세기(今世紀)까지 통일 대한민국을 이루어 내는 것은 이번 세대들이 다음 세대를 이끌어갈 세대들에게 주는 선물들 중에 하나가 될 것이라고 생각한다.

It is true that both the South and North Koreans in the secret corner of their hearts have intense aspirations toward peaceful unification.

남과 북의 국민들은 모두 마음속 깊이 통일을 갈망하고 있는 것이 사실이다.

However, the cherished desire of the whole of the Korean people for peaceful reunification has been miscarried until now because differences in ideologies or political systems of the South and North.

English Newspaper Article (column)

하지만 평화적인 통일에 대한 온 한국인들의 염원은 남북한 간의 이념이나 정치체제의 차이로 이제까지 좌절되었다.

This year marks the 50th anniversary of Korea's national division. However, the situation on the Korean Peninsula is increasingly tense and becoming more dangerous since the Korean War.

금년은 한국의 분단 50주년을 맞이했다. 하지만 한반도의 실정은 한국전쟁 이후부터 긴장감은 날로 심해지고 있으며 점점 더 위태로워지고 있다.

This is mainly because the communist North Korea has a fanatic dream of communizing the entire Korean Peninsula. North Korea has huge army of 1 million largely deployed along the 4-kilometer wide Demilitarized Zone on the 38th parallel, within easy striking distance of Seoul.

이것은 주로 북한이 한반도 적화 통일의 망상을 가지고 있기 때문이다. 북한은 서울을 가까운 거리에서 공격할 수 있는 38도선 4킬로미터 폭 간격의 비무장지대에 주로 배치시킨 1백만 명이라는 엄청난 군대를 가지고 있다.

However, a ray of hope has come recently to those who want to see a unified Korea. It is reported that a limited group of South Korean enterprises were able to visit North Korea for a feasibility study concerning business investments.

하지만 통일한국을 바라는 사람에게 최근 희망의 빛이 왔다. 제한되긴 했지만 남쪽 기업체들의 몇몇 단체가 사업투자에 관한 가능성을 알아보기 위해 북한을 방문할 수 있게 되었다는 발표가 있었다.

The visit of these business groups seems to serve as a harbinger of peace. It is hoped that this act would usher in a new phase of realizing the great dream of national unification.

이 기업단체의 방문은 평화의 전조로써의 구실을 하게 될 것 같다. 이번의 행위는 위대한 통일국가를 실현할 수 있는 새로운 국면으로 선도될 것으로 기대가 된다.

There was a time when a campaign for reunion of dispersed and separated family members was in high gear. TV stations carried the detailed messages on matters of the separated families nationwide and showed a series of footages of the emotional reunion of separated families.

한때 이산 가족 찾기 운동이 최고조에 달하였을 때가 있었다. 텔레비전 방송국들은 이산가족들의 사항에 관한 상세한 메시지를 전국에 방영했으며, 이산가족의 감동적인 재회의 장면을 연속으로 방송했었다.

Watching such painful outcries for the reunion of those divided families and the emotional reunion of separated families, never have I realized how intense the emotion can be in the face of family separation.

이산가족의 상봉을 바라는 피맺힌 절규와 이산가족의 감동적인 재회를 텔

English Newspaper Article (column)

레비전으로 지켜보면서, 나는 이산가족 앞에서 감정이 이렇게까지 격앙된다는 것을 과거에는 알지 못했다.

Unfortunately I am one of those who, until now, failed to realize the dream of being reunited with a relative on my mother's side.

불행히도 나는 여태껏 외가 친척과 재회의 꿈을 실현하지 못한 사람들 중에 하나이다.

My mother tells me frequently why her relatives in the North refused to cross the 38th parallel despite the far better economic potential of the South and its political advantages over the North.

나의 어머니는 외가 친척들이 남한은 북한보다 월등한 경제적 잠재력과 정치적으로 유리한 것임에도 불구하고 38도선을 넘지 않은 것을 자주 이야기해주곤 한다.

I am told that her relatives failed to cross the demarcation line because they could not afford to leave their large number of livestock and farmlands.

그녀의 친척들은 많은 가축과 농토를 남겨놓을 수가 없어서 삼팔도선을 넘지 못했다고 한다.

It was, of course, deplorable when all their fortunes were confiscated by the government of Kim Ill-sung and my relatives ended up living in poor conditions under the cryptic-Communist regime since the war.

물론 그들의 재산은 김일성 정부에게 모두 몰수당했으며, 전쟁 이후 비밀공산주의 통치하에 가난한 삶을 살게 되었다는 것은 비통한 일이다.

In view of the painful outcries for the reunion of those divided families, the longing to visit my parents' original hometown, and memories of those who survived the war and are still alive today, two questions remain unanswered: "Why can't we realize the dream of national unification?", "When shall we expect to attain national unification?"

이산가족의 상봉을 바라는 피맺힌 절규와, 나의 부모님 고향을 방문하고픈 열망과, 전쟁에서 살아남아 아직 생존에 있는 사람들의 기억들을 고려해 볼 때, 두 개의 대답 없는 질문이 있다. "왜 우리는 국가통일을 이룰 수 없는가?" "우리는 언제 통일국가를 기대할 수 있는가?"

Thus, Koreans will continue to dream for national unification, and the whole country will continue to weep for thousands of separated relatives. They will continue to do so until such a time that unification comes through peaceful means.

따라서 한국인들은 통일의 꿈을 계속 가질 수밖에 없을 것이며, 국가는 수천만 이산가족들을 위해 비탄해할 것이다. 그들은 평화적으로 통일이 이루어질 때까지 그렇게 할 것이다.

English Newspaper Article (column)

National Independence Fighter Selected for This Month
이 달의 독립운동가

The Korea Times
코리아 타임스
July 11, 2001
2001년 7월 11일

Ministry of the Patriots & Veterans Affaires, in conjunction with the Association of Independence Fighters and Independence Hall, established a system of the appointment of an independence fighter for this month as part of the celebration program in 1992, and the program is being put into operation all year round from that time on.

국가보훈처는 1992년 독립운동가 협회와 독립기념관과 공동으로 경축행사의 하나로써 이 달의 독립운동가 선정제도를 확립했다. 그리고 그 프로그램은 그 후부터 1년 내내 실행돼 오고 있다.

Accordingly, every month in Korea is a time for running back over and feeling reverence for an ardent patriot selected by the authorities.

따라서 한국에서는 매달 당국이 선정한 헌신적인 한 애국지사를 회상하고 경건한 마음을 갖는 시간이 된다.

In consideration of the national lofty ideal envisioned at the founding of the republic, the regular functions, being held under the auspices of the host organizations, not only pay tribute to deceased patriots but also inspire patriotism in the hearts of the people.

대한민국 설립을 꾀했던 국가의 숭고한 건국 이념을 고려해볼 때, 주최측에 의해 개최되고 있는 이 정례 행사는 고 애국 선열들에게 찬사를 보내게 할 뿐만 아니라, 국민들의 마음에 애국심을 불러 일으키게 한다.

Most of the fighters for national independence indeed deeply participated in an anti-Japanese struggle, sacrificing his or her life for the nation. They surely rendered remarkable services to an independent movement to retake the country from the aggression of the Japanese Empire.

대부분의 독립운동가들은 국가를 위해 자신들의 삶을 희생하며 항일운동에 적극적으로 가담했다. 그들은 일제의 침략으로부터 나라를 되찾으려고 독립운동에 지대한 공헌을 했던 것이다.

It seems to me that independence fighters thought little of their home because they thought of the national interest in the first place. They would surely have thought over the then current situation from a national standpoint. As a matter of duty, they were charged with an important mission, both inside and outside the country.

독립 운동가들은 국익을 먼저 생각했기 때문에 그들의 가정은 거의 돌보지 못했던 것 같다. 그들은 분명 국가적인 견지에서 당시의 상황을 염려했다. 임무상 그들은 국내와 해외에서 중대한 임무를 띠고 있었던 것이다.

In this respect, I would like to reiterate that the Koreans of today owe a great deal to fighters for national independence. Many of these fighters risked their life in an effort to dismantle the yoke of imperialism and oppression.

이 점에 있어서 나는 오늘 날의 한국인들은 독립운동가들에게 많은 부분을 감사해야 한다는 것을 다시 한번 강조하고 싶다. 그 당시 많은 독립투사들이 일본 제국주의 속박과 억압을 무너뜨리기 위해서 목숨을 아끼지 않았다.

For the current month, Kim Seung-hak of blessed memory has been designated as the independence fighter for this month. Looking into his great record of historical performances, it seems to me that it is too manifold to enumerate.

이번 달엔 고(故) 김승학(金承學) 선생이 이달의 독립운동가로 선정되었다. 그의 위대한 역사적 업적을 살펴보면 그것은 일일이 열거할 수가 없는 것 같다.

It is also hasty of me to say about his historic achievements, but as a mark of respect for the illustrious memory of the departed, I will explain you about them which will remain long in Korean history. Anyway, I think that I am honored to be able to introduce him.

그의 업적을 본인이 말하는 것도 역시 경솔할 수 있겠지만, 위대한 고인의 영혼에 대한 경의의 표시로써 한국역사에 길이 남을 그 업적들에 대해 말해 보겠다. 하여튼 그를 소개하게 되어 영광이라고 생각한다.

The patriot selected for this month is the one who took part in the Korean Provisional Government in Shanghai, China, during the Japanese colonial period.

이 달의 애국지사는 일제시대 동안 중국 상해 임시정부에 관여했던 인물이다.

Throughout the history of the provisional government, he took on duties incident to a position of responsibility. He displayed real ability motivated by his ardent patriotic sentiments and had an important effect on the whole situation.

임시정부의 역사(歷史) 내내 그는 책임이 있는 지위의 임무를 떠맡았다. 그는 자신의 지대한 애국정신에 힘입어 뛰어난 능력을 발휘하여 전반적인 상황에 매우 중요한 영향을 미쳤다.

As a matter of fact, he was by no means a starry-eyed seeker of a fighter for national independence.

English Newspaper Article (column)

실제로 그는 결코 비현실적(몽상적)인 독립투사가 아니었다.

As a result, he left a legacy of great contribution to the restoration of independence to our country. It was a great achievement that he made through his diligence and talent.

그 결과 그는 우리 국가가 일제로부터 주권을 회복하는 데 크게 공헌하게 된 유산을 남겼다. 그 위대한 업적은 그의 근면함과 재능을 통하여 이룩해 낸 것이다.

When he was administering an army for the restoration of Korean independence, an affiliated apparatus of the provisional government, he recruited many new soldiers and heightened morale.

그가 독립을 성취하기 위해 상해 임시정부의 한 기구인 광복군을 지휘할 때는 많은 신병들을 소집했고 사기를 충전시켰다.

The soldier, according to the historical materials, also had shown great courage and strength in combat situation.

역사에 관한 문서에 따르면 광복군 역시 전투상황에서 훌륭한 용기와 힘을 보여주었다.

He addressed the military. On that occasion, he passionately shared his desire for the creation of a sovereign state, promising a government that would be for the people.

그는 군인들에게 연설을 하였는데, 그때 그는 국민들을 위한 정부를 약속하며, 독립국가 건국에 대한 그의 열망을 열정적으로 전하였다.

He, in spite of many difficulties, concentrated all his energies on his work to dismantle the yoke of imperialism and oppression. He was not above selling his personal asset to help an independence movement.

그는 많은 어려움에도 불구하고 일본 제국주의 속박과 억압을 무너뜨리기 위해서 그의 온 힘을 쏟았던 것이다. 독립운동을 위하여 그는 자신의 재산을 기꺼이 팔기도 했다.

The army also took a positive attitude and marched in full vigor against the Japanese and obtained good results in 1920, about the time when imperialist Japan was growing more violent across the Korean peninsular.

광복군 역시 적극적인 태도를 취했으며, 전력을 다하여 일본군을 공격해서 1920년에는 좋은 결실을 거두었다. 이 당시 일본 제국주의자들은 한반도 전체에 더 많은 폭력을 부리고 있을 때였다.

One year later, he was elected president of the Independence newspaper, which printed its initial issue in 1919 as a provisional government bulletin in Shanghai.

그는 1년 후 상해 임시정부의 기관지로 1919년 그 첫 호를 발행했던 독립신문사의 사장으로 임명됐다.

English Newspaper Article (column)

At such a time, he decided to favor the cause with ample funds and concentrated all his energies on the work, thinking "the pen is mightier than sword."

이때 그는 그 운동에 충분한 자금지원을 하기로 했으며, "펜은 칼보다 강하다"라고 생각을 하면서 그 일에 온 정력을 기울였다.

From that time on, he gradually expanded the circulation of the paper and put it in circulation across China where anti-Japanese feeling was running high.

그 이후로 그는 점차적으로 신문의 발행부수를 늘였으며 반일 감정이 솟구치고 있는 중국전역에 배포시켰다.

He made a special point of laying bare the truth of Japanese brutality, which can never be tolerated for any reason in the community of nations.

그는 국제 사회에서 그 어떤 이유로도 용서해 줄 수 없는 일본의 그 잔악행위를 폭로하는 데 중점을 두었다.

In spite of the shortage of available, the constant publication of the paper and the expansion of its circulation are other evidences of his ability as an independent fighter and journalist as well.

자금이 별로 없었음에도 불구하고 신문의 연속적인 발행과 발행부수가 확장되었다는 것은 독립투사로서뿐만 아니라 언론인으로서 그의 능력을 보여주는 또 다른 증거인 것이다.

At that time, China, in fact, was also threatened by Japanese imperialists. The campaign for liberation of the oppressed obtained good results through the newspaper.

중국도 사실 그 당시엔 일제로부터 위협을 받고 있을 때였다. 억압으로부터 해방되기 위한 운동은 신문을 통해서 좋은 결실을 얻게 되었다.

In 1925, he assumed a position serving both as a deputy-chief and chief of the Educational Bureau. At that time, Park Un-sik of the provisional government also carried out his duties as proxy as the Chief Executive.

1925년에는 학무부(교육인적 자원부)의 차관과 장관직 모두를 수행하는 직위를 떠맡았다. 이 당시 임시정부의 박은식 역시 대통령 대리로서 임무를 수행하고 있었다.

Therefore, the acting president could not officially exercise his power to appoint a person to the post of the head of an administrative organ. Accordingly, Kim Seung-hak executed his duties in behalf of the cabinet minister.

그래서 임시 대통령은 관직의 총책의 직위에 그 어떤 사람을 지명하는 권리를 공식적으로 수행할 수가 없었다. 따라서 김승학은 장관대리로서 임무를 수행했던 것이다.

English Newspaper Article (column)

Around 1927 he carried out his duties as the fourth chairman of the House of Councilors. At that time, the Korea Independence Party was organized — a joint party between the Definition, the New Nation, and the House of Councilors.

1927년경 그는 제4대 참의부장으로 임무를 수행했다. 그 무렵 정의부, 신민부, 참의부가 합당한 한국독립당이 조직되었다.

Judging from historical materials, it seems to me that developping an efficient strategy to merge the parties operating separately was the most important matter in those days.

역사에 관한 자료로 미루어 볼 때 따로따로 운영되고 있는 여러 당들을 합당하기 위해 효율적인 전략을 개발하는 것이 그 당시에 급선무였던 것 같다.

It was no less a person than Kim Seung-hak who built up the relationship necessary to succeed in solving the problem.

그런 문제를 해결하는데 필수적인 관계를 구축한 사람은 다름아닌 김승학이었다.

At all events, he, along with other representatives from the two parties, contributed much to actualize the merger of the three parties.

하여튼 그는 다른 이 두 당의 대표들과 함께 합당을 실현하는데 크게 공헌을 했다.

영어신문 기사(칼럼) 해설

The then Korea Independence Party had the highest leadership in the independence movement parties operating in Manchuria, China.

당시 그 한국독립당은 중국 만주에서 활약하고 있는 독립운동단체들 중에서 가장 큰 지도력 역할을 했다.

In this organization, he took on an important duty as a member of executive staff along with Kim Dong-sam, Hong Jin, and Kim Jua-jin.

그는 이 조직체에서 김동삼, 홍진 그리고 김좌진과 함께 최고 위원으로 중요한 직책을 떠맡았다.

In this gravity of the situation, however, Kim Jua-jin was shot and killed by a communist on the spot and Kim Seung-hak, Kim Dong-sam and Park Chang-sik were arrested by the Japanese imperial police and served a prison sentence of five or six years.

하지만 이 중대한 시국에 김좌진은 한 공산주의에 의해 현장에서 사살되었고 김승학, 김동삼 그리고 박창식은 일본경찰에 의해 체포되어 5~6년간 감옥살이를 보냈다.

Nevertheless, the Korea Independence Party was in full operation, and it finally succeeded to the independence party led by Kim Koo.

English Newspaper Article (column)

하지만, 한국독립당은 탈없이 운영되었으며, 결국 김구가 이끄는 독립당으로 이어졌다.

And, the party continued its operations until Ahn Doo-hee assassinated Kim Koo in 1948. The late Kim Koo is still admired as a national hero.

그리고 이 당은 1948년 안두희가 김구를 암살할 때까지 운영이 되었다. 고(故) 김구는 국가적인 영웅으로 아직도 찬양을 받고 있다.

After the 1945 Liberation of Korea, Kim Seung-hak, a strong-willed man, once again served as a minister of State (the chief of the political department) of a provisional government, and published the Independence Newspaper in Taepyong-ro in Seoul.

의지력이 강한 김승학은 1945년 해방 이후 다시 임시정부의 국무위원(정치부장)으로 근무를 했으며, 서울 태평로에서 독립신문을 발행했다.

The newspaper was issued weekly at the beginning, but some time later made a change to daily publication and was actively engaged in arguments as a rightist organ of public opinion.

그 신문은 처음에 주간으로 발행되었지만 곧 일간지로 변신을 했으며, 우익 여론 기관으로 공론에 활발하게 관여했었다.

However, a leftist organization destroyed the newspaper publishing company's facilities on a summer day in 1947. According to his reminiscences, the then government suppressed freedom of speech seriously.

하지만 1947년 어느 한 여름에 한 좌익단체가 그 신문출판 회사의 시설들을 파괴시켰다. 그의 회고록에 따르면, 당시의 정부는 언론의 자유를 심하게 탄압했다고 한다.

The independent newspaper was especially suffered from the then Lee Seung-man government because the organ of expression was the organic body directly responsible to the provisional government in Shanghai, China.

특히 독립신문은 중국 상해의 임시정부의 직속 언론기관이었기 때문에 당시 이승만 정권의 탄압에 시달렸던 것이다.

The last publication of this newspaper is put on record dated January 8, 1949.

이 신문의 마지막 발행은 1949년 1월 8일로 기록되어 있다.

Kim Seung-hak, the publisher as well as the chief editor of this newspaper, had to shut down his newspaper business. At that time, he had already reached a great age.

이 신문사의 출판인(사장)이면서 주필(主筆)이었던 김승학은 그의 신문사업

English Newspaper Article (column)

을 결국 그만 두게 되었다. 이때 그는 이미 상당히 연로했다.

However, he continuously engaged himself in various projects regarding national project.

하지만 그는 국가적인 사업과 관련된 여러 사업에 계속 관여했다.

In 1962, he was awarded the Order of Merit for National Foundation in recognition of his services rendered for the country, and when he departed this world in 1964 at age 84, all sectors of our society including our government conducted a public funeral for his death.

1962년에 그는 국가에 공헌한 공로로 건국훈장을 받았으며, 1964년 그가 84세로 이세상을 떠날 때는 우리 정부를 포함해서 모든 사회단체가 그의 죽음을 사회장으로 치렀다.

It is thus I think that his life can be likened to pure scientists who are the originators of pure thoughts that eventuate into such lifesaving practical products such as light bulbs and penicillin.

그러므로 나는 그의 삶은 전구와 페니실린처럼 인명을 살리는 실용적인 제품으로 귀결되는 순수한 사고 창시자들인 순수 과학자들에 비유할 수 있다고 생각을 한다.

As one of the grandsons for this month's independence

fighter, I once again offer him my appreciation of his good deeds from the bottom of my heart. He truly was one of the men who saved our country.

이 달의 독립운동가의 손자들 중의 한 사람으로서, 나는 충심으로 그의 훌륭한 업적에 대한 감사를 올린다. 그는 분명 우리나라를 구해낸 분들 중에 한 분이다.

So, I cling to the hope that I would choose to live his life. May the repose of his soul rest in peace!

그래서 나는 그의 삶을 선택하겠다는 희망에 집착하고 있다. 그의 영혼이여 고이 잠드소서!

English Newspaper Article (column)

Popular Song

대중가요

The Korea Times
코리아 타임스
August 9, 2000
2000년 8월 9일

About thirty years ago, when I left my hometown for Seoul, I was an ardent music lover, and enjoyed chanting along with popular songs of the time, often in pathetic strains.

약 30여 년 전 내가 고향을 등지고 서울로 떠나올 때 나는 열렬한 음악 애호가였으며, 당시의 대중가요, 그것도 슬픈 가락의 노래들을 부르는 것을 즐겼다.

In that manner, I sang the blue away when I was in a melancholy frame of mind.

그런 식으로 나는 슬픔에 잠겨있을 때 그 슬픔을 노래로 날려버렸다.

In those days, popular songs of Korea were mostly written

as sentimental ballads and melody rather than delightful tunes and lyrics of today, which are very vague as to what they really mean.

그 당시 우리나라의 대중가요는 오늘날의 즐거운 가락과 가사, 즉 무슨 뜻을 정말로 나타내려는 건지 무척 막연한 즐거운 형식보다는 대부분 감성적인 가사와 곡조로 쓰여져 있었다.

Whenever I listen to or sang songs of that kind, I felt as happy as happy can be, enjoying my work.

그런 종류의 노래를 듣거나 부를 때마다 나는 나의 일을 즐기며 더할 나위 없이 행복함을 느꼈다.

So, I even thought that some popular songs of those days not only form a kind of path along which the singer travels and sings the world into existence, but also go beyond the aesthetically beautiful and enter the realm of infinite.

그래서 나는 그 당시의 어떤 대중가요는 노래를 하는 이가 세계를 여행하고 노래를 부르며 따라가는 일종의 길이 존재하도록 형성할 뿐만 아니라, 심미적인 미를 벗어나 무한의 영역으로 안내를 하는 것이라고까지 생각을 했다.

On that ground, I usually tuned the radio to my favorite station while I was working, for I had no cassette radio in those days. Sometimes I even worked the whole night through.

그래서 나는 그 당시 카세트 라디오가 없었기 때문에 일을 하는 동안 내가 좋아하는 방송프로에 라디오 채널을 늘 맞췄다. 이러면서 때로는 꼬박 밤새 면서 일을 한적도 있었다.

From that time, my affection for the old tunes has been remained unchanged. In a word, I am deeply touched by songs that are full of meaning.

그때부터 그 옛 가락에 대한 나의 사랑은 변함이 없다. 즉 나는 많은 뜻이 담겨있는 노래들에 깊이 감동을 받고 있다.

Generally speaking, popular songs reflect trends in society. But, I think that today's songs mirror only the psychological framework of the current average young man.

일반적으로 말해서 대중가요는 세태의 움직임을 반영한다. 하지만 오늘날의 대중가요는 현재의 일반적인 젊은이들의 심리적 상태만을 여실히 반영하고 있다고 생각한다.

Accordingly, popular songs of these days belong to a period different from those of the past, a period that was marked by man's harsh struggle to maintain his livelihood.

따라서 오늘날의 대중가요는 과거, 즉 생계를 유지하기 위해 몹시 애를 써서 고통으로 얼룩졌던 시기의 노래들과 다른 것이다.

Clearly, popular sentiment changes with time just as fashion varies with time and place. But once we cultivate a habit, it is difficult to abandon it.

분명히 대중의 감정은 마치 유행이 시간과 장소에 따라 바뀌듯이 변한다. 그러나 우리가 일단 습관을 들인 것을 그만 두는 일은 어려운 것이다.

It is common for all middle-aged and elderly people, without distinction of rank, to enjoy the old tunes. In fact, the sentiment dealing with the old tunes is related to the one such as they faced in daily lives in those days.

중년 층의 사람들이 옛 가락을 즐기는 일은 흔히 있는 일이다. 사실 옛 노랫가락을 다루고 있는 감정은 그 당시 그들이 일상생활에서 직면했던 심정과 관계가 있는 것이다.

In other words, understanding the old tunes requires understanding the period in which they lived. It is only understanding through the filter of its time.

즉 그 시절 그 노래를 이해하는 데는 그 시절에 대한 이해가 필요한 것이다. 오직 당대의 눈을 통해서만 이해할 수 있는 것이다.

In consideration of my age, I think it is natural for me to long for the old tunes that were so deeply engraved in my mind during a sensitive period of my life.

나의 나이를 고려해 보면, 삶의 민감했던 시절에 마음 깊이 새겨졌던 옛 노

English Newspaper Article (column)

랫가락을 그리워하는 것은 당연한 것이라고 생각한다.

Accordingly, I am sometimes filled with nostalgia for the past, especially when I am exposed once-popular songs dear to my heart.

따라서 나는 특히 나의 마음속에 소중했던 흘러간 인기 가요를 들을 때는 과거에 대한 향수에 젖을 때가 있다.

It seems to me that the genuine beauty of music lies in the fact that it allows us to reconnect ourselves with our hearts. In this sense, it goes without saying that the music is a salve for sorrow and has a softening effect.

생각하건대, 진정한 음악의 아름다움은 음악이 우리를 스스로의 마음과 다시 연결해 준다는 사실에 있다. 이러한 의미에서 음악은 말할 필요 없이 슬픔을 달래주는 것이며, 우리들의 마음을 부드럽게 하는 작용이 있다.

Usually, melodies and lyrics of popular songs, unlike classical music, follow fashion and they soon fade from the memory of the world.

일반적으로 유행가의 멜로디와 가사는 고전음악과는 달리 유행을 좇으며 그것들은 곧 세인의 기억에서 사라진다.

But some popular songs are above changes in the fashion and steadily maintain their popularity.

그러나 어떤 대중가요는 유행을 타지 않고 꾸준히 인기를 끈다.

In my estimation, popularity of musical art increases in proportion to the implication in delights and sorrows of our life.

나의 견해로 음악 예술의 인기는 우리 삶의 애환의 연루에 비례하여 상승한다고 생각한다.

The more implicative melodies and lyrics the song implies, the greater impression the song makes on those who heard it.

그 노래가 더 함축성 있는 멜로디와 가사를 암시하고 있다면, 그 노래는 그것을 듣고 있는 사람들에게 더 깊은 감명을 주는 것이다.

In other words, the more sensuous qualities of music the song has, the more sensuous joy of music we enjoy.

즉 더 나은 음악의 감각적 성질을 그 노래가 가지고 있으면 있을수록 더 나은 음악의 감각적 기쁨을 우리는 더 즐길 수가 있는 것이다.

Sometimes we cannot tell half of what the implication in delights and sorrows of our life. But to express our hearts regarding these, we can use the musical technique that possesses characteristics of the limitless power of expression.

English Newspaper Article (column)

때때로 우리는 우리의 삶의 애환을 절반도 설명할 수가 없을 때가 있다. 그러나 이와 관련된 우리의 심정을 표현하기 위해 우리는 무한한 표현력의 특성을 지니고 있는 음악기법을 사용할 수가 있다.

In fact, the more complex our thoughts and emotions, the less effective language is as a tool of expression.

사실 우리의 생각과 감정이 복잡해질수록 언어는 표현의 도구로서 점점 더 효과가 떨어지는 것이다.

This is not a simple matter of style or eloquence. Of course some people are tongue-tied.

이것은 단순히 문체, 즉 웅변의 문제가 아닌 것이다. 물론 어떤 사람들은 말을 잘 못한다.

Even when they love a woman dearly, or feel they have been bitterly wronged, or experience tremendous happiness, they cannot say more than a few silly clichés, which they themselves feel to be embarrassingly inadequate.

그들은 어떤 한 여성을 몹시 사랑할 때도, 또는 부당한 취급을 당했을 때도, 엄청난 행복을 맛볼 때도 몇 마디 어리석은 상투어 이상은 말을 하지 못한다. 그리고 그들 자신들도 그 상투어는 당황하게 할 만큼 부적합하다고 느낀다.

And still, the finest speaker and writer who ever lived, using the most sensitive language yet devised by man, would be incapable of putting certain of his or her own thoughts into words, words which he himself and others would recognize as carrying not more than a fraction of the intended meaning

그리고 더욱이 고금의 최고 연사나 작가도 아직 인간이 고안해 낸 것 중에서는 가장 민감한 언어를 사용하면서도 자신의 사상의 어떤 점을 말로, 즉 그 자신과 다른 사람들이 다같이 기껏해야 의도한 뜻의 단편만을 전하는 것으로 인정할 말로 옮길 수가 없을 것이다.

That is one of reasons why people write poetry and music instead of prose. Poetry conveys more meanings than prose. That is one of the reasons why we love music. Music conveys meanings which we know to be powerful, but which cannot be put into words.

그것이 바로 산문 대신 시나 악을 쓰는 이유들 중의 하나인 것이다. 즉 시는 산문보다 더 많은 뜻을 전한다. 이것이 바로 우리가 음악을 좋아하는 이유들 중의 하나인 것이다. 즉 음악은 우리가 강력하다고 알고는 있지만 말로 표현 될 수 없는 뜻을 전달하는 것이다.

Therefore, these two forms of communication can convey subtle yet powerful meanings that fail to be expressed with ordinary words.

따라서 이 두 가지 의사소통 방식은 보통의 말로는 표현하지 못하는 미묘한 강한 의미를 전달할 수 있다.

English Newspaper Article (column)

Since it is so, we can express the joys and sorrows in music powerfully. On this account, music in a sense is a technique, which deals with persuasive art. In fact, popular songs make great contribution to the advancement of the people's sentimental education.

그러므로 우리는 기쁨과 슬픔을 음악으로 힘있게 표현할 수 있는 것이다. 이런 까닭에 음악은 어떤 의미에서는 설득술을 다루는 기술이라고 할 수 있다. 사실 대중가요는 국민 감정교육의 진보에 크게 공헌을 하고 있다.

Although the dictionary tells us the literal meaning of words, we cannot consult it for the full meaning of an excellent piece of music. However, we can find its true, deep meaning in the inmost recesses of our hearts, being lost in the ecstasy of the music.

사전(事典)은 우리에게 단어의 글자대로의 뜻을 알려주기는 하지만, 명작 음악의 참뜻은 그곳(사전)에서 알아낼 수가 없다. 하지만 우리는 그 명작 음악에 취해 있으면서 그 음악의 깊은 참뜻을 우리의 마음속 깊은 곳에서 밝혀낼 수가 있는 것이다.

Generally speaking, painting is in the visual field: music is in the aural. Yet poetry rest in a unique world that is neither of these, but exist primarily in the mind.

일반적으로 말해 그림은 시각적 영역이며 음악은 청각의 영역이다. 그러나 시는 시각도 청각도 아닌 독특한 세계이며 주로 마음속에 존재하고 있다.

영어신문 기사(칼럼) 해설

It is generally appreciated that music is made of the same medium as speech; sound sequence. In other words, just as language is made up of separate, ordered parts, music is made up of notes, chords, measures, phrases, tunes, and so on.

음악은 언어와 같은 매개체, 즉 일련의 연속적인 소리들로 이루어진다. 즉 언어가 개별적이고 질서정연한 요소로 이루어져 있듯이, 음악도 음표, 화음, 소절, 박자, 악절, 곡조 등으로 이루어진다는 것으로 널리 이해되고 있다.

Because both language and music have structure, our ability to understand and learn them comes naturally.

언어와 음악이 둘 다 구조를 가지고 있기 때문에 이를 이해하고 배우는 우리의 능력은 자연스럽게 따라오는 것이다.

Anyway, it is true that popular songs are different from classical music in style and character, but their musicality is common in some degree.

하여튼 대중가요는 스타일과 성격 면에서 고전음악과는 다르다는 것이 사실이다. 그러나 음악성 면에서는 어느 정도 공통적인 것도 있다.

Such being the case, it is beyond argument that popular songs not only play an important part in building a young person's character, but they also influence one's emotion.

English Newspaper Article (column)

사실에 비추어볼 때 대중가요는 젊은 사람의 성격을 형성하는 데 중요한 역할을 할 뿐만 아니라 인간의 감정에 영향을 준다는 것은 논쟁을 할 여지가 없는 것이다.

In other words, music has the power to help the young to develop a sensitive heart. In turn, a sensitive heart makes it possible for the young to develop character.

다시 말하면 음악은 젊은이들에게 감수성을 발달시키도록 돕는 힘이 있는 것이다. 그에 따라 감수성은 젊은이들의 인격을 발달시키는 것을 가능하게 해 주는 것이다.

It may be a matter of opinion, but I think that songs with no affection are virtually meaningless and practically worthless, no matter how popular it may be.

견해의 차이이기는 하겠지만 나는 애정이 없는 노래는 사실상 의미가 없는 것이며, 그 노래가 인기가 있다고 할지라도 실제적으론 가치가 없는 것이라고 생각을 한다.

Practically, most of the famous works of popular music have directly affected on the delights and sorrows of life. They are likely to directly influence young people's behavior.

실제로 유명한 대중음악 작품들의 대부분이 삶의 애환에 직접적으로 영향을 주고 있다. 그 음악들은 젊은이들의 행동에 직접적으로 영향을 미칠 가능성이 있는 것이다.

영어신문 기사(칼럼) 해설

Living as they do in a different world from adults, the young people have problems peculiar to themselves. But I doubt many present popular songs are worth enjoying.

젊은이들은 어른들과 다른 세상에 살고 있으므로 그들만의 특유한 문제들이 있기는 하다. 그러나 오늘날의 대중가요는 즐길만한 가치가 없다고 생각한다.

However, these kinds of songs are in good favor with the youth. I hope it is not rude me to say so, but boys and girls in their tender years of today have a tendency to light-heartedly adore "inferior music."

하지만 이런 종류의 노래들은 젊은이들에게 대단히 인기가 있다. 실례가 되지 않기를 바라면서 말하건대, 오늘날의 감수성이 여린 나이에 있는 소년 소녀들은 열등한 음악을 지나치게 낙천적으로 예찬하고 있는 경향이 있는 것 같다.

Therefore, popular songs of today, I think, leave something to be desired in terms of musicianship.

따라서 나는 오늘날의 대중가요는 음악의 소질 면에서 유감스러운 점이 많다고 생각을 한다.

As I am a lover of music who is in the middle years of life, I feel sorry that many current admired songs are not mentioned in the same breath as the old tunes, which, in

English Newspaper Article (column)

many instances, produced an everlasting impression on many people's hearts.

삶의 중년기에 있는 음악을 사랑하는 사람으로서 나는 현재 찬양되고 있는 노래들은 많은 사람들의 가슴에 잊을 수 없는 인상을 남겨놓은 옛 노랫가락에 필적할 수 없다는 것에 대하여 유감스럽게 생각한다.

In a poetical sense, it is my appreciation that popular songs serve as a bridge between reason and emotion because good music, in a broad sense, has a beneficial effect on the physical and mental action, standing aloof from our reason and affection (or taking no notice of time and space).

시적인 의미에서 대중가요는 이성과 감정의 교량역할을 한다고 나는 이해를 하는데, 그 이유는 훌륭한 음악이란 넓은 의미로 볼 때 신체적 정신적 행동 양쪽 모두에 아주 초연하면서도 유익한 영향을 주기 때문이다.

In all events, good music is to the mind what good food is to the body.

어쨌든 좋은 음식이 신체에 유용(有用)하듯 훌륭한 음악은 마음의 양식을 살찌우게 한다.

Likewise, popular songs play an important role on a scale rivaling true love because they usually make our lives active, dispelling our dull mood in this period of economic hardship.

영어신문 기사(칼럼) 해설

마찬가지로 대중가요는 진실된 사랑과 맞먹는 수준으로 중요한 역할을 하는데, 그 이유는 이 음악들이 이 같은 경제적 고난의 시기에 침체 분위기를 몰아내면서 우리의 삶을 활력 있게 해주기 때문이다.

English Newspaper Article (column)

Late President Park's Performance

고ᇏ 박 대통령의 업적

The Korea Times
코리아 타임스
January 18, 2000
2000년 1월 18일

The late President Park Chung-hee (1917-1979), who greatly improved the lives of the Korean people during his terms, ruled our country for 18 years until a close aide assassinated him.

재직 기간 동안 한국 사람들의 삶을 크게 개선시켰던 고(故) 박정희(1917-1979) 대통령은 그의 한 측근이 그를 암살할 때까지 18년 동안 이 나라를 통치했다.

In the early years of Park's rule, Korea was in an economically miserable condition. Many people were unemployed but the nation became animated as time went on with President Park's propelling power of economic development projects.

박 대통령의 통치 초기에는 한국은 경제적으로 형편없는 상황이었다. 많은 사람들이 일자리가 없었으나 국민은 박 대통령의 경제개발 추진력과 함께 시간이 감에 따라 활기를 띠어 갔다.

Before long, the poor nation made bright economic developents under the leadership of the then President Park. It was a great work that many developing as well as developed nations watched in amazement.

곧 이 가난한 국가는 박 대통령의 영도(領導) 하에 눈부신 경제개발을 이루어 냈다. 그것은 많은 개발도상국들과 선진국들이 깜짝 놀라 바라보았던 위업(偉業)이었다.

It was a really remarkable feat in terms of economic growth after going through two major wars - the Korean War and the World War II. In those days, our country was just emancipated from the aggression of the Japanese Empire, and the economic situation was in the depths of misery.

그것은 두 번의 큰 전쟁, 즉 한국전쟁과 제2차 세계대전을 겪고 난 후 진기한 공적(功績)이었던 것이다. 그 당시 우리 나라는 일제의 침략으로부터 막 벗어나 있었고, 경제사정은 비참하기 짝이 없었다.

The Korean War(1950-1953) was nothing but the tragic fratricidal war. No one would have predicted back in the 1950s that South Korea would be the model of success that it is today.

English Newspaper Article (column)

한국전쟁은 다름 아닌 동족상잔의 비극이었던 것이다. 1950년 대에는 아무도 한국이 오늘날과 같은 성공모델이 되리라고 생각하지 못했다.

During his terms in office, the "iron man" facing up to the reality of this country demonstrated his political strong will as he firmly grasped state authority. Therefore, he was sometimes accused of running a dictatorship as he enforced the Constitution for Revitalizing Reform, which blinded with power.

재직 기간 동안 국가의 현실을 직시한 그 철인(鐵人)은 국가권력을 굳건히 잡으면서 그의 강력한 정치적 의지를 명백히 보여주었다. 따라서 그는 때로 권력으로 눈이 먼 유신헌법을 강행함으로써 독재정권을 운영한다고 비난을 받기도 했다.

In retrospect, however, Park was a great revolutionary who should be looked upon with compassion, love and respect.

하지만 돌이켜 보면, 박 대통령은 동정과 사랑 그리고 존경의 눈으로 바라보아야 할 위대한 혁명가이었다.

At the same time, he left a lasting imprint on our country as a result of his actions; one of Korea's few historical leaders whose very name has made him known as a great politician in Korean history.

동시에 그는 그의 행동의 결과로 우리나라에 영속적인 인상을 남겨 놓았다.

즉 그는 한국에 몇 안 되는 역사적인 지도자들 중에 한 사람으로 바로 그의 이름은 한국의 역사에 위대한 정치인으로 알려지게 되었다.

As I look back on it, in those days many people were starving. They saw the world around them not in terms goods to be consumed but as problems to be alleviated.

뒤 돌아 보건대 그 당시엔 많은 사람들이 굶주렸다. 그들은 소비할 상품의 측면보다는 완화시켜야 할 문제들의 관점에서 세상을 바라보았다.

At the right moment, the Saemaul (new community) movement that Park initiated spread all over the country and it provided a momentum for a path out of poverty.

바로 그런 때에 박 대통령이 창시한 새마을 운동은 방방곡곡으로 확산되었고, 그 운동은 가난을 벗어나기 위한 길을 마련해 주는 계기가 되었던 것이다.

The movement was nothing but would inaugurate an emerging sense of our own appetite for a welfare state.

그 운동은 다름 아닌 복지국가를 향한 한국인들의 떠오르는 탐욕의 시작이었던 것이다.

The whole nation took part in the project. The movement, which made possible Korea's miraculous economic growth in the 1970s and 1980s, woke the people from their sleep and

English Newspaper Article (column)

all the people rolled up their sleeves voluntarily with a new hope in life.

전 국민이 그 사업에 참여를 했으며, 1970년대와 1980년대에 한국의 놀랄 만한 경제 성장을 가능하게 만들어 놓은 이 운동은 국민들을 잠에서 깨어 나게 했고, 모든 국민들은 인생에 새로운 희망을 가지고 자발적으로 팔 소 매를 걷어붙였다.

It was a nation-wide movement which marked the beginning of real change for the nation. Most people accepted this movement as an activity that should be deserved a high position in their national priorities.

그 사업은 진정한 변화의 시작을 나타낸 범 국민적 운동이었다. 대부분의 국민들은 이 운동을 그들의 국가가 우선해야 할 일들 중에서 최우선적인 일로 받아들여져야만 한다고 했던 사업이었다.

The song in praise of the Saemaul movement, which added a zest to labor, was often chanted by the people regardless of their age or sex. In effect, the song was just all the same as a song in praise of our fatherland, and the project marked a line in the chain of economic plan.

노동에 흥미를 돋우어 준 새마을 운동 찬가는 남녀 노소를 막론하고 모든 사람들에 의해 불리어졌다. 사실 그 노래는 조국의 찬가나 별다름 없었으며, 그 새마을 사업은 경제계획의 일환을 이루었던 것이다.

In the latter half of the 1960s and whole of the 1970s, domestic industry showed signs of life as time went on. Park's government emphasized the export industry as a comprehensive measure to expedite trade.

1960년대 후반기와 전(全) 1970년 대에는 국내산업은 시간이 감에 따라 활기를 보여주었다. 박 정권은 무역을 진척시키기 위한 종합적인 대책으로 수출산업을 중요시했다.

As a result, he showed us how the trade was linked up with economy. Poverty-stricken people were given opportunities to obtain jobs and many farm youths left for urban communities, seeking employment. This was an increasing trend before the IMF (International Monetary Fund) era came about.

그 결과 그는 무역이 경제와 어떻게 연결되어 있는가를 우리에게 보여주었다. 빈곤에 허덕이는 국민들은 직업을 얻을 수 있는 기회가 주어졌으며, 농촌의 많은 젊은이들은 직업을 찾아 도심 지역사회로 떠났다. 이것은 IMF시기가 도래하기 전까지 증가하는 추세였다.

Accordingly, Korea has achieved an economic miracle from the ashes of the 1950~53 Korean War. Export was the prime engine of the Korean economy. The policy has long been the nation's growth engine.

그러므로 한국은 1950~1953년에 있었던 한국 전쟁의 잿더미에서 경제 기적을 이루어낸 것이다. 수출은 한국 경제의 주요 수단이었던 것이다. 그 정

English Newspaper Article (column)

책은 오랫동안 국가의 성장 수단인 것이다.

In those days, my family also was tormented by poverty, so I had no other choice but to come to Seoul from a rural district. For me, that was the only means of solving the problem.

그 당시 나의 가족도 역시 가난으로 고통을 겪고 있었기에 나는 시골에서 서울로 떠나와야 할 수밖에 없었다. 나에겐 그 방법이 문제를 해결하는 유일한 수단이었다.

At that time, like many other people, I barely managed to keep my body and soul together, and made frantic efforts to get some money together for my living expenses.

그때 다른 여타(餘他)의 사람들처럼 나는 몸과 마음을 간신히 구제할 수 있었으며, 생계를 위해 얼마간의 돈을 긁어모으기 위해 안간힘을 썼다.

Psychologically, I don't like remembering the past hardships, but once I think back to those days, I think that was much happier moments than the present time.

심리적으로 나는 과거의 그 가혹했던 일들을 기억하고 싶지는 않지만, 일단 그 시절로 돌아가 생각해 보면 그때가 현재보다 훨씬 더 행복한 순간들이었다고 생각을 한다.

Truly, it was during those days that the mass of the people

like me entertained their hopes and lived in the future. We anchored our hopes in a bright future by virtue of Park's political leadership.

분명히 그 시절엔 나 같은 서민들이 희망을 품고 미래를 위해 살 수 있었다. 우리는 박 대통령의 정치지도력의 덕분으로 밝은 미래의 희망을 품었다.

Referring to our national history, it is no exaggeration to say that the rise and fall of a nation depends on whether political measures are carried out with success or not.

우리의 국가적인 역사를 언급해 볼 때, 한 나라의 흥망(興亡)은 정치적 방책이 성공적으로 성취되느냐 안 되느냐에 달려있다고 해도 과장된 표현은 아닐 것이다.

Certainly, Park's pan-national development project based on his sequential five-year economic development programs was the key link in Korea's headlong drive to modernization. Consequently, the people's income levels gradually improved.

분명히 박 대통령의 연속적인 5개년 경제개발 프로그램에 기초를 둔 그 범국민적 개발 사업은 한국이 현대화를 하는데 굽힐 줄 모르는 마력의 주요 구성요소가 되었던 것이다. 그 결과로써 국민들의 소득 수준은 점차적으로 향상되었던 것이다.

In fact, developing a new set of words and theories to describe and then change the world is an integral part of any social movement.

사실 세상을 묘사하고 변화시키기 위한 새로운 논의 및 이론을 정립하는 것은 어떠한 사회 운동에서나 필수적인 요소인 것이다.

Unfortunately, however, it seems that ours is a time of loud disputes and weak convictions. In other words, many politicians today seem to be all talk and no actions.

하지만 불행하게 현대는 논쟁은 떠들썩하게 벌이면서 설득력은 없는 시대인 것 같다. 달리 말해서 오늘날의 많은 정치인들은 말뿐이지 행동이 따르지 않는 것 같다.

I doubt the propriety of my words, but, in the light of precedents, I am confirmed in my belief that many politicians and policy makers of today are not working in good earnest.

나의 말에 어폐(語弊)가 있을지는 모르지만, 전례에 비추어 볼 때 나는 오늘날의 많은 정치인들과 정책 입안자들이 매우 진지하게 일을 하고 있지 않다고 확신한다.

This is because the rate of Korea's economics growth is not as good as the one Park's government achieved decades ago.

이것은 한국의 경제성장률이 수 십 년 전 박 대통령이 달성했던 것과 같은 수준이 되지 못하고 있기 때문이다.

At any rate, it is an undeniable fact that the welfare of the people depends on how politicians handle national economic policy.

어쨌든, 국민의 복지는 정치인들이 국가 경제정책을 어떻게 다루느냐에 달려 있다는 것은 부인할 수 없는 것이다.

From this point of view, politicians today should follow the example of the late President Park's economical leadership. Truly, the late President Park had an economic goal toward which his effort was directed.

이런 관점에서 보면 오늘날의 정치인들은 고 박 대통령의 경제지도력을 본 보기로 삼아야 할 것이다. 분명히 고 박 대통령은 그가 노력을 쏟고 있었던 경제 목표를 가지고 있었던 것이 틀림없다.

English Newspaper Article (column)

Spiritual Asset of My Late Grandfather

작고한 조부(김승학 金承學)의 정신적 유산

The Korea Times
코리아 타임스
September 30, 1999
1999년 9월 30일

Dear the late grandfather,
공경하는 고(故) 할아버지에게,

I often draw a picture of you and enter your spiritual world, especially when I am in low spirits or encounter an unexpected obstacle.

저는 가끔 당신의 모습을 그려보며, 특히 의기소침할 때 또는 뜻밖의 장애물에 부딪칠 경우 당신의 정신적 세계로 들어가 봅니다.

What motivated me to practice this is that I always look up to you as my spiritual leader, even though I saw you only once in my life. In other words, I have a high regard for you and think of you as the very model of dedication and courage.

이러한 습관을 들일 수 있게 된 동기는 저는 - 물론 저의 삶에서 당신을 오직 한차례만 뵈었지만 - 언제나 당신을 존경하기 때문입니다. 다시 말하면 나는 당신을 존경하고 헌신과 용기의 본보기로 여기고 있습니다.

I have found memories of being together with you. About 40 years ago when I was in my early childhood, you and I had an opportunity to see each other just once — the first and last time in my life to my best recollection.

나는 당신과 함께했던 애정 어린 추억을 가지고 있습니다. 약 40여 년 전 제가 무척 어린 시절이었을 때 저와 당신은 서로 딱 한 번 만날 수 있는 기회가 있었지요. 즉, 그것은 저의 기억으로는 제 인생에서 처음이자 마지막이었습니다.

At that time, you came to visit my house on a night train from Seoul, where you settled after you crossed the 38th parallel to live in the south.

그때 당신은 남한에서 살기 위해 삼팔선(三八線)을 넘어 안착하여 살고 계시던 서울에서 야간 열차를 타고 우리 집을 방문하셨지요.

For my information, the 38th parallel is now often referred to as the demilitar-ized zone (DMZ), a heavily fortified area dividing South and North Korea. South and North Korea are still remaining technically at war with each other.

English Newspaper Article (column)

참고로 삼팔선은 요즘에 흔히 비무장 지대(DMZ), 즉 남북한을 분단하는 무장 지역이라고 일컬어지기도 합니다. 남북한은 아직도 사실상 서로간의 전쟁상태로 머무르고 있습니다.

As soon as you arrived at my house, you engaged in a dialog with your third son for a while in the front yard, which is still lingering in my eyes.

도착하자마자 당신께서는 우리 집 앞마당에서 당신의 셋째 아들과 잠시 대화를 나누셨는데, 그것은 아직도 저의 기억에 머물러 있습니다.

Then you took me to the river that was babbling in front of my house.

그리고 나서 당신은 우리 집 앞으로 졸졸 흐르고 있던 강으로 저를 데리고 가셨지요.

As you know, my house was situated within a stone's throw from a small elementary school and was a traditional grass-roofed house with a fence made of bush clover. It was just the house for a principal.

당신도 아시고 있듯이 우리 집은 어느 한 초등학교에서 아주 가까이에 위치하고 있었으며, 그 집은 싸리나무 울타리가 있는 전통 초가집이었지요. 그것은 바로 교장 사택이었지요.

Upon arriving at the river, you stripped me naked, not even

영어신문 기사(칼럼) 해설

thinking I would be embarrassed, and began to wash my dirty body. Well do I remember the scene, which will never be effaced from my memory as long as your blood circulates in my body.

강에 도착하면서 당신은 내가 창피할 것이라는 것을 전혀 고려하지 않고 저의 옷을 벗기시더니 저의 몸의 때를 벗겨 주셨지요. 그 장면은 아직도 생생하며, 당신의 피가 저의 몸 속에 흐르고 있는 한 저의 기억 속에서 절대 사라지지 않을 겁니다.

It was only after several years that I began to keenly realize that you led a rigorous life for a long time as an independence fighter in our home country and in an alien land.

당신께서 독립투사로 국내외에서 오랫동안 호된 삶을 살았다는 것을 제가 절실하게 알게 된 것은 바로 몇 년 전이었습니다.

Your whole life was devoted to the independence movement when this country was under the yoke of imperialist Japan from 1910-1945. Whenever I ruminate upon your lifetime, a thousand emotions rush through my mind.

당신은 이 나라가 1910년부터 1945년까지 일본 제국주의의 속박아래에 있을 때 독립운동에 전 생애를 바쳤습니다. 제가 당신의 생애를 반추(反芻) 할 때마다 감개무량(感慨無量) 합니다.

Once, I was told by your third daughter-in-law, who is stri-

English Newspaper Article (column)

cken with paralysis for 12 years but is now recovering little by little, that when this country was divided into two parts (a capitalistic South and a communist North) by the superpowers, you and all of your family members crossed the 38th parallel to the South (about 10 years before I was born).

12년 동안 마비증세로 쓰러져 있지만 이제 조금씩 회복하고 있는 당신의 셋째 며느리로부터 저는 이 나라가 강대국들에 의해 두 쪽, 즉 남쪽엔 자본주의 북쪽엔 공산주의로 갈라졌을 때(제가 태어나기 약 10여 년 전) 당신과 당신의 가족 모두는 38도선을 넘으셨다는 것을 들었습니다.

After that, your family lived together in Seoul, except your third son and his family.

그 이후 당신의 셋째 아들과 그의 가족을 제외하고 당신의 모든 가족은 서울에서 함께 사셨지요.

As your third son served as the principal of an elementary school, he sometimes had to move whenever he was transferred to another school within the northern provinces of Chungchong-pukto.

당신의 셋째 아들은 초등학교 교장으로 근무를 했기 때문에 그는 때때로 충청북도 내에서 전근이 있을 때마다 이사를 해야만 했지요.

I also learned from your third daughter-in-law that your youngest son was faithful to his duties as the staff of the

영어신문 기사(칼럼) 해설

Independence newspaper in Seoul, which was managed by you.

저는 또한 당신의 셋째 며느리로부터 당신의 막내 아들은 서울에서 당신이 운영했던 독립신문사에서 직원으로 충실히 근무를 하고 있었다는 것을 들었습니다.

But, he was posted to the schoolmaster of an eleme-ntary school by order of the then Government.

그러나 그는 당시의 정부의 명령으로 한 초등학교의 교장으로 발령을 받았었지요.

I understand from the measure that there must have been some politically secrete design for it. This is because I have learned from my mother that he did it necessity, not of choice and carried on a lonely life after he transferred to the provinces.

저는 거기에 뭔가 틀림없는 정치적인 속셈이 있었을 거라고 생각을 합니다. 그 이유는 제가 어머니로부터 들은 바로는 그는 그 직업(학교장)을 좋아서 한 것이 아니라 마지못해한 것이기에 전근을 한 이후에는 외로운 삶을 영위 했다고 하더군요.

I think his lonely life must have done great mischief to his body and mind.

English Newspaper Article (column)

저는 그의 외로운 삶이 그의 심신에 많은 악영향을 끼쳤을 거라고 생각을 합니다.

Ultimately, your third son, the sole survivor of the three brothers, died in the performance of his duties at the age of 53 in the year 1965.

결국 삼형제 중 유일한 생존자인 당신의 셋째 아들은 1965년 향년 53세의 나이로 순직하고 말았습니다.

That was eight months after you left this world. His sudden death, though I was a child, was a bitter experience I could barely endure.

그것은 당신이 이세상을 하직 하신지 8개월 이후였습니다. 어린 마음이긴 했지만 그의 갑작스러운 죽음은 제가 도저히 견딜 수 없는 쓰라린 경험이 었습니다.

Now, I console myself with the thought that he found your address in heaven and the two of you now live together in peace.

이제 나는 그가 저 하늘에서 당신이 계신 곳을 알아내어 당신 두 분 모두가 평화롭게 함께 살고 계실 거라고 자위(自慰)를 합니다.

As I am one of your grandsons, I have an irresistible yearning for your lofty ideals, and I have become an ardent admirer of you.

당신의 손자들 중의 한 사람으로서 저는 당신의 고결한 이상을 몹시 동경하고 있으며, 당신의 열렬한 숭배자가 되어가고 있습니다.

It is my judgment that your behavior was always consistent with your principles regardless of the circumstances.

저는 당신의 처신은 그 어떤 환경에 개의치 않고 당신의 신조와 일치했다고 생각을 합니다.

So I think that your superiority over other ordinary men consisted chiefly in what may be called the excellent art of thinking.

그래서 저는 당신이 보통 사람보다 뛰어났던 것은 주로 소위(所謂) 말하는 우수한 사고(思考)의 기법이 몸에 배어 있었기 때문이라고 생각합니다.

You were the just one who was capable of thinking over the horizon, and this is what makes you all of high value.

당신은 시야(視野)에 들어오지 않는 곳까지 바라볼 수 있는 능력을 가진 바로 그런 분이었으며, 이 점이 바로 당신을 가치 있게 만드는 것입니다.

Perhaps you will never forgive me for my past mindless behavior, but it seems logical that I should admit to the errors of my past before I start planning for my future world.

English Newspaper Article (column)

어쩌면 당신은 저의 어리석은 과거의 행위에 대하여 절대 용서를 못하실 수도 있겠지만, 제가 저의 미래의 삶을 다시 시작하기 전에 과거의 실수를 스스로 인정하는 것이 타당하리라 생각합니다.

Thus, I am now trying to get away from my past conduct and behavior which strayed from the right path.

따라서 저는 올바른 길에서 벗어나 있었던 저의 과거의 행실에서 이제 벗어나려고 합니다.

I regret that I couldn't work harder — doing nothing but pursuing an easy-going life, wasting valuable time and making mistakes. Thoughtlessly, I was immersed in a peace-at-any-price principle.

저는 안이(安易)한 생활만을 추구하면서 그리고 귀중한 시간을 낭비하고 실수를 저지르면서 그 이상 열심히 할 수 없었던 것이 유감입니다. 어리석게도 저는 태평무사주의에 휩쓸려 있었습니다.

Though I am rather tardy in realizing my misdeed, I just remember a proverb that says, "Better late than never." First, I've keenly realized that yesterday never comes again, and things done cannot be undone.

그릇된 행실을 깨닫는 것이 좀 늦은 감이 있긴 하지만, '늦어도 하지 않는 것보다 낫다'라는 속담을 기억합니다. 우선 저는 과거는 절대 돌아오지 않는다는 것과 이미 저지른 일은 무를 수가 없다는 것을 절실히 알게 되었습니다.

I also discovered that I have to do away with outmoded habits in order to open myself up to new experience.

또한 새로운 경험을 위해 구식의 습관을 버려야 한다는 것도 알았습니다.

So, I swear I will work out corrective steps with the most elaborate care before it becomes really too late, and at the very least, I will not bring any disgrace upon the good name of you and your son.

그래서 너무 늦기 전에 정성을 다해 올바른 계획을 세워 나갈 것을 다짐합니다. 또한 적어도 당신과 당신의 자식의 이름에 명예를 더럽히는 일만은 하지 않겠습니다.

As I am in the middle years of my life and also a father of two daughters, I encounter many novel ideas when I review your achievements. I am also keenly aware of the importance of cultivating my mind and body.

중년이자 두 딸의 아버지로서 당신의 위업을 살펴볼 때 저는 많은 참신한 착상에 마주쳤습니다. 또한 저는 심신을 단련시켜야 하는 중요성도 절실히 알고 있습니다.

This is because I have neglected taking care of my health until now. From now on, good management of my health will

English Newspaper Article (column)

also be taken by myself.

이것은 제가 여태까지 건강관리를 게을리했기 때문입니다. 지금부터 저의 훌륭한 건강관리도 스스로 돌보게 될 것입니다.

Accordingly, I am determined once again to make a fresh start for my future world. At the same time, I will not neglect my assignment as the head of a family and I will do my best to live up to your expectations.

따라서 저는 미래의 삶을 위해 새로이 출발하겠다는 것을 다시 한번 결심을 했습니다. 동시에 저는 한 가정의 가장으로서의 임무를 게을리하지 않을 것이며, 당신의 기대에 부응할 수 있도록 최선을 다 하겠습니다.

Once again, I swear before the spirit of your blessed memory that no matter what may happen, I will seek that which you would have desired. I also remain faithful in the performance of my duties as a member of society.

다시 한번 저는 당신의 영혼 앞에서 무슨 일이 있더라도 당신이 염원하고 있는 것을 추구하겠다고 다짐을 합니다. 또한 사회의 일원으로서 임무수행에 충실하겠습니다.

I recall the family precepts, which have been inherited from you. The precepts cherished deep in my heart are, "Ignorance is the most fierce enemy." and "Don't be dejected, but take courage in whatever may happen."

이제 당신으로부터 물려받은 가훈을 생각해 봅니다. 저의 마음 깊은 곳에 간직되고 있는 그 가훈은 '무지(無知)가 가장 무서운 적이다'와 '어떤 일이 있어도 낙심하지 말고 용기를 가져라'입니다.

I am also encouraged by the way you lived your life which I was told by my older cousin.

저는 또한 제 큰 사촌으로부터 들었던 당신의 생활 양식에 격려가 되고 있습니다.

His verbal message about your life can be summarized as follows; your daily life was always tempered with moderation in eating and drinking as well as in sleeping, and you always carried out your duties. You performed your part most effectively.

당신의 삶에 대한 그의 전갈은 다음과 같이 요약을 할 수 있습니다. 당신의 일상생활은 언제나 식사와 약주는 물론 취침시간도 적당하게 절제하고, 의무를 다 하셨습니다. 당신께서는 당신의 역할을 훌륭히 해내셨습니다.

Although you had no material assets to speak of, I was given to understand that you were on the whole in a good state of health until you departed this world at the age of 84.

당신은 이렇다 할 물질적인 재산은 하나도 없었지만, 84세의 나이로 이 세상을 하직하실 때까지 전반적으로 건강하셨다는 것을 알게 되었습니다.

And I have realized that you enjoyed plain living and high

English Newspaper Article (column)

thinking.

그리고 당신은 검소한 생활과 고원(高遠)한 사색(思索)을 즐기셨다는 것을 알게 되었습니다.

In short, you were known for your temperance, refusing to eat or drink excessively, and living a very strict lifestyle in ordinary days.

한마디로 당신은 평소에 과식을 거부하고 아주 엄격한 삶을 살아가신 것으로 유명합니다.

After you sought a peaceful life in south of the 38th parallel, you organized the Association of the People from the Northern Provinces of Pyongan-pukto in 1946, giving moral and material support to the people who moved here from the North.

38도선 이남에서 평화로운 삶을 추구하신 이후에 당신은 1946년 평안북도 도민회를 창설하셔서, 북쪽에서 피난 내려온 많은 사람들에게 물심양면으로 원조를 주시게 되었지요.

You didn't drag your feet at the time of straightening out a difficult situation. In this respect, you were one of the good philanthropies.

당신은 어려운 시국을 수습하는데 앞장을 섰습니다. 이점에 있어서 당신은 훌륭한 박애자들 중에 한 분이었습니다.

In fact, philanthropy, as you know, is a way people and organizations show concerns for others or work to improve the world.

사실 박애주의는 당신도 알고 계시듯 사람이나 단체들이 다른 사람들에게 관심을 보이거나 세상을 더 나은 곳으로 만들기 위해 노력하는 방법이지요.

Having accomplished the very outstanding achievement in those days of Japanese colonial period, you remain well anchored within our collective historical independence movement memory.

일제 식민지기간 당시 매우 탁월한 업적을 달성했기 때문에, 당신은 우리의 총체적인 독립운동사적 기억에 잘 자리 잡고 있습니다.

It is clear that your heart was burning with patriotism in life. You really took the initiative in rehabilitating our country from ruin. You lived an honorable life, which shows a very splendid example of patriotism.

당신의 마음은 애국심으로 불타고 있었다는 것이 분명합니다. 당신은 멸망한 나라를 재건시키는데 선도(先導)를 했습니다. 당신은 고결한 삶을 사셨으며, 그것은 바로 애국적 행위의 훌륭한 대표적 실례를 보여주고 있습니다.

Therefore, your life can be likened to pure scientists who

English Newspaper Article (column)

are the originators of pure thoughts that eventuate into such lifesaving practical products such as light bulbs and penicillin.

그러므로 당신의 삶은 전구와 페니실린처럼 인명을 살리는 실용적인 제품으로 귀결되는 순수한 사고의 창시자들인 순수과학자들에 비유할 수 있습니다.

As a consequence of your distinguished service in a provisional government in Shanghai, China, during the colonial period, you were decorated with the Order of Merit for National Foundation in 1962.

식민지 기간 동안 중국 상해 임시정부에서 뛰어난 봉사의 결과로 당신은 1962년에 건국공로훈장을 받았습니다.

And, when you departed this world, all sectors of our society including our government conducted a public funeral for your death in 1964.

그리고 1964년 당신이 이 세상을 서거하실 때는 정부를 포함해서 우리사회의 모든 단체가 당신의 장례식을 사회장(社會葬)으로 엄수했습니다.

I've heard that many people were grieving for the death of you, and they unanimously said, "When should we have his life again?"

당신의 서거에 많은 사람들이 슬퍼했으며, 그들은 한결 같이 "당신과 같은

영어신문 기사(칼럼) 해설

인물을 우리가 언제 또 얻을 수 있겠는가?"라고 말했다고 합니다.

On that account, many people attended the funeral service that was held in Seoul City Plaza.

그런 까닭에 많은 국민들은 서울광장에서 거행된 당신의 장례식에 참가 했었습니다.

Kim Seung-hak! I am proud to say you are my grandfather and spiritual guide. At the same time, you are a historical Korean figure emblazoned for your good deed, so I could not contain myself from writing this letter to you.

김승학(金承學)! 저는 당신이 저의 할아버지이며 정신적(精神的) 지도자(指導者)라는 것을 자랑스럽게 말씀드립니다. 동시에 당신은 당신의 훌륭한 공적(功績)이 격찬(激讚)되고 있는 역사적(歷史的)인 한국의 인물입니다. 따라서 저는 당신에게 이 편지를 쓸 수밖에 없었습니다.

English Newspaper Article (column)

Real Estate Speculation

부동산 투기

The Korea Times
코리아 타임스
Monday, September 8, 2003
2003년 9월 8일

With the bitterness of the June 25th war of Korea (1950-53) behind them, many country people began congregating in Seoul to develop new values, methods of living and approaches to society.

육이오 한국전쟁(1950-53)의 괴로움을 뒤로하고 많은 지방 사람들은 새로운 가치, 삶의 방법, 사회에의 접근방법을 창출하기 위해 서울로 모여들기 시작했다.

Therefore, many board-framed houses were beginning to stand in a low along the banks of chonggyechon, which is a tributary of the Han River passing through Seoul. And the stream began to be heavily polluted by the human waste after that.

따라서 많은 판자집들이 서울을 관통하는 한강의 지류(支流)인 청계천의 둑을 따라 들어서기 시작했다. 그리고 그 샛강은 그 후부터 사람들의 쓰레기로 심하게 오염되어 가기 시작했다.

The houses built by the poor who came to Seoul seeking better opportunities were temporary ones without obtaining the sanction of the authorities. Due to the then current of events, the incumbent government simply connived at them.

보다 나은 기회를 찾아 상경한 가난한 사람들에 의해 지어진 그 집들은 정부의 허가를 받지 않은 임시 건물들이었다. 이러한 당시의 시류의 흐름으로 정부는 그런 것들을 묵인해주고 있었다.

However, the shacks concentrated along the stream for miles were demolished to make room for the construction of the Samil Elevated Road in the late 1960s.

하지만 그 개천으로 수 마일 밀집해서 늘어서 있던 그 판자 집들은 1960년대 후반에 삼일 고가도로의 건설을 위한 장소를 마련하기 위해 철거됐다.

Housing shortages caused by the migration of underprivileged people after the war meant that many houses were poorly constructed, using poor quality construction materials such as board and iron sheets. So, the houses, in most cases, were not provided with sanitary facilities on the whole.

English Newspaper Article (column)

그 전쟁 이후 불우한 국민들의 이주(移住)로 인해 야기된 주택 부족은 판자와 양철(洋鐵)판 같은 조악(粗惡)한 재료들을 이용하여 많은 집들이 빈약하게 지어진 결과를 초래했다. 그래서 그 집들은 대개의 경우에 위생시설이 거의 없었다.

At that time, the hurriedly constructed dwellings were constructing not only around the streamlet but also in many residential districts in and around the town.

그 당시 그처럼 성급하게 건축된 주택들은 그 개천의 주변뿐만 아니라 도심의 복판과 주변의 많은 주거지역에서도 건설되고 있었다.

Many homeless people secured lots to build their houses on the side of the riverbank or at the foot of the hills behind the residential districts. Many of those houses were of course illegal.

집 없는 많은 사람들은 그들의 집을 짓기 위해 강 둑의 경사면 쪽 또는 주거지역의 뒤편에 있는 언덕의 기슭에 부지를 확보했다. 물론 그 집들의 대부분은 불법이었다.

Some time later, however, these unauthorized houses were placed under the city housing registry and the authorities gave each house owner the addresses for their land as part of a municipalization policy. For the first time the house owners were granted a right to live in the house by lawful means.

하지만 얼마 후 이 허가 받지 않은 집들은 시 주택 등기부에 오르게 되었고, 당국은 그 들의 땅을 시영으로 하기 위한 일환으로 주택 소유주 모두에게 주소를 부여해 주었다. 처음으로 그 집 소유주들은 합법적인 방법으로 그 주택 내에서 살 수 있는 권리를 부여 받았다.

After that, the houses were termed municipal housing and the authorities collected the land-use taxes from those who possessed the houses.

그 이후 그 집들은 시유지주택이라고 부르게 되었고, 당국은 그 집들을 소유한 사람들로부터 토지 사용세를 징수했다.

Due to the extreme shortage of housing, the jerrybuilt houses continuously spread in all directions, especially on the outskirts of Seoul.

극심한 주택 부족으로 인하여 날림으로 지어진 그 주택들은 계속해서 사방으로, 특히 서울의 변두리로 펼치어 나갔다.

In the not-too-distant past, ugly looking shacks wrapped many hills in and around Seoul. When seen from a distance, the shantytowns were the very pictures of ramshackle collections of matchboxes.

얼마 전만해도 이 보기 흉한 판자 집들은 서울 근교의 많은 구릉지대를 감싸고 있었다. 먼 곳에서 바라보면 그 빈민촌은 무너질 듯한 성냥갑들의 수집물들과 비슷했다.

English Newspaper Article (column)

The true value of the municipal housing, however, was veiled in the decrepit appearances of the structures. The prices of the houses were boosted to the sky before we knew it. So, I feel this period represented the birth of speculative investment in real estate.

하지만 시유지 주택들의 진가는 그 건물들의 노쇠한 모습에 가리어지고 있었다. 그 집들의 가격은 어느새 하늘 높이 치솟아 올라 있었다. 그래서 나는 이 시기가 부동산 투기의 발생을 나타내고 있다고 생각한다.

For many ordinary citizens, purchasing these houses was not easier than picking a star out of the sky. Therefore, most of them had to rent houses. In addition to that, the landlords would raise the rent regularly, often twice a year.

많은 일반 시민들에게는 이러한 집들을 구입하는 것은 하늘에서 별을 따려고 하는 것과 같았다. 따라서 그들 중의 대부분은 집을 임차해야만 했다. 설상가상으로 셋집 주인들은 때때로 일년에 두 번씩 셋돈을 규칙적으로 올리곤 했다.

At that time, the then Government had no regard for rules and regulations to control the usurping practices in connection with lease. Accordingly, the tenants had to frequently move to lower rental houses.

그 당시 정부는 부동산 임대차 계약과 관련된 부정한 관행을 통제하기 위해 보호하는 법이나 준칙사항을 대수롭지 않게 여겼다. 따라서 세입자들은 더 낮은 셋방으로 자주 이사를 해야만 했다.

In the 1970s, when I came up to Seoul I also had to rent a house and pay the monthly rent for the house to the wealthy landlord. The average wage of a worker at that time was a paltry 7,000 won, or $6.50, per month. On the other hand, a humble municipal housing fetched 1 million won, or $800.

1970년대 내가 상경했을 때 나 역시 집을 임차를 해야만 했으며, 부유한 집 주인에게 빌린 집에 대하여 월세를 지불해야만 했다. 그 당시 근로자의 평균 임금은 월 쥐꼬리만한 7,000원(6.50 달러)이었다. 반면에 초라한 집 한 채 값은 1백 만원(800달러)에 팔렸다.

At that time, I started to save something out of my income to buy a house. I deposited my money in fixed term bank accounts in the hope of escaping my miserable plight and took the first step on the property ladder.

그 당시 나는 집을 사기 위해 나의 수입액의 어느 정도를 저축하기 시작했다. 나는 보통 나의 불행한 처지를 벗어나기 위한 희망을 안고 정기예금에 저축을 하게 되어 재산증식의 그 첫 번째 단계를 맞이했다.

But my laborious efforts often seemed in vain as the house prices and wages increased at a different rate.

그러나 나의 공들인 노력은 주택 가격과 임금이 다른 비율로 상승되었기 때문에 때때로 허사가 되는 것 같았다.

English Newspaper Article (column)

Sometimes the price of the house increased to double what it had been the previous year. On the other hand, my wages, on average, increased at the rate of about 10 percent per year until I began to independently run a small-sized business about 12 years ago.

때때로 집값은 전년도에 팔리고 있었던 값의 두 배로 상승했다. 반면에 나의 임금은 내가 12년 전 작은 규모의 사업을 독립적으로 운영하기 시작할 때까지 평균적으로 1년에 10퍼센트씩 인상되었다.

Using my new fund comparative wealth, I finally bought a municipal housing in Pongchun-dong about 10 years ago; almost 20 years after I had started to save. Although the house was relatively cheap compared with houses built on private land, it cost me all of my fortune.

비교적 풍부한 나의 새로운 기본금을 이용하여 나는 10여 년 전 마침내 봉천동에 있는 시유지 주택을 구입했다. 그것은 내가 저축을 시작한지 거의 20년이 지난 후였다. 물론 그 집은 사유지에 지어진 집과 비교하면 비교적으로 싼 가격이지만 그것은 나의 모든 재산을 필요로 했다.

Since then, our residential district has changed much. The latest about our village is that a new apartment complex is in its final stage of completion. If the construction work continues at this rate, we will move into the new apartment at the end of this year as planned.

그 후로 우리 거주지역은 큰 변화를 겪고 있으며, 최근의 우리마을의 소식은 새로운 아파트 단지가 마무리 단계에 있다. 건설 작업이 현재와 같은 속도로 지속된다면 우리는 계획대로 금년 말에 새로운 아파트로 이사를 할 수 있게 될 것이다.

Unfortunately, however, there are many negative factors in house-short Korea that don't aid for those who make strenuous efforts to get a house. It is needless say that the continuously soaring house prices make many people feel frustrated.

하지만 불행하게도 주택이 부족한 한국에서는 집을 소유하기 위해 끊임없는 노력을 하고 있는 사람들을 돕지 못하는 부정적인 요소들이 많이 있다. 말할 필요 없이 지속적으로 치솟는 주택가격은 많은 사람들에게 좌절감을 안겨주고 있다.

Perhaps the trend is one of the public enemies causing social unrest.

어쩌면 이런 경향이 사회 불안을 일으키는 공공의 적들 중에 하나일 것이다.

From a social point of view, what should our standard for an affluent society be? All things taken together, I think, it would be good for each and every person to cherish a desire to achieve his goal in life.

사회적인 관점으로 볼 때 어떤 것을 우리의 풍요한 사회를 위한 기준으로

English Newspaper Article (column)

두어야 하겠는가? 뭐니뭐니 해도, 모든 사람들이 삶에서 자신의 목표를 성취하기 위해 욕망을 소중히 간직할 수 있도록 해 주는 것이 바람직한 것이라고 나는 생각한다.

In this regard, the majority of Korean people, I think, have a long-cherished dream of owning their houses. But for many, this dream remains unattainable due to our current housing administration. Clearly, the continuously soaring house prices are an underlying cause of their abandonment.

이와 관련하여 나는 대부분의 한국인들은 그들 자신의 집을 소유하려는 오랫동안 간직한 꿈을 가지고 있다고 생각한다. 그러나 아직 많은 사람들에게는 이 꿈이 우리의 현재의 주택행정관리로 인하여 성취할 수 없는 상태에 있다. 분명히 지속적으로 솟아오르는 집값이 그들의 꿈을 단념시키는 주된 원인인 것이다.

Now, almost all municipal houses in Seoul have been reconstructed, and demolition of the Samil Elevated Road is underway to restore Chonggyechon to its original state.

이제 서울에 있는 거의 모든 시유지 주택들은 재건축이 되고 있고, 삼일 고가도로의 해체도 청계천의 원래의 모습으로 복원하기 위해 진행 중에 있다.

In view of the current situation, the government should reflect upon the changes in housing demographics and address the socially damaging practice of real estate speculation. The problem of housing shortage requires grave reflection and should be treated promptly so that the problem will not be perpetuated any longer.

시국에 비추어 볼 때 정부는 주택 인구통계의 변화를 심사숙고 해야만 할 것이다. 그리고 사회적으로 손상을 입히는 부동산 투기의 관습에 주의를 기울여야 할 것이다. 주택 부족문제는 진지하게 생각할 필요가 있으며 시급히 처리가 되어야만 이 문제가 더 이상 영속되지 않을 것이다.

English Newspaper Article (column)

Pigeons in Midtown Area

도심 속의 비둘기들

The Korea Times
코리아 타임스
Monday, Jun 8, 2009
2009년 6월 8일
By Kim Song-rhei

It's well known that the white dove is the symbolic of peace and harmony. The sight of doves in a flock in the air also displays peace and harmony.

흰 비둘기가 평화와 화합을 상징한다는 것은 잘 알려진 사실이다. 이 비둘기가 하늘에 떼를 지어 나르는 것 역시 평화와 조화를 잘 나타내주고 있다.

It's probable that the dove, among other birds, is the most loved one by people.

어쩌면 다른 모든 새들 중에 흰 비둘기가 사람으로부터 가장 많이 사랑을 받고 있을 것이다.

영어신문 기사(칼럼) 해설

I don't know exactly that when its relative, the pigeon, was introduced into Korea from over-seas, but its population in Seoul in the early 1970s was several hundred or so at most.

나는 이 흰 비둘기의 친족인 집비둘기가 외국으로부터 한국에 도입되었는지 정확히 잘 모른다. 그러나 1970년대 초에 서울에서 이 집비둘기의 개체 수는 기껏해야 수백(數百) 마리였던 것으로 알고 있다.

So far as I know, the pigeons at the time were mostly living on the roof of Seoul City Hall and flying about the buildings nearby.

내가 알고 있는 한 그 당시 집비둘기들은 대부분 서울시청 옥상 위에 살았었고 그 인근의 빌딩 근처를 날아 다녔다.

From Seoul Plaza, I could also see pigeon cages similar to an apartment on the roof of the building. Judging from this, it's clear that the majority of the birds were under the supervision of City Hall.

서울광장에서 나는 서울시청 옥상에 아파트와 흡사한 비둘기 집들을 볼 수 있었다. 이것으로 미루어보아 그 새들은 대부분 서울시의 감시하에 있었다는 것이 확실하다.

Because the birds on the whole were small in number in those days, the sight of the birds flying in a flock itself was peaceful and full of beauty.

English Newspaper Article (column)

이 비둘기들의 숫자는 전체적으로 볼 때 그 숫자가 적었으므로 하늘을 나는 그 모습 그 자체는 평화롭고 아름다움으로 가득했다.

As a result, the pigeons living in the downtown area were loved by people, and had no natural enemies such as falcons. Under such circumstances, the pigeon population has rapidly increased.

그 결과 도심에 사는 이 집비둘기들은 사람들로부터 사랑을 받았으며, 송골매와 같은 천적도 없었다. 이런 환경하에 그 집비둘기들의 개체수는 급속하게 증가하였다.

We can frequently see them everywhere on the street, more particularly in the public gardens in the downtown area. This is because the birds can more easily find food such as bread or cake crumbs littered by people on the street.

우리는 이 새들을 길 위에서, 특히 도심지역의 공원에서 흔히 볼 수 있다. 이것은 이 새들이 사람들이 길에 흘린 빵이나 과자 조각 같은 먹이들을 더 쉽게 발견할 수 있기 때문이다.

Now, I think, it is useful to control the population of pigeons at a reasonable level. However who should take charge of this matter?

이제 나는 이 집비둘기들의 개체수를 잘 통제하는 것이 바람직하다고 생각해본다. 하지만 누가 이 일을 담당해야 하겠는가?

Of course, the city or district government should take the initiative in doing the work, as they took the lead in importing the bird from abroad.

물론 시 또는 구청에서 이 일에 앞장을 서야 할 것이다. 그것은 이 새들을 외국으로부터 도입하는 일에 그들이 앞장을 섰기 때문이다.

We generally understand that if something is more than enough, the value of it diminishes or they produce a contrary result.

우리는 그 무엇인가가 필요 이상으로 넘치게 되면 그것들의 가치가 떨어지거나 역효과가 생긴다는 것을 잘 알고 있다.

In fact, it is really important to keep a balance between supply and demand in our society. The phenomenon resulted from the surplus population of pigeons is also the case with human beings.

사실 우리 사회에서 수요와 공급의 균형을 유지하는 것은 참으로 중요하다. 집비둘기의 과잉 개체수로부터 야기된 현상도 우리 사람들에겐 같은 경우이다.

The reason why I think so is that there is every possibility of the spreading of a contagious disease such as bird flue through the medium of the pigeon. We have a proverb, which says, "Prevention is better than cure."

English Newspaper Article (column)

이같이 생각하는 이유는 이 집비둘기들을 통하여 조류독감과 같은 전염병 만연의 가능성이 있기 때문이다. 속담에 '예방이 치료보다 낫다'라는 말도 있다.

A house pigeon become known as an improved breed, according to an encyclopedia, more so than its ancestors living in the wild.

백과사전에 따르면 집비둘기는 야생으로 사는 그의 조상과는 전혀 다르게 개량된 종으로 알려지고 있다.

Since it is tamed to live in the downtown area, it is now, in a sense, a kind of a domestic animal rather than feral animal. The house pigeon is completely different from others living on the Korean Peninsula as a resident bird in the wild.

이 새가 도시에서 살 수 있도록 길여졌기 때문에 이제 이 새는 어느 면에서는 야생동물이라기 보다는 가축의 일종인 것이다. 이 집비둘기는 야생에서 텃새로서 한반도에 살고 있는 다른 새들과는 완전히 다른 것이다.

The former has the habit of building a nest on buildings such as verandas or window frames, but the latter builds a nest on the knotty limbs of a tree in the wood.

전자는 건축물의 베란다 또는 창문틀 같은 건물 위에 둥지를 트는 습성이 있는 반면, 후자는 숲 속에서 나무의 가지 위에 둥지를 짓는다.

The damages caused by the excrements of the house pigeon are not only limited to the health, but also spoiled beauty of the town.

집비둘기들의 배설물에 의한 피해는 건강에만 제한될 뿐만 아니라 도시의 미관까지도 망쳐 놓고 있다.

It is probable that the authorities were strained when importing the house pigeon, but, in the present circumstances, I think, they should be more thoughtful than those days in preserving the bird population at an appropriate level.

아마도 관계당국은 집비둘기를 도입하였을 때 긴장하였을 것이다. 그러나 현 상황에서 이 비둘기들의 개체수를 적절히 보존하기 위해서는 그 당시보다 더 긴장을 해야만 하고 신중해야만 할 것이라 생각을 한다.

Though the problem is very difficult, yet there must be some way to solve it.

물론 이 문제는 참으로 어려운 것이겠지만, 그래도 해결하는 방법은 분명히 있을 것이다.

English Newspaper Article (column)

Religion & Meaning of Life

종교와 인생의 의미

The Korea Herald
코리아 헤럴드
January 19, 1995
1995년 1월 19일

Around this time of year, some people have a tendency to have their fortune told by a fortuneteller.

일년 중 이맘때가 되면 어떤 사람들은 점쟁이에게 점을 보는 경향이 있다.

What concerns me is that some fortune-tellers say that human beings are destined to live with their own fortune which they cannot convert into a better life no matter how much they exert efforts to improve their lot. They also demands lots of money whenever someone has his or her fortune told.

나에게 관심을 갖게 하는 것은 어떤 점쟁이들은 사람들이 자신들의 운명을

영어신문 기사(칼럼) 해설

개선하려고 아무리 애를 쓴다 할지라도 더 나은 삶으로 바꿀 수 없으며, 자신들이 타고난 운명으로 살아갈 수밖에 없다고 말을 한다. 그들은 또한 그 누군가에게 점을 봐 줄 때 많은 돈을 요구한다는 것이다.

However, there are many who have a contrary concept, regarding the fortune-teller's words as superstition. They believe that every individual is the very man who improves his or her fortune by his or her own efforts.

하지만 그런 점쟁이들의 말을 미신으로 여기면서 그와는 반대 개념을 가지고 있는 사람들이 있다. 그들은 각각의 개인은 자신의 운명을 스스로 개척하는 장본인으로 믿고 있는 것이다.

This explains why many people withstand hard work and difficulty in life with the intent to improve their living conditions. Thus, they always make every effort to prevent possible accidents or misfortunes in life.

이것은 많은 사람들이 자신들의 삶의 상태를 개선하기 위한 목적으로 힘든 일과 어려움을 극복하고 있는 것으로 설명이 될 수 있는 것이다. 이에 따라 그들은 뜻밖의 사고나 불운을 예방하기 위해 언제나 모든 노력을 다하고 있는 것이다.

One day, a friend of mine confessed to me that he was supposed to inherit his father's large fortune but he was deprived of it because of what a fortune teller said to his family about a year ago.

English Newspaper Article (column)

어느 날 나의 친구들 중 하나는 자신 아버지의 많은 재산을 물려 받을 것으로 되어 있었다고 나에게 실토를 했다. 그러나 그는 그 재산을 모두 빼앗기고 말았다. 그 이유는 1년 전에 어느 한 점쟁이가 그의 가족에게 뭔가를 말한 것이 있었기 때문이다.

Sadly, the fortune teller played a decisive role in my friend's failure to inherit his inheritance. My friend, however, was convinced himself at a later time that his failure to inherit his father's inheritance was not due to what the fortune-teller said but to his foolish and irresponsible behavior in the past.

애처롭게도 그 점쟁이는 나의 친구가 받게 될 상속이 실패로 이어지는데 결정적 역할을 했던 것이다. 하지만 나의 친구는 그의 아버지의 유산을 상속받는 것에 대한 실패는 그 점쟁이 때문이 아니라, 과거에 자신의 바보스러움과 무책임한 행위에 있었다는 것을 나중에 스스로 깨닫게 되었다.

In most fortunetelling activities, fortune-tellers are disposed to entice their customers or visitors into accepting their words of flattery under the color of religionist or prophet.

대부분의 점치는 행위에 있어서 점쟁이는 종교인 또는 예언자라는 탈을 쓰고 점을 보러 온 고객이나 방문객들에게 자신의 감언이설을 감쪽같이 믿도록 유혹을 하게 된다.

At this time, they would place a series of good fortune and misfortunes in front of his or her caller or customer. In other words, the fortuneteller always accompanies good luck with ill luck when they tell a person's fortunes.

이때 그들은 자신들의 방문객 또는 고객들에게 일련의 행운과 불운을 내놓게 된다. 즉, 점쟁이들은 어떤 사람에게 점을 쳐줄 때 불운과 행운을 늘 섞어가며 말을 해준다.

Accordingly, people having fortune told by a fortuneteller feel uneasy about their future, thinking that they will fall on evil days in days to come. In most cases, they are people entertaining a superstitious belief. They have a mistaken idea of religious faith.

따라서 점을 보는 사람들은 미래에 불운을 당할 것이라는 생각을 하면서 미래에 대하여 불안을 느끼게 된다. 대부분 이들은 미신을 믿는 사람들이다. 그들은 잘못된 신앙을 가지고 있는 것이다.

On the pretext of overcoming or solving these misfortunes, the fortune-teller would demand a large sum of money. This just means that the fortune-teller turns the psychological phenomenon of visitors or customers to his advantage, using an unfair practice. For that reason, I think that fortunetellers are not so much religious men as a kind of wicked dealers.

이러한 불운을 극복하거나 해결하여 준다는 구실로 점쟁이는 많은 양의 금전을 요구하곤 한다. 이것은 바로 점쟁이가 부정행위를 이용하면서 그의 방문객 또는 고객의 심리를 역용(逆用)하는 것을 의미하는 것이다. 그런 까닭에 점쟁이는 종교인이라기 보다는 오히려 일종의 악덕 상인이나 마찬가지

English Newspaper Article (column)

인 것이다.

I do not claim myself to be a religionist with a firm faith until now. However, I had a glimpse of why many people go to church when I took part in a worship service in a church one Sunday afternoon with my friends.

나는 여태껏 확고한 신념을 가진 그 어떤 한 종교인이라고 주장해 본적이 없다. 하지만 나는 어느 한 일요일 나의 친구와 어느 한 교회의 예배식에 참석했는데, 그때 왜 많은 사람들이 교회에 가는 것인지 어렴풋이나마 알게 되었다.

Of course, I was not accustomed to the worship format but I did my best to understand the pastor's sermon. To appreciate the Christian belief little more on that occasion, I, from time to time, looked around the worship hall, especially during prayer time when everyone's eyes were closed, though; I knew it is against etiquette to do so.

물론 나는 예배 형식에 익숙하지 못했으나 목사의 설교를 이해하기 위해서 최선을 다 하였다. 나는 그때 기독교를 좀 더 잘 이해하기 위하여 가끔, 특히 모든 사람들이 눈을 감고 기도를 하고 있는 동안 예배당을 둘러보기도 했다. 물론 그렇게 하면 예의에 벗어난다는 것을 알고 있었지만.

The worship service was progressed and flowed smoothly as directed by the theme of the sermon that Sunday. At that time, I even felt that all the sincerity and the beautiful things in this world were piled up into the church as if I had imbued with a sense of love, hop and courage in the mysteries of nature.

그 예배는 그 일요일 설교의 주제에 의해 정해진 바에 따라 순조롭게 잘 진행되어 나아갔다. 나는 그때 내가 마치 자연의 신비 속에서 사랑과 희망과 용기로 물들어 있었던 것처럼, 이세상의 모든 진실성과 아름다운 것들이 그 교회로 모여든 것 같다는 생각을 하였다.

In that atmosphere, the pastor's sermon helped me to make a deep reflection on human life.

이런 분위기 속에서 목사의 설교는 내가 인간 삶에 대하여 깊은 반성을 가질 수 있도록 도움을 주었다.

The major points of his sermon can be summarized as follows. "Life must be lived with a sense of responsibility for the fulfillment of obligation, and should dedicate oneself to the Spirit of the Lord and the rest of humanity so that a true peace and order will come to our society.

그의 설교의 요지는 다음과 같이 요약할 수 있다. "인명이란 의무 이행의 책임 의식을 가지고 살아가야 하며, 성령(聖靈)과 그 밖의 인류에게 헌신을 해야만 하는데, 그렇게 함으로써 진정한 평화와 질서가 우리 사회를 위해 올 것이다."

"A true commitment and devotion to the cause of justice are

critical factors for common benefit and common life in a society filled with troubles and miseries."

"진정한 약속과 정의를 위한 헌신은 분쟁과 불행으로 가득한 사회에서 공동의 이익을 위하여 중대한 요소들인 것이다."

The preaching really touched my heart. At the moment of ending off the sermon, I also thought that the essence of the teachings of every religion is love for all human beings, and I felt inclined so far as to seek comfort in religion.

그 설교는 나의 마음에 잘 와 닿았다. 그 설교가 끝나는 순간 나 역시 모든 종교의 가르침에서의 정수는 모든 사람을 사랑하는 것이라고 생각을 하였으며, 종교에서 위안을 찾고 싶은 마음마저 들었다.

On my way home after the church service, I thought about people who pursue only the riches of this world and have become selfish from their mercenary motive. In their greed of gain, they have no respect for other people's life values and have even victimized a great many innocent people.

교회에서 집으로 돌아오는 길에 나는 이 세상에서 오직 부(富)만을 추구하거나 이욕지심(利欲之心)으로 이기주의가 된 사람들에 대하여 생각을 해 보았다. 이득에 대한 탐욕에서 그들은 다른 사람들의 삶의 가치를 무시하거나 많은 사람들을 희생시키기까지도 하고 있는 것이다.

To make things more miserable, they try to achieve their

goals through corruption and unethical activities such as misappropriating public funds, abusing their authority, bribing both public and private officials for personal gains. In a word, these are the kinds of crimes committed consciously.

더 한층 가련하게 하는 것은 그들은 개인의 이득을 위하여 공공의 자금을 남용하고, 직권을 남용하며, 공공 또는 사조직 임원들에게 뇌물을 쓰면서 부패행위 또는 파렴치한 행위를 통하여 자신들의 목적을 추구하는 것이다. 한마디로 이런 것들은 의식적인 범죄의 종류인 것이다.

I am not in a position to admonish them for their immoral conducts, but I, as a citizen, dare to convey a question and a warning to them; "What is life to you and what will you do with your ill-gotten wealth once you die?"

나는 그들의 부도덕한 행위에 대하여 충고를 줄만한 위치에 있지 않다. 그러나 한 국민으로서 그들에게 감히 하나의 질문과 경고를 전달하고자 한다. "당신에게 있어서 삶이란 무엇이며, 이 세상을 떠날 때 부정으로 얻은 당신의 부(富)는 어떻게 할 것인가?"

As ill luck would have it, quite possibly it's true that that many of this kind of people have forgotten the fact that all human beings will one day cease to live in this world. It is not too much to say that many would not live over 100 years, and, in some cases, even the average life span of a modern human life.

English Newspaper Article (column)

불행히도 이런 종류의 많은 사람들은 모든 사람들은 이 세상에서 그 어느 날 죽게 될 것이라는 사실을 잊고 있는 장본이라고 해도 틀린 말은 아닐 것이다. 많은 사람들이 100세, 때로는 현대의 평균 인간 수명까지도 살지 못하고 죽게 된다고 말을 해도 과언을 아닐 것이다.

Considering philosophically or religious, I think that the word "death" always tells us sincerity, love, hope, peace and cleanliness. This is because sincerity, love, peace, and cleanliness, in all senses, have been dominating the world.

철학적 또는 종교적으로 생각해 볼 때, 나는 "죽음"이란 단어는 우리에게 언제나 성실, 사랑, 희망, 평화 그리고 청결함을 말해준다고 생각을 한다. 그 이유는 성실, 사랑, 평화 그리고 청결함은 모든 점에 있어서 삼라만상을 지배하고 있기 때문이다.

영어신문 기사(칼럼) 해설

Holiday Trip to Dan-yang

단양으로 떠난 여름 휴가

September 10, 1998
1998년 9월 10일

During the past summer, there was an unusually long and wearisome rainy season, which is typified by torrential downpours. The massive flooding has hit the Southern region, mainly affecting low-lying areas near the river.

지난 여름 동안은 여느 때와는 달리 길고 지루한 장마철이 있었는데, 그것은 집중호우의 전형을 나타내었던 것이다. 큰 홍수가 남부지역을 강타하여 강변 저지대 지역에 피해를 입혔다.

The waters, run-off from the mountains, have overwhelmed cities and towns all along the rivers. There were hundreds of casualties. Those on summer holiday also found that they weren't able to enjoy their vacations.

English Newspaper Article (column)

산악지대에서 흘러 넘친 물은 강 주변에 위치한 도시와 마을을 휩쓸었다. 수많은 피해가 있었다. 여름휴가에 있던 사람들도 역시 자신들의 휴가를 즐길 수 없게 된 것을 경험하게 되었다.

Because the situation was so serious, I could not decide whether to write about my summer vacation. Hence, I hope that what I write will no way add insult to injury to those already affected by the flood.

상황이 그토록 심각했기에 나의 여름휴가에 대하여 글을 쓴다는 것을 결정하기 곤란했다. 따라서 내가 쓴 글이 홍수로 이미 피해를 입은 사람들에게 그 어떤 상처가 더해지지 않기를 바라는 마음이다.

This summer, I also encountered a somewhat difficult time in Dan-yang, where I spent several days with my family. Clouds hung like lead in the sky and it rained on and off as we made preparations to go hiking.

이번 여름 나 역시 가족들과 3, 4일을 보내게 되었던 단양에서 어느 정도 어려움을 겪었다. 우리가 하이킹을 가려고 준비했을 때 하늘엔 구름이 잿빛처럼 짙게 깔려 있었고 비는 오락가락 했다.

We decided to go hiking in spite of the unpleasant weather. This is because there was no sign that there would be heavy rainfall later that day.

궂은 날씨였지만 우리는 하이킹을 하기로 결정하였다. 그것은 그날 큰비가 내릴 것이라는 기미는 보이지 않았기 때문이다.

Fortunately, the dark clouds were gradually dispelling by the wind as we climbed So-Baik Mountain behind Gu-In Temple. The sun made an appearance through the clouds from time to time. At this time, we were given a magnificent view of the mountains.

다행히 우리가 구인사 뒤편의 소백산을 오르고 있을 때 구름은 바람에 서서히 걷히어가고 있었다. 태양은 구름 사이로 가끔씩 그 모습을 나태 냈다. 이때 산들의 아름다운 모습이 드러났다.

We rested for about twenty minutes when we were halfway up the mountain. As the thick Korean pine trees' branches were swaying in the breeze, the sunbeams shining through them added a special charm to the scene.

산을 중간쯤 올랐을 때 우리는 약 20분 정도 휴식을 취했다. 울창한 소나무 숲의 가지들이 바람에 흔들리고 있을 때, 그 나뭇가지 사이로 비치는 햇살은 경치에 유다른 매력을 더해주었다.

We reached the top of the mountain after three hours of mountaineering. From the summit, I looked into the valley, which was a view so inspiring that I made-up a poem on the spot!

우리는 등산을 시작한 지 3시간 이후에 산의 정상에 도달하였다. 나는 산의

English Newspaper Article (column)

정상에서 골짜기를 바라보았는데, 그것은 너무나 감격시키는 풍경이었으며 나는 그 자리에서 한편의 시를 짓기도 했다.

The graceful contours of the mountain contrasted well with those of the pine trees which I estimated were over a hundred years old.

우아한 산세(山勢)는 소나무들과 뚜렷한 대조를 이루었으며, 그 소나무들은 100년을 넘게 산 것으로 추정 되었다.

The following day, we did more sightseeing near the river. The river was deep and wide as a hydroelectric dam had been developed nearby.

다음날 우리는 강 주변에서 관광을 더 즐겼다. 그 강은 수력발전 댐이 건설 되었기에 깊고 넓었다.

We boarded an excursion boat, which took us down the river toward the dam. As we reached the dam, which brought up the image of surging seas, we could see cliffs on either side of the mountain dotted with pines; below, waves were crashing against the foot of the craggy mountain.

우리는 유람에 승선을 했으며, 그 배는 댐을 향해 강 하류 쪽으로 우리를 데려갔다. 파도가 굽이치는 바다를 연상시키는 댐에 도착하였을 때 우리는 소나무들이 산재(散在)하여 있는 양쪽의 절벽을 볼 수 있었으며, 아래쪽으로는 파도가 울퉁불퉁한 바위를 향해 물결치고 있었다.

영어신문 기사(칼럼) 해설

Our guide pointed out the sights, which were especially impressive to my two daughters. I loved what was the sunlit scenery, though it lasted for a little while. I was delighted that I could watch my family, who were also moved by what they were seeing. Our boat anchored, in all, for about an hour.

안내원은 이 같은 풍경들을 가리켰는데, 그것은 나의 두 딸들에게 깊은 감명을 주는 것이었다. 나는 잠시 동안이나마 볕에 비친 그 풍경을 좋아했고, 또한 뭔가를 바라보면서 좋아서 감동하는 가족들을 지켜볼 수 있었던 것에 즐거워했다. 우리가 탄 배는 모두 약 한 시간 동안 지속하다가 정박하였다.

During our trip to Dan-Yang, we learned that the charms of travel sometimes go hand-in-hand with inconvenience; for example, we had no private car with which to travel. Despite that, we were able to enjoy a wonderful time during this summer holiday.

단양에서 보낸 여행 동안 우리는 불편함 속에서 손에 손을 잡으며 보내는 것도 때때로는 여행의 매력이 된다는 것을 알게 되었다. 예컨대, 우리는 여행을 떠날 승용차가 없다. 그럼에도 불구하고 우리는 이번 휴가 동안 훌륭한 시간을 보낼 수 있었다.

English Newspaper Article (column)

The meaning of solitude

고독의 의미

The Korea Times
코리아타임스
November 13, 2014
2014년 11월 13일
By Kim Song-rhei

Human beings irrespective of sex and age are sometimes disposed to feel the alienation of human beings. Why this phenomenon happens to us? This is, in a way, a kind of unhappy thing in our lives.

사람은 남녀노소를 막론하고 때때로 인간 소외감을 느끼는 경향이 있다. 왜 이 같은 현상이 우리에게 일어나는 것일까? 이것은 어떤 의미로는 우리의 삶에서 일종의 불행한 일인 것이다.

When feeling lonely, I sometimes talk to myself that what is the root of it, and I make an effort to find the cause of it. The answer to this question is ambiguous in terms of philosophy,

영어신문 기사(칼럼) 해설

but I have somewhat realized that feeling lonely is caused by a selfish motive or a competitive spirit in human relationships.

나는 쓸쓸함을 느낄 때 그에 대한 원인은 무엇 때문인가에 대하여 자문을 하게 되며 그 원인을 밝혀보려고 애를 써 본다. 이에 대한 답변은 철학적으로 볼 때 명확하지는 않지만, 고독은 사람들과의 관계에 있어서 욕심이나 경쟁심으로부터 생긴다는 것을 어느 정도 알게 되었다.

Based on this reasoning, when I feel lonely I prefer being alone to having company and take pleasure in making an ascent of a mountain. Namely, I regard the mountain at this time as a friend in the true sense of the word.

이 같은 추론에 따라 나는 고독을 느낄 때 다른 사람들과 함께 있는 것보다는 오히려 혼자 있는 것을 더 좋아한다. 그리고 산에 오르는 것에서 즐거움을 찾는다. 즉, 나는 이때 산을 진정한 친구로 여기게 되는 것이다.

Then, on what ground do I make the mountain as a true friend instead of human beings around me?

그렇다면 나는 무슨 이유로 사람 대신에 산을 진정한 친구로 여기게 되는 것일까?

First of all, I have realized that going up the mountain alone to divert my mind from solitude leaves my mind feeling softer with each time. That is, when I am engaged in the outdoor activities I felt as comfortable as an infant nestling in its

453

English Newspaper Article (column)

mother's breast.

우선 나는 쓸쓸함을 달래기 위하여 혼자서 등산을 하는 것은 나의 마음을 매번 부드럽게 해준다는 것을 알게 되었다. 즉, 나는 야외활동에 몰두하고 있을 때 마치 어린 아이가 어머니의 품에 안긴 것처럼 편안함을 느끼게 된다.

It also gives me time to be lost in meditation and to examine my life. It is truly valuable time for my life.

그것은 또한 나에게 명상에 잠길 수 있는 시간과 인생을 분석하는 시간을 준다. 나의 인생에 있어서 참으로 귀중한 시간이 되는 셈이다.

It maybe an idea way out of line but I think that human beings in substance pine for the truth in the outside world, not in the inner world. In other words, mankind in most cases doesn't have a feeling of satisfaction one hundred percent with the way it is.

엉뚱한 생각일지는 모르지만 인간은 본질적으로 내부 세계가 아닌 외부 세계에서 진실을 찾는다고 생각한다. 다시 말하면 사람은 대부분의 경우 현재의 상태에서 백 퍼센트 만족감을 느끼지 못하는 것이다.

If it is so, for what reason do we humans seek solace in the place a long way off in lieu of the place in near vicinity?

그렇다면 우리 인간은 가까운 곳 대신에 왜 저 먼 곳에서 위안을 찾으려 하는 것일까?

Philosophically speaking, the human aspiration for external place or object, I think, has its origin in the deed of struggling for better life. So far as my experience goes, the struggle at this juncture also inevitably causes feeling lonely or suffering.

철학적으로 말하여 인간이 외부 장소나 대상에 대하여 갈망하는 근본 원인은 더 나은 삶을 위하여 애쓰는 행위 때문에 있는 것이라고 생각한다. 나의 경험으로 볼 때 이때의 고투도 역시 필연적으로 고독 또는 고통을 초래하게 되는 것이다.

The level of feeling lonely at this time is much higher than the one caused by a selfish motive or a competitive spirit in human relationships. However, the former case belongs to a different level from that of the latter.

이때의 고독감은 사람들과의 관계에 있어서의 욕심이나 경쟁심으로부터 생기는 고독감보다 훨씬 더 큰 것이다. 하지만 전자와 후자의 고통의 차이는 차원이 다른 것이다.

Namely, the former case is the suffering accompanied with agonies of joy, and the latter is the suffering accompanied by agonies of pain.

즉, 전자의 경우는 기쁨을 동반한 고통이고, 후자의 경우는 아픔을 동반한 고통인 것이다.

This is because a human itself feels somewhat separated

English Newspaper Article (column)

from the world invested with all beautiful things in nature. This phenomenon, in a strict sense, is also took place as a consequence of human desire. Namely, human ambition is inclined to exceed beyond reason as compared with that of other living things in nature.

이것은 사람은 자신이 삼라만상으로 싸여 있는 세계와 어느 정도 격리되어 있다고 느끼기 때문인 것이다. 이러한 현상 역시 엄격한 의미에서 말하면 인간의 욕망으로부터 생긴 것이다. 즉, 인간의 욕망은 자연 세계의 다른 생물들의 욕심과 비교해 보면 터무니없이 지나치기 때문인 것이다.

However, the stress, I believe, can be avoided for the first time when we are engaged in esthetic contemplation in the great outdoors. Namely, if we wanted to immerse ourselves into esthetic meditation we should empty our mind filled with agonies.

하지만 그 고투는 우리가 대자연에서의 미적 고찰에 몰두할 때 비로서 피할 수가 있다고 생각한다. 즉, 미적 명상에 잠기기 위해서는 번민으로 채워진 마음을 비워야만 하는 것이다.

From an inductive logic point of view, esthetic contemplation in pure motives enables us to feel connected with the others in the natural world. In this situation we humans feel as if we were the same as the pure and beautiful things in the world.

귀납적 논리 관점으로 볼 때 순수한 동기에서의 미적 고찰은 자연 세계의 다른 것들과 연결되어 있다고 느끼는 것을 가능하게 해주는 것이다. 이런 경우에 우리 인간 자신은 마치 세상의 순수하고 아름다운 것들이라고 느끼게 되는 것이다.

Therefore, I believe that the best method to free oneself from feeling lonely is that one should be immersed in his or her deep thought about solitude, enjoying philosophical speculation. This is, in a general sense, much the same as the proverb which says, "Fight fire with fire."

따라서 나는 고독감에서 벗어나기 위한 가장 좋은 방법은 철학적 사색을 즐기면서 고독에 대하여 깊은 생각에 잠겨야만 한다고 생각한다. 이것은 일반적 의미로 볼 때 '이열치열'이란 속담과 마찬가지인 것이다.

It may sound paradoxical, but loving solitude does more good than harm for mental health. Doing deep contemplation about our life, especially in time of feeling lonely, helps us achieve emotional stability and get a chance to meet lots of pure and beautiful friends in nature.

역설적으로 들릴는지 모르지만, 고독을 사랑하는 것은 정신 건강에 해가 되기보다는 오히려 유익한 것이다. 특히 고독을 느낄 때 인생에 대하여 깊은 묵상을 하는 것은 정신적 안정을 이루게 되며, 대자연 속에 있는 순수하고 아름다운 수많은 친구들을 만날 수 있는 기회를 얻게 되는 것이다.

I mean that "pure and beautiful friends" are literally the pure and beautiful natural things, including pure human mind.

English Newspaper Article (column)

However, it may perhaps that human mind is still more beautiful and purity than that of other natural things.

순수하고 아름다운 친구는 글자 그대로 순수한 사람의 마음을 포함해서 이 세상의 순수하고 아름다운 것들을 말하는 것이다. 하지만 사람의 마음이 이 세상의 순수하고 아름다운 것들보다 어쩌면 훨씬 더 아름답고 순수한 것일 수도 있을 것이다.

Philosophically speaking, being fond of solitude, in the true sense of the word, is not only an act of putting all other thoughts out of one's mind, but also serve as a momentum to become conscious of one's deficiencies.

철학적으로 말하여 고독을 즐기는 것은 진정한 의미에서 잡념을 버리는 행위인 것일 뿐만 아니라 자신의 결점을 자각하는 계기가 되는 것이다.

영어신문 기사(칼럼) 해설

Seasons and the Starting Point

사계절과 출발점

The Korea Times
코리아 타임스
Tuesday, February 6, 2016
2016년 2월 6일
By Kim Song-rhei

Seasons move in a cycle according to the law of nature. This periodic motion, in a large way, is divided into the four seasons.

계절은 자연의 법칙에 따라 주기적으로 순환한다. 이 주기적인 운동을 크게 보면 사계절로 나누어진다.

However, if we consider them from their basic unit, we will know that the four seasons are affiliated with a year's time which goes by way of 365 days. Accordingly, time passes in the indefinable passage of season.

English Newspaper Article (column)

하지만 그것의 기본 단위부터 생각해 보면 사계절은 365일을 거치게 되는 1년이란 시간 속에 있다. 따라서 세월은 완전히 알아낼 수 없는 계절의 추이 속에서 흐른다.

It seems to me that the shift phenomenon of day and night always presents us an opportunity for making a fresh start. I would like to compare this phenomenon with a knot, which means not to bring an affair to a conclusion, but to make a fresh start. This phenomenon would be well illustrated by a plant life, more particularly the characteristic of a bamboo tree.

낮과 밤의 전환 현상은 우리에게 늘 새롭게 시작할 기회를 제공해 주는 것 같다. 나는 이러한 현상을 그 어떤 일의 결말이 아니라 새로운 시작을 의미하는 매듭 또는 마디와 비유해 보고 싶다. 이런 현상은 식물의 삶, 특히 대나무의 특성으로 더할 나위 없이 예증이 될 수 있다.

Vegetation grows up during the warm period of the year, making knots for the next stage. The plant new leaves or floral leaves sprout up from the knot or the bud.

식물은 1년 중 온화한 기간 동안 다음 단계를 위하여 매듭을 지으며 자란다. 식물의 새 잎과 꽃잎은 마디 또는 꽃봉오리에서 싹이 나온다.

Then, what does the node or the knar mean from the biological point of view?

영어신문 기사(칼럼) 해설

그렇다면 생물학적인 관점에서 볼 때 매듭이란 말은 무엇을 의미하는 것인가?

In my opinion, the joint or the knob in plant life, in a strict sense, means the sprout or the germ. This is because plants push out new shoots from the node or the knot situated at the end of the branch or the trunk.

나의 견해로 식물의 매듭 혹은 마디는 엄밀한 의미로 볼 때 식물의 삶에서는 새싹 혹은 생식 세포를 의미한다고 본다. 그 이유는 식물들은 가지 또는 몸통의 끝부분에 위치하고 있는 마디 또는 매듭에서 새싹이 트기 때문이다.

In fact, the node movement of the plant is the internal logic, a method that works for a balanced development in the vegetative stage.

사실상 식물은 1년 중 온화한 기간 동안 매듭을 지으며 자란다. 식물의 이 매듭운동은 본질적인 논리인 것이다. 즉, 식물의 생장단계에서 균형 잡힌 발전을 위한 하나의 방식인 것이다.

For instance, a bamboo is hard enough to withstand the test of nature such as a strong wind and a heavy rain. The main reason of this natural phenomenon is due to the presence of solid knots located in various segments of the plant stalk.

예를 들면 대나무는 강풍이나 호우(豪雨) 같은 자연의 시련을 견디는데 충분히 단단하다. 이 같은 자연 현상의 주요 이유는 그 나무 줄기의 여러 마디에

English Newspaper Article (column)

위치하고 있는 단단한 매듭들이 존재하고 있기 때문인 것이다.

Similarly, the endless succession of the recurrence of day and night is much the same as the continuation of the node movement of the plant. In other words, the occurrence of day and night one after another correspond to the plant joints connecting from node to node. In this vein, the word "knot" or "day and night" itself means a bud, doesn't it?

마찬가지로 끊임없이 이어지는 밤낮의 재현은 식물의 지속되는 매듭운동과 흡사한 것이다. 즉 밤낮의 연속적인 발생은 식물의 마디에서 마디로 연결되는 이음매와 같은 것이다. 이런 맥락에서 '매듭' 또는 '밤낮'이란 말 그 자체는 새싹을 의미하는 것이 아닐까?

If one looks up the word "bud," in a dictionary, one will know that it connotes the new beginning, which, in a practical manner, always encourages us to make a fresh start. It also means "the new," which let us throw ourselves in the arms of hopes.

새싹이란 말을 사전에서 찾아보면 그 말은 새로운 시초를 의미하며, 그것은 실제적으로 우리에게 언제나 새로 시작하도록 고무시켜준다. 그 말은 또한 우리 스스로가 희망의 가슴에 안기도록 해주는 '새로운 것'을 의미한다.

Accordingly, each day presents us an opportunity for setting out anew, nestling in the bosom of the wishes. It is much to be thankful that the movement of its repetition not only gives us a new note, but also gets a new chance.

따라서 그날그날은 언제나 우리가 소망의 품에 안기게 해 주면서 새로 시작할 기회를 선사해 주는 셈이다. 이 반복적인 움직임이 우리에게 새로운 맛뿐만 아니라 새로운 기회를 주고 있다는 것은 참으로 감사한 일이다.

However, we usually consider New Year's Day or springtime as the first stage for bracing up ourselves to make a fresh start. What is the main reason to make us hold them as the first stage?

하지만 우리는 보통 새해 첫날 또는 봄철을 새로이 출발하기 위한 결심을 다지는 첫 번째 단계로 여긴다. 우리가 그것을 첫 번째 단계로 여기게 하는 주요 원인은 무엇일까?

Metaphorically speaking, "New Year's Day" is the first thick node or a fresh shoot of a year's time, and "springtime" is the morning sunshine which carries a hope, courage, love, truth and so forth to everyone.

비유적으로 말하면 새해 첫날은 일년이란 시간의 굵은 첫 결절(結節) 또는 새 순이며, 봄철은 희망, 용기, 사랑 그리고 진실 등을 모든 이들에게 전달해 주는 아침 햇살인 것이다.

In the meantime, the word "day and night" is a little and cute bud suitable for spreading branches abundantly. If it were not for the cute sprouts, nothing could survive or continue in this world.

English Newspaper Article (column)

한편 '밤낮'이란 말은 가지를 풍성하게 펼치기에 적합한 작고 깜찍한 새싹인 것이다. 만약 이 작고 사랑스러운 새싹이 없다면 그 어떤 존재도 이 세상에서 생존하거나 지속될 수가 없는 것이다.

Therefore, the big nodes and the little shoots are both playing an important part in a parent body, helping together throughout the year. Like this, how harmonious this world is!

그러므로 굵은 마디와 작은 새싹 모두는 하나의 모체 내에서 1년 내내 함께 도우면서 다같이 중요한 역할을 하고 있는 것이다. 이렇듯 세상은 참으로 조화로운 것이다.

The New Year has already opened again in the course of nature. I think that all sorts of things at present are as good as nestled in the bosom of a hope, courage, love and truth.

새해가 자연의 섭리에 따라 또다시 밝았다. 현재의 모든 것은 희망, 용기, 사랑 그리고 진실의 품에 안겨 있다고 생각해 본다.

This time of year, as the big starting point, I think, awakes us to a sense of having the most suitable season for developing the powers latent within us.

큰 출발점으로써 이맘때가 그 어느 계절보다 잠재력을 발달시킬 수 있는 안성맞춤의 계절이라는 것을 갖도록 일깨워 준다고 생각해 본다.

영어신문 기사(칼럼) 해설

Learning a Fine Language from Nature

자연으로부터 멋진 언어 배우기

The Korea Times
코리아 타임스
Tuesday, April 9, 2014
2014년 4월 9일
By Kim Song-rhei

Is speech an exclusive possession of humanity? Does the human race alone have the gift of artistic presentation?

언어는 인간 고유의 것인가? 인류만이 예술적 표현의 재능을 가지고 있는 것일까?

I am sometimes, especially when I take pleasure in looking at lovely flowers, lost in reveries. That is, plants express their thoughts with one another through the most elegant words which are far more beautiful than the ones that we use today.

English Newspaper Article (column)

나는 때때로, 특히 아름다운 꽃을 바라보며 즐길 때 공상에 잠긴다. 즉 식물들은 우리 인간들이 오늘날 사용하는 언어보다 훨씬 아름다운 가장 세련된 언어로 그들의 사상을 서로서로 주고받는다는 것을 말이다.

The reason why I indulge myself in this way is that the delicate leaves and petals of the plants do always put me in the mind for taking a fine literary language lessons from them.

내가 이런 식으로 공상에 잠기는 이유는 식물들의 섬세한 잎과 꽃잎은 언제나 나에게 멋진 문학적 언어를 그들로부터 배우도록 하는 심정으로 놓아두기 때문이다.

In other words, every time when I am struck by the exquisite beauties of them, I feel inclined to compose a poem or an essay in words befitting their beauty.

다시 말하면 나는 그것들의 절묘(絶妙)한 아름다움에 사로잡힐 때마다 그들만이 가지고 있는 아름다움에 상응할 수 있는 멋진 언어로 한편의 시나 수필을 짓고 싶은 마음이 든다.

However, at this very moment I always cannot find suitable words to express it. If I had expressed my feelings in words at that time, I would have say no more than a few silly clichés, which I myself felt to be embarrassingly inadequate.

하지만 나는 바로 이때 그 아름다움을 설명할 적절한 말이 떠오르지 않는다. 만약 내가 그때 나의 감정을 말로 표현했었더라도, 나는 나 자신도 그 상투어는 당황하게 할 만큼 부적합하다고 느꼈을 것이다.

Thus, I have realized that I would be incapable of putting certain of my own thoughts into words, words which I myself would recognize as carrying not more than a fraction of the intended meaning.

그러므로 나는 나 자신의 사상의 그 어떤 점을 말로, 즉 나 자신이 기껏해야 의도한 뜻의 단편만을 전하는 것으로 인정할 말로 옮길 수밖에 없다는 것을 알게 되었다.

Why is that? Didn't I know many sensitive words yet devised by human beings, or am I dwelling on the ability to create sensational description?

왜 그럴까? 나는 인류가 여태까지 고안해 낸 가장 민감한 말들을 많이 알지 못해서일까, 아니면 감각적 묘사 능력이 부족해서일까?

Of course I myself know that I am short of putting the above two cases into practice. Yet, the more I feel difficulty regarding these cases, the more I feel like expressing them in a lovely way.

물론 나는 위 두 경우를 실행에 옮길 능력이 부족하다는 것을 안다. 하지만 나는 이 경우에 있어서 어려움을 더 느끼면 더 느낄수록 멋진 방식으로 표현하고 싶은 마음이 더 든다.

English Newspaper Article (column)

That is, I have realized that the more difficult our thoughts and emotions, the less effective language is as a tool of expression.

즉 나는 우리의 생각과 감정이 복잡해지면 복잡해질수록, 언어는 표현의 도구로써 점점 더 효과가 떨어진다는 것을 알게 되었다.

I think the main reason about this phenomenon is that the real artistic expression of the beauties of something comes from the heart, not from the mind.

나는 이런 현상의 주된 이유는 그 어떤 것의 아름다움에 대한 진정한 예술적 표현은 '마음'이 아니라 '가슴'에서 흘러나온다고 생각을 한다.

Then, what does the words "heart" and "mind" here mean respectively?

그렇다면 '가슴'과 '마음'은 여기서 각각 무엇을 의미하는 것일까?

I think that "heart" refers to the native capacity of perceiving the beauty of something, and "mind" the learned capability of grasping conceptual knowledge, just like character is largely acquired through experience.

나는 '가슴'이란 그 어떤 것의 아름다움을 감지하는 선천적인 능력(그릇)이고, '마음'이란 마치 성격은 대개 후천적으로 형성되는 것처럼 개념적인 지식을 파악하는 후천적인 능력(그릇)이라고 생각한다.

In other words, the former is the one which is capable of depicting a vivid description of the beauty of something without speaking, and the latter is the one which is able to describe the beauty within the framework of human language. Isn't it?

다시 말하면 전자의 경우는 그 어떤 것의 아름다움을 무언으로 생생하게 묘사할 수 있는 것을 말하며, 후자의 경우는 인간의 언어 테두리 안에서 그 어떤 것의 아름다움을 묘사할 수 있는 것을 말하는 것이다.

In this respect, I believe that we human have no choice but to further develop the literary arts. For instance, we use poetic language such as metaphors or a similes rather than plain language when we are moved.

이런 관점에서 우리 인간은 문학예술을 발전시킬 수밖에 없었다고 생각한다. 예를 들면 우리는 감동을 받을 때 직언(直言) 보다는 비유법 또는 직유법 같은 수사(修辭) 또는 미사(美辭)를 사용한다.

In a practical manner, figurative expression is subjective and impressionistic. It is thus able to better handle the ambiguities of the emotions and imagination.

실제적으로 비유적 언어는 주관적이고 인상적이다. 그러므로 그것은 감정이나 상상력의 모호함을 다루는 데 더 적합하다.

Accordingly, it goes without saying that poetry conveys more

English Newspaper Article (column)

meaning than prose. It can convey subtle yet powerful meanings that fail to be expressed with ordinary words.

따라서 말할 필요 없이 시(詩)는 산문보다 더 많은 뜻을 전한다. 그것은 보통의 말로는 표현하지 못하는 미묘한 강한 의미를 전달할 수 있는 것이다.

In view of these facts, when I take pleasure in looking at flowers, I am in a mood to use literary technique or the language used in a figurative style. A figurative use of a word, in a practical manner, possesses characteristics of the limitless power of expression.

이 같은 사실에 비추어 나는 꽃을 바라보며 즐길 때 문학적 기법 또는 미문체(美文體)의 언어를 사용하고 싶은 마음이다. 낱말의 비유적인 용법은 실제적으로 무한한 표현력의 특성을 지니고 있는 것이다.

I have a great mind to write poetry or prose expressive of joy when I appreciating on the meaning of sweet flowers. In a word, having a good time of looking at lovely flowers stimulates my interest in a literary work.

나는 예쁜 꽃의 의미를 음미하고 있을 때 기쁨을 나타내는 시나 산문을 쓰고 싶은 마음이 굴뚝같다. 한마디로 아름다운 꽃을 바라보면서 시간을 보내는 것은 문학작품에 대한 나의 흥미를 자극한다.

I think that it is much to be thankful for that I have taken an interest in living with nature.

나는 자연을 벗삼는 것에 흥미를 가지고 있다는 것은 참으로 감사한 일이라고 생각한다.

For me, making an effort to learn a fine language from Nature itself is a pure joy. It is, in a sense, inspired by a pledge of love blossoming between Nature and me.

자연으로부터 멋진 언어를 배우려는 것은 나에게 순수한 즐거움인 것이다. 그것은 어떤 의미에서는 자연과 나 사이에서 피어오르는 사랑의 약속으로 초래(招來)되었을 것이라고 생각한다.

English Newspaper Article (column)

<본 기사와 관련된 참고 학습자료 모음>

(1)

Figurative language is like a higher gear of language, while obviously, literal language is like a lower gear. Literal language is usually best for handling the everyday, heavy-duty tractor work of the world - the contracts, proposals, assessments, essays. It clarifies, it analyzes, is straightforward and comparatively objective. Figurative language, however, is subjective, is impressionistic, and thus able to better handle the indefiniteness of the emotions and imagination; for this reason it is a valuable component of fiction and especially poetry.

비유적 언어는 마치 언어의 상단 기어와 같은 것이다. 반면에 축자적 언어는 하단 기어와 같은 것이다. 마치 트랙터처럼 축자적 언어는 계약서, 제안서, 평가서, 에세이 등 일상적이고 무거운 업무를 담당하는데 가장 적합한 것이다. 축자적 언어는 명료하게 밝히고 분석하며 직설적이고 비교적 객관적이다. 하지만, 비유적 언어는 주관적이고 인상적이어서 감정이나 상상력의 모호함을 다루는 데 더 적합하다. 이러한 이유 때문에 비유적 언어는 소설과 특히 시에서 유용하게 사용하는 것이다.

(2)

Language can be broken down into four main parts: phonology, syntax, semantics, and pragmatics. Phonology deals with sounds of language. Syntax deals with how words are joined together to structure meaningful sentences. Semantics deals with the meanings attached to the words and sentences. Finally, pragmatics deals with how language is used in a social situation. One must master all four of these parts in order to use language effectively.

영어신문 기사(칼럼) 해설

언어는 4가지 주요 부문들, 즉 음운부, 구문부, 의미부, 그리고 화용부로 분류될 수 있다. 음운부란 언어의 소리를 취급한다. 구문부는 의미 있는 문장을 형성하기 위해 낱말이 어떻게 결합되는지를 다룬다. 의미부는 낱말과 문장에 부착된 의미를 취급한다. 마지막으로 화용부는 언어가 사회상황에서 어떻게 쓰이는지에 관한 것이다. 효과적으로 언어를 사용하려면 우리는 이 네 가지 부문에 정통해야만 한다.

(2)

Symbols are ephemeral and, as a rule, do not survive the societies that create them. For one thing, the meaning they carry is arbitrary. It is a fundamental characteristic of symbols that their meaning can only be learned form those who use them. When a culture vanishes, the symbols left behind become enigmatic, for there is no longer anyone initiated into their significance. Thus, not only are symbolic relics from prehistoric societies extremely few, but those which are extant usually cannot be interpreted.

상징은 수명이 짧으며 대개 그 상징을 만들어 낸 사회보다 오래가지 않는다. 한가지 이유는 상징이 갖는 의미가 임의적이기 때문이다. 상징이 갖는 근본적인 특성은, 상징의 의미는 그 상징을 사용하는 사람들에게서만 배울 수 있다는 것이다. 한문화가 사라지면 남겨진 상징들은 수수께끼처럼 불가사의해진다. 상징의 의미를 전수할 사람이 더 이상 존재하지 않기 때문이다. 그래서 선사시대의 상징적 유물은 거의 없으며, 남아있는 것들도 대개는 해석이 불가능하다.

Ephemeral: 하루밖에 못 가는[못 사는](곤충·꽃 따위); 단명한, 덧없는.
Arbitrary: 임의의, 멋대로의; 방자한.
enigmatic : 수수께끼 같은, 불가해한, 정체 모를.

English Newspaper Article (column)

(4)

The word "style" refers to the overall choices and arrangement of sounds, words, phrases, sentences and paragraphs in any peace of writing. Style consists of everything having to do with the way a writer writes something, meaning the manner how something is written, not the matter that is being written about. But style and subject do not easily separate from one another. The way something is said or written inevitably influences meaning of the sound patterns, looking at the word choice and the shape of the sentences, and reflecting on the way a subject is presented as well as the subject itself.

'문체'라는 단어는 글에서 소리, 단어, 구, 문장, 문단의 전체적인 선택과 배열을 말하는 것이다. 문체는 작가가 글을 쓰는 방식에 관련된 모든 것을 일컫는다. 즉 작가가 무엇에 관해 쓰는가가 아니라 쓰는 방식을 말하는 것이다. 그렇다고 해서 문체와 소재를 서로 용이하게 분리해서 생각하지는 않는다. 글을 쓰거나 말을 하는 방식은 필연적으로 그 소재의 의미에 영향을 끼치기 때문이다. 문체에 주의해서 글을 쓰려면 소리의 패턴과 단어의 선택, 문장의 구조를 잘 살펴보고 소재 자체는 물론 그 소재가 표현되는 방식까지 눈여겨보아야 한다.

(5)

A unique form of literary expression that fused the real and fantastic emerged in Latin American fiction in the late 1940s and 1950s. The authors who used magical realism, characterized by inclusion of mythical elements in an otherwise realistic narrative, sought to uncover the fantastic elements of everyday life and expend the notion of what is "real' by incorporating the imaginative realm. Magical realism has become associated chiefly with Latin American authors, who used the style to explore their culture, history, and politics. Two pioneers of magical realism were Alejo Carpeniter, a Cuban, and Jorge Luis Borges, an Argentinean. In particular, the novelist Carpentier is often credited with first identifying magical realism in Latin American literature.

1940대 후반과 1950년대에 라틴 아메리카 소설에서는 실제와 환상을 혼합한 독특한 문학형태가 출현했다. 전적으로 사실 적인 이야기에 상상적 요소를 도입하는 것이 특징인 마술적 사실 주의를 사용한 작가들은 상상의 영역을 구체적으로 그려 냄으로써 일상생활의 마술적 요소를 밝히고 "실재"의 개념을 넘으려 했다. 마술적 사실주의는 주로 라틴 아메리카 작가들과 연관이 있는데, 그들은 라틴아메리카의 문화, 역사, 정치를 탐구하기 위해 이러한 양식을 사용했다. 마술적 사실주의의 두 개척자는 쿠바 출신 알레호 카르펜티에르와 아르헨티나 출신인 호르헤 루이스 보르헤스이다. 특히 소설가 카르펜티에르는 라틴 아메리카 문학에서 마술적 사실주의를 처음으로 확립한 작가로 종종 인정된다.

English Newspaper Article (column)

March of 2014

2014년 3월

March 25, 2014
2014년 3월 25일
By Kim Song-rhei

Do you know that March of 2014 is a distinctive month that arrives after a lapse of 11 years and 6 years one after another?

2014년 3월은 6년과 11년 주기로 연속해서 도래하는 특별한 달인 것을 아십니까?

Each Saturday, Sunday and Monday in the course of this month happens no less than five times by the solar calendar. Moreover, according to the lunar calendar, the days except Monday go by exactly the same times in a month.

이달에는 토요일, 일요일 그리고 월요일이 양력으로 5번씩이나 있다. 더욱이 음력상으로도 월요일을 제외하고 토요일과 일요일이 한 달 안에 똑 같은 횟수로 지나 간다.

That is, the first day of March by the solar calendar and February 1 by the lunar calendar begin at the same time. However, February by the lunar calendar runs out on Sunday as a 30-day month. It has one less day than that of the solar calendar.

즉, 양력 3월 1일과 음력 2월 1일이 동시에 시작된다. 하지만 음력으로 2월달은 일요일인 30일, 즉 큰달로 끝난다. 음력 2월은 양력 3월의 날짜보다 하루가 적다.

Usually a month by the solar calendar has five weeks and thirty or thirty-one days. However, March of this year has as many as six weeks.

보통의 경우 양력으로 한 달은 5주가 있으며, 30일 또는 31일이다. 그러나 금년의 3월은 6주나 있다.

This is because the first day of March begins on Saturday and the final day comes to an end on Monday. Of course, the number of days in the month of March by the solar calendar has no less than thirty-one days.

이것은 3월의 첫날이 토요일에 시작되고 월요일에 끝나기 때문이다. 물론 양력으로 3월에는 31일까지 있다.

English Newspaper Article (column)

In short, March of this year is indeed an unusual case. I have realized this phenomenon on the evening of the fifteenth day of this month.

한마디로 말하여 금년의 3월은 특별한 경우이다. 나는 이런 현상을 이달 보름날 밤에 알게 되었다.

At that time, I went out for a walk in the park adjacent to my house. It was an occasion that after spending a busy six-day workweek, I was able to enjoy an evening walk for exercise in a leisurely way.

그때 나는 우리 집 근처의 한 공원으로 산책을 갔다. 그것은 바쁜 6일간의 일과에서 벗어나 한가로이 운동을 위한 저녁 산책을 즐길 수 있는 기회였다.

It is a fact that busy days call for relaxing evenings - a chance to enjoy a leisurely dinner and catch our breath.

바쁜 일과를 보내고 나면 긴장을 풀 수 있는 저녁이 필요한 것이다. 즉, 여유 있는 저녁식사를 즐기고 한숨 돌릴 수 있는 기회가 필요한 것이다.

As I walked along the path of hilly districts in order to divert my mind, I joyfully looked up at the sky.

심기(心氣) 전환을 위하여 구릉지대의 산책로를 걸어가면서 나는 즐거이 하늘을 바라보았다.

영어신문 기사(칼럼) 해설

As good luck would have it, a really round full moon already came up and was rather shinning in the clear sky. Just at that moment, I wondered "what the date is" according to the lunar calendar, though I had already realized from the phases of the moon that the day was the fifteenth day of the month.

마침 맑은 하늘엔 둥근 보름달이 떠 있었고 그런대로 빛나고 있었다. 바로 그때 나는 달의 상(相)으로 미루어 보아 그날이 보름날이라는 것을 이미 알아차리고는 있었지만, '오늘이 음력으로 며칟날인가'를 궁금해했다.

Anyway, since the date and day can now be easily searched for by a smart phone, I referred to my smart phone and instantly realized that the day was nothing but a full-moon night of February by the lunar calendar. What's more, it was Saturday. What a coincidence!

어쨌든 요즈음은 날짜와 요일을 스마트폰으로 쉽게 검색할 수 있기 때문에 나는 나의 스마트폰으로 검색을 해보았으며, 그날은 다름아닌 음력으로 2월 보름날이라는 것을 곧바로 알게 되었다. 게다가 토요일이었던 것이다. 이 무슨 우연의 일치란 말인가.

The dates and days in the month of March by the solar calendar and those of February by the lunar calendar flow by together just like a road running parallel with the railway.

양력 3월의 날짜와 요일, 그리고 음력 2월의 날짜와 요일이 마치 철로와

English Newspaper Article (column)

나란히 뻗은 길처럼 똑같이 흐르고 있는 것이다.

If I may say the above-mentioned phrases in a figurative sense, the road, at this point, represents February of the lunar calendar and the railway purports March by the solar calendar.

굳이 앞서 언급한 어구(語句)를 비유적인 뜻으로 말한다면, 길(도로)은 여기서 음력 2월을 나타내는 것이며, 철로는 양력 3월을 나타내는 것이다.

Becoming aware of this unusual phenomenon, my sense of delight became doubly soared as if I was become a child again.

이런 흔하지 않는 현상을 알게 되자, 나는 마치 동심으로 돌아간 것처럼 나의 기쁜 감정은 두 배로 치솟고 말았다.

Paradoxical as it may sound, but, I, at that very moment, thought that I myself had accompanied with my pure soul being flooded by the moonlight.

역설같이 들릴지는 모르지만, 이 순간 나는 나 자신이 달빛을 받고 있는 나의 영혼과 함께 있다고 생각을 하였다.

In this atmosphere, I, as a literary man, prayed devoutly to the full moon for realizing my wishes, a desire that I wish to make smooth progress in my literary work program.

영어신문 기사(칼럼) 해설

이런 분위기 속에서 나는 문인의 한 사람으로서 보름달에게 나의 소원, 즉 나의 문학작품 프로그램이 순조롭게 진척되기를 기원하는 소망이 잘 이루어지기를 진심으로 빌었다.

I also prayed the moon that the problem of the national reunification, with which our whole country is confronted, might bring to an amicable settlement in the not-too-distant future.

또한 나는 우리나라 전체가 당면하고 있는 남북통일 문제가 머지 않은 장래에 우호적으로 해결되기를 달에게 빌어보기도 했다.

In the meanwhile, I felt that I was touched by the pleasant evening breezes indexing the approach of spring. On this joyous occasion, I felt so strong that I could even spread my mind to the boundless expanse of the heavens.

그러는 동안 나는 봄이 오고 있다는 것을 알려주고 있는 상쾌한 저녁 바람이 나의 곁을 스쳐 지나가고 있다는 것을 느꼈다. 이같이 즐거운 때에 나는 마치 나의 마음이 저 광활한 천공(天空)으로 펼칠 수 있을 듯한 기분마저 들었다.

It may be my imagination, but I thought that the round full moon as well as the heavens was smiling on me in answer to my pray.

나의 상상일지는 모르겠으나 보름달뿐만 아니라 하늘도 나의 기도에 대한

English Newspaper Article (column)

답변으로써 나에게 미소를 던지는 것같이 생각되었다.

Unusual February by the lunar calendar and March by the solar calendar in the year 2014, I think, will bring good fortune to all of us. The Goddess of Fortune, I think, exist only in our minds.

양력과 음력으로 흔치 않은 2014년의 3월과 2월은 우리 모두에게 행운을 갖다 줄 것만 같다. 희망의 여신은 오직 우리의 마음 속에 있는 것이라고 생각해 본다.

영어신문 기사(칼럼) 해설

Dreaming of National Unification

통일의 꿈

The Korea Herald
코리아 헤럴드
February 8, 1995
2001년 7월 11일
By Kim Kwang-oup

Hey, there! It's getting dark. Feed the chickens with grains before darkness falls.

야, 이 봐라! 날이 저물어간다. 더 어두워지기 전에 닭들에게 먹이 좀 주거라.

I was very much surprised to hear my mother's order because we do not raise chickens or animals at this time. Actually, the request was part of my mother's old memories.

나는 닭이나 그 밖의 동물들을 현재 키우고 있지 않기에 어머니의 이 같은 지시를 듣는 순간 깜짝 놀라고 말았다. 사실상 그 말은 어머니의 옛 기억의 한 부분으로써 흘러나왔던 것이다.

English Newspaper Article (column)

It was a request related to her poor health as she was stricken with paralysis at the age of 72.

그것은 어머니께서 72세 때 쓰러지시고 그에 따라 좋지 않은 건강과 관련된 말이었다.

At the time mother was struck with paralysis, there was not the ghost of a chance for recovery.

어머니께서 쓰러지셨을 때는 회복이 될 것이라는 기미는 그 어디에서도 찾아볼 수 없었다.

But to the surprise of many, my mother was recovered slowly and is still relatively healthy at her age, except from the inconveniences of walking by herself. Her recovery is little short of a miracle.

그러나 놀랍게도 어머니는 서서히 회복이 되었으며, 혼자서 걸을 수 없는 것 외에는 연세에 비해 아직 그런대로 건강하시다. 어머니의 회복은 기적이나 다름없는 것이다.

My parents' original hometown was Shineuju, North Korea. Father and his relatives crossed the 38th parallel (demarkation zone between South and North) into the South when the country was divided into two parts by the powerful countries of the world.

나의 부모님의 고향은 원래 북한의 신의주이다. 아버지와 어머니는 이 나라가 강대국들에 의해 남북으로 갈라졌을 때 삼팔선(남과 북 사이의 비무장지대)을 넘어 월남하셨다.

His family like hundreds of other families had undergone all kind of hardship, including the three-year long tragic Korean War. After coming to the South, father spent the rest of his life as a principal of elementary school in Chucheong-do until his death thirty years ago.

다른 많은 가족들처럼 아버지의 가족은 3년 간 지속되었던 한국전쟁을 포함하여 온갖 시련을 겪으셨다. 아버지는 월남을 하고 난 후에 약 30년 전에 세상을 떠나시기 전까지 충청북도에서 초등학교의 교장선생님으로 여생을 보내셨다.

My father suffered a physical break-down from overwork while working as an educator. He was not able to recover from the illness and, after all, died at his post of duty at the age of 53, leaving behind four sons and two daughters.

나의 아버지는 교육자서 근무 중 과로로 갑자기 쓰러지셨다. 그는 그로 인해 회복을 하지 못하고 53세의 나이로 4남 2녀를 두고 결국 순직하고 말았다.

As I advance in age, I have got more and more concerned about unification of South and North Korea.

English Newspaper Article (column)

나는 이제 나이가 들어가면서 남북통일에 관하여 점점 더 관심을 갖게 되었다.

It is my dream to visit my parents' hometown before mother takes her last breath. I feel it really tragic for Koreans to be separated in a tiny country due to different political ideologies or government policies.

어머니가 세상을 떠나기 전에 부모님의 고향을 방문하는 것이 나의 꿈이다. 나는 이 작은 나라가 정치적 이념으로 남북으로 갈라졌다는 것은 한국인들에겐 참으로 비극이라 생각한다.

As I dream about visiting my parents' hometown, I realized that national unification, as a matter of fact, has to take place first. But there is a vivid gap of political ideology between South and North Korea.

부모님 고향을 방문한다는 것에 대한 꿈을 꾸면서 나는 우선적으로 통일이 현실의 문제로써 선행되어야 한다는 것을 알게 되었다. 그러나 남과 북 사이에는 정치적 이념이 너무나 다르다.

Before it is too late, all of us must reconcile these differing views, settle our disputes and seek to promote mutual understanding in a reciprocal fashion.

너무 늦기 전에 우리 모두는 호혜적인 방법으로 이 다른 견해를 잘 조화시키고, 논쟁을 진정시켜야 하며, 상호 이해를 증진시키도록 애를 써야만 할 것이다.

We must strive hard to put our divided country under a single authority by the end of the 20th century so that families who have been long separated and still suffer from the scars of war can be reunited.

우리는 20세기가 끝나기 전까지 분단국가를 하나로 통일시키는데 노력을 해야만 할 것이다. 그리하여 오랫동안 헤어져 있으면서 또한 전쟁의 상처로 고통을 받고 있는 이산가족들은 상봉(相逢)할 수 있게 될 것이다.

I think that achieving a united Korea by the end of this century could be one of this generation's gifts to the succeeding generations which will lead the country into the 21th century.

금세기(今世紀)까지 통일 대한민국을 이루어 내는 것은 이번 세대들이 다음 세대를 이끌어갈 세대들에게 주는 선물들 중에 하나가 될 것이라고 생각한다.

It is true that both the South and North Koreans in the secret corner of their hearts have intense aspirations toward peaceful unification.

남과 북의 국민들은 모두 마음속 깊이 통일을 무척이나 갈망하고 있는 것이 사실이다.

English Newspaper Article (column)

However, the cherished desire of the whole of the Korean people for peaceful reunification has been miscarried until now because differences in ideologies or political systems of the South and North.

하지만 평화적인 통일에 대한 온 한국인들의 염원은 남북한 간의 이념이나 정치체제의 차이로 이제까지 좌절되었다.

This year marks the 50th anniversary of Korea's national division. However, the situation on the Korean Peninsula is increasingly tense and becoming more dangerous since the Korean War.

금년은 한국의 분단 50주년을 맞이했다. 하지만 한반도의 실정은 한국전쟁 이후부터 긴장감은 날로 심해지고 있으며 점점 더 위태로워지고 있다.

This is mainly because the communist North Korea has a fanatic dream of communizing the entire Korean Peninsula. North Korea has huge army of 1 million largely deployed along the 4-kilometer wide Demilitarized Zone on the 38th parallel, within easy striking distance of Seoul.

이것은 주로 북한이 한반도 적화 통일의 망상을 가지고 있기 때문이다. 북한은 서울을 가까운 거리에서 공격할 수 있는 38도선 4킬로미터 폭 간격의 비무장지대에 주로 배치시킨 1백만 명이라는 엄청난 군대를 가지고 있다.

However, a ray of hope has come recently to those who

want to see a unified Korea. It is reported that a limited group of South Korean enterprises were able to visit North Korea for a feasibility study concerning business investments.

하지만 통일한국을 바라는 사람들에게 최근 희망의 빛이 왔다. 제한되긴 했지만 남쪽 기업체들의 몇몇 단체가 사업투자에 관한 가능성을 알아보기 위해 북한을 방문할 수 있게 되었다는 발표가 있었다.

The visit of these business groups seems to serve as a harbinger of peace. It is hoped that this act would usher in a new phase of realizing the great dream of national unification.

이 기업단체의 방문은 평화의 전조로써의 구실을 하게 될 것 같다. 이번의 행위는 위대한 통일국가를 실현할 수 있는 새로운 국면으로 선도될 것으로 기대가 된다.

There was a time when a campaign for reunion of dispersed and separated family members was in high gear. TV stations carried the detailed messages on matters of the separated families nationwide and showed a series of footages of the emotional reunion of separated families.

한때 이산 가족 찾기 운동이 최고조에 달하였을 때가 있었다. 텔레비전 방송국들은 이산가족들의 사항에 관한 상세한 메시지를 전국에 방영했으며, 이산가족의 감동적인 재회의 장면을 연속으로 방송했었다.

Watching such painful outcries for the reunion of those

English Newspaper Article (column)

divided families and the emotional reunion of separated families, never have I realized how intense the emotion can be in the face of family separation.

이산가족의 상봉을 바라는 피맺힌 절규와 이산가족의 감동적인 재회를 텔레비전으로 지켜보면서, 나는 이산가족 앞에서 감정이 이렇게까지 격앙된다는 것을 과거에는 알지 못했다.

Unfortunately, I am one of those who, until now, failed to realize the dream of being reunited with a relative on my mother's side.

불행히도 나는 여태껏 외가 친척과 재회의 꿈을 실현하지 못한 사람들 중에 하나이다.

My mother tells me frequently why her relatives in the North refused to cross the 38th parallel despite the far better economic potential of the South and its political advantages over the North.

나의 어머니는 외가 친척들이 남한은 북한보다 월등한 경제적 잠재력과 정치적으로 유리한 것임에도 불구하고 38도선을 넘지 않은 것을 자주 이야기해 주곤 한다.

I am told that her relatives failed to cross the demarcation line because they could not afford to leave their large number of livestock and farmlands.

그녀의 친척들은 많은 가축과 농토를 남겨놓을 수가 없어서 삼팔도선을 넘지 못했다고 한다.

It was, of course, deplorable when all their fortunes were confiscated by the government of Kim Ill-sung and my relatives ended up living in poor conditions under the cryptic-Communist regime since the war.

물론 그들의 재산은 김일성 정부에게 모두 몰수당했으며, 전쟁 이후 비밀공산주의 통치하에 가난한 삶을 살게 되었다는 것은 비통한 일이다.

In view of the painful outcries for the reunion of those divided families, the longing to visit my parents' original hometown, and memories of those who survived the war and are still alive today, two questions remain unanswered: "Why can't we realize the dream of national unification?", "When shall we expect to attain national unification?"

이산가족의 상봉을 바라는 피맺힌 절규와, 나의 부모님 고향을 방문하고픈 열망과, 전쟁에서 살아남아 아직 생존에 있는 사람들의 기억들을 고려해 볼 때, 두 개의 대답 없는 질문이 있다. "왜 우리는 국가통일을 이룰 수 없는가?" "우리는 언제 통일국가를 기대할 수 있는가?"

Thus, Koreans will continue to dream for national unification, and the whole country will continue to weep for thousands of separated relatives. They will continue to do so until such a time that unification comes through peaceful means.

English Newspaper Article (column)

따라서 한국인들은 통일의 꿈을 계속 가질 수밖에 없을 것이며, 전체의 국가가 수천만 이산가족들을 위해 비탄해할 것이다. 그들은 평화적으로 통일이 이루어질 때까지 그렇게 할 것이다.

영어신문 기사(칼럼) 해설

A climatic change

기후의 변화

April 6, 2014
2014년 4월 6일

This year, a sign of spring compared with other years is far early in coming. Early flowering plants such as a dandelion, a violet, an azalea, a cherry tree and others come into blossom in advance of the right season.

금년은 봄소식이 예년에 비해 훨씬 일찍 찾아왔다. 일찍 꽃을 피우는 식물들인 민들레, 제비꽃, 진달래, 벚나무 그리고 그 밖의 식물들이 제철에 앞서 꽃을 피우기 시작했다.

According to a weather forecaster on TV, this phenomenon occurred about fifteen days ahead of the average year. She also said that the temperature of this spring rose to 5℃ in comparison with the average temperature for the year.

English Newspaper Article (column)

TV방송의 일기 예보원에 따르면 이 같은 현상은 예년보다 약 보름 앞당겨 생겼다고 한다. 그 녀는 또한 금년 봄의 기온은 연평균 기온에 비하여 섭씨 5도가 상승했다고 했다.

If my memory serves me right, one year in the latter half of the 1990s (maybe in the year 1998) springtime arrived about ten days ahead of the proper time.

나의 기억이 틀림없다면 1990년대 후반(아마 1998년)의 어느 해에 봄이 제때보다 열흘 정도 앞당겨 도래했었다.

At that time, acacia trees growing in the mountain in Seoul and its outskirts came into flower far earlier than ordinary year.

그 당시 서울 및 그 주변의 산에서 자라고 있는 아카시아 나무들은 예년보다 훨씬 일찍 꽃을 피웠었다.

As far as I know, an acacia usually comes into blossom around the 12th of May in Seoul. However, the proper moment of the flowering season of the acacia in those days moved up the date by about ten days under the influence of the distinctively high temperatures.

내가 알기로는 아카시아는 서울에서 보통 5월 12일경에 꽃이 피기 시작한다. 하지만 그 당시에 비정상적으로 높은 기온의 영향으로 아카시아의 개화시기는 10일 정도 앞당겨졌었다.

영어신문 기사(칼럼) 해설

A sudden rise in temperature of those days made the flowering plants bloom more than 10 days earlier than the suitable time. It was an unusually early springtime like this year.

당시의 온도의 급상승은 꽃식물들을 적기(適期)보다 20일 일찍 꽃을 피게 하였다. 그것은 올해처럼 예사롭지 않은 때이른 봄철이었다.

I think it is a climatic change partly caused by global warming. Global warming refers to a continuing rise in the world's temperature that is caused by increased amount of greenhouse gases in the atmosphere.

나는 이것이 지구 온난화에 의해 어느 정도 영향을 받고 생기는 기후변화라고 생각한다. 지구 온난화는 대기에서 증가한 온실가스 양이 원인인 지구 기온의 지속적인 상승을 가리키는 것이다.

Under the influence of the climatic change, it is true that some species of tropical birds and tropical flora are already found all over the Korean Peninsula.

기후 변화의 영향으로 열대 지방의 새들과 열대 식물들의 몇몇 종들이 한반도 전역에서 이미 발견되고 있는 것이 사실이다.

As a man who has a taste for looking at animals and plants, especially wild wildlife, from my childhood, I would say that the ecology of the fauna and flora growing in the wild have

English Newspaper Article (column)

changed a great deal in the last twenty years or so.

어릴 때부터 동식물, 특히 야생 생물을 관찰하는 것에 취미를 가지고 있는 사람으로서 야생으로 자라는 동식물군의 생태는 지난 약 20년 동안 많이 변하였다고 말하고 싶다.

For instance, subtropical plants such as an orange tree and a kiwi berry or a Chinese gooseberry began to grow in the Korean Peninsula. In the same manner, some of the wild animals native to the subtropical regions are also found in our country all the year round.

예를 들면 아열대 식물인 귤나무와 키위 같은 식물들이 한반도에서 자랄 수 있게 되었다. 마찬가지로 아열대 지역을 본고장으로 둔 야생 동물들의 그 일부는 우리나라에서 역시 발견되고 있다.

Some of them, especially the feathered tribe, moved from the subtropical regions to the area where the four seasons are in existence. They are not migratory birds.

이들의 어떤 것들은 아열대 지방에서 사계절이 현존하는 지역으로 이동한 것이다. 그들은 철새가 아니다.

They have chosen the Korean Peninsula as their habitable place of their free will. In short, they have become the resident birds or animals in our country.

영어신문 기사(칼럼) 해설

그들은 스스로 한반도를 그들이 서식할 수 있는 장소로 선택한 것이다. 한마디로 그들은 우리나라에서 텃새가 된 것이다.

This means that the climatic condition of the Korean Peninsula is changing into a subtropical climate. Therefore, the shift in their habitats is a reason for us to worry about climate change.

이것은 한반도가 아열대 기후로 변해가고 있다는 것을 의미하는 것이다. 따라서 서식지의 변화는 우리가 기후 변화에 대하여 걱정하는 이유가 되는 것이다.

In reality, the climate of the central districts of our land such as Daegu and Chungju is suited to the cultivation of apples. However, according to a news story, the yield of the fruit tree has been slowly decreased because of a climatic change – a climate of high temperature.

실제로 우리 나라의 중부지방인 대구와 충주는 사과 재배에 알맞은 기후이다. 하지만 뉴스 기사에 따르면 그 과일나무의 수확량이 기후의 변화, 즉 고온으로 인하여 서서히 줄어들고 있다고 한다.

Subtropical plants and animals naturalized in the Korean Peninsula, on the other hand, I think, are thriving well. Judging from this fact, it may happen that plants and animals native to Korean territory shall not grow well in Korean soil someday.

English Newspaper Article (column)

반면에 한반도 풍토에 귀화한 아열대 동식물들은 잘 자라고 있다. 이 같은 사실로 미루어볼 때 어쩌면 우리나라 국토가 원산지인 식물들이 한국 땅에서 잘 자라지 못할지도 모르는 일이다.

It may be that the wildlife's populations will be often used as an indicator of the habitat factor. This is because its presence is dependent on a number of factors such as climatic conditions, food availability, air quality and habitat availability.

야생 생물의 개체 수는 종종 환경 요인의 지표로 이용될 수 있을 것이다. 이것은 이 생물들의 존재가 기후 조건, 먹이를 구하는 용이성, 공기의 질 그리고 서식지와 같은 요인에 달려있기 때문이다.

Making use of this indicator is almost the same as we regard the blooming of spring flowers such as cherry flowers as an index of believing that spring has come in real earnest.

이 같은 지표를 이용한다는 것은 우리가 벚꽃 같은 봄 꽃이 만발한 것을 보고 본격적인 봄이 되었다고 믿게 되는 하나의 지표로 여기는 것과 마찬가지인 것이다.

It will be positively an index to the solution of a violent climatic change that may possibly happen in the future.

그것은 미래에 어쩌면 발생할지도 모를 기후의 대변동 문제해결의 절대적인 지침이 될 것이다.

I think that understanding Nature's real intention, unlike making a study of natural science, is not acknowledged as legitimate science.

자연의 본심(本心)을 이해하려는 것은 자연과학을 공부하는 것과는 달리 정당한 과학으로는 인지(認知)되지 않는다고 생각한다.

It may happen that a big climatic change in future shall be disappointed of our expectations. Probably it will be much more unpredictable than this year's unseasonably warm spring weather.

어쩌면 미래의 기후 변화는 마치 이번 봄의 예측할 수 없는 봄 날씨처럼 우리의 예상이 어긋날 수도 있을 것이다. 어쩌면 그것은 금년의 불규칙한 봄 날씨보다 훨씬 예측할 수 없는 것일 수도 있을 것이다.

Anyway, it is wise to cope with the future climatic change.

어쨌든 미래의 기후 변화에 대처하는 것은 현명한 일인 것이다.

English Newspaper Article (column)

The mind with utmost sincerity

정성을 다하는 마음

The Korea Times
코리아 타임스
Saturday, May 3, 2014
2014년 5월 3일
By Kim Song-rhei

A magpie is known to be an architect. It builds its nest on the highest knotty limbs of a tall tree as part of keeping away from natural enemies. Twigs are the main construction materials used. The nests are easily found in the downtown areas.

까치는 건축가로 알려져 있다. 그 새는 천적을 피하기 위한 일환으로써 큰 나무의 옹이가 많은 높은 가지에 둥지를 튼다. 이 둥지의 주요 건축 재료는 잔 가지들이다. 이 둥지들은 도심 지대에서 쉽사리 발견이 된다.

But, have you ever taken a look into the interior of the nest? I have had several experiences to look at it. The latest nest among others is one I happened to find in the park while I was walking for exercise one Sunday.

하지만 당신은 그 둥지의 실내를 들여다본 적이 있는가? 나는 그것을 서너 번 본 경험이 있다. 그것들 중 가장 최근의 것은 어느 일요일 운동을 위한 산책을 즐기고 있는 동안 공원에서 우연히 발견한 것이다.

It was placed on the branches of a fallen tree, which was probably struck by a typhoon called Kompasu in 2010. The outward walls of the nest were partially damaged by something with the lapse of time, but the floor was almost intact.

그것은 어느 한 쓰러진 나무의 가지에 걸쳐 있었는데, 그 나무는 아마 2010년도에 곤파스라고 불리는 태풍의 습격을 받고 쓰러진 것 같았다. 그 둥지의 바깥 벽은 세월의 흐름과 함께 그 무엇엔가 의해 부분적으로 부서져 있었으나 바닥은 거의 온전한 상태이었다.

The remaining structure evinced how the bird had made great efforts at building the love nest.

그 잔재물은 그 새가 둥지를 만드는 것에 얼마나 많은 노력을 기울였는지를 잘 엿볼 수 있는 것이었다.

If you have never experienced seeing the inner structure of a nest, I think you would be quite amazed at its materials. The

English Newspaper Article (column)

bird puts potter's clay on the inside of its nest, and then spreads it with very tender fragments, such as feathers and litters on the floor.

만약 당신이 그 새의 둥지 내부 구조를 한번도 보지 못했다면, 당신은 그것의 내부 건축 재료에 상당히 놀랄 것이다. 이 새는 둥지의 안쪽 측면에 진흙을 바르고 바닥에는 깃털과 깔집 같은 부드러운 조각들을 펼쳐 놓는다.

The inside floor will remind you of a room paved with mud. And at the same time, it is similar to a clayware made by a potter worker with an artisan spirit. It is probable that even human architects could marvel at the extraordinary talent of the bird construction craft.

따라서 그것의 내부 바닥은 진흙으로 다져 만든 방을 연상시킬 것이다. 한편 그것은 장인 기질을 가진 어느 한 도공(陶工)이 만들어 놓은 질그릇과 유사하다. 어쩌면 우리 사람으로서의 건축가 까지도 그 새의 건축 솜씨의 비범한 재능에 놀랄지도 모르는 일이다.

I think that the inside structure of the nest seems to be far more comfortable than a warm and cozy little room built for human habitation. It is not only as good as a hot floored room built by humans, but also be solid enough to withstand the test of nature such as a violent wind and rain.

그 둥지의 내부 구조는 사람이 살 수 있도록 만들어진 따뜻하고 쾌적한 아담한 방보다 훨씬 안락하다는 생각이 든다. 그것은 사람이 만든 온돌방 못지않을 뿐만 아니라, 세찬 비바람 같은 자연의 시련을 견디는데 충분히 단단하다.

In short, the nest, I think, leaves nothing to be desired in architectural excellence.

한마디로 그 둥지는 건축상의 기교면에서 조금도 흠잡을 데가 없는 것 같다.

How could the bird build such a careful and perfect nest for itself? This question compels me to think of a dialectic answer, an answer that could be expressed by philosophical speculation reflecting upon its nature and characteristic. Thus, it appears to me that in this context, I, myself, am in the way that I question the nature of inductive reasoning.

그 새는 어떻게 이런 철저하고 이상적인 둥지를 스스로 지을 수 있는 것일까? 이 질문은 변증적(辨證的), 즉 이 새의 천성과 특성을 반영하는 철학적 고찰로 표현할 수 있는 답변으로 생각하도록 나를 강요한다. 따라서 나는 이 같은 상황에서 나 스스로가 귀납적 추리의 본질에 의문을 던지는 방식 안에 있게 되는 것 같다.

It may sound paradoxical, but the bird uses neither the craft nor the ability to build her nest. This is because the bird, like other animals, does not receive any kind of education about building a nest from its parents. It simply builds its roost with her utmost sincerity following its primitive instinct.

따라서 역설적으로 들릴지 모르지만 그 새는 둥지를 짓기 위해 기술도 능력

English Newspaper Article (column)

도 사용하지 않는 것이다. 그 이유는 그 새는 부모로부터 둥지를 짓는 것에 대하여 그 어떤 종류의 교육도 받지 않기 때문이다. 그새는 오직 본능에 따라 정성껏 보금자리를 지을 뿐이다.

Making every effort to do something in one's life, I think, is more valuable than any kinds of skill or knowledge. Paradoxically speaking, it is just the thing as dear as life itself.

일생에 무언가를 하기 위해 정성을 다하는 것은 그 어떤 기술이나 지식보다 더 소중한 것이라고 생각한다. 역설적으로 말해 그것은 목숨 그 자체만큼이나 귀중한 것이다.

Then, when do you think the mind with the utmost sincerity happen? I think that it springs up when we apply the mind to do something with a pure mind, thinking that it will be completely good for others – the objects of one's love. It is quite different from doing something only for oneself with a selfish way of thinking.

그렇다면 정성을 다하는 마음은 언제 생기는 것일까? 그것은 다른 사람(것), 즉 사랑의 대상자에게 전적으로 이로울 것이라고 생각을 하면서 순수한 마음으로 뭔가를 하겠다고 고심을 할 때 생긴다고 본다. 그것은 이기적인 사고 방식으로 오직 자신만을 위해 뭔가를 하는 것과는 완전히 다른 것이다.

The magpie builds the love nest only for the sake of its descendants. In a practical manner, the bird doesn't settle in the nest except when building the nest or sitting on eggs.

따라서 까치는 오직 후손을 위해 집을 짓는 것이다. 실제로 그 새는 집을 지을 때 또는 알을 품을 때를 제외하고는 보금자리에 들지 않는다.

According to my observation, the bird never flies home to roost in the evening even in the cold winter season. It goes to sleep when the night falls and perches on a twig until the day breaks.

나의 관찰에 의하면 그 새는 추운 겨울에도 저녁에 둥지로 날아들지 않는다. 그 새는 밤이 되면 잠자리에 드는데, 아침이 될 때까지 나뭇가지에 앉아 있는다.

Throwing one's whole spirit into one's work, in a sense, implies taking care of others who are loved by oneself. It is just like parental affection for their children.

자신의 일에 온 전력을 기울이는 것은 어떤 의미로는 나 자신에게 사랑을 받고 있는 다른 사람을 돌보는 것을 의미하는 것이다. 이것은 마치 자식에 대한 부모의 사랑과 마찬가지인 것이다.

English Newspaper Article (column)

A desire to love and be loved in return
사랑하고 사랑받고 싶은 욕망

The Korea Times
코리아 타임스
Saturday, May 24, 2014
2014년 5월 24일
By Kim Song-rhei

It is said that every person has a desire to love and to be loved in return.

사람은 본질적으로 사랑하고 사랑받고 싶은 욕망이 있다고 한다.

However, I have heard from a philosopher who emphasized that those who desire to love someone more than to be loved feel much happier.

하지만 나는 어느 한 철학자로부터 들은 게 있는데, 그는 그 누군가로부터 사랑받고 싶은 것보다 사랑하고 싶은 욕망이 더 클 때 더 행복한 것이라고 주장했다.

영어신문 기사(칼럼) 해설

The instant that I heard this from him, I agreed, so much so that, like a man talking to a friend of similar test, I joyfully said to him "I'm in earnest agreement with your view."

그 말을 듣는 순간 나는 전적으로 동감을 했다. 그래서 비슷한 취향을 갖고 있는 어느 한 친구에게 말을 하는 어느 한 사람처럼 나는 그에게 '당신의 의견에 진심으로 찬성한다'라고 즐거이 말했다.

At that time, he also expressed his feelings with a smile spread over his lips as a response. It was a moment that I once again realized that "a human without distinction of rank is a creature of impulse."

그 역시 그때 응답으로써 입가에 미소를 띠며 그의 감정을 표현했다. 그 것은 '인간은 지위의 고하를 막론하고 감정의 동물이다'라는 것을 나는 다시 한번 깨닫게 되는 순간이었다.

The dialogue exchanged between us, in a word, came to a mutual understanding. From the philosophical point of view, I think that it is a sort of mirror of "a human desire to love and to be loved in return."

그와 내가 주고받은 그 대화는 한마디로 의사가 상통(相通)하는 것이었다. 철학적 견지에서 볼 때 나는 그것을 일종의 '사랑하고 사랑받고 싶은 인간의 욕망'을 반영하는 것이라고 생각한다.

That is, the philosopher gave me a hint that as long as one is about it, one has a preference for an approver to a dissenter as a desire when considering the remedies how to cope with the situation.

다시 말하여 그 철학자는 나에게 하나의 암시를 주었는데, 사람은 누구나 선후책(善後策)을 강구할 때 하나의 욕망으로써 이왕이면 반대자보다는 찬성자를 선호한다는 것이다.

I also have drawn an inference from him that one is disposed to take up a much more positive attitude when devoting one's love to someone than being loved by someone in life. What makes me think so?

나는 또한 그로부터, 즉 그 누군가로부터 사랑을 받을 때보다 누군가에게 사랑을 바칠 때 훨씬 더 적극적인 태도를 취하게 되는 경향이 있다라는 것을 추론하게 되었다. 나는 왜 이렇게 생각하는 것일까?

Personally, I am not qualified to talk on the subject of philosophy.

개인적으로 나는 철학에 관하여 언급하는데 자격이 없는 사람이다.

So I wonder if I am right in saying that a desire of devoting oneself to someone or something with one's whole heart means that one is prepared for bestowing all one's energy on it at the risk of one's life.

따라서 다음과 같이 말을 하는 것은 외람될 지 모르겠으나, 나는 그 누구에게 또는 그 무엇인가에 진정으로 헌신을 하겠다는 욕망은 자신의 생명의 위험을 무릅쓰고 온 정력을 쏟기 위해 준비가 되어 있다는 것을 의미한다고 생각한다.

On the other hand, a desire to be loved by someone means that one wants to have good luck without making a martyr of oneself, standing on the defensive.

반면에 그 누군가로부터 사랑을 받겠다는 욕망은 수세(守勢)를 취하며 자신을 희생하지 않고 행운을 차지하려는 것을 바라는 것을 의미한다고 생각한다.

It may be that the latter case will progress satisfactorily in life, but I think that the former case is far better than the latter one in terms of human happiness.

어쩌면 후자의 경우가 인생에 있어서 순조롭게 진행이 될 것이다. 그러나 나는 전자의 경우가 인생의 행복에 관하여 후자보다 훨씬 더 좋다고 생각한다.

This is because the result of pursuing happiness ultimately depends upon one's effort and ability accompanied by the spirit of self-sacrifice.

그 이유는 행복의 추구의 결과는 결국 희생 정신이 동반된 자신의 노력과 능력 여하에 달려 있기 때문이다.

English Newspaper Article (column)

Therefore, as food and water are indispensible to life, so the spirit of self-sacrifice is a necessary condition of love.

따라서 음식과 물이 살아가는 데 있어서 필수적인 것처럼 희생 정신은 사랑의 필요 조건인 것이다.

Sparing no pains in the pursuit of happiness, in a sense, is the same as taking up positive attitude by one's own efforts. In such a case, the strength of self-confidence assumes an upward curve under the stimulus of positive feelings

행복의 추구에 노력을 아끼지 않는다는 것은 스스로 적극적인 태도를 취하는 것과 마찬가지인 것이다. 이런 경우에 긍정적인 기분으로 자극을 받아 자신감의 강도는 상승하는 것이다.

It is said that dopamine released due to positive feelings enhances cognitive abilities. Thus, doing something with firm confidence serves as a stimulus to aspiration, taking a cheerful view of life

긍정적인 기분으로 인하여 방출되는 도파민(부신에서 만들어지는 뇌에 필요한 호르몬)은 인식 능력을 향상시킨다는 말이 있다. 따라서 뭔가를 할 때 확고한 자신감을 가지고 하는 것은 인생을 긍정적으로 보면서 향상심(向上心)을 촉진시키는 것이다.

Therefore, without the stimulus of ambition, I am positive that no one will ever have accomplished the genuine desire to love and to be loved in return.

따라서 야심의 자극이 없이 그 어느 누구도 사랑하고 사랑받고 싶은 참된 욕망은 결코 성취하지 못할 것이라고 생각한다.

The word "offense" does not go well when arguing about "love." However, these two words remind me of a proverb which says, "A love is like a war that is always accompanied by the great sacrifice."

공격이란 말은 사랑에 대하여 논할 때 어울리지 않는다. 하지만 이 두 단어는 나에게 '사랑이란 언제나 위대한 희생이 수반되는 전쟁과 같은 것이다'라는 속담 하나를 상기시켜 준다.

It is said that when being at war or to win a battle, "offense is the best defense." In the figurative sense, this implies that "success often attends hard work." So, to achieve the true love is always beset with the spirit of self-sacrifice.

전쟁 중이거나 전쟁에서 승리하기 위해서는 '공격이 최선의 방어이다'라는 말이 있다. 비유적인 의미로 이 말은 '성공에는 흔히 큰 노력이 따른다'라는 것을 의미하는 것이다. 따라서 진정한 사랑을 이루기 위해선 언제나 희생정신이 따르기 마련이다.

The essence or spirit of love entails not only the tender emotions but also a tough spirit, which, I think, is similar to a mother's love for her child.

English Newspaper Article (column)

사랑의 본질이나 정신은 동정심뿐만 아니라 강인한 정신이 수반되는 것인데, 이것은 자식에 대한 어머니의 사랑과 비슷한 것이다.

I guess that when a woman became aware of her motherly instincts, her happiness index will rise. The reason why I think so is that she has a more desire to love her baby than to be loved in return.

나는 어느 한 여성이 자신의 모성애에 눈을 떴을 때 그녀의 행복지수는 올라갈 것이라고 생각을 한다. 그 이유는 그녀는 자신의 아기를 사랑하고 싶은 욕망이 사랑받고 싶은 욕망보다 더 크기 때문이다.

영어신문 기사(칼럼) 해설

Spring delivers many messages

봄은 많은 전갈(傳喝)을 전한다

The Korea Times
코리아 타임스
Wednesday, April 29, 2015
2015년 4월 29일
By Kim Song-rhei

When can we see the richest variety of flowers among the four seasons? Of course, it is springtime. Thus, the season is often called the flower season, and it is the season delivering many meaningful messages.

사계절 중 가장 다양한 꽃들을 볼 수 있는 계절은 언제인가? 물론 봄철이다. 따라서 봄은 흔히 꽃의 계절이라고 불린다. 그리고 봄은 많은 의미 있는 전갈을 전하는 계절이다.

It is the very season for cherishing a desire. Having a dream means having a throb of joy in one's heart. It also means soft whispers of love, awaking all living things out of sleep

English Newspaper Article (column)

whether they are being in hibernation or not during the winter season.

봄은 꿈을 품는데 안성맞춤의 계절이다. 꿈을 꾼다는 것은 마음이 기대감으로 설레고 있다는 것을 의미하는 것이다. 그것은 또한 겨울철에 동면을 하고 있던 안하고 있던 모든 것을 잠에서 깨우는 사랑의 속삭임을 의미한다.

In short, the spring, with its greening power, allows the seeds and germs to break open and struggle towards the light in an orderly manner. With this, it arouses us into having a spirit of competition in good faith.

한마디로 봄은 그 푸르게 하는 힘으로 씨앗과 싹을 터트려 정연(整然)하게 빛을 향해 나아가도록 만들어 준다. 이로써 그것은 우리에게 선의(善意)의 경쟁심을 갖도록 각성시켜준다.

It has as broad-minded as to admit things of all shades. It affords us an opportunity of growth. It has the power to tinge all things with hopes just like a bud coming into bloom. It has a mercy on everything.

그것은 모든 것을 수용할 수 있는 큰 마음을 가지고 있다. 그것은 성장의 기회를 준다. 그것은 마치 피어나는 꽃봉오리처럼 모든 것을 희망으로 물들이는 능력이 있다. 그것은 모든 것에 자비를 베푼다.

It asks us to be honest with ourselves by letting us know the truth that all plants push out new shoots in the spring season,

영어신문 기사(칼럼) 해설

revealing their character with a unique color or shape as if they had a language of their own.

그것은 모든 식물들은 봄에 새로운 싹을 터트리며 마치 그들만의 언어가 있는 것처럼 자신들의 독특한 색깔과 생김새에 일치하게 된다는 사실을 우리에게 알려 줌으로써 우리가 진실될 것을 당부한다.

It implants self-confidence, courage and hope in our hearts. It takes us to its bosom by furnishing us gentle rays of the sun. It holds us in its arms informed with tender emotions.

그것은 우리의 가슴에 자신감과 용기와 희망을 심어준다. 그것은 부드러운 햇살을 우리에게 제공해 줌으로써 우리를 애정을 갖고 맞이한다. 그것은 우리를 자비심이 충만한 자신의 가슴으로 포옹해 준다.

It allows us to prepare the future. That is, it gives us previous notice that what will be happening in the future as it shows us signs such as a rainbow which promises fair weather the following day, and dark cloud which often betokens a storm, and a halo around the moon which signifies rain, and all that sort of thing.

그것은 우리가 미래를 준비하도록 해준다. 즉, 그것은 다음날 날씨가 갤 징조인 무지개, 폭풍우가 올 징조인 먹구름, 그리고 비가 올 징조인 달무리 등 여러 징조들을 보여줌으로써 미래에 무엇이 발생될 것인 지 우리에게 미리 알려준다.

English Newspaper Article (column)

So that it let us know that coming events cast their shadows before, and indirectly teaches us the best method or plan to make preparations in advance.

따라서 그것은 일이 일어나려면 전조가 있는 법을 우리에게 알려 주며, 미래를 미리 준비하는 가장 좋은 방법 또는 방책을 넌지시 가르쳐 준다.

It challenges us to do something new with a great concern. It tells us to hold a strong conviction as it let us see the fact that a blossom develops into fruit as time passes.

그것은 우리가 큰 관심을 가지고 뭔가 새로운 것을 해보라고 권유한다. 그것은 시간이 경과함에 따라 꽃이 지고 열매가 생긴다는 사실을 우리에게 보여줌으로써 우리에게 강한 확신을 품으라고 말해준다.

It requests us to be faithful to our duties, informing us that the earth travels exactly around the sun without straying away from its orbit. It brings conviction to us.

그것은 지구가 궤도를 벗어나지 않고 태양을 정확히 돌고 있는 사실을 알려줌으로써 우리가 우리의 직무에 충실해야 할 것을 부탁한다. 그것은 우리에게 자신감을 가지게 해 준다.

It brings us around to agreeing with a happy dispensation of Nature. It talks us into having the spirit of the challenge, letting us see the fact that nature itself always does not escape from the logic of natural events.

그것은 우리를 설득하여 자연의 오묘한 섭리에 찬성하도록 한다. 그것은 자연이란 그 자체는 자연적인 발생들의 논법에서 벗어나지 않는다는 것을 우리에게 보여줌으로써 우리가 도전 정신을 갖도록 설득시켜 준다.

It persuades us to be satisfied with the fruits commensurate with our efforts, telling us the fact that a chestnut tree will not produce a persimmon. It tells us that there can be no right without the corresponding obligation.

그것은 밤나무에서 감이 생산될 수 없다는 사실을 말해 줌으로써 우리에게 노력에 상응하는 성과에 만족해야 한다고 타일러 준다. 그것은 우리에게 부합되는 의무를 저버리고는 그 어떤 권리도 결코 가질 수 없다라는 것을 말해 준다.

It challenges us not to be satisfied with ordinary work but to demand of ourselves the most creative work which we are capable of. It tells us that as it is in the nature of water to run down a hill, so it is in the nature of human to develop circumstances creative of success.

그것은 우리로 하여금 범상한 일에 만족하지 않고 우리의 능력으로 해 낼 수 있는 가장 창조적인 일들을 스스로 요구하도록 자극해 준다. 그것은 물의 성질이 높은 곳에서 낮은 곳으로 내려가는 것처럼, 성공을 이루게 하는 환경을 조성(造成)하는 것은 인간의 본성이라는 것을 우리에게 알려준다.

It induces us to make greater efforts. It inspires our spirits to live in hopes, which is all that we can desire as a vital power

English Newspaper Article (column)

in life. It always tells us the fact that honesty inspires respect.

그것은 최선을 다하라고 우리를 설득시켜 준다. 그것은 희망에 살라고 우리의 정신을 고무(鼓舞)시켜 주는데, 그것은 우리가 요망할 수 있는 모든 것이다. 그것은 정직은 존경심을 일으키게 한다라는 사실을 우리에게 항상 말해주고 있다.

It let us know that there is an order in doing everything. It advises us to do something in the proper time, presenting us with other seasons. It reasons that defeat is a universal experience, causing us to come across a natural calamity which happens when we least expect it. It reasons with us about our past mistakes.

그것은 모든 일에는 순서가 있다는 것을 우리에게 알려준다. 그것은 우리에게 다른 계절을 선물해 줌으로써 뭔가를 적기에 하라고 타일러 준다. 그것은 예상치 않을 때 찾아오는 자연재해를 우리가 우연히 겪게 함으로써 패배는 누구에게나 있는 경험이라고 논한다. 그것은 우리에게 과거의 잘못을 깨우치게 해 준다.

It tells us to seek after happiness. It educates us that the fruition of our hopes depends on our efforts. It counsels us that we should keep hope for the future even if we are placed in the worst case as it let us know the fact that after a storm comes a calm.

그것은 우리에게 행복을 추구하라고 말해준다. 그것은 우리의 희망의 실현은 우리의 노력의 여하에 달려 있다고 가르친다. 그것은 비 온 뒤에 땅이 굳어진다는 사실을 우리에게 알려줌으로써 우리가 만약 최악의 경우에 처하더라도 미래에 대한 희망을 가져야 한다고 충고해 준다.

It teaches us the working of nature with which plants thrives in hopes for themselves, and treat others with consideration as it make flowers bloom.

그것은 식물들이 꽃을 피우게 함으로써 식물 자신들에겐 희망을 갖게 하고 남에겐 배려를 주는 자연의 작용을 우리에게 가르친다.

It remonstrates with us about our selfish way of thinking by letting us see the relation between flower and bees or butterflies, which suck nectar from a flower, causing no harm to other living organisms. As a logical consequence, a female flower is fertilized with the assistant of bees and butterflies.

그것은 꽃과 벌 또는 나비와의 관계, 즉 벌과 나비가 살아 있는 다른 생물체들에게 해를 끼치지 아니하면서 꽃에서 꿀을 빠는 것을 우리에게 보여줌으로써 우리의 이기적인 사고 방식에 질책을 한다. 필연적인 결과로써 암꽃들은 벌과 나비의 도움으로 수정이 되는 것이다.

It instills rational ideas into our mind, revealing that Mother Nature is governed by rational principles. Its true intention itself is mother's love.

English Newspaper Article (column)

그것은 대자연은 합리적인 원칙에 지배되고 있다는 것을 나타내 줌으로써 우리에게 합리적인 사상을 주입시켜 준다. 그것의 본심 그 자체는 어머니의 사랑인 것이다.

Therefore, when I confront with difficult situation, I always look for some example from nature to find a clue to the solution of the problem.

따라서 나는 어려운 상황에 부딪칠 때는 언제나 그 문제의 해명의 실마리를 찾기 위해 자연의 그 어떤 실례를 찾아 나선다.

영어신문 기사(칼럼) 해설

Walking along the flower path

꽃길을 거닐며

May 9, 2014
2014년 5월 9일
By Kim Song-rhei

Anecdotal remembrance is a form of long-term memory based on one's personal experiences which are linked to particular times and places. Some anecdotes with regard to flowers are told of me.

일화기억(逸話記憶)은 특정 시간과 공간에 얽힌 개인적 경험에 근거한 장기 기억의 한 형태이다. 나에게는 꽃과 관련한 일화가 좀 있다.

In my early teens, I had many opportunities to observe flowers in the vicinity of my house in my native village.

나는 10대 초반 때 고향 마을 우리 집 근처에서 꽃들을 관찰할 수 있는 기회가 많았다.

English Newspaper Article (column)

Among the flowers I made an observation were an azalea, a benzoin, a violet, a dandelion, and a kind of garden stuff such as a green onion. All of these are naturalized plants a long time ago or the plants indigenous to Korea.

내가 관찰한 것 중에는 진달래, 생강나무, 제비꽃, 민들레, 그리고 식용으로 쓰이는 채소류 등이었다. 이 모든 것들은 오래 전에 귀화한 식물이거나 한국 토종의 식물들이다.

Flowers coming out from these kinds of plants are visually charming rather than magnificent. When I see these flowers, they evoke the memories of my childhood.

이런 종류의 식물에서 피어나는 꽃들은 화려하기 보다는 아기자기한 분위기이다. 이런 꽃들을 볼 때면 그 꽃들은 나의 어린 시절의 회상을 되살리게 한다.

As for me, I prefer a cute little flower to a gorgeous flower. Hence, flowers of these kinds always thrill me with abstruse delight.

나로서는 화려한 꽃 보다는 귀엽게 생긴 작은 꽃을 좋아한다. 그러므로 이런 종류의 꽃들은 언제나 나를 오묘한 기쁨으로 들뜨게 한다.

A Chinese cabbage, a radish and a spring onion are not so much a kind of flower as plants for food. However, the blossom of these plants, in my personal opinion, stands as a symbol for hope. The reason why I think so is the plants let me hold in the arms of hope when I was a child.

배추, 무 그리고 파는 꽃의 종류라기 보다는 오히려 식용 식물이다. 하지만 이 식물들의 꽃은 희망을 상징한다고 생각을 한다. 그렇게 생각하는 이유는 그 식물들은 내가 어렸을 때 희망의 품속으로 안기게 해 주었기 때문이다.

In those days, I had experience of some melancholy events, which were deeply engraved in my mind during a sensitive period of my life. I would beguile my sorrow with outdoor activities. At that time, I came across green vegetables such as a radish, a Chinese cabbage and a green onion in a vegetable garden.

그 당시 나는 얼마간의 침울한 사건을 경험한 바 있었는데, 그것은 나의 삶의 민감했던 시절에 마음 깊이 새겨지고 말았다. 나는 야외 활동으로 나의 슬픔을 달래곤 했다. 그때 나는 채소 밭에서 무, 배추 그리고 파 같은 채소를 우연히 보게 되었다.

The vegetables were in full bloom or coming into bloom. The flower color of the Chinese cabbage and the radish is a golden yellow, whereas the green onion is white. Yellow contrasts well with green, but they harmonize with one another. These flowers are not only considerably beautiful but also emit a sweet odor.

그 채소들은 꽃이 활짝 피어 있기도 하고 피어 오르는 것도 있었다. 배추와

English Newspaper Article (column)

무의 꽃은 노란색인 반면에 파는 하얀 색이다. 노란색과 하얀색은 뚜렷이 대조를 이루지만, 그것들은 서로 조화를 잘 이룬다. 이 꽃들은 제법 예쁠 뿐만 아니라 향기로운 냄새도 발산시킨다.

Under such circumstances, many kinds of butterflies with colorful wings and bees were fluttering from flower to flower, which produced pleasant atmosphere to me. As I recall, it was the very moment that I was first engaged in aesthetic contemplation in nature, though young as I was.

그런 상황에서 다채로운 날개를 가진 많은 종류의 나비들과 벌들이 이 꽃에서 저 꽃으로 훨훨 날아 다니고 있었는데, 그것은 나에게 즐거운 분위기를 만들어 줬다. 나의 기억에 의하면 그것은 내가 어리긴 했지만 내가 첫 번째로 미적 고찰에 몰두했던 바로 그 순간이었다.

Taking that opportunity, I was able to avoid my gloomy mind. Thus, whenever I walk along the flower path, my reminiscence of childhood comes back to my mind as an anecdotal remembrance.

그것을 계기로 나는 나의 침울한 심정을 어느 정도 피할 수가 있었다. 그러므로 나는 꽃 길을 거닐 때마다 나의 어린 시절의 추억이 하나의 일화기억으로써 떠오른다.

For me, flowers not only give me delight and hopes, but also evoke memories of my sad experience. The former exerts a favorable influence on me, of course. However, the latter gives me an opportunity of examining my life.

꽃은 나에게 기쁨과 희망을 주기도 하지만 나의 슬픈 경험도 재현시키게 한다. 물론 전자의 경우가 나에게 좋은 영향을 미치게 한다. 하지만 후자의 경우는 나에게 삶을 고찰할 수 있는 기회를 만들어 준다.

I think it may be fairly asserted that life from time to time exists with a mingled feeling of joy and sorrow. This is because having the joys and sorrows in life is, I think, attributes characteristic of humans just like love and hate are emotions indigenous to humanity.

나는 삶이란 때때로 슬픔과 기쁨이 혼합된 감정이 함께 존재하는 것 같다고 단언해도 괜찮을 것 같다고 생각한다. 그 이유는 마치 사랑과 미움이 인간 고유의 감정인 것처럼 삶에서 기쁨과 슬픔을 갖는다는 것은 인간의 고유한 속성이기 때문이다.

In fact, the joys and sorrows are essentials out of which our sentiments are formed.

사실 기쁨과 슬픔은 우리의 감정을 구성하는 데 불가결한 요소인 것이다.

Most plants express their beauties into flowers, which are, in a sense, their sentiment, but the wonders of nature in general.

대부분의 식물들은 자신들의 아름다움을 꽃으로 표현하는데, 그것은 어떤

English Newspaper Article (column)

의미에서는 그들의 정서(情緖)인 것이며 일반적으로는 조화(造化)의 묘인 것이다.

Thus, this also indicates a kind of the plant's generic character, doesn't it? We, as a part of nature, are given opportunity to appreciate their natural beauties.

따라서 이것 역시 식물들의 일종의 속성을 나타내는 것인데 그렇지 않은가? 우리는 자연의 일부로서 그것들의 자연미를 음미할 수 있는 기회가 주어진다.

Every flower has a symbolic meaning, which is decided by a human. For instance, a violet means modesty or purity. A red puppy symbolizes solace or praise. A dandelion is symbolic of declaring one's love to someone. A red rose is an emblem of love or a wish, and so forth.

각각의 꽃은 상징적 의미를 가지고 있는데, 그것은 사람들에 의해 결정된 것이다. 예를 들면 제비꽃은 겸손 또는 순수함을 의미하며, 빨간 양귀비는 위안 또는 칭찬을 상징하며, 민들레는 그 누군가에게 사랑을 고백하는 것을 표상하며, 빨간 장미는 사랑 또는 소망을 상징한다.

Actually, however, we appreciate them in relation to our basic stance. That is, we, I think, construe the meaning of a flower differently according to our feelings at present. This is because human generic character in regard of emotion is, I think, various from the existing state of things.

하지만 실제에 있어서 우리는 자신의 입장과 연관해서 그 꽃들을 음미하게 된다. 즉, 우리는 현재의 우리의 감정에 따라 꽃의 의미를 달리 해석하게 된다고 생각한다. 그 이유는 감정에 관한 인간의 속성은 상황에 따라 가지 각색이기 때문이다.

Recently, when strolling along the flower path, I meditated on a philosophical problem, thinking that displaying one's emotions is an act to form a part of harmonizing one's views with existing facts.

최근 나는 꽃 길을 거닐 때 자신의 감정을 드러낸다는 것은 현실과 자기 의견을 조화시키려는 일환(一環)을 이루기 위한 하나의 행위라고 생각을 하면서 철학적인 문제에 대하여 명상을 해 보았다.

English Newspaper Article (column)

Delights of picking wild greens

산나물 채취의 즐거움

May 17, 2014
2014년 5월 17일
By Kim Song-rhei

Young greens sprouting in early spring in the wild are tasty, as well as stimulating our appetite. They are also rich in various kinds of vitamin which are necessities for good health.

야생 상태에서 이른 봄에 돋아 나오는 봄나물은 맛이 있을 뿐만 아니라 우리의 입맛을 돋구어 준다. 그것들은 또한 건강에 꼭 필요한 각종 비타민이 많다.

Accordingly, incorporating young greens into our diet not only can be added to dishes with the flavor, but also makes a menu fresh. It is one of the great ways, particularly in the spring season after spending a long winter season, to create a vitalizing atmosphere.

그러므로 봄나물을 우리의 식단에 포함시키는 것은 요리에 맛을 더해 줄 뿐만 아니라 식단을 신선하게 해 준다. 그것은 특히 긴 겨울을 보내고 난 이후의 봄철에 원기를 북돋우는 분위기를 만들어내는 좋은 방법들 중에 하나인 것이다.

Of course it is needless to say that a cook must preferentially get them well seasoned with condiments to suit our taste. Vegetables well flavored with spices according to one's taste entails creating a pleasant or enjoyable relish in the mouth.

물론 요리사는 봄나물이 우리의 입맛에 잘 맞게 하기 위해서는 우선적으로 여러 양념으로 잘 무쳐야 한다는 것은 말할 필요도 없다. 입맛에 따라 잘 무쳐진 나물은 필연적 결과로써 입안에 넣었을 때 기분 좋은 맛을 만들어 낸다.

Their texture is also easy to chew and agreeable to the mouth.

그것들의 질감 역시 잘 씹히고 입을 즐겁게 해 준다.

However, gathering herbs in the mountains poses extreme challenges as opposed to simply eating them in a dining room or a restaurant.

하지만 산에서 나물을 채취하는 것은 단순히 식당이나 음식점에서 그것들을 먹는 것과는 대조적으로 어려운 것이다.

Many dangerous elements such as a snake, a rocking stone and a plash lurk in the wood overgrown with weeds or trees.

English Newspaper Article (column)

It is quite different from the winter season when leaves are gone from the trees.

뱀, 흔들 바위 그리고 웅덩이 등 많은 위험 요소들이 잡초나 나무가 우거진 숲에 도사리고 있는 것이다. 낙엽이 떨어진 겨울철과는 아주 딴판인 것이다.

Should someone want to go picking wild edible greens in a mountain, he or she should start at least two people. It is also very risky to climb a mountain without proper outfit.

그 누군가 산에서 나물을 채취하기를 원한다면 적어도 두 명 이상이 출발해야 한다. 또한 적절한 장비를 갖추지 않고 산에 오르는 것은 매우 위험하다.

Equally important thing is one should know that some young greens are virulent like a poisonous mushroom which can inflict a fatal blow upon human life.

그와 동등하게 중요한 것은 어떤 나물들은 사람의 생명에 치명적인 타격을 입힐 수 있는 독버섯처럼 독성이 있다는 것을 알아야만 한다.

In practice, there are many precedents for matters connected with poisonous cases occurred after eating wild greens. Being careful in collecting wild greens is as important as defending oneself against poisonous snake.

실제로 산나물을 먹은 이후에 발생된 독살 사건과 관련된 것들에 관한 전례는 많이 있다. 나물을 채취하는 일에 조심을 하는 것은 독사(毒蛇)로부터 몸을 지키는 것만큼이나 중요한 것이다.

Since I spent my boyhood in Chungcheong Province, I know many kinds of wild vegetables. Since then, gathering wild vegetables or medicinal herbs has been one of my hobbies intended for diverting my mind.

소년 시절을 충청도에서 보냈기에 나는 많은 종류의 나물들을 잘 안다. 그때부터 산나물이나 약초를 채취하는 것은 심기(心氣) 전환을 지향한 취미들 중에 하나가 되었다.

As I like living with nature, I think that the real charm of gathering wild vegetables cannot be converted in terms of a materialistic view. It can be calculated in terms of cultivating the mind or building up a healthy body.

자연을 벗삼기를 좋아하는 사람으로서 나는 산나물 채취의 참 묘미는 물질적인 생각으로 환산할 수 없다고 생각한다. 그것은 정신을 신장시키거나 신체를 단련시키는 관점으로 환산될 수 있는 것이다.

So, when I feel my mental and physical exhaustive in the spring or summer season, I, as an amateur of outdoor exercises, frequently go picking wild herbs in the mountains.

그래서 나는 야외 운동 애호가로서 봄이나 여름철에 심신이 나른하게 느껴질 때는 자주 산으로 나물을 채취하러 간다.

English Newspaper Article (column)

The hobby intended to look for some excitement eventually serves me two favorable results come from a single effort- restoring my spirits, and having an effect on physical exercise.

그 어떤 자극을 찾기 위해 의도된 이 취미는 결국 나에게 일거양득, 즉 기분을 일신(一新)시켜주고 신체 운동에 효과를 나타내 주는 셈이다.

It is of common knowledge that in order to inject fresh vigor to the languid mind and body, taking moderate exercise outdoors is rather better than having a rest indoors. In this respect, picking wild herbs is the very thing exceedingly happy for me.

나른해진 심신(心身)에 신선한 활력을 불어넣기 위해서는 실내에서 휴식을 취하기 보다는 야외에서 적당히 운동을 하는 것이 오히려 좋다고 널리 알려져 있다. 이런 관점에서 나물을 채취하는 것은 나에게 대단한 기쁨을 주는 바로 그것인 셈이다.

Weeks ago, I made an ascent of a mountain to pick herbs. The hill was thickly wooded with a thicket of assorted trees. Once again I realized that I live as one of nameless weeds or a passing stranger in the moment of the shifts and changes of life, which has been happening since time immemorial.

수 주일 전 나는 나물을 채취하러 등반(登攀)을 했다. 산은 여러 잡목들로 우거져 있었다. 다시 한번 나는 태고 적부터 발생되고 있는 이 세상의 유위전변(有爲轉變)의 한 순간 속에서 이름 모를 잡초들 중의 하나 또는 나그네로서 살

영어신문 기사(칼럼) 해설

아가고 있음을 알게 되었다.

Anyway, since the spring has come early this year compared with other years, wild vegetables also put forth new shoots early. I realized that some of them had already become tough and stringy. Nevertheless, having known many kinds of wild edible greens, I had not much difficulty finding other tender ones.

금년엔 예년에 비해 봄이 일렀기에 산나물들도 새순이 일찍 돋아났다. 어떤 것들은 이미 쇠어 있다는 것을 알게 되었다. 그렇지만 여러 산나물들을 알고 있기 때문에 나는 다른 부드러운 것들을 발견하는데 그다지 큰 어려움이 없었다.

In the meantime, I was drenching in sweat, feeling myself in a happy state of mind. I was indeed perfectly happy, enjoying the surrounding natural scenery. All things in nature just seem to be reposed under the blue heavens, being in harmony with one another.

그러는 동안 나는 행복한 기분에 잠겨 있다고 생각하며 땀에 흠뻑 젖어가고 있었다. 나는 주변의 자연 경관을 즐기며 정말이지 더할 나위 없이 행복했다. 자연 속의 모든 것들은 푸른 하늘 아래에서 서로서로 조화를 이루며 고요하기만 한 것 같았다.

Thereupon, I talked to myself that "what is life?" and "what do I have to hold in esteem in my life?"

533

English Newspaper Article (column)

거기서 나는 '인생이란 무엇인가?' 그리고 '나는 나의 삶에서 무엇을 존중해야 하는가?'라고 자문을 해 보았다.

These common questions obliged me to dismiss old ideas such as what I have thought well of neglecting my duty as a father, husband and member of society.

우선(于先) 이 평범한 두 질문은 나에게 아버지, 남편 그리고 사회의 일원으로서 그 동안 게을리했던 것을 괜찮다고 여기고 있었던 것과 같은 낡은 생각을 버리라고 나에게 강요를 하게 하였다.

영어신문 기사(칼럼) 해설

Delights of being lost in meditation

사색에 잠기는 즐거움

The Korea Times
코리아 타임스
Saturday, Feb 28, 2015
2015년 2월 28일
By Kim Song-rhei

How often do we look up at the sky in the manner of being lost in thought as city dwellers? As for me, I am in the habit of gazing at the sky in that way when climbing a mountain, especially when I reach the top of a hill.

우리는 도시인으로서 사색에 잠기는 방식으로 하늘을 얼마나 자주 바라보는 것일까? 나로서는 등산을 할 때, 특히 산꼭대기에 도달했을 때 그런 식으로 하늘을 바라보는 것이 나의 습관이다.

Looking up at the unlimited expanse of the sky or looking out over the wide view from a mountaintop does always bring me the world of good. At this very moment, I feel that I finally free myself from city life bustling about applying myself to my busy work, which is one I am willing to bear on ordinary days.

산꼭대기에서 끝없이 펼쳐진 넓은 하늘을 바라보거나 확 트인 경치를 내려다 보는 것은 나에게 언제나 멋진 세상을 만들어 준다. 나는 이때 평일에는 기꺼이 참아야 할 일인 나의 분주한 업무에 힘쓰느라 부산을 떨던 도시 생활에서 마침내 벗어났다고 생각을 하게 된다.

It also gives me the chance to draw inspiration from the contemplation of nature. It is just an occasion to enjoy my spiritual welfare (or repose) as well as build up my healthy body. I am not alone in feeling this way, of course.

그것은 또한 나에게 자연의 관조(觀照)에서 영감(靈感)을 연역(演繹)하는 기회를 준다. 그것은 바로 나의 정신적 행복(또는 영혼의 안식)은 물론 신체를 단련시킬 수 있는 기회인 것이다. 이런 식으로 생각을 하는 것은 물론 나만은 아닐 것이다.

It is of common knowledge that contemplation is used for relaxation and stress reduction. In connection with this, I believe that looking at the boundless sky with a serene mind never fails to have one's mind at rest, creating a pleasant atmosphere to be lost in meditation. Thus, when I want to produce this sort of atmosphere, I willingly prefer to climb a mountain rather than to accompany a person.

명상은 휴식과 스트레스 해소를 위해 사용된다는 것은 널리 알려져 있다. 이런 관점에서 나는 고요한 마음으로 끝없는 하늘을 바라보는 것은 명상에 잠길 수 있는 즐거운 분위기를 조성해 주면서 우리의 마음을 반드시 편안하게 해준다고 생각한다. 그러므로 나는 이 같은 분위기를 조성하기를 원할 땐 그 어떤 사람과 함께 동행하기 보다는 혼자 산에 오르는 것을 선호한다.

In the figurative sense, I think that the sky is a bath that washes off all the material or mental dirt originated from the world in which we live. It seems to me that nothing can compare with it in terms of generosity and receptive capacity. Where can we find such a generous bath as this in this world?

비유적인 의미에서 하늘은 우리가 살고 있는 세계로부터 비롯된 모든 물질적 또는 정신적 때를 씻어주는 욕조(浴槽)라고 생각한다. 생각건대 관대함과 수용력에 관하여 그것에 견줄만한 것은 없는 것이다. 우리는 이 세상 어디에서 이만큼 너그러운 욕조를 발견할 수 있을까?

We, regardless of sex and age, are subject to being lost in various conceptions involved in a material-dominated society. The boundless expanse of the sky, however, always gets ready to hold us in its sacred arms to get a lucid mind.

우리는 남녀노소를 막론하고 물질이 지배하는 사회에서 얽혀진 다양한 상념에 잠기기 마련이다. 하지만 저 끝없는 하늘은 맑은 마음을 가질 수 있도록 우리를 언제나 자신의 신성한 품 안으로 껴안을 준비가 되어 있는 것이다.

It may sound paradoxical, but the sky is associated in my

English Newspaper Article (column)

mind with sympathetic atmosphere as if I am taking a bath at a small private bathroom with a contented feeling after being busy with my routine work.

역설적으로 들릴는지 모르지만 일상 업무로 분주하게 보내고 난 후 내가 마치 느긋한 마음으로 작은 독탕에서 목욕을 하고 있는 것처럼 하늘은 나에게 아늑한 분위기를 연상시킨다.

A wind, air and a cloud drifting with the current not only serve as fresh water and cakes of fragrant soap, but also greet us with delight by various ways. They are, in a sense, our true and holy friends guiding our steps in the path of a great spiritual world, drifting from place to place in the holy sky.

흐르는 대로 떠도는 바람과 공기 그리고 구름은 신선한 물과 향기로운 비누의 역할을 할뿐만 아니라 우리를 다양한 방식으로 반가이 맞이해 준다. 그들은 신성한 하늘에서 정처 없이 떠돌면서 우리를 훌륭한 정신적 세계로 이끄는 참답고 신성한 친구인 것이다.

The sky, decorating itself with a diversity of natures all the year round, always helps us to be absorbed in contemplation. When the night falls, for instance, twinkling stars give us an opportunity of full play to our imagination and the moon, in the figurative sense, fulfills its duties as a candle, entering into our feelings.

일년 내내 다양한 자연 현상으로 스스로를 꾸미는 하늘은 우리가 언제나 사색에 잠길 수 있게 도움을 준다. 예를 들어 밤이 되면 반짝이는 별들은 우리가 상상의 날개를 펼칠 수 있는 기회를 마련해 주며, 또한 달은 비유적인 의미로 우리의 기분을 살펴주면서 하나의 촛불로서 자신의 임무를 다한다.

I think that God always expresses himself in the landscape to mankind. Accordingly, I regard a drift of clouds across the sky as inscribing words representing God's will in the sky, believing that the clouds are touched by divinity.

신은 언제나 인간에 대하여 자연의 경관 속에 자기를 표현하고 있다고 생각한다. 그러므로 하늘에 흘러가는 구름은 신성을 띠고 있는 것이라고 믿으며 하늘에 신의 뜻을 나타내는 언어를 새기는 것이라고 여긴다.

Representing by metaphor, clouds sailing in the blue sky are a God's language, and the sky allowing clouds to float freely is a blank sheet of paper.

비유적으로 나타내어 푸른 하늘에 두둥실 떠있는 구름은 신의 언어이며, 구름이 자유롭게 표류할 수 있도록 허용해 주는 하늘은 백지인 것이다.

The last time I looked hard at the sky on the mountain, I, as a rational being, felt like making amends for my sins, and I wanted to carve my feelings in the sky just like a cloud sailing freely in the blue sky, which conceives warm affection for a human.

지난 번 산에서 하늘을 응시할 때 나는 이성적인 존재로서 속죄하는 마음이

English Newspaper Article (column)

들었으며, 인류에게 따뜻한 애정을 품고 있는 푸른 하늘에서 자유롭게 두둥실 떠있는 구름처럼 나의 기분을 하늘에 새겨보고 싶었다.

That is, seeking after happiness in a material civilization is liable to lay our ethical sense, but a contemplative life or a religious life makes us realize the lack of our moral sense.

즉 현실적으로 물질 문명 속에서 행복을 추구하는 것은 자칫 우리의 윤리관 념을 묻어버리기 십상이지만, 명상적인 생활 또는 신앙생활은 우리의 도덕 의 식의 결여를 깨우치게 해준다 라고.

In the meantime, I deduced from the surrounding scenery that the relation of nature and a human until today was one-way exchange with nature giving every favor to us, and a human content to do taking.

그러는 동안 나는 주변의 경치에서 연역하였다. 즉 자연과 인간의 관계는 여 태까지 자연은 인간에게 모든 호의를 베풀고, 사람은 자연으로부터 언제나 받 는 것으로 만족을 하는 일방적인 교환 방식이었다 라는 것을 추론하였다.

영어신문 기사(칼럼) 해설

The Cuckoo in the Woods

숲 속의 뻐꾸기

The Korea Times
Tuesday July 21, 2015
2015년 7월 20일 화요일
By Kim Song-rhei
김송뢰

It is said that musical entertainment is a good complement to a party. Likewise, when one strolls along a forest path, the singing of a cuckoo in the woods reaches one's ears merrily as a ring of a clear tone. In this regard, the bird, I think, is the right one for harmonizing woods.

'파티에는 음악적인 여흥이 있어야 제격이다'라는 말이 있다. 마찬가지로 어느 누군가 숲 속을 산책할 때, 숲 속의 뻐꾸기 노랫소리는 그 사람의 귓전에 맑은 음색으로 즐겁게 들려온다. 이런 관점에서 나는 이 새가 숲을 조화롭게 하는데 제격이라고 생각한다.

However, since the cuckoo is a summer migratory bird, the clear ringing sound echoes around the hills only during the

English Newspaper Article (column)

season of thick foliage.

하지만 뻐꾹새는 여름 철새이기에 그 청아한 노랫소리는 녹음(綠陰)철 동안에만 주변의 산에 울려 퍼진다.

The other day when I took a morning walk in a hill, I enjoyed the essence of the green trees swaying in the breeze and the aroma of sun-kissed seasonal flowers. In the meantime, I heard the cuckoo singing on the top of a tall tree.

지난 번 어느 한 구릉지대(丘陵地帶)에서 아침 산책을 할 때 나는 산들바람에 흔들리는 푸른 나무들의 진수(眞髓)와 태양을 듬뿍 머금은 계절 꽃들의 향기를 즐겼다. 그러는 동안 어느 한 큰 나무의 꼭대기에 앉아서 노래하는 뻐꾹새의 노랫소리를 들었다.

The moment I heard the notes, I felt an impulse to liken the sound to a kind of song singing in soprano, and the bird to a young woman walking with a broad grin on her hansom face.

그 노랫소리를 듣는 순간 나는 그 소리를 소프라노로 노래하는 어느 한 노랫가락으로, 그리고 그 새는 잘 생긴 얼굴에 노골적으로 씩 웃음을 띠고 걸어가는 어느 한 젊은 여인과 비유해 보고 싶은 충동을 느꼈다.

In other words, the woods nestled in the bosom of late spring seem to be brimming over with animation vitalized by the bird singing with a light heart; besides, the bird living in hope seems to make the fresh green of spring become deeper and deeper. Thus, I thought the bird is a good singer in addition to being a shining light of the woods.

다시 말하여 늦봄의 품에 안겨 있는 숲은 쾌활하게 노래하는 그 새로부터 활기를 받아 생기가 넘치어 흐르는 것 같았고, 게다가 희망에 살아가는 그 새는 봄철의 신록이 무르녹도록 해주는 것 같았다. 따라서 그 새는 숲 속의 대가(大家)인데다가 훌륭한 가수라고 생각했다.

In a figurative sense, I think that the relation between the birds and the woods is as much the same as "love and justice are complements each of the other." Accordingly, "the birds are to the woods what justice is to love."

비유적인 의미로 새들과 숲의 관계는 마치 '사랑과 정의는 서로 더불어야 완전해진다'라는 말과 마찬가지라고 생각한다. 따라서 새와 숲의 관계는 정의와 사랑의 관계인 것이다.

Simply put, just as trees alone do not compose a wood, so birds are indispensible to make the woods more beautiful.

간단히 말해서 나무만으로 숲이 되는 것이 아니듯 새들은 숲을 더욱 아름답게 하는데 있어서 필수적인 것이다.

In fact, we can find many kinds of trees, weeds, mosses and rocks in every shape and form in the woods, not to mention birds. All of these are in tune with one another. Plant life such as weeds and mosses, which we regard as having little value,

English Newspaper Article (column)

in a sense, are more beautiful than trees.

사실 우리는 숲에서 새들은 일단 제쳐놓더라도 많은 종류의 나무들, 잡초, 이끼 그리고 여러 모양의 암석들을 볼 수 있다. 이 모든 것들은 서로 잘 어울린다. 별 가치가 없다고 여겨지는 잡초와 이끼 같은 식물은 어떤 의미에서는 나무보다 더 아름다운 것이다.

These seemingly trivial phenomena, in fact, create details in the realm of nature just as rain and wind are natural agents that create scenic beauty.

이 같이 겉보기에 하찮은 현상들이 사실은 마치 비나 바람이 아름다운 경치를 만드는 자연의 힘인 것처럼 자연 영역내의 모든 구체적인 것들을 느끼게 해주는 것이다.

Then, why the cuckoo, to say nothing of her charming song, gives me a favorable impression? I, as a man who likes making observations of birds, think well of the cuckoo in that she is very faithful to her young, though she is unable to build a love nest by its own efforts.

그렇다면 어찌하여 뻐꾸기는 (그 매력적인 노래는 말할 것도 없고) 나에게 좋은 인상을 주는 것일까? 새들에 대하여 관찰하기를 좋아하는 사람으로서 나는 뻐꾸기가 사랑의 둥지를 스스로 지을 능력이 없기는 하지만 자신의 새끼에게 효성이 극진하다는 점에서 좋게 여긴다.

In fact, the bird is too wise to build a nest. It lays one or two eggs on a nest which is built with great effort and brooded by other species of birds. It seems to be a shrewd trick, but I believe that it is an act to keep the balance of nature in compliance with the wise providence of Heaven.

사실 뻐꾸기는 너무 영리해서 둥지 짓는 일을 하지 않는다. 그 새는 다른 종의 새들이 공들여 짓고 알을 품고 있는 둥지에 한 두 개의 알을 낳는다. 그것은 교활한 것 같기도 하다. 하지만 그것은 하늘의 섭리에 순응하여 생태적 자연의 평형을 유지하기 위한 것이라고 나는 믿는다.

Perhaps it is no more than a guess but I feel confident that the bird, unlike other species of birds, has not only far better handling at prenatal culture, but also very clever at taking care of her young.

어쩌면 추측에 불과할지는 모르겠지만, 이 새는 다른 종의 새들과는 달리 태교(胎敎)를 다루는데 있어서 훨씬 더 잘할 뿐만 아니라 자신의 새끼를 돌보는 것에 능숙하다고 나는 확신한다.

After laying an egg or two on a nest attended by other birds, the bird begins to prenatal care of an unborn child, letting an embryo in the egg hear of her notes - cuckoo, cuckoo···, off and on in the vicinity of the nest.

뻐꾸기는 다른 새들이 돌보고 있는 둥지에 알을 낳고 난 이후, 그 둥지의 부근(附近)에서 간헐적으로 뻐꾹, 뻐꾹···, 울면서 알 속에 있는 태아의 교육을 시작한다.

English Newspaper Article (column)

I think it is a kind of an act of maternal affection, an act to ease her embryo's mind nestled in the bosom of another species of mother bird. Is that all? Her parents by blood directly take care of her young when the young leaves foster parent.

나는 이것을 일종의 모성애로서의 한 행위라고 본다. 즉 다른 종의 어미 새의 품에 안겨있는 자신의 태아의 마음을 안심시켜주고 있는 것이다. 그뿐인가? 새끼가 양부모를 떠날 때는 친부모가 자신의 새끼를 직접적으로 돌보기 시작한다.

From an inductive reasoning point of view, the cuckoo's notes, I think, is the sound letting us know the fact that both fetal and infancy education are very important in terms of the formation of character.

귀납적 추리의 관점에서 볼 때 뻐꾸기 소리는 태교(胎敎)는 성격 형성에 관하여 매우 중요하다는 것을 우리에게 알려주는 소리라고 생각해 본다.

It is truly said that we can learn everything from Nature. In this respect, I think the cuckoo is a teacher who allows us to understand how the wood plays an important role in the realm of nature.

우리는 자연으로부터 모든 것을 배울 수 있다고 하는 것은 당연한 것이다. 이 점에 있어서 나는 뻐꾸기는 숲이 자연계에서 얼마나 중요한 역할을 하고 있는지 알려주는 하나의 스승이라고 생각한다.

영어신문 기사(칼럼) 해설

This is the moment that I feel an obligation to Nature for her methodical rule, thinking that God made the country, and man made the town.

나는 이 순간 신은 시골을 만들었고 사람은 도시를 만들었다는 생각을 하면서, 다시 한번 자연의 질서 있는 규칙의 은혜에 보답을 해야 한다는 것을 깨달아 본다.

English Newspaper Article (column)

A football player's unusual behavior

어느 한 축구 선수의 유별난 행동

Jun 2, 2014
2014년 6월 2일
By Kim Song-rhei

If you ponder over a matter with your hand put over your chest, it is probable that your right hand will be placed over your heart following your primitive instincts. This is because you know by instinct that your heart is placed on the left of our breasts.

만약 그 어떤 사람이 자신의 손을 가슴에 얹고 그 어떤 문제에 대하여 깊이 생각한다면, 그 사람은 필시(必是) 본능에 따라 오른손이 가슴에 올려질 것이다. 그 이유는 우리는 우리의 심장이 흉부의 왼쪽에 자리 잡고 있다는 것을 본능적으로 알고 있기 때문이다.

Recently, I read a news story connected with what I stated above. The article deals with a renowned Korean young soccer player (Ki Sung-yueng) who caused controversy when performing the national anthem ceremony prior to a match. The game suffered a 1-0 loss to Tunisia on May 28, in Seoul in its final pre-world Cup match (or World Cup warm-up game.)

최근에 나는 위에 언급한 것과 관련된 문제의 기사를 읽었다. 그 기사는 어느 한 유명한 축구 선수(기성룡)가 경기에 앞서 애국가 의식이 거행될 때 물의를 일으킨 것을 다루었다. 그 경기는 월드컵 경기 전의 마지막 시합으로 5월 28일 서울에서 Tunisia를 상대로 치러진 시합이었으며 1대 0으로 패하였다.

The article reported on Jun 4, in this paper says that "Ki placed his left hand vaguely over his chest instead of putting his right hand over his chest as millions of schoolchildren do everyday."

본지(本紙) 6월 4일자의 그 기사는 '기성룡은 매일 수만 명의 학생들이 하는 것처럼 오른손을 가슴에 올려 놓는 대신에 왼쪽 손을 어느 쪽 가슴인지 분명치 않게 올려 놓았다'라는 것이다.

It is possible that the player, following the dictates of his conscience, must have felt uneasy about his behavior after that time, whether he did it by design or by accident. Since things have come to this pass, the player explained himself for that matter in a bid to calm down the criticism occurred from fans.

그 선수는 그것을 고의로 했든 우연으로 했든 그 후에 양심이 명하는 바에 따

English Newspaper Article (column)

라 자신의 행동에 대하여 틀림없이 편치 않았을 것이다. 이렇게 된 이상 그 선수는 팬들로부터의 비판을 가라앉히기 위해 그것에 대하여 해명을 했다.

The news also carries the player's excuse. In his explanation, he said that he was so nervous - it was his first time since returning from injury - that he wasn't thinking clearly.

그 뉴스엔 그 선수의 변명도 역시 게재하고 있다. 그의 해명에서 그는 부상에서 돌아와 처음 갖는 경기이기에 분명히 생각을 할 수 없었다고 말했다.

It is clear that performing a ceremony before doing an event means to devote all one's energies to the matter by fair means. It is a kind of meditation to brace up one's spirits and body.

어떤 한 행사를 치르기에 앞서 의식을 거행한다는 것은 정당한 수단으로 그 일에 모든 전력(全力)을 기울이겠다는 것을 의미한다는 것이 분명하다. 그것은 심신을 가다듬기 위한 일종의 묵상(默想)인 것이다.

Girding oneself up to be faithful one's duties is a matter of great importance. It is something that one will have great confidence in oneself. It is, in a way, almost the same as a religious ceremony, offering a most reverential prayer.

자신의 임무에 충실하기 위해 마음을 가다듬는 것은 매우 중요한 일인 것이다. 그것은 큰 자신을 갖게 하는 것이다. 그것은 어떤 의미에선 경건(敬虔)한 기도를 드리는 종교 의식이나 거의 마찬가지인 것이다.

If a coach commands that his or her athlete make the rounds of a play yard in haste as soon as possible, the player will make a turn to the left by instinct at the corner.

만약 어느 한 코치가 자신의 운동선수에게 가능한 빨리 운동장을 돌라고 명령을 하게 되면 그 운동 선수는 모퉁이에서 본능적으로 왼쪽으로 돌게 될 것이다.

This is because it will let the player take things easy and safe for the efficient conduct of the instructions. This, I think, is a sort of the wise providence of Heaven just as the earth turns round the sun.

그것은 그 지시의 효과적인 수행을 위해 그렇게 하는 것이 그 선수가 편하고 안전하게 되기 때문이다. 나는 이것을 지구는 태양의 주위를 회전하는 것처럼 일종의 하늘의 섭리라고 생각을 한다.

Likewise, if a baby cries for something, the baby's mother, above all things, will bring the baby's head into contact with her heart on the left side, lulling the baby in her arms.

마찬가지로 만약 어느 한 아기가 그 무엇 때문에 운다면 그 아기의 엄마는 우선적으로 아기를 자신의 품에 안아 달래며 아기의 머리를 왼쪽에 있는 심장과 접촉시키게 할 것이다.

As a natural consequence it follows that the baby will hear her mother's heart throbbing and feel relief through the

English Newspaper Article (column)

kindness of her mother. It is also in accord with a happy dispensation of Nature. Isn't it?

당연한 결과로서 그 아기는 엄마의 호의로 엄마의 심장 고동소리를 듣게 될 것이며 안도(安堵)하게 될 것이다. 이것 역시 자연의 오묘한 섭리에 부합(符合)되는 것이다.

Human beings differ from animals in that they use figurative expression. Expressing in a figurative sense is what makes man unique among animal species in that other species are not use a metaphorical expression at all.

사람은 비유적인 표현을 사용한다는 점에서 동물과 다르다. 다른 동물들이 비유적인 표현을 전혀 사용하지 못한다는 점에서 비유적인 뜻으로 표현을 한다는 것은 동물 종 사이에서 인간을 독특한 존재로 만드는 것이다.

Therefore, it may perhaps that the football player's unusual deed during the national anthem ceremony has a deep meaning, producing a response to a factor causing social instability.

따라서 애국가 의식이 거행되는 동안 그 선수의 예사롭지 않은 행위는 어쩌면 사회 안정을 저해시키는 요인들에 대한 반응을 일으키면서 의미(意味)심장할 수도 있을 것이다.

It may be that the player did it with design, but he gave a vague answer. I think he expressed his point of view in a metaphorical expression instead of using plain speaking. His way of deed, I think, is really a rational manner as a rational being.

그 선수는 어쩌면 고의적으로 그렇게 했고 대답을 얼버무려 넘겼을 것이다. 나는 그가 자신의 견해를 직언(直言)을 사용하는 대신에 비유적으로 표현했다고 생각한다. 그의 행위 방식은 이성적인 존재로서 참으로 이성적인 방법이었다라고 생각한다.

The real meaning of his deed is, undoubtedly, he loves our country. I believe that it was a kind of patriotic movement, representing by metaphor. In short, he made a strong protest against social evils spreading in our society.

그의 행위의 진정한 의미는 의심할 여지없이 우리나라를 사랑한다는 것일 것이다. 그것은 비유적으로 나타낸 일종의 애국 운동이라고 생각한다. 한마디로 그는 우리 사회에 만연하고 있는 병폐에 대하여 엄중히 항의한 것이다.

In fact, none but a fool would do such a thing. He, as a rational being, clearly knows that we have the heart on the right side. He is very clever player. He stands out among football players for his brilliant ability home and abroad. Not only that, he married a famous and lovely actress performing her part with brilliance in the entertainment world.

사실 바보가 아닌 이상 그런 짓은 하지 않을 것이다. 그는 이성적인 존재로서 심장이 오른쪽에 있다는 것을 분명히 알고 있다. 그는 대단히 총명한 선수이

English Newspaper Article (column)

다. 그는 국내외에서 축구선수들간에 뛰어난 재능으로 두각을 나타내고 있다. 그뿐만 아니라 그는 연예계에서 훌륭한 연기를 보여주고 있는 어느 한 유명하고 아름다운 여배우와 결혼을 했다.

I am positive that the player's abnormal behavior was a symbolic event in that he repeatedly made us realize the prevalent social evils.

나는 그 선수의 예사롭지 않은 행위는 만연하고 있는 사회의 병폐를 우리에게 거듭 일깨워 줬다는 점에서 상징적인 일이었다고 생각한다.

영어신문 기사(칼럼) 해설

A migratory bird and an opportunist

철새와 기회주의자

The Korea Times
코리아타임스
Jun 26, 2014
2014년 6월 28일
By Kim Song-rhei

Why is that, while a migratory bird abides by the Providence of God, we often taunt an opportunist with a migratory bird?

철새는 신의 섭리를 잘 지키는데도 우리는 어찌하여 기회주의자를 철새라고 조롱하는 것일까?

As a man interested in making comparisons between human nature and animal, I'd like to explain the similarities between people and migratory birds, though I am unqualified to do this.

English Newspaper Article (column)

인간의 천성과 동물들의 천성을 비교해보는 것에 관심이 있는 한 사람으로서 비록 자격은 없지만 이 두 경우(이번의 경우엔 사람과 철새)를 설명하여 보고 싶다.

Thus, it may be that the following observations are not correct because I did not make a specialized study of this field. However, I hope that this proposition, derived from my dilettante life, will give you a subject of reading to some degree.

따라서 나는 이 분야를 전문으로 연구를 하지 않았기 때문에 다음에 말하는 것은 정확하지 않을 수도 있다. 하지만 취미 생활에서 연역한 나의 이 진술이 여러분에게 다소(多少)나마 읽을 거리가 되어주기를 희망해 본다.

The summer bird passes the summertime in the Temperate Zones such as Korean Peninsula for breeding and migrates to tropical regions such as Southeast Asia for a place to rest in winter.

여름철새는 번식을 위해 한반도와 같은 온대 지방에서 여름철을 나고 안식(安息)처를 찾아 겨울철에는 동남아시아 같은 열대지역으로 이동을 한다.

The winter bird, which is an inverse relationship to the summer bird, passes the summer in Arctic regions such as Siberia for breeding and migrates to the place where the four seasons are distinct, such as the Korean Peninsular for a resting place in winter. It is too cold for the bird to pass the

영어신문 기사(칼럼) 해설

winter in Siberia.

겨울철새는 여름철새의 역접관계로 번식을 위해 시베리아 같은 북극 지방에서 여름을 나고 안식처를 위해 겨울철에는 한반도 같은 사계절이 분명한 장소로 이동을 한다. 겨울새가 시베리아에서 월동을 하기엔 너무 춥기 때문이다.

Well, an opportunist is often called a migratory bird as an object of scorn. Taking an opportunist in its literal sense is that he or she doesn't live up to his or her principles in ordinary times, and the migratory bird, as I was saying above, means the wild bird which migrates from place to place for a breeding or a resting place in the summer season or the winter season.

그런데, 기회주의자는 조롱거리의 대상으로서 종종 철새라고 부른다. 기회주의자를 글자 그대로 해석을 하면 평소에 절조를 지키지 않는 사람을 두고 하는 말이다. 그리고 철새라는 말은 앞서 말했듯이 여름철이나 겨울철에 번식지나 안식처를 찾아 이동하는 새를 뜻한다.

When we apply the word "the migratory bird" in the way of making cynical remarks, we may think that it is just the word for an unprincipled person, yet the migratory bird is true to its faithful actions. In a word, the reverse is the case.

'철새'라는 말을 비꼬는 말투로 적용하여 보면 우리는 그 말을 절조가 없는 사람에게 딱 맞는 말이라고 생각할 수 있다. 하지만 철새는 지조를 굳게 지킨다. 한마디로 사실은 그와 정 반대인 것이다.

English Newspaper Article (column)

Then, for what reason do we call an opportunist names such as a migratory bird of all things? There are, indeed, many other animals or birds suitable to represent opportunist such as a chameleon or a cuckoo – the former changes its color when it feels threatened or attract a suitor, and the latter lays its eggs in other bird's nest.

그렇다면 우리는 무슨 이유로 기회주의자를 하필이면 철새라고 이름하여 험담을 하는 것일까? 분명히 카멜레온이나 뻐꾸기 – 즉, 전자의 경우는 자신이 위협을 느끼거나 혹은 짝을 찾을 때 자신의 색깔을 바꾸고, 후자의 경우는 다른 새의 둥지에 알을 낳음 – 같이 기회주의자에 잘 어울리는 동물이나 새가 많이 있지 않은가.

The reason why we openly deride opportunists as migratory birds is that the opportunist, unlike the bird, does everything in his or her own self-interest in an unpredictable way, as and when occasion arises, taking no notice of the law or the public's sense of orderliness.

우리가 기회주의자를 공공연히 철새라고 조롱하는 것은 기회주의자는 철새와는 달리 사리사욕을 위해서라면 법률이나 국민의 공공 질서 의식은 안중(眼中)에 두지 않고 기회가 생기면 예측할 수 없는 방식으로 무슨 짓이든 하기 때문이다.

In this case, the opportunist frequently changes his or her opinion or policy for a new attempt, thinking nothing of the previous one even though it is designed with a firm resolution in person.

이 같은 경우 기회주의자는 새로운 시도를 위해서라면 이전의 계획이 스스로 굳은 결심과 함께 설계되었다 하더라도 그것을 하찮게 여기며 자신의 견해나 정책을 수시로 변경한다.

The opportunist is inclined to judge by the existing state of things in case of need. Therefore, the opportunist is literally unprincipled.

기회주의자는 필요한 경우엔 상황에 따라 판단하는 경향이 있다. 따라서 기회주의자를 문자 그대로 말하면 지조가 없는 사람인 것이다.

The passage bird, however, moves from place to place in sympathy with the change of the seasons, rather than being guided by self-interest. The turn of the season corresponds to human law in a figurative sense, though the latter is far less reasonable than the former. Doesn't it?

하지만 철새는 사리사욕에 지배되기 보다는 계절의 변화에 순응하여 장소를 이주한다. 계절의 변화는 비유적인 의미로 인간 법률에 해당한다. 비록 후자(後者)는 전자(前者)보다 훨씬 불합리하긴 하지만. 그렇지 않은가?

From the governing principle point of view, this is worthy of note. Accordingly, a migratory bird in principle is the opposite of an opportunist. They are, in fact, poles apart in terms of portraying character.

English Newspaper Article (column)

이것은 원칙(原則)이라는 점으로 볼 때 주목할만한 것이다. 따라서 철새는 원칙적으로 기회주의와 반대인 것이다. 그들은 사실상 성격을 묘사하는 면에서 완전히 다른 것이다.

Well then, it is the nature of the migratory bird to be at the mercy of its circumstances, while on the other it is human (especially an opportunist's) nature to be master of his or her circumstances, aspiring to gain the greatest profits by the smallest effort, isn't it?

그렇다면 환경에 지배되고자 하는 것은 철새의 본성임에 반하여, 최소 노력으로 최대 이익을 얻기를 갈망하며 환경을 지배하고자 하는 것이 인간(특히 기회주의자)의 본성이 아닐까?

The bird in essence is indifferent to the accumulation of wealth or technology, and yet it leads a life without a hitch. In other words, it may be as well say that the passage bird exists in pursuit of truth, whereas a man exists in pursuing of piling up a fortune or technology.

새는 근본적으로 부(富) 또는 기술의 축적에 무관심하다. 그러나 탈없이 삶을 영위해간다. 다시 말하면 철새는 진리를 추구하면서 존재하는 것에 반하여 사람은 부(富) 또는 기술을 축적하는 것을 추구하면서 사는 것이라고 말하여도 괜찮을 것이다.

Of course, it is not too much to say that the human nature to accumulate a store of knowledge or technology works as an advantage for the welfare of mankind.

물론 지식과 기술을 축적하고자 하는 인간의 천성은 인류의 복지에 장점으로 작용한다는 것은 지나친 말은 아니다.

Now I fancy that the migratory bird, which inhabits the winter season or summer season on the Korean Peninsula by turns, counsels me to realize that "God made the country, and man made the town." And I like to take this admonition, in a figurative sense, as an old saying which says, "Too much is as bad as too little."

한반도에서 겨울과 여름을 번갈아 가며 서식하는 철새는 나에게 "신은 시골을 만들었고 사람은 도시를 만들었다"라는 것을 훈계(訓戒)하는 것 같다. 그리고 나는 이 충고를 비유적인 의미로 옛 속담, 즉 '지나침은 모자람만 못하다' 라는 말로 받아들이고 싶다.

English Newspaper Article (column)

Incomprehensible Things
이해할 수 없는 것들

The Korea Times
Saturday/Sunday, July 12–13, 2014
2014년 7월 12-13일
By Kim Song-rhei
김송뢰

Why do a rooster crow cock-a-doodle-doo before dawn? When I was young, I was told that the cockcrow in the night is a sound telling the hour of dawn.

수탉은 왜 밤중에 꼬끼오~ 하고 우는 것일까? 나는 어렸을 때 한밤중의 수탉의 울음 소리를 새벽을 알리는 소리라고 들었다.

If my guess is right, the cock cries in an effort not only to defend the territory of his livelihood, but also to make a display of his good leadership, feeling his own superiority to other cocks or even other animals.

모르긴 모르되 수탉은 다른 수탉, 심지어 다른 동물들에 대해 우월감을 품으며 자신의 생활 영역을 지키려는 것뿐만 아니라 자신의 지도력을 과시하려는 노력으로 우는 것이라고 생각한다.

I think that the crow positively produced an effect on many people, especially farmers, in the past. It is probable that the farmers keeping fowls were blessed in hearing the cockcrow day and night.

과거에 수탉의 울음 소리는 사람들, 특히 농부들에게 긍정적으로 영향을 주었다는 것이 분명하다. 나는 닭을 기르는 농부들은 밤낮으로 수탉의 울음 소리를 들을 수 있었다는 것은 축복받은 일이었다고 상상을 해 본다.

It seems to me that the crow reaches our ears as a beautiful musical measure agreeable to all occasions, except when a hen crows after laying an egg or the rooster cries to hens to take precautions against something in the daytime.

내게는 닭의 울음 소리는 암탉이 낮에 알을 낳은 후에 우는 소리 또는 수탉이 암탉들에게 뭔가 조심하라고 우는 소리를 제외하고 모든 경우에 어울리는 아름다운 음절로 우리의 귀에 와 닿는 것 같다.

When people heard the cockcrow while asleep, they must have felt a sense of stability, thinking that the crow as a lullaby. Judging from my guess, the same may be said of hens. This is because the hens feel one hundred percent confident of trusting in the cock.

English Newspaper Article (column)

사람들이 잠들어 있는 동안 수탉의 울음 소리를 들을 때 그들은 그 소리를 자장가로 삼으며 틀림없이 안정감(安定感)을 느꼈을 것이다. 나의 추측으로 비추어 보건대 암탉의 경우도 마찬가지일 것이다. 그 이유는 암탉은 수탉을 신뢰한다는 확신이 있기 때문인 것이다.

I liken the cock crowing at the top of its lungs to a mentor leading people onto the right path. The true mentor is always fair and upright and attends diligently to his or her duties.

나는 목청껏 우는 수탉의 울음 소리를 국민을 바른 길로 인도(引導)하는 지도자에 비유하고 싶다. 진정한 지도자는 언제나 공명정대(公明正大)하고 자신의 직무에 힘쓴다.

Based on the providence of God, the cockscomb of the rooster is much bigger than the hen's. To use a simile, it is also the symbol of higher status with which he or she rules over a people. Therefore, we call persons in the government service "Beoseul (crest)," which means high ranking officials.

신의 섭리에 의거하여 수탉의 볏은 암탉의 볏보다 훨씬 크다. 비유해서 말하면 그것은 백성을 다스리는 높은 지위를 상징하기도 한다. 따라서 우리는 관직에 있는 사람들을 벼슬(또는 고위층)이라 부른다.

People who obtain a high rank in the government administer public affairs, including events of national importance. He or she can exercise tight control over many subordinates under his or her direction to maintain peace and order in the country.

높은 벼슬자리에 오른 사람은 국가적 행사에 지도적 역할을 하면서 많은 공무를 담당한다. 그들은 나라의 안녕질서를 유지하기 위해 많은 사람들을 자신의 지휘하에 두고 엄격한 통제를 실시할 수 있다.

Nevertheless, he or she, in his or her official capacity, cannot make people follow his or her orders. That is because sovereign power resides in the people.

하지만 그는 공인(公人) 또는 벼슬이라는 자격으로서 국민을 자신의 부하로 삼을 수가 없는 것이다. 주권은 국민에게 있기 때문이다.

However, some persons being highly placed have a way of looking down upon people, as if they had the ability to dictate to the whole country. This is entirely different from a heroic deed of the cock.

하지만 고위직에 있는 어떤 사람들은 마치 온 나라를 호령(號令)할 수 있는 능력을 가지고 있는 것처럼 국민을 얕보는 경향이 있다. 이것은 수탉의 영웅적 행위와 완전히 다른 것이다.

In many cases, persons of high rank exercise their official duties through the peddling of administrative favors, with no regard for the people. These cases indeed can be called incomprehensible things. Doesn't it?

English Newspaper Article (column)

많은 경우에 고위 관리인들은 국민의 심경은 안중에 두지 않고 시시한 행정상의 편애로 자신들의 공무를 집행한다. 이런 경우야말로 이해할 수 없는 일인 것이다. 그렇지 않은가?

Newspapers say that a politician working as a member of the Seoul Metropolitan Assembly is being investigated by the police as a criminal.

신문 보도에 의하면 시의원으로 일하고 있는 어느 한 정치인은 범죄자로 주목받고 있다고 한다.

The suspect allegedly coerced a man to kill a businessman who bribed him with hundreds million won on condition of developing the enterpriser's housing lots for a business districts. In other words, the businessman left ill-gotten money to the politician to keep in trust for making a hit in an inconsiderate speculation.

그 혐의자는 어느 한 사람에게 그가 어느 한 사업가의 택지(宅地)를 상업지구로 변경해 주겠다는 조건으로 자신에게 수억 원의 뇌물을 준 그 사업가를 살해하라고 강요했다고 한다. 즉 그 실업가는 무모한 투기의 성공을 위하여 부정한 돈을 그 정치인에게 위탁하였던 것이다.

The promise resulted in failure so the businessman took a threatening attitude. In this situation, the councilman made a terrible blunder, which caused the businessman's death. If it is true, it's really an incomprehensible thing.

그 약속은 결국 지켜지지 않았고 이에 따라 그 사업가는 그 시의원에게 위협적인 태도를 취했다고 한다. 이런 상황에서 그 시의원은 그 사업가의 죽음을 초래한 큰 실수를 저지르게 된 것이다. 이것이 사실이라면 정말 이해할 수 없는 일인 것이다.

I saw on the TV news the councilor yelling at the mayor of Seoul, in which he was going into detailed criticism of the mayor's inefficiency. It was no more than the use of patronage for political advantage to maintain his position.

나는 TV 뉴스에서 그 시의원이 서울 시장의 무능력을 세부에 걸쳐 비판하면서 고함을 치는 것을 보았다. 그것은 자신의 지위를 유지하기 위한 다름 아닌 선심(善心) 공세였던 것이다.

It was indeed political tactics to cover his mistake, thinking that Seoulite would support his claim. It was really a foul play. It was an act trying to throw a person off the track of his or her misdeed.

그것은 서울내기가 그의 주장을 지지해 줄 것이라는 생각을 하면서 자신의 잘못을 덮어버리기 위한 그야말로 정치적 전술이었던 것이다. 그것은 정말 비겁한 짓이었다. 그것은 닭 잡아먹고 오리발 내놓는 행위인 것이다.

The hen never crows cock-a-doodle-doo before dawn. An old saying goes that "It goes ill in the house where the hen sings and the cock is silent before dawn." It is clear that the councilor corresponds to a hen crying in the night, if the

English Newspaper Article (column)

suspicion is found guilty.

암탉은 새벽에 꼬끼오~라고 절대 울지 않는다. 속담에 이르기를 '암탉이 새벽에 울면 집안이 망한다'라고 한다. 만약 그 의혹이 유죄(有罪)로 결정되면 그 시의원은 밤에 우는 암탉에 해당하는 것이다.

영어신문 기사(칼럼) 해설

The Right Man in the Right Place

적재적소(適材適所)

The Korea Times
Saturday/Sunday, July 26-27, 2014
2014년 7월 26-27일
By Kim Song-rhei
김송뢰

Brazil, the host country of the 2014 World Cup, went on to the semifinals and played a match with Germany. The host country, however, suffered a crushing defeat.

2014 월드컵 주최국인 브라질은 준결승전에 진출하여 독일과 시합을 가졌다. 하지만 주최국은 참패를 하고 말았다.

The score was 7-1 in favor of Germany. No one foresaw that Brazil would be defeated by the opponent in such a humiliating way.

English Newspaper Article (column)

7대 1로 독일이 승리했다. 그 어느 누구도 브라질이 상대방에게 이 같은 치욕적인 패배가 있을 것이라는 것을 예상 못했다.

What is more, the unlucky host country, which spent billions of dollars preparing for the tournament, was once again thrashed 3-0 by Netherlands in the third-place playoff match.

설상가상으로 이번 경기를 준비하느라 수십억을 소비한 이 불운한 주최국은 3, 4위전에서 네덜란드에 3-0으로 또다시 지고 말았다.

The continual shock defeats by Germany and Netherlands made Brazil fans melancholy. Such being the case, I think that they well deserve sympathy.

독일과 네덜란드에 충격적인 패배는 결국 자국 팬들을 우울하게 해 놓고 말았다. 이런 즉 나는 그들이 동정을 받을만하다고 생각한다.

I have heard that the worst failure was caused by the absence of two star players, especially Neymar who was unable to play after being injured in the quarterfinals.

그 최악의 패배는 두 명의 스타플레이어, 특히 Neymar 선수의 부재(不在)로 인한 것이라고 하는데, 그 선수는 준준결승전에서 당한 부상으로 인하여 이번 게임에 참석하지 못하게 된 것이다.

This explanation sounds quite plausible and will give some comfort to dispirited Brazilians, most of whom are soccer-loving people and had harbored hopes of winning the World Cup title right on their own turf.

이 같은 설명은 그럴 듯하며, 의기 소침한 브라질 사람들에겐 얼마간의 위안을 줄 수 있을 것인데, 그들 대부분이 축구를 애호하는 국민이며 자국의 경기장에서 월드컵 타이틀의 승리를 가슴에 간직해 왔다.

However, some soccer experts said the skills of the German and Dutch players were the main reason for Brazil's disappointing rout, adding that even if Brazil had been playing at full strength the results would have been about the same.

하지만 어떤 축구 전문가들은 브라질이 모든 힘을 들여 뛰었다 하더라도 결과는 마찬가지였을 것이라고 말하면서 독일과 네덜란드 선수들의 재능이 그 토너먼트에서 브라질이 참패한 것이라고 말했다.

It seems from all account you have to have the right people in the right positions to succeed. I believe that assigning an incapable person to an important post always leads to failure.

성공을 거두기 위해서는 마땅한 인재를 마땅한 자리에 있어야 한다는 것을 말하는 것 같다. 나는 수완이 없는 사람을 요직(要職)에 앉힌다는 것은 항상 실패가 따르기 마련이라고 생각한다.

This, paradoxically speaking, may mean that one who is deficient in experience, especially one that is lacking of a sense of responsibility and morals in dealing with a problem,

English Newspaper Article (column)

will only make matters worse, even though he or she has some of the skills need for the job.

이 말은 역설적으로 말하여 볼 때 그 어떤 사람이 그 어떤 일자리에 재능을 갖고 있다 하더라도 경험이 부족한 사람, 특히 어떤 한 문제를 처리하는데 있어서 책임의식과 도덕의식이 결여된 사람이라면 사태를 더욱 악화(惡化)시킨다는 것을 의미할 수 있을 것이다.

This World Cup soccer game carries my mind back to the 2002 World Cup, which was jointly hosted by Korea and Japan. At that time, the Korean team thrilled our country by cruising into the semifinals with a 5-3 penalty shootout victory over Spain.

이번 월드컵은 한국과 일본이 공동으로 주최한 2002 월드컵을 상기하게 된다. 그 당시 한국 선수들은 스페인을 승부차기에서 5대 3으로 이기고 준결승에 올라가면서 우리나라를 흥분의 도가니로 만들어 놓았다.

Unlike Brazil, our country fully made the best use of its home-field advantage, which delivered Korea into the semifinals.

브라질과는 달리 한국은 홈 이점(利點)을 충분히 활용했는데, 그것은 한국을 준결승에 인도(引渡)하였다.

It was really a miraculous event in World Cup history. At that time, Koreans even jokingly proposed that we make our national hero Guus Hiddink, who coached the Korean team, the next President, though his nationality was different.

한국이 준결승에 오른 것은 월드컵 역사상 놀랄만한 일이었다. 그 당시 많은 한국인들은 한국팀의 감독을 맡았던 Guus Hiddink을 국적(國籍)이 다르긴 하지만, 차기 대통령으로 만들어야 한다고 제의를 하기까지 했다.

That is because he proved himself an able coach. In other words, he was the right man in the right place.

그것은 그가 코치로서의 수완을 발휘했기 때문이다. 즉 그는 마땅한 자리에 마땅한 인재였던 것이다.

Placing the right man in the right place is really important. If it is ignored by political and financial powers, it is almost the same as if an aviator is steering a passenger ship carrying 474 passengers, including 325 high school students, or a navigation officer is piloting an airplane with a full load of passengers including you.

올바른 사람을 올바른 자리에 앉힌다는 것은 정말 중요한 것이다. 만약 이것이 권력과 재력에 의해 무시당한다면, 그것은 우리가 어느 한 비행사에게 325명의 고등학생을 포함해서 474명의 승객을 태운 배를 조타(操舵)하도록 허가해 주는 것, 또는 어느 한 항해사(航海士)에게 당신을 포함해서 승객을 가득 태운 항공기(航空機)를 조정하도록 허가해 주는 것과 거의 마찬가지인 것이다.

English Newspaper Article (column)

Please imagine that what would happen if you, as one of the passengers, were in this kind of situation? It is the last thing one can think of.

만약 당신이 승객의 한 사람으로서 이런 상황에 있다면 어떻게 되겠는가? 그것은 상상조차 하기 어려운 일인 것이다.

Recently, President Park Geun-hye nominated renowned people as part of an extensive reshuffling of her Cabinet. Most of them have come under fire for their past records, which surfaced during the confirmation process.

최근에 현 대통령은 제 2기의 광범위한 내각의 인물 교체를 위해 유명 인사들을 지명했다. 그들 대부분은 과거의 기록에 대하여 비난을 받고 있는데, 그것들은 청문회에서 밝혀진 것이다.

They have been accused of plagiarizing, making speculative real estate investments or receiving preferential treatment and so on. Of course, "Every man has his faults" as the proverb says. But the accusations of their ethical lapses and other alleged wrongdoings incurred the law-abiding people's wrath.

그들은 표절, 부동산 투기 또는 특혜를 받는 것 등으로 비난을 받고 있다. 물론 속담에 '털어서 먼지 안 나는 사람 없다'라는 말이 있다. 그러나 그들의 도덕상의 실책과 그 밖의 추정된 악한 짓들은 선량한 국민들의 분노를 사고 말았다.

If these kinds of people take the initiative in building up a welfare state, it may happen that Korea will move forward like a ship steered by a navigator without holding a license, or like an airplane flying in the air without a pilot.

만약 이런 사람들이 복지 국가를 건설하는데 앞장을 선다면, 우리 국민은 어쩌면 무면허 항해사가 조타(操舵)하는 여객선을 타게 되던가 아니면 비행사가 없이 하늘을 비행하는 비행기 안에 있게 될 수도 있을 것이다.

English Newspaper Article (column)

Let Nature Take Its Course
대자연(大自然)을 흐르는 대로 그냥 두자

The Korea Times
Saturday/Sunday, August 16-17, 2014
2014년 8월 16일
By Kim Song-rhei
김송뢰

It is quite natural for a riverbed to have piles of pebbles and sand. The faster a river flows, the more pebbles pile up. And if the flow of the river flows at a slow pace, less and less sand and pebbles will accumulates on the riverbed. Mud accumulates instead.

강바닥에 자갈과 모래가 쌓이는 것은 당연한 것이다. 강물이 빠르게 흐르면 흐를수록 강바닥엔 더 많은 자갈이 쌓이게 된다. 그리고 강물이 점점 더 느리게 흐르면 흐를수록 강바닥엔 더 적은 양의 모래와 자갈이 쌓이게 된다. 대신에 진흙이 쌓이게 된다.

Mud submerged under water causes rot, whereas mud (or

clay) formed on the ground produces a fertile soil. Accordingly, the former is utterly harmful to an ecological system so that it has a direct influence on the fish living in a river, and the latter is of extensive use for not only for humans but also an ecosystem.

물 속으로 가라 앉은 진흙은 썩은 것을 의미하는 반면, 대지(大地)에 형성된 진흙은 살아 있는 토양을 의미하는 것이다. 따라서 전자의 경우는 생태계에 완전히 해를 주며 이에 따라 강에 사는 물고기들에게 직접적인 영향을 끼치게 된다. 그리고 후자의 경우는 사람에게뿐만 아니라 생태계에도 쓸모가 많은 것이다.

For that reason, it is natural that fish placed in these surroundings should move elsewhere in search of better place. If they fail to escape, they will be destined to get a fatal disease, and can be resulted in so far as to death.

따라서 이 같은 상황에 처한 물고기들은 보다 나은 곳을 찾아 다른 장소로 옮기는 것은 자연스런 것이다. 만약 물고기들이 그런 장소에서 피해가지 못한다면 그들은 치명적인 병에 걸리기 마련이며 심지어 죽음에까지 이를 수 있다.

A river is shaped by the force of nature, and it takes as long as thousands of years (or tens of thousands) to produce balanced features. In other words, Mother Nature has molded her form and features with masterly touch from time immemorial. Hence, it is needless to say that a river formed

English Newspaper Article (column)

by a natural process is far more well-balanced than a river developed (or exploited) by human science and technology.

강은 자연의 힘에 의해 만들어진 것이며, 현재의 균형 잡힌 형태로 만들어지는 데 수천 년(또는 수 만년)이 걸렸다. 바꿔 말하면 대자연은 아주 오랜 옛날부터 그녀의 자태를 훌륭한 솜씨로 만들어오고 있다. 따라서 저절로 형성된 강은 인간 과학 기술로 개발된 강보다 훨씬 더 균형 잡혔다는 것은 말할 나위도 없는 것이다.

In Korea, there are four main rivers that wind their way to the vast expense of the sea - the Han, Nakdong, Geumkang River and Yeongsan Rivers.

한국에는 굽이굽이 바다로 흘러가는 4개의 주요 강이 있다. 즉 한강, 낙동강, 금강 그리고 영산강이 있다.

These rivers meandering through the beautiful mountains and rural communities, or the big cities such as Seoul, I think, not only provide us with lifesaving water, but also render great services to the delicate balance of climatic, geologic and physical conditions of the beautiful Korean Peninsula.

나는 아름다운 산과 농촌 지역 또는 서울과 같은 대도시를 굽이굽이 흘러가는 이 강들은 우리들에게 생명수를 제공해 줄뿐만 아니라 이 아름다운 한반도의 기후, 지질 그리고 물리적 상태의 미묘한 조화에 크게 공헌하고 있다고 믿고 있다.

However, all of these rivers underwent renovations under the "the multi-purpose green growth project." As a result, these rivers are not what they used to be, both in terms of water quality and in its original function.

하지만 이 모든 강들은 "다목적 녹색 성장의 사업"이라는 이름으로 건설되었다. 그 결과 이 강들에서 수질적으로나 강의 원래의 그 기능인 옛날 모습은 찾아볼 수 없게 되었다.

The project spearheaded by former President Lee Myung-bak had five key objectives – ensuring abundant water resources, executing inclusive flood control measures, improving water quality, restoring river ecosystem, and regional development centered on the rivers.

전(前) 이명박 대통령을 선두(先頭)에 둔 이 사업은 다섯 개의 목표가 있었는데, 그것은 물 기근을 막기 위한 많은 물을 확보하기, 포괄적인 홍수 통제를 실행하기, 수질을 개선하고 강의 생태계를 복원하기 그리고 이들 강에 위치한 지역 개발이었다.

The former government, a top decision making body of the ruling party, and the related building contractors started the project in spite of strong opposition from nongovernmental environmental organizations (NGOs), which have disagreed with the government authorities' opinion about an environmental assessment from the beginning,

English Newspaper Article (column)

집권당으로서의 최고 의사 결정 단체인 당시의 정부와 관련 건설업자들은 그 사업을 민간 환경단체의 강경한 반대에도 불구하고 강행했다. 환경보호론자들은 처음부터 정부 당국의 환경평가에 대한 견해에 완전히 의견을 달리해오고 있다.

These days, the NGOs assert that the four-river project has done a great deal of damage to the ecological system of the rivers, expressing their views in a way that carries conviction.

최근 민간 환경 단체들은 자신들의 견해를 설득력 있게 말하면서 사대강 사업이 이 강들의 생태계에 큰 타격을 주었다고 주장하고 있다.

Their opinion is that the lake-like rivers clearly arrested the flowing of water, and because of this, red tides occurred quite often, causing considerable damage to the ecological system of the rivers. It means that habitat environment of the rivers is already disturbed.

그들의 견해는 호수 같은 강이 물의 흐름을 분명히 저해시켰고 이로 인하여 적조류가 자주 생겨서 강의 생태계에 상당한 피해를 주고 있다는 것이다. 이것은 이 강들의 생태환경이 이미 교란(攪亂)됐다는 것을 의미하는 것이다.

Red tides refer to the sea or fresh water when it is overrun by a type of algae. Algae blooms can reduce oxygen levels in the water, killing fish. When the algae are present in high concentrations, the water appears to be discolored or murky, varying in color from purple to almost pink.

적조는 바다나 민물이 일종의 조류(말무리)라고 하는 것에 의해 덮이게 되는 것을 일컫는다. 녹조류는 물의 산소 농도를 감소시켜 물고기를 죽게 한다. 조류가 상당한 집단으로 나타날 때 물은 진홍색에서 거의 붉은 색으로 변화하면서 변색하거나 더러운 색으로 나타나게 된다.

To use a simile, rivers are much the same as arteries carrying blood from the heart to other parts of the body. In fact, a river full of life is one that flows in the course of nature, not by the force of scientific technique.

비유해서 말하면 강은 혈액을 심장에서 체내의 각 부분으로 운반하는 동맥이나 마찬가지인 것이다. 사실, 생명이 꿈틀거리는 강이란 과학 기술의 힘에 의해 흘러가는 것이 아니라 자연의 섭리에 따라 흘러가는 것을 말하는 것이다.

There is no doubt that a man nourished by healthy arteries is in a good state of health. Likewise, a river well preserved from environmental disruption is a life-giving river.

건강한 동맥이 흐르고 있는 사람이 건강 상태가 좋다는 것은 말할 필요가 없는 것이다. 마찬가지로 환경 파괴로부터 잘 보전된 강이 생명을 주는 강인 것이다.

English Newspaper Article (column)

The Component Ratio of 70-30

70퍼센트의 구성비율

The Korea Times
Saturday, September 12, 2015
2015년 9월 12일 토요일
By Kim Song-rhei
김송뢰

It is said that "life brings more to be endured than to be enjoyed." I liken this to the component ratio of the natural phenomena being discovered in various circumstances.

"인생은 즐길 것 보다는 인내할 것을 더 많이 가져다 준다"라는 말이 있다. 나는 이것을 여러 정황(情況)에서 발견되는 자연 현상의 구성 비율에 비유해 본다.

That is, the ratio of the sea and the land in the earth is 70-to-30. 70 percent of the human body is composed of water. The air consists of nitrogen and oxygen in the proportion of 70-to-30. Korean peninsular consists mostly of mountains.

That is, mountains account for 70 percent of the Korean Peninsular and flatland occupies the remnants.

즉, 지구에서 바다와 육지의 비율은 70대 30이며, 사람 몸의 70퍼센트도 물로 구성되어 있다. 또한 공기는 질소와 산소가 70대 30으로 이루어져 있다. 그리고 한반도는 대부분 산으로 이루어져 있다. 즉, 산이 한반도의 70퍼센트를 차지하고 있으며 평지가 나머지를 차지하고 있다.

That water content of the human body is 70 percent probably means that water plays a more important role than other substances to sustain one's life.

사람 몸의 물 함유량이 70퍼센트라는 것은 물이 삶을 지탱하는 데 다른 물질보다 어쩌면 더 중요한 역할을 한다는 것을 의미하는 것이다.

That is, other matters of the human body cannot exist without water. Hence, water, which we should regard as a heavenly gift, is indispensable to life.

즉, 인체의 다른 물질들은 물 없이는 존재할 수 없다는 것이다. 따라서 하늘의 선물이라고 우리가 여겨야 할 물은 살아가는 데 있어서 필수적인 것이다.

Based on this fact, it may be that the distribution ratio of endurance and enjoyment in life, I think, is 70-30. If the rate of them exists in the other way, it may sound paradoxical, but you will never go through the real benefits of joys of life and there are more of you that are feeling uneasy about life.

이 같은 사실에 근거하여 삶에서 인내와 향유(享有)의 구성 비율도 어쩌면 70대 30이 아닐까라고 생각해 본다. 만약 그것들의 비율이 반대로 존재한다면, 역설적으로 들릴지 모르겠지만 사람은 인생의 즐거움의 참 맛을 보지 못할 것이며, 삶에 대하여 걱정을 하는 사람들이 더 많을 거라고 생각을 한다.

This is because I think that the more quiet life you have, the more you lead an idle life, which, from a psychological point of view, is apt to create sources of anxiety.

그 이유는 더 편안한 생활을 하면 할수록 더 안일(安逸)함을 탐하게 되기 때문이라고 생각하기 때문인데, 이것은 심리적 관점에서 볼 때 자칫하면 걱정거리를 일으키기 쉬운 것이다.

It is just like a golden saying which says, "The more you have, the more you want." It is true that the rich, which probably account for 70 percent of the population, are not necessarily happy, isn't it? In that regard, the proverb says, "He is rich that has few wants."

이것은 마치 어느 한 명언(名言), 즉 "더 많이 가지면 가질수록 더 많은 것을 원한다"라는 말과 마찬가지인 것이다. 사실 (어쩌면 인구의 70퍼센트를 차지하는) 부자가 반드시 행복한 것은 아닌데, 그렇지 않은가? 이점에 있어서 옛말에 이르기를, "족함을 아는 자가 부자이다"라는 말이 있다.

영어신문 기사(칼럼) 해설

From a philosophical standpoint, being financially well off and being mentally well-being are different from each other in essence.

철학적 관점에서 보면 재정적으로 풍족하다는 것과 정신적으로 평안하다는 것은 본질적으로 다른 것이다.

The former, in some way, cannot be the ultimate purpose of human existence in that it is not desirable in itself, and the latter can keep your mental balance in that you are essentially moved more by Platonic love than by material comforts.

전자의 경우 어떤 면에서는 그 자체로써 바람직하지 않기 때문에 인간 존재의 궁극적인 목적이 될 수 없는 것이며, 후자는 인간은 본질적으로 물질적보다 정신적 사랑 쪽으로부터 더 감동을 받는다는 점에서 정신적 안정을 유지시켜 주기 때문이다.

When you seek after happiness, it will be impossible to yield desirable results without endurance element, which occupies much portion of time from the cradle to the grave.

행복을 추구할 때 인내력 없이는 바라는 결과를 얻기가 불가능한 것이며, 인내력은 요람에서 무덤까지 많은 시간을 차지한다.

I also believe that enduring various hardships when you go through the process of the pursuit of happiness will make

English Newspaper Article (column)

you realize what sincerity is. To use a metaphor, the more you strike the iron, it becomes stronger and more solid in response to your hard blows.

나는 또한 행복의 추구를 밟아가는 과정에서 갖가지 고초를 참아내는 것은 진실이란 무엇인가를 깨우치게 할 것이라고 믿는다. 비유해서 말하면 쇠는 때리면 때릴수록 그 강타에 반응하기 때문에 더 강해지고 단단해지는 것이다.

It is said that "life is full of hardships." This means that sources of anxiety take up the majority (maybe 70 percent) of one's life.

"인생은 고해(苦海)다"라는 말이 있다. 이 말은 걱정거리가 우리 인생의 대부분(어쩌면 70퍼센트)을 차지하고 있다는 뜻이다.

No matter how many agonies are tailing you, I, paradoxically, am coming to believe that the happiest time seems to occur when living through various hardships. This is because a mental process of anticipation let us take a cheerful view of life.

하지만 아무리 많은 고뇌가 우리 곁을 따라붙는다 할지라도 나는 역설적으로 말하건대, 가장 행복한 시간은 갖가지 고초를 겪을 때 발생한다고 믿고 있다. 그 이유는 기대의 심리작용이 인생을 긍정적으로 해주기 때문이다.

Paul Gauguin, a French painter, once said that "The reason I am great is because of all the suffering I have done."

프랑스의 화가 Paul Gauguin은 한때 말하기를 "내가 지금 위대한 것은 내가 겪은 고통들이 있었기 때문이다"라고 했다.

Hence, I think that "the fruition of one's hope is the product of the suffering." In this respect, you should regard endurance element serves more of an incitement role you need for the pursuit of happiness.

따라서 "희망의 산물은 고통의 산물이다"라고 생각한다. 이 점에서 인내력은 행복을 추구하는 데 필요한 더 많은 자극제 역할을 하는 것이다.

These days, strange phenomena equivalent to 70 percent of the whole broke out in our society. If I remember rightly, female teachers account for about 70 percent of the teachers in Korea (75.8% in primary schools, 66.8% in middle schools, 46.2% in high schools).

최근에 그 어떤 것의 그 전체에서 70퍼센트에 해당하는 이상한 현상들이 우리 사회에 발생했다. 나의 기억이 틀림없다면, 우리 나라에서 여교사들이 70퍼센트를 차지하고 있다.

A turnout in the July 30 by-election was about 30 percent, which means that the 70 percent of the voters abstained from voting, in a way, disbelieve politicians.

English Newspaper Article (column)

7·30 보궐선거에서 투표율은 약 30퍼센트이었는데, 이것은 선거에 기권한 70퍼센트는 어떤 면에서는 정치인들을 불신한다는 뜻일 것이다.

The number of passengers who embarked on the Sewol ferry disaster in mid-April is 476. Most (about 70 percent) of them were accidentally students. 172 persons (about 30 percent) saved alive.

4월 중순 세월호 참사에 탑승한 승객의 인원 수는 476명이며 이들 대부분(약 70퍼센트)이 공교롭게 학생이었다. 또한 생존자는 172명으로 약 30퍼센트이었다.

In these days of overflowing with social tendency of distrust or dangerous elements, expending enormous energy and time on endeavoring to attain one's sound object, I think, should be regarded as a thing as dear as life itself.

사회의 불신풍조 또는 위험요소가 팽배(澎湃)해지는 이 시대에 건전한 목적을 이루려고 애쓰는 것에 막대한 정력과 시간을 소비하는 것은 목숨만큼이나 소중히 여겨야 한다고 생각해 본다.

영어신문 기사(칼럼) 해설

Education and Human Life

교육과 인생

The Korea Times
Saturday/Sunday, September 27-28, 2014
2014년 8월 16일
By Kim Song-rhei
김송뢰

I read an article entitled "No teacher, no future" in this newspaper on August 4, 2014. Written by Choi Tae-hwan, it addressed the realities of the education in Korea today.

나는 2014년 8월 4일자 본지(本誌)에서 "교사가 없으면 미래도 없다"라는 제목으로 쓰인 기사를 읽었다. 이 기사는 최태환씨가 쓴 것이며 오늘날 한국의 교육세계의 현실을 다루고 있다.

The writer, being an incumbent teacher in a middle school, claimed that many teachers want to resign their positions earlier than their retirement age. He gave an account of why teachers think that way, so that I omit to explain the detailed

English Newspaper Article (column)

explanation of what he has already said in his article.

글쓴이는 어느 한 중학교에서 현직 교사의 입장으로서 많은 교사들이 자신들의 정년 나이보다 교사 직책을 떠나기를 원한다고 우리에게 알리고 있다. 그는 왜 교사들이 그렇게 생각을 하는지 정말을 밝혔다. 따라서 나는 그가 자신의 기사에서 이미 말한 자세한 설명은 여기서 생략하기로 한다.

However, if I make his opinion in short, it can be summed up as follows - the number of students per class is very high compared with that of other OECD countries and that number places an unfair burden on teachers. In addition, a great number of teachers are bothered by some parents of students who overprotect their children as well as various forms of violence in schools committed by students. Due to this, teachers can no longer maintain authority over the students in their classes.

하지만 그의 견해를 요약해 본다면, 다음과 같이 몇 마디로 요약할 수 있을 것이다. 한 반의 학생 수가 OECD국가의 학생 수에 비하면 그 숫자가 상당히 높기에 그 숫자가 교사들에게 부담을 준다는 것이며, 많은 교사들이 자식들을 과보호하는 학부모들과 학생들이 저지른 다양한 형태의 학교 폭력에 시달림을 받는다는 것이다. 이 같은 상황에서 교사들은 교실에서 학생들에게 권위를 갖지 못한다는 것이다.

Most Korean people, especially students' parents, tend to liken the function of a teacher to that of a catalyst in that it plays similar roles. Thus, it is really ironic that teachers loss their authority.

대부분의 한국인들 특히 학부모들은 유사한 역할을 한다는 점에서 교사의 기능을 촉매(觸媒)의 기능에 비유하는 경향이 있다. 따라서 교사들이 자신들의 권위를 잃는 것은 정말 아이러니한 것이다.

In fact, nothing is more important than a mentor when it comes to preparing children to become respectable adults. Thus, there are clearly many problems in need of solutions.

사실 아이들을 훌륭한 인물로 키우는 데 있어서 스승보다 더 중요한 건 없다. 따라서 거기엔 분명히 해결해야 할 여러 문제들이 있을 것이다.

It is said that "those who forget their past are condemned to repeat it." Hence, to solve the problems related to education, we need to reflect on the past in order to help us see the matter at hand in a new light.

"자신들의 과거를 잊은 사람들은 그 과거의 일을 다시 반복할 수밖에 없다"라는 말이 있다. 따라서 교육과 관련된 문제들을 해결하기 위해서는 당면한 문제의 인식을 새로이 해 주는데 도움을 주는 과거를 회상해 볼 필요가 역시 있는 것이다.

Looking back over the past, there was a time when the general publics regarded a teacher with envy, which meant that teachers enjoyed a high level of respect in the eyes of students and parents. In those days, there were many people

English Newspaper Article (column)

to whom formal educational opportunities were denied by reason of living in poverty.

회상(回想)해 보면 일반 사람들이 교사들을 선망(羨望)하던 과거의 한 때가 있었다. 이것은 교사들이 학생들과 학부모의 존경을 받았다는 것을 의미하는 것이다. 그 당시 많은 사람들이 가난하게 살아가고 있었기 때문에 정규 교육을 받을 기회가 없는 사람들이 많았다.

However, since the end of the Korean War, most people began congregating in big cities such as Seoul to develop new values, methods of living and approaches to living in society. They left their hometowns and put the hardship of poverty behind them. They are the people that made the "Miracle on the Han River" possible.

하지만 한국 전쟁 이후 많은 시골 사람들은 새로운 가치, 삶의 방법 그리고 사회에의 접근 방법 등을 창출하기 위하여 서울 같은 대도시로 모여들기 시작했다. 그들은 가난의 고통을 뒤로하고 고향을 떠났던 것이다. 그들이 바로 한강의 기적을 실행하는 데 한몫을 한 사람들이다. 그들은 한국 경제 발전에 밑거름이 되었던 것이다.

Many of them, openly called baby boom generation, are now approaching retirement age or have already retired from their occupations.

종종 베이비붐 세대라고 불리는 그들 대부분은 이제 은퇴 나이에 접어들었거나 혹은 자신들의 본업에서 이미 은퇴를 했다.

영어신문 기사(칼럼) 해설

I think that they are the generation of the greatest integrity in modern Korean history, and their self-sacrificing spirits acted as the catalyst to stimulate the Korean economy.

나는 이들이 근대(近代) 한국 역사에서 가장 성실한 세대(世代)이며, 이들의 희생 정신이 어쩌면 한국 경제 활성화에 촉매가 되었다고 생각한다.

In those days, the number of students per class reached 60, and sometimes more than 80. It was just like a jar for growing bean sprouts. This phenomenon occurred as a result of teacher shortage and the increased number of students after the June 25th war of Korea.

그 당시 한 반의 학생 수는 60 명이었으며, 때로는 80 명이 넘기도 했다. 그 것은 마치 콩나물시루 같았다. 이런 현상은 교사들의 부족과 6.25 전쟁 이후 증가한 학생 수의 결과로 생겼던 것이다.

Most parents of bygone days were generally depended on schools for their children's total education because they couldn't afford to spend much money on extracurricular studies.

과거 대부분의 학부모들은 자신들의 자녀 교육을 주로 정규 교육에 의존했다. 그것은 그들이 박봉으로 생활을 하면서 과외 수업에 대한 많은 수업료를 감당할 수가 없었기 때문이다.

With the changes of the times, however, economic conditions

English Newspaper Article (column)

improved rapidly. Accordingly, parents realized benefits of an expanded education, and started sending their children to after-school programs. This is because they didn't want their children to follow in their footsteps and end up with a menial job.

하지만 시대의 변천에 따라 경제 사정이 급성장해 가고 있었다. 이에 따라 학부모들은 교육의 필요를 절실히 느꼈고 자신들의 자녀들을 방과후 프로그램에 보내기 시작하였다. 그 이유는 그들은 자신들의 천한 지위 또는 천한 직업을 자신들의 자녀들에게 물려주고 싶지 않았기 때문이다.

They hoped that the after-hours classes or cram schools would teach their children how to excel in standardized test. And they became brainwashed into believing that teachers of private institute were far better than school teachers when it comes to keeping their children's grades high.

그들은 방과후 수업 또는 입시학원이 자녀들에게 표준화된 시험에서 뛰어난 성적을 거두는 방법을 가르쳐주기를 희망했다. 그리고 그들은 사설 학원 교사들이 자신들의 자녀들의 좋은 성적을 유지시켜 주는 것에 있어서 학교 교사보다 훨씬 우수하다는 것을 믿게 되면서 세뇌(洗腦)가 되었던 것이다.

Therefore, they did not begrudge spending money on their children's education in private institutes. This spawned an industry of cram schools.

따라서 그들은 자녀들에 대한 사교육 학원에서의 교육비를 아끼지 않았다. 그 후방과 후의 입시학원은 번창하게 되었다.

It seems to me that the test-driven school education system has driven the educational world of Korea into its present state without helping children to sufficiently develop their personalities and become decent citizens.

생각건대, 시험 위주의 학교 교육 시스템이 어린이들의 인성 교육과 예의 바른 국민으로 성장시키는 데 도움을 주지 못하면서 현재의 상태로 몰아붙인 것 같다.

English Newspaper Article (column)

Hiding the Sky in One's Hands

손으로 하늘 가리기

The Korea Times
Saturday/Sunday, September 29-30, 2014
2014년 11월 29-30일 토, 일요일
By Kim Song-rhei
김송뢰

When a pheasant is abruptly threatened by predator, it has an instinct for putting its head into a nearby hole or a bush in a moment as a temporary expedient, rather than flying away.

꿩이 적으로부터 갑작스럽게 위협을 느끼게 되면 그 꿩은 날아가는 대신에 일시적 방편으로 순식간에 부근에 있는 어느 한 구멍 또는 덤불 속에 머리를 처박는 본능이 있다.

Why this animal gets ready for a defensive attitude like this in this situation? This question compels me to think of a dialect answer, an answer that could be expressed by philosophical speculation reflecting upon their nature and characteristic.

왜 이 동물은 이런 상황에서 이 같은 방식으로 방어 자세를 취하는 것일까? 이 질문은 변증적, 즉 그들의 천성과 특성을 반영하는 철학적 고찰로 표현될 수 있는 답변으로 생각하도록 나를 강요한다.

To the best of my knowledge, the animal mostly lives on the ground in woods and doesn't fly well in the sky, but it is greatly swift of foot on the ground like a four-footed animal.

내가 알고 있는 바로는 이 동물은 주로 숲 속의 땅 위에서 살며 하늘을 능숙하게 잘 날지 못한다. 하지만 땅 위에서는 네발 짐승처럼 걸음이 대단히 빠르다.

It seems to me that the animal's deed of concealing itself in vicinity of the enemy in case of emergency is a kind of cheating as part of survival instincts, and it is my understanding that it holds that this is the best thing to do in such a case, being under an illusion that it puts its whole body out of sight. Luckily, the predator is usually cheated by the pheasant's cunning tricks.

이 동물이 위급 시에 적이 있는 가까운 곳에서 이 같이 숨는 행위는 생존 본능의 일환으로써 일종의 속임수인 것 같다. 그리고 내 나름대로 이해하기로 그 꿩은 이런 경우 자신의 몸 전체를 숨긴 것으로 착각하며 이것이 최선을 다 하는 일이라고 여긴다. 다행히 그 약탈자는 보통 꿩의 교묘한 속임수에 넘어가고 만다.

The trick in this case, however, is essentially different from

English Newspaper Article (column)

that of fraudulent practices that causes harm to others in human society.

하지만 이런 경우의 속임수는 인간 사회에서 남에게 해를 끼치는 사기 행위에 있어서의 속임수와는 본질적으로 다른 것이다.

Now, I, reviewing the most recent story of my personal experiences, ask myself what the difference is between the two cases that I mentioned above – the weak and the strong.

나는 이제 나의 최근의 체험을 회상하면서 위에서 언급한 두 경우, 즉 약자와 강자의 차이가 무엇인지 자문을 해 본다.

During the past two months, I spent time in knocking about here and there in Chungcheong province in search of a garden suburb in which I will live a quiet life for the rest of my days. Of course, I went in company with local real estate agents after arriving at the region.

지난 2개월 간 나는 조용히 여생을 보낼 전원주택지를 찾아 충청도 지방을 이리저리 돌아다녔다. 물론 나는 그 지역에 도착한 후 현지의 부동산 업자와 동행하였다.

Every realty dealer showed me kindness when he or she acted as an intermediary. But I realized that some middlemen were swelling the selling price with intent to gain an undue profit in addition to receiving the legal commission. That is, some tricks were latent in their way of the kindness.

부동산 업자들은 중개(仲介) 역할을 할 때 나에게 친절하게 대하여 주었다. 하지만 어떤 업자들은 법적 수수료를 받는 것 이외에 부당 이득을 얻기 위하여 매매(賣買) 가격을 부풀리고 있다는 것을 알게 되었다. 다시 말하여 그들의 친절함에는 속임수가 잠재되어 있었던 것이다.

I also realized that some fertile farmland occupied an ideal site does not what it has to be done. In other words, it became the field lying idle or the field planted unnecessary trees. Moreover, I couldn't find traces of taking care of the trees by man. What made the land become like this state of things?

나는 또한 좋은 위치에 있는 어떤 옥토는 제 구실을 하지 못하고 있다는 것을 알게 되었다. 즉, 휴한지가 되어 버렸거나 쓸모 없는 나무들이 심어져 있는 밭이 되어 버린 것이다. 더욱이 나는 그 나무들이 사람에 의해 보살펴진 흔적을 발견할 수 없었다. 어째서 이 농토가 이런 상태로 되어버렸단 말인가?

I know that any farmland, according to an agricultural policy or the farm land law, should be planted with useful plants such as grain, vegetables and medicinal plants. Otherwise, the landlord is subjected to punish for violation of the law.

어떤 농지라도 농업 정책 또는 농지법에 따라 곡물이나 채소 그리고 약용 식물 같은 유용 식물이 재배 되어야만 한다고 나는 알고 있다. 그렇지 않으면 지주(地主)는 그에 대한 법 위반으로 처벌을 받게 된다.

English Newspaper Article (column)

It is possible that the rich bought the land on speculation, or landowners lay aside his or her agricultural work because of infirmities of old age. In fact, farm work is placed as being one of the 3 Ds (dangerous, difficult and dirty job), which the young refrain from doing.

어쩌면 부자들이 투기 목적으로 그런 땅을 샀거나 아니면 지주(地主)가 노쇠하여 농업을 포기했을 것이다. 사실 농사일은 젊은이들이 하기를 원치 않는 3D 직업들 중의 하나인 부류로 들어간다.

Ironically, the former carefully abided by the law. To put it another way, they skillfully avoided the law by planting trees on the farm. In more concrete terms, it is no better than hiding the sky in one's hands.

아이러니하게도 전자의 경우는 법을 탈없이 잘 지킨 것이다. 즉 그들은 농토에 나무를 심음으로써 교묘하게 법망(法網)을 피한 것이다. 더 분명히 말하면 그것은 마치 손으로 하늘을 가리고 있는 것이나 마찬가지인 것이다.

The latter, however, violates the law under the present system. They are, in a word, damaged by a world where the weak are victims of the strong in human society.

하지만 후자의 경우는 현행 제도로는 법을 어긴 것이다. 그들은 한마디로 인간 사회에서 약육강식(弱肉强食)의 세계로부터 피해를 입은 것이다.

Metaphorically speaking, the rich who bought farmland on

speculation in this way are wild beast living in a jungle, while old and infirm farmers are the weak such as pheasants trembling like a leaf in terror.

비유적으로 말하여 이 같은 투기 목적으로 땅을 산 사람들은 밀림지대에 사는 야수(野獸)인 것이며, 노쇠한 농부들은 두려움에 떠는 꿩과 같은 약자인 것이다.

In human society, it is really ironic that lofty ideals of equality and justice are often used as a pretext for repressing high values. In other words, it is incomprehensible that the force of human law does not always exert a beneficial influence upon the people, especially the weak.

인간 사회에서 평등과 고결한 이상이 때때로 높은 가치를 억압하는 구실로 사용되고 있다는 것은 참으로 아이러니한 것이다. 다시 말하여 인간 법률의 힘은 사람들에게 특히 약자에게 언제나 이로운 영향을 행사하지 못한다는 것은 이해할 수 없는 일이다.

English Newspaper Article (column)

Kimchi – A typical fermented Korean dish
전통적인 한국인의 발효 반찬 – 김치

2014년 12월 5일 금요일
By Kim Song-rhei
김송뢰

We Koreans usually eat rice with various side dishes. Kimchi (or pickled vegetables) is the most typical side dish among them. It is a traditional fermented Korean dish. It is the food of high nutritive value, and the spicy taste of it stimulates our appetite.

우리 한국인들은 다양한 반찬과 함께 밥을 먹는다. 김치는 그런 반찬들 중에 가장 대표적인 반찬이다. 김치는 한국의 전통적인 발효 반찬이다. 그것은 영양가가 높은 음식이며, 그 매운 맛은 우리의 식욕을 자극해 준다.

It also provides us with vitamins and minerals, which are essential group of organic compounds that regulate the mechanisms by which the body converts food into energy.

그것은 또한 우리에게 비타민이나 미네랄을 제공하여 주는 데, 그 비타민과 미네랄은 메커니즘을 조절하는 유기물의 주요 원자단(原子團)이며, 몸은 그 메커니즘으로 음식을 에너지로 바꾸게 된다.

In fact, vitamins are substances that our body cannot produce itself, but must have for some vital functions. Being quite suitable for every Korean meal, there is no doubt that kimchi is a complement to our eating table.

사실상 비타민은 우리의 몸이 스스로 만들어내지 못하지만 여러 가지 필수적 기능을 위하여 우리의 몸에 반드시 필요한 물질이다. 김치는 모든 음식에 아주 잘 어울리기 때문에 우리의 밥상에는 김치가 따라야 완전해진다는 것은 말할 것도 없는 것이다.

Greens such as cabbages, radishes are the main ingredients of kimchi. When we prepare kimchi, vegetables of these kinds should be properly preserved in brine in the first place.

배추나 무 같은 채소가 김치의 주요 원료이다. 김치를 만들고자 할 때는 이런 종류의 야채를 우선 소금물에 적당하게 절여야 한다.

Then, it should be properly spiced with other ingredients (or seasoning materials) such as garlic, powdered red pepper, ginger, and sometimes pickled shrimps or raw fish according to his or her preference. Such condimental materials, which enhance the flavor of kimchi, are also seasoned with salt to get the kimchi well pickled.

그런 다음 마늘, 고춧가루, 생강 그리고 간혹 기호에 따라 새우젓 또는 생선 같은 원료(또는 양념 거리)가 조미되어야만 한다. 이 같은 양념거리 역시 김치가 잘 맛들도록 소금으로 맛을 내야 한다.

Scientifically, it has already been brought to light that kimchi, like yogurt, contains a high percentage of ferment funguses, which are of great benefit to our health. It is, in a word, a health food originated from the wisdom for living of the ancient Korean people. It enhances the value of a Korean meal.

과학적으로 김치는 요구르트처럼 발효균 함량이 무척 많다는 것은 이미 알려져 있는데, 그 발효균은 우리의 건강에 매우 이로운 것이다. 그것은 한마디로 옛 한국 사람들의 생활의 지혜로부터 생긴 건강 음식인 것이다. 그것은 한국 음식의 가치를 높이고 있다.

Since it is so, it is a fact that many citizens of the world today have already been fascinated with the delicate taste of kimchi.

그러므로 오늘날의 많은 세계인들도 김치의 감칠맛에 이미 매혹(魅惑)하고 있는 것이 사실이다.

In former days when a refrigerator had not come into wide use in our society, we buried kimchi in the ground after putting it in a jar made from yellow soil. The underground played the part of an icebox. This method was really essential to our daily life. It was the wisdom for living of life.

영어신문 기사(칼럼) 해설

냉장고가 우리 사회에 널리 보급되지 않았던 과거에 우리는 김치를 황토로 만들어진 항아리에 담은 후 땅에 묻었다. 땅속은 냉장고 구실을 했던 것이다. 이런 방식은 우리 일상생활에 매우 요긴한 것이었다. 그것은 생활의 지혜였던 것이다.

Having a store of kimchi in such a place, the flavor of it not only could be well preserved, but also kept from turning sour all winter long. That is because temperatures in subterranean areas in wintertime usually maintain 1~ 2 degrees below the freezing point, and change more slowly than temperatures in above-ground places.

이렇게 저장을 하였기에 김치 맛은 겨우내 잘 보존할 수 있었을 뿐만 아니라 시어지는 것을 막을 수 있었다. 그것은 겨울철 땅속의 온도는 보통 영하 1~ 2도를 유지하며, 지상보다 더 천천히 변화하기 때문이다.

Of course, when a cold wave blowing hard in the depth of winter refused to yield, the upside of the kimchi pot was in need of covering with something such as rice straw to prevent it from being frozen. In that case, the straw played a quilt.

물론 한겨울에 맹렬히 부는 한파(寒波)가 기승(氣勝)을 부릴 때면 김치가 얼지 않도록 김치 독의 윗부분을 볏짚 같은 것으로 덮어 줄 필요가 있었다. 그 경우 볏짚은 이불 역할을 했던 것이다.

Late November and the beginning of December is the right

English Newspaper Article (column)

season for preparing kimchi for the winter. The other day, my family including me also made kimchi, joyfully sitting around a room in a circle.

11월 말경과 12월 초순경이 겨울철 김장을 하는데 제철이다. 며칠 전 나를 포함한 우리 가족은 즐거이 방안에 빙 둘러 앉아 김치를 담았다.

The hot and spicy smell of the freshly-mixed condiments wafted through the room. It created all the more pleasant atmosphere. On that occasion, I was in a mood to confine the smell to my room for about a period of one or two days. It was the first happy time in many days that all members of my family to have a subtle pleasure at home.

새로 만든 양념의 맵고 싸한 향기가 온 방안에 가득하였다. 그것은 한층 더 즐거운 분위기를 만들어 주었다. 그때 나는 그 향기를 나의 방에 약 하루나 이틀 동안 가두어 두고 싶은 기분이 들었다. 그것은 가정에서 모처럼 교묘한 재미를 가질 수 있었던 한때이었다.

While making kimchi for the winter, I thought that the act of getting ready for the future is like walking a stone bridge or playing paduk. That is because one who is carrying out something for the future should act with discretion, thinking that the present time serves as a stone bridge or a paduk stone.

김장을 담그는 동안 나는 미래를 준비한다는 것은 돌다리를 건너가거나 바둑을 두는 것과 비슷하다고 생각을 했다. 그 이유는 미래를 위하여 현재하는 일은 현재의 시간이라는 것은 돌다리 또는 바둑알로써의 역할을 하는 것이라고 생각하면서 신중하게 해야 하기 때문이다.

In other words, a slight difference at the present time often begets a great difference later on, just like the taste of kimchi varies according to the quantities of spices. In fact, obtaining a good result depends on whether he or she has the will to exert his or her utmost strength.

다시 말하여 김치의 맛은 양념의 양에 따라 그 맛이 달라지듯이 현재의 사소한 차이가 나중엔 종종 큰 차이를 초래하는 것이다. 사실 좋은 결과를 얻기 위해서는 정성껏 하겠다는 의지에 달려 있는 것이다.

Anyhow, after making kimchi, I am now under the impression that I have become a rich man.

어쨌든 김장을 담그고 나니까 나는 부자가 된 기분이다.

English Newspaper Article (column)

The Rhythm of the Seasons and Mother Nature

사계의 순환과 대자연

The Korea Times
Wednesday April 1, 2015
2015년 4월 1일 수요일
By Kim Song-rhei
김송뢰

People whether it is a man or a woman sometimes, especially at the turning point of the season, ask themselves that "Who manages this world?" This question, I think, is not a simple expression but a phrase pregnant with meaning. In other words, the question is used in a figurative sense; the world in which we live is shrouded in mystery.

사람들은 남녀를 불문하고 "누가 이 세상을 조정하고 있는 것인가?"라고 가끔, 특히 환절기가 되면 자문을 하게 된다. 이 질문은 단순한 표현이 아니라 함축성이 있는 말이라고 생각해 본다. 즉, 이 질문은 우리가 살고 있는 세상은 '신비(神秘)에 싸여 있다'라는 것을 비유적인 뜻으로 쓰인 것이다.

Of course, it may be that the question is expressed from the religious point of view. In such a case, a religious man or woman of sincerity undoubtedly believes that the Almighty in the beginning made fundamental principles that regulate the movement of heavenly body and has been conducting the rhythmical course of nature since then.

물론 이 질문은 종교적 견지에서 표현된 것일 수도 있을 것이다. 이 경우에 독실한 신앙인은 태초에 신께서 우주의 움직임을 통제하는 근본원리를 만들었으며, 또한 그때부터 대자연의 주기적인 움직임을 관리하고 있다고 굳게 믿고 있는 것이다.

Thus, the question is nothing but an expression to the effect that the religious people admire God in the highest possible terms in their religious life. The reason why many people worship God or seek solace in religion, I think, is that they find many weak points by themselves in life, being amazed to find many mysteries of nature.

따라서 그 질문은 신앙인들에게는 그들의 신앙 생활에서 신을 극구 찬양한다는 의미의 표현이나 다름없는 것이다. 많은 사람들이 신을 섬기거나 종교에서 위안을 찾는 것은 그들은 자연의 많은 신비들을 발견하고 놀라면서 인생에서 자신 스스로 약점을 많이 발견하기 때문이라고 생각한다.

At any rate, from the scientific point of view, it is widely known that everything is subject to the laws of nature. In this respect, the rhythm of the seasons, of course, is a

English Newspaper Article (column)

natural phenomenon.

하여튼 과학적 견지에서 보면 만물은 자연의 법칙에 지배된다는 것은 널리 알려져 있는 것이다. 이런 점에서 계절의 움직임 역시 자연 현상인 것이다.

Then, what is the natural phenomenon in short? It is, as we all know, a motion controlled by Mother Nature. However, if you allowed me to express the phenomenon by using figurative expression based on philosophical speculation, I would say that it is a gesture or rhythm calisthenics of Mother Nature. To put it another way, I would like to say that the rhythmic motion of nature is a signal leading us into the next stage or into the better future.

그렇다면 자연현상이란 한마디로 무엇인가? 그것은 우리 모두가 잘 알고 있듯이 대자연의 지배를 받는 움직임인 것이다. 하지만 철학적 사색에 근거를 두고 비유적인 표현을 이용하여 그 현상을 한번 표현해 보라고 한다면, 나는 그것을 대자연의 손짓 또는 율동체조라고 생각해 본다. 바꿔 말하면, 나는 자연의 그 율동적인 몸짓은 우리를 다음 단계 또는 더 나은 미래로 인도하는 신호(信號)라고 말하고 싶다.

Therefore, there is nothing for it but we should dance to the rhythmic movement of the natural phenomenon as much as we like, being nestled in the bosom of Mother Nature.

따라서 나는 우리 사람들은 대자연의 품 속에 안겨 있는 채 자연현상의 주기적인 움직임에 마음껏 춤을 출 수밖에 없다고 생각한다.

영어신문 기사(칼럼) 해설

In other words, you should be obedient to the law of nature in daily life whether you are staying indoors or outdoors, thinking that you owe much debt of gratitude to the blessings of nature. This is because Mother Nature is the very benevolent sovereign in the true sense of the word. In fact, we have a proverb related to it, that is, "Nature is the best physician." Isn't it?

바꿔 말하면, 우리는 실내에 머무르고 있건 야외에 머무르고 있건 자연의 혜택에 많은 은혜를 입었다는 것을 생각하며 일상생활에서 자연의 법칙에 복종을 해야만 할 것이다. 그것은 대자연이야말로 진정한 의미에서 자비심 많은 진정한 통치자이기 때문이다. 사실 우리는 이와 관련된 속담, 즉 '자연은 가장 좋은 의사다'라는 말을 가지고 있지 않은가.

I believe that Mother Nature itself has molded her form and features with masterly touch, which allows us to see, read and hear in wonder. In fact, Mother Nature always gives us many chances to take a leaf out of her book on all occasions, whether you lead a scientific life or a religious life.

나는 대자연 그 자체는 스스로 언제나 나무랄 데 없는 훌륭한 솜씨로 자신의 모습을 스스로 잘 가꾸어왔으며, 그 솜씨는 우리가 경탄하여 보고 읽고 들을 수 있도록 해준다고 믿고 있다. 사실 대자연은 모든 경우, 즉 과학적인 삶을 영위하던 아니면 신앙생활을 하던 우리가 그것의 예를 따를 수 있도록 늘 기회를 주고 있는 것이다.

Viewed in this light, we should always raise our eyes to

English Newspaper Article (column)

Mother Nature as our true master. To say in other words, I think that Nature's engineering itself is the very act of the divine being.

이런 관점에서 볼 때 우리는 대자연을 우리의 진정한 스승으로서 우러러봐야 할 것이다. 달리 말하면 나는 자연의 묘 그 자체가 다름아닌 신의 행위라고 생각한다.

The winter of this time now has simply flown by and the spring has come in real earnest in sympathy with a mysterious natural phenomenon.

이번 겨울도 신비스런 자연 현상에 순응하여 어느덧 지나가고 본격적인 봄이 되었다.

At this time of year when new buds begin to appear, I can't help feeling like taking a walk in the suburbs or a rural district to have the sweet whispers of love coming from the fresh natural world. Whenever I make a trip to the country to take pleasure in looking at the season of fresh verdure, I appreciate that the earth is the mother of all things alive.

초목이 움트는 시절인 이맘때면 나는 교외나 시골로 신선한 자연계로부터 들려오는 사랑의 속삭임을 듣기 위해 소풍을 가고 싶은 마음이 저절로 든다. 신록의 계절을 보고 즐기기 위하여 시골로 여행을 할 때면 나는 대지는 살아있는 모든 만물의 어머니임을 감지하게 된다.

Mother is a most valuable being for everything in the world. She gives birth to a baby and brings it up under her own care, making a martyr of herself. All things including a human in essence are sons and daughters delivered by Mother Nature.

어머니란 이 세상의 모든 것들에게 가장 귀중한 존재인 것이다. 그녀는 아이를 낳고 자신을 희생하면서 아이를 손수 돌보아 기른다. 인간을 포함한 만물은 본질적으로 대자연이 낳은 아들 딸들인 것이다.

We should be once again thankful to the blessings of nature. I believe that true gratitude is expressed in deeds rather than words. For this reason, let's take a stroll out of town to make friends with nature again and again, speeding up our efforts at the conservation of nature.

우리는 다시 한번 자연의 혜택에 감사해야 할 것이다. 나는 진정한 고마움은 말로라기보다 행동으로 표현되는 것이라고 믿는다. 따라서 자연보호(自然保護)에 더욱 박차를 가하면서 자연과 친근해지기 위해 좀 더 자주 야외로 산책을 나가자.

English Newspaper Article (column)

The personalities of politicians in our time
현대 정치인들의 인격

The Korea Times
Saturday May 23, 2015
2015년 5월 23일 토요일
By Kim Song-rhei
김송뢰

What are the main elements that constitute a human being? The study of this subject belongs properly to the sphere of philosophy, which I am interested in but have a superficial knowledge as yet.

인간을 이루는 요소는 무엇인가? 이 문제의 연구는 당연히 철학 영역에 속하는 것이다. 나는 이 영역에 많은 관심이 있지만 아직 수박 겉핥기로만 알고 있다.

Anyway, I have learned that a human has three kinds of factors – spirit, mind and body. These three essentials are inevitably related to each other. Thus, everything we do takes orders from our mind or brains. So, it is the mind that gets the body going.

하여튼 나는 언젠가 인간은 3가지 본성, 즉 영혼, 마음 그리고 육체를 가지고 있다는 것을 배운 바 있다. 이 세 가지 요소는 필연적으로 서로 관련되어 있는 것이다. 따라서 우리가 하는 모든 것은 마음(또는 뇌)의 명령을 받는다. 그러니까 마음은 몸을 움직이게 하는 것이다.

Well, what is personality or individuality belonging to each and every person? It is just the typical pattern of thinking, feeling and behaviors that make a person unique, just like each individual person has his or her characteristic lines of the palm. So, it stands reason that everyone, regardless of sex of age, has his or her merits and demerits.

그러면 개개인이 소유하고 있는 성격 또는 개성이란 무엇인가? 그것은 바로 사람은 누구나 각기 독자적인 손금을 가지고 있듯이 어느 한 개인을 유일하게 만드는 전형적인 생각, 감정, 그리고 행동 양식을 말하는 것이다. 따라서 사람은 남녀노소를 불문(不問)하고 각기 장점과 단점이 있다는 것은 당연한 이치이다.

Recently, several great political figures including the Prime Minister in our society revealed their colors or character, making us doubt that they got political funds by using illegal means.

최근 우리 사회에서 국무총리를 포함한 정계(政界)의 몇몇 거물(巨物)들이 불

English Newspaper Article (column)

법한 수단으로 정치자금을 받았을 것이라는 의혹을 일으키면서 그들의 성격을 드러냈다.

The event making us doubts is the so-called the Sung Wan-jong bribery scandal, which took place early in April this year.

우리에게 의심을 일으키게 하는 그 사건은 금년 4월 초순에 발생한 소위 성완종 뇌물 스캔들인 것이다.

Sung Wan-jong, a former chairman of Kyungnam Enterprise, left behind a memorandum and a tape of telephone interview that gave a vernacular newspaper company the day before he hanged himself on a tree.

전 경남기업 회장이었던 성완종은 자살하기 하루 전에 어느 한 자국어 신문사와 인터뷰했던 내용의 녹취록과 쪽지를 남겼다.

On the recording tape and in the memo, he explained illegal cash gifts that he said he had give to several leading great figures close to the President Park Geun-hye, including the present Prime Minister Lee Wan-koo. Lee Wan-koo in those days of allegedly receiving political funds from Sung Wan-jong was running for a by-election on the ruling party ticket.

그는 그 녹취록과 쪽지에 현 국무총리를 포함한 박근혜 대통령 측근의 몇몇 정계의 거물급들에게 불법적으로 현금을 건넨 사실을 자세하게 밝혔다. 성완종으로부터 정치자금을 받았을 것이라는 그 당시의 이완구는 여당 보결선거에 출마하고 있었다.

Watching the development of the scandal, many law-abiding citizens thought that they are not the stuff that the highest official position is made of, and they have severely criticized them, the Prime Minister in particular.

이번 사태의 진전을 지켜보면서 많은 선량한 국민들은 그들은 최고 공직자로서의 자질이 없다고 생각했으며, 그 고위급 인사들, 특히 국무총리를 엄격하게 비난했다.

Why did the greater part of the nation make a bombshell attack on their behavior, calling upon the Prime Minister to resign?

왜 대다수의 국민들은 총리에게 사임할 것을 요구하며 그들의 행위에 공격하여 거탄(巨彈)을 퍼 부은 것일까?

Writing this article, I am afraid of wounding their pride, but it seems to me that it is the most probable that their political corruption scandals are quite connected with a matter of their personalities.

이 글을 쓰면서 나는 그들의 자존심을 상하게 하지 않을까 염려가 되긴 하지만, 그들의 정치 부패행위 의혹은 그들의 인격 문제와 상당히 관련(關聯)되어 있을 가능성이 크다고 보여진다.

English Newspaper Article (column)

This is because one's personality finds expression in one's conduct. In other words, language we use is vital in shaping our reaction to a critical event.

그것은 사람의 성격은 행동에 나타나기 때문이다. 달리 말하면 우리가 사용하는 언어는 비판적인 사건에 우리의 반응을 구체화하는데 필수적인 것이다.

Hence, the words we use to characterize the event may determine the nature of the response. Based on this theory, one's way of thinking can be deduced from the present state of one's personality.

따라서 사건을 묘사하려고 우리가 사용하는 말들은 반응에 대한 성격을 나타낼 수 있게 되는 것이다. 이 같은 이론을 근거로 어느 한 사람의 사고 방식은 그 사람의 현재의 인격 상태로부터 추론해 볼 수 있는 것이다.

Judging from various kinds of the existing circumstantial evidences, they are the very ones who told a barefaced lie with a straight face, overriding the wishes of the people.

현존하는 여러 상황 증거들로부터 판단을 해보면 그들은 민의를 무시하면서 천연스럽게 뻔뻔한 거짓말을 한 장본인 것이다.

Such behavior, I think, is of a piece with their personalities. Telling a barefaced lie in front of the whole nation means that he or she is capable of treachery or turn traitor to his or her country at any time as the occasion demands. In that case, who will be damaged by this? It is, of course, the people.

이러한 행위는 그들의 인격과 일치하는 것이라고 생각한다. 국민들 앞에서 뻔뻔한 거짓말을 한다는 것은 어떤 의미에서는 필요에 따라서 언제든지 능히 배반까지도 하게 된다는 것을 의미하는 것이다. 그런 경우 피해자는 결국 누구인가? 그것은 당연히 국민인 것이다.

When nominated as the Premier, Lee Wan-koo had been placing in doubt whether he will carry out his duties very competently. This is because he became the center of being suspected of committing an immoral act.

이완구는 국무총리로 지명되었을 때 자신의 의무를 충실히 수행할 것인지에 대하여 의심을 받아왔었다. 그것은 그가 부도덕한 짓을 했다는 것에 대하여 의심을 받는 일반인의 관심의 대상이 되었기 때문이다.

Nevertheless, he took office as the Prime Minister after many complications. But continuous anger mounted over the suspicious qualities of his moral sense, he finally stepped down from office after holding the portfolio of Premier for the shortest period in history.

그럼에도 불구하고 그는 많은 우여곡절(迂餘曲折) 뒤에 총리에 임명되었다. 그러나 그의 의심스런 도덕관념에 대한 성화가 지속되자 그는 마침내 가장 단명한 총리 임무를 수행한 후에 하야(下野)를 하고 말았다.

English Newspaper Article (column)

If you allowed me to express my opinion about who will be the most congenial to the greatest statesman or a leader in our time, I would say that he or she should be a man or woman of high moral repute, rather than a man of political talent.

어느 누가 이 시대에 있어서 가장 위대한 정치가 또는 지도자의 기질에 적합한 지에 대한 나의 견해를 말해 본다면, 정치적으로 수완이 있는 사람보다는 덕망이 있는 사람이어야만 된다고 말하고 싶다.

영어신문 기사(칼럼) 해설

Dreaming of Returning to the Farm
귀농의 꿈

The Korea Times

Friday Jun 5, 2015

2015년 6월 5일 금요일

By Kim Song-rhei

김송뢰

What is the difference between desire and avarice? It is my understanding that a desire is the one that you need when you want something to be done with flying colors. On the other hand, avarice is the one meaning that the more you have, the more you want.

욕망과 과욕의 차이는 무엇일까? 나는 욕망이란 그 어떤 일을 훌륭하게 되기를 원할 때 필요한 것이라고 이해하고 있다. 반면에 과욕은 뭔가를 얻으면 얻을수록 더 얻고 싶은 것을 의미하는 것이다.

Thus, the former, I think, should always be dwelled in all the people's mind, without distinction of age or sex as long as

English Newspaper Article (column)

they want to endeavor to attain their sound objects. And we should keep away from the latter as possible as we can.

따라서 전자의 경우는 건전한 목적을 이루려고 애쓰는 사람이라면 남녀노소를 불문하고 모든 사람들의 마음 속에 언제나 깃들어 있어야 할 것이라고 생각을 한다. 그리고 후자는 되도록이면 멀리해야 할 것이다.

Understanding in this way, I recently bought a small patch of farmland in a rural district with the view of returning to the agricultural pursuits in the near future, possibly a few years from now. This plan is aimed at pursuing my desire to taste the pleasure of rural life, engaging in farming as I stated above.

이렇게 이해를 하면서 나는 가까운 장래에 귀농할 목적으로 농촌지대에 있는 작은 농지를 최근에 구입하였다. 그것은 어쩌면 2년 후가 될 것이다. 이 계획은 앞서 언급했듯이 농사를 지으면서 전원생활을 즐기기 위한 나의 욕망을 추구하기 위하여 맞춰진 것이다.

Since the land is reserved only for farm production by order of the authorities, it is very low in price as compared with the land which is marked for the development promoted district. However, the purchase price of the soil that I paid for was a big burden on me.

그 토지는 당국의 명에 의하여 농업생산 전용으로 되어 있기 때문에 개발촉진 지역으로 지정된 땅보다 가격이 매우 싸다. 하지만 내가 지불했던 그 땅의

영어신문 기사(칼럼) 해설

매입가격은 나에게 큰 부담이 되었다.

As for me, to be a farmer has been my long cherished desire while making a living in town for the past scores of years. I always have a dream of living the latter part of my life in a rural district. Doing farm work in a secluded spot, I believe, will not only improve my living condition, but also banish worldly thoughts from my mind.

나로서는 농업에 종사하고자 하는 것은 수십 년 동안 도시에서 생활하면서 나의 오랜 숙원이다. 나는 농촌지역에서 나의 일생의 후반을 지내겠다는 꿈을 늘 가지고 있다. 한적한 곳에서 농사일을 하는 것은 삶의 질을 향상시켜 줄 뿐만 아니라 잡념도 버리게 될 것이라고 믿는다.

I understand that many city dwellers, especially middle-aged men who are getting on for the retiring age, want to enjoy an easy life in retirement while communing with nature.

나는 많은 도시인들, 특히 퇴직 연령을 바라다보는 중년들은 자연을 벗삼으며 안락한 은퇴생활을 즐기기를 원하고 있다고 이해를 한다.

The reason why I think so is that most of them moved to big cities such as Seoul from the provinces, which inevitably make them homesick. It is probably a kind of the homing instinct.

이렇게 생각하는 이유는 그들 대부분이 시골에서 서울과 같은 대도시로 이주

English Newspaper Article (column)

한 사람들인데, 그 시골은 그들을 필연적으로 향수에 젖게 하기 때문이다. 이것은 어쩌면 귀소본능 같은 것일 게다.

They are the very men or women who rode on the waves of the city-ward tendency of the population in their youth. At that time, this country was having a great boom in industry, which was of benefit to the qualities of their lives at last.

그들은 젊은 시절에 인구의 도시 집중 경향의 물결을 탔던 장본인들이다. 그 당시 이 나라는 산업이 번창하고 있었는데, 그것은 결국 그들의 삶의 질에 유익한 것이었다.

Thanks to this trend, our country has rapidly modernized for the last fifty years, during which I also have made much progress in the quality of my life - both spiritually and materially. It is my belief that it was the time of rapid changes that made people ponder over the value of life.

이 같은 시대 풍조의 덕택으로 우리나라는 과거 50년간 급속히 근대화되었으며, 그 기간 동안 나의 삶의 질도 역시 물심양면으로 매우 진보하였다. 나는 급변하는 시기가 사람들이 삶의 가치에 대하여 심사 숙고하게 만들었다고 믿고 있다.

It may sound poetic expressions to you, but I would say that most Korean people in their middle lives have sentiments which are similar to those of a lyric writer (or a composer) and a singer of popular songs written as sentimental ballads and melody.

시적 표현으로 들릴지 모르겠으나 대부분의 한국 중년층들은 작사가 (또는 작곡가) 그리고 감성적인 가사와 곡조로 쓰여져 있는 유행가를 부르는 가수가 갖고 있는 정서와 유사한 정서를 가지고 있다고 나는 생각을 한다.

The reason why I express this is that they have lived in a period which, I think, is marked by two features - sensitivity and imagination.

이렇게 표현하는 이유는 그들은 감수성과 상상력이라는 두 가지 특성으로 특징지어지는 시대에 살아왔다고 보고 있기 때문이다.

There is solid ground for this; popular songs dealing with the sweets and bitters of life were also wining its way to general popularity through the mass media such as TV and radio. In reality, humans are apt to beguile their lives' journey with chants sung about the ups and downs of fortune.

그 이유는 그 당시에 인생의 고락(苦樂)을 다루는 대중음악이 텔레비전과 라디오 같은 매체를 통하여 인기를 누려가고 있었기 때문이다. 사실상 사람들은 자신들의 인생의 부침(浮沈)을 노래한 노래로 달래는 경향이 있다.

They have experienced lots of hardships, while finding delight in popular songs. They, far from feeling frustrated, enjoyed the sufferings of various kinds as if they had been infatuated with the fine piece of lyric lines and a musical syllable. Most

English Newspaper Article (column)

of them are faithful to their job in a future-oriented manner.

그들은 대중가요를 즐기면서 여러 가지 고초를 겪었다. 그들은 좌절하기는커녕 마치 멋진 가요의 가사(歌詞)와 음절(音節)에 심취(心醉)해 있는 것처럼 오히려 그런 고초를 즐겼던 것이다. 그들의 대부분은 미래지향적인 자세로 직무에 충실한 것이다.

Understanding the bygone lives requires understanding the period in which they lived. It is only understanding through the filter of its time. So, I think that the younger generation is hard to understand the lives of the older generation.

예전의 삶을 이해하는 데는 그 시절에 대한 이해가 필요한 것이다. 그것은 오직 당대의 눈을 통해서만 이해할 수 있는 것이다. 따라서 젊은 세대는 기성세대의 삶을 이해하기 어려운 것이라고 생각한다.

Now, I think there is nothing happier than to lead a busy life, thinking that happiness consists in satisfaction.

나는 "행복은 만족하는 데 있다"라는 것을 생각하며 바쁜 생활을 이끌어 가는 것보다 더 행복한 것은 없다고 생각한다.

영어신문 기사(칼럼) 해설

A Boundary Line

경계선(境界線)

The Korea Times
Tuesday July 7, 2015
2015년 7월 7일 화요일
By Kim Song-rhei
김송뢰

It is said that "you should draw a sharp distinction between public and private affairs." Making a distinction between the two things as stated above, in a figurative sense, may be construed as drawing a border line between the two things.

"공과 사를 분명히 구별할 줄 알아야 한다"라는 말이 있다. 그 어떤 두 가지를 앞서 언급된 바와 같이 구별 짓는 것은 비유적인 뜻으로 볼 때 그 두 가지 사이에 하나의 경계선을 그리는 것으로 해석될 수 있다.

Hence, whenever I chew over this wise saying, it makes me think that our social structures are made up of the variety of boundary lines, and drawing a proper boundary line in a proper place is much the same as to enact rational laws that should be carried out with justice to everybody.

따라서 나는 이 말을 반추할 때마다 우리 사회의 구조는 다양한 경계선으로 구성되어 있고, 타당한 장소에 타당한 경계선을 그리는 것은 만민에게 공평히 시행되어야만 할 온당한 법률을 제정하는 것과 마찬가지라고 생각을 하게 된다.

In other words, I believe that various kinds of boundary lines are in need of keeping our social order, and they serve as laws and regulations which is effective in our real life.

즉, 갖가지 경계선들은 우리 사회의 질서를 지키기 위해 필요한 것이며 그것들은 우리의 실생활에서 효력이 있는 법규(法規)역할을 하는 것이라고 생각한다.

For instance, roadways have been drawn with boundary lines for making use of traffic lanes, which play vital role not only in maintaining a traffic order but also in making the flow of traffic smooth.

예를 들면 차도(車道)는 차선(車線)으로 이용하기 위하여 경계선으로 그어져 있는데, 그 차선은 교통 질서를 유지하는 데 중요한 역할을 할뿐만 아니라 차량의 흐름을 원활하게 해 준다.

So there are few roadways without distinction of traffic lanes on the crowded roads that have more than a two-lane road.

따라서 2차선 이상의 도로가 있는 번잡한 도로에서는 차선의 구별이 없는 도로는 거의 없다.

Thus, it is taken for granted that when driving a car on a roadway, you should keep your lane, and if you want to make a turn with safety in the direction of left or right lane, you should turn left or right turn signal in advance and get into the lane you wanted.

따라서 도로에서 운전을 할 때는 차선을 지켜야 하는 것은 상식인 것이다. 그리고 좌측 또는 우측 차선으로 안전하게 전환을 하고자 원한다면 좌회전 또는 우회전 깜빡이 신호를 미리 켜고 원하는 차선으로 진입해야 한다.

To practice this, tolerance and patience are necessary, even if it takes a short time.

이것을 실천하기 위해서는 시간이 얼마 안 걸린다 할 지라도 관용과 인내가 필요한 것이다.

It is exactly the same as liberty entails responsibility. Doing this kind of action is just keeping one of the rules of etiquette in a group-oriented society.

그것은 자유는 책임을 수반한다라는 말과 똑같은 것이다. 이러한 종류의 행위를 실행하는 것이 바로 집단 지향의 사회에서 예의 범절들 중의 하나를 지키는 것이다.

English Newspaper Article (column)

In relation to this, let me add a few more instances to make sure. Rivers, mountains and the ocean sometimes form the border lines between countries.

이와 관련하여 몇 개의 예를 덧붙여보겠다. 강, 산 그리고 바다는 때때로 국가와 국가의 국경선을 이룬다.

These national frontier lines, in a word, are of use for the protection of lives and property of its native land from foreign countries.

이런 국경선들은 한마디로 타국으로부터 자국민의 생명과 재산을 보호하기 위하여 사용된다.

It is also used to keep away from other countries' armed aggression. It functions as a kind of fence or shield. However, if a country once has agreed to form a friendship with other countries, the fence doesn't constitute a barrier in principle.

그것은 또한 무력에 의한 외국의 침략을 막는 데도 사용된다. 그것은 일종의 울타리 또는 방패의 기능을 하는 것이다. 하지만 그 어느 한 나라가 일단 다른 나라들과 친교를 맺었다면 그 울타리는 원칙적으로는 장벽을 이루지는 않는 것이다.

Rather, the line serves as a kind of device that deepens the friendship among the nations based on reciprocal benefit.

오히려 그것은 상호 이익을 기초를 두고 국가간의 우의를 두텁게 하는 일종의 장치 기능을 하게 되는 것이다.

In this respect, it doesn't mean building a barrier between nations, but it has the faculty of respecting the sovereignty of other country on the other side of the border area.

이런 점에서 그것은 국가간의 장벽을 쌓는 의미가 아닌 것이다. 그것은 국경지대 건너편 다른 나라의 주권을 존경하는 기능이 있는 것이다.

From this viewpoint, the border line can't be taken in a bad sense.

이런 견지에서 볼 때 경계선은 나쁜 의미로 생각할 수 없는 것이다.

Rather, it should be regarded as a favorable sense that makes people - especially those who look to his or her own safety - realize the importance of cooperation, not putting a barrier between them. In short, it reasons us out of doing a selfish action.

오히려 그것은 장벽을 쌓는 것이 아니라 사람들, 특히 자신의 안전을 도모하는 사람들에게 협력의 기회를 깨닫게 해주는 좋은 뜻으로 여겨져야 한다. 요컨대 그것은 우리가 이기적인 행동을 하지 못하게 타일러 주는 것이다.

However, some boundary lines in human society sometimes constitute a barrier to human relationships. In relation to this,

English Newspaper Article (column)

what sorts of boundary lines come across on your mind now?

하지만 인간 사회에서 어떤 경계선들은 때로는 인간관계에 장벽이 되기도 한다. 이와 관련하여 어떤 경계선들이 떠오르는가?

In my view, it is nothing but a barrier drawn by government indifferent to the opinions and wishes of the voters.

나의 견해로 그것은 다름아닌 국민부재의 통치권이 그려놓은 장벽인 것이다.

The formation of this sort of barrier, I think, has its origin in the struggle for power among the leaders. And it is caused by the politicians who make it their business to justify any violation of law out of self-righteousness and sense of privilege.

이러한 종류의 장벽의 형성의 근본 원인은 수뇌부간의 세력 다툼에 있다고 생각을 한다. 그리고 독선과 특권 의식에 사로잡혀 법의 침해를 정당화하는 것을 일삼는 정치인들에 의하여 생기는 것이다.

Why is that, while national intellectual level and political maturities of the people have advanced remarkably, the qualities of politicians has seen little improvement? It may safely be said that they, blinded by greed, cannot draw a boundary line between good and evil.

국민의 지적 수준과 국민의 정치적 성숙도는 눈부시게 진보했는데도 정치인들의 자질은 조금도 개선되지 않는 것은 어째서인가? 그것은 그들이 욕심에 눈이 멀어서 선과 악 사이의 경계선을 그리지 못하는 거라고 말해도 틀림없을 것이다.

So far as the well being of humanity is concerned, I think that the act of drawing a boundary line between goodness and badness is supposed to provide all the security of life and property we need.

인류의 안녕에 관한 한 나는 선과 악 사이의 경계선을 구분하는 행위는 우리에게 필요한 생명과 재산의 모든 안전을 제공해주도록 되어 있는 것이라고 생각한다.

English Newspaper Article (column)

Night Follows Day

밤은 낮에 계속된다

The Korea Times
Saturday, August 15, 2015
2015년 8월 15일 토요일
By Kim Song-rhei
김송뢰

If we consider night in relation to day, we will know that night follows day in the course of nature. That is, day alternates with night in conformity with the turn of the earth on its axis.

밤과 낮을 연결해서 생각해 본다면, 밤은 자연의 섭리에 따라 낮에 계속된다는 것을 알 수 있다. 즉 지구의 자전(自轉)에 의하여 낮과 밤은 번갈아 온다.

The phenomenon of occurring day and night indicates that the interacting principles of the negative and positive (or yin and yang) exist together in this world.

밤과 낮이 생기는 현상은 음양(陰陽)이 이 세상에 공존한다는 것을 나타내는 것이다.

For this reason, I am justified in saying that there are always pros and cons to everything in human society as well.

따라서 인간 사회에서도 모든 일에는 언제나 찬부(瓚否) 양론(兩論)이 존재하는 것이라고 말해도 무방할 듯싶다.

This doesn't mean disputing on the right and wrong of a case. It is no more than the harmony of the male and female principles. Though the two things are of different disposition, the principle is a necessary condition of keeping the balance of the world.

이것은 흑백을 다투는 것을 의미하는 것이 아니다. 그것은 다름아닌 음양의 화합을 말하는 것이다. 그 두 가지가 서로 다른 성질을 가지고 있다 할지라도 그 원리는 이 세상의 균형을 유지하기 위한 필요 요건인 것이다.

Living in harmony as a rational being or a human, however, seems to be not so easy to practice as compared with the cosmic dual forces. The occurrence of discord in human society, I think, is especially prominent in political bodies.

하지만 우주의 이원적인 기세와 비교해 보면 이성적인 존재, 즉 인간으로서 화합하여 산다는 것을 실천하는 것은 그렇게 쉬운 일은 아닌 것 같다. 인간 사회에서 불화의 발생은 특히 정치 집단에서 두드러지는 것 같다.

English Newspaper Article (column)

I'm sure that this discord has not only a bad influence on the national harmony, but also arrests the economic growth. How can it be otherwise than fatal influence on the people's living? The politicians, of course, know this principle very well.

이러한 불화는 국민화합에 나쁜 영향을 줄뿐만 아니라 경제발전을 저해시킨다는 것은 확실한 것이다. 이것이 국민 생활에 치명적이 아니고 무엇이겠는가? 물론 정치인들은 이러한 논리를 아주 잘 알고 있다.

Well then, why, what makes them behave themselves like this?

그렇다면 왜, 무엇이 그들을 그렇게 처신하도록 하는 것일까?

In relation to this, do you happen to be buried in thought about the reason why a human, more particularly among politicians, has a tendency to broaden his or her influence in succession, wishing to have a hold on real power?

이와 관련해서 인간, 특히 정치인들이 계속하여 실권을 장악하기를 원하면서 자신의 세력을 확대하려고 하는 이유에 대하여 혹시 생각에 잠겨 본 적이 있는가?

This behavior, in a way, is really striking contrast to a happy dispensation of Nature – the balance of yin and yang which is the basic principles that maintain the whole of creation.

영어신문 기사(칼럼) 해설

이러한 행동은 한마디로 정말이지 자연의 오묘한 섭리, 즉 삼라만상(森羅萬象)을 지탱시키는 근본 원리인 음양의 조화와 대조(對照)를 이루는 것이다.

Though I am pretty apathetic about politics, this question compels me to think of a dialectic answer, an answer that could be expressed by philosophical speculation reflecting upon a dictator's nature and characteristic.

나는 정치에 아주 무관심하지만, 이 질문은 변증적(辨證的), 즉 독재자들의 천성과 특성을 반영하는 철학적 고찰로 표현될 수 있는 답변으로 생각하도록 나를 강요한다.

Recently, President Park Geun-hye, who has failed to keep nearly all of her election promises until now, accused the ruling Saenuri party floor leader Yoo Seung-min that he didn't harmonize her administration.

최근에 현재까지 선거 공약을 거의 지키지 못한 박근혜 대통령은 새누리 집권당의 원내 대표 유승민이 그녀 자신의 통치에 화합하지 않는다고 비난을 했다.

Yoo was in the vanguard of approving the bipartisan revision bill for the National Assembly Law, for which President Park was on a different footing as she made excuses that the bill was unconstitutional.

유의원은 양당(새누리당과 새정치연합)이 합의한 국회법 개정안의 통과에 앞

English Newspaper Article (column)

장섰는데, 박대통령은 그 법안은 위헌이라고 핑계를 대면서 입장을 달리했다.

What is more, she finally exercised her veto on the bill in the capacity of the President. Many a person thinks that it is no more than a kind of wielding despotic power of the President.

게다가 그녀는 결국 대통령의 자격으로서 거부권을 행사하였다. 많은 국민들은 이것은 다름아닌 대통령의 독재적인 권력을 행사하는 것이라고 생각하고 있다.

This, in a sense, means that even many staunch (or ardent) supporters of her constantly discover new flaws in her political style which is unobserved before.

이것은 어떤 의미에서는 그녀의 확고한 지지자들이 지금까지 몰랐던 그녀의 정치 스타일에서의 결점을 계속하여 발견한다는 것을 의미하는 것이다.

She stressed the importance of national harmony and unity when running for President. She lied as though telling the truth as a desire for power.

그녀는 대통령에 출마했을 때 국민의 화합과 단결의 중요성을 강조한 바 있다. 그녀는 권력에 대한 욕심으로 천연스럽게 거짓말을 했던 것이다.

No matter what excuses she makes, it is an act of treachery against a nation especially her royal supporters.

이것은 그녀가 어떤 구실을 대더라도 그것은 국민, 특히 그녀의 충실한 지지자들에 대한 배신 행위를 의미하는 것이다.

I have learned that the usual fruit of interaction between majority and minority is compromise, and compromise is the heart and soul of all dispute process. It is nothing but the essence of democracy or the fundamental principles of democracy when negotiating a settlement of arguments for and against.

나는 다수와 소수 사이의 상호 작용의 통상적인 성과는 타협이며, 타협은 모든 논쟁과 과정의 진수라는 것을 배운 바 있다. 이것이 바로 찬부 양론을 협상으로 해결하고자 할 때 다름아닌 민주주의의 진수 또는 민주주의의 기본 원리인 것이다.

If anyone, especially politicians, hasn't put this theory into practice when performing duties, it is clear that he or she corresponds to a dictator.

만일 그 어떤 사람, 특히 정치인들이 임무를 수행할 때 이러한 이론을 실천하지 않는다면 그는 독재자에 해당하는 것이다.

It is not for me to say, but I would say that this sort of person is as good as a lunatic who tries to block the way of the earth's revolution and rotation. Anyone who is in his or her right mind should never do such a thing.

English Newspaper Article (column)

외람(猥濫)된 말이겠지만 이런 종류의 사람은 지구의 공전과 자전을 막으려고 하는 정신 이상자나 마찬가지인 것이다. 그 어떤 사람도 제정신에서는 그런 일은 하면 안 되는 것이다.

I am, of course, unqualified to say about politics but in my capacity as a citizen, I would like to say a few words in connection with it – Just as the rotation of the earth causes day and night, so must we need a shift of political parties or a change of leadership in political circles to realize the fundamental principles of democracy.

물론 나는 정치에 대하여 말할 자격이 없는 사람이지만 국민의 입장에서 이에 대하여 한마디 해보려 한다. 즉, 지구의 자전으로 밤과 낮이 생기듯이 정당 또는 정치계의 지도자 교체는 민주주의의 기본 원리를 실현시키는 데 필요한 것이다.

영어신문 기사(칼럼) 해설

The Obligation of Conscience

양심의 구속

The Korea Times
Monday, August 3, 2015
2015년 8월 3일 월요일
By Kim Song-rhei
김송뢰

A proverb says that "There is no smoke without fire." This proverb tells us that everything has its origin of an outbreak.

속담에 이르기를 "아니 땐 굴뚝에 연기 나랴"라는 말이 있다. 이 속담은 모든 것은 그것의 근원이 있다는 것을 말해주고 있다.

However, even if we make a thorough investigation of some affairs shrouded in mystery, we sometimes have difficulty in getting at the root of them with which we are confronted.

하지만 미궁에 빠진 그 어떤 사건들을 아무리 면밀하게 조사한다 하더라도 우리가 당면하고 있는 그것들의 근원을 캐내는 것이 때로는 매우 어려울 때

English Newspaper Article (column)

가 있다.

Then, what is the main reason for having difficulty in finding out the real truth of the affairs?

그렇다면 이것들의 진상을 파악하는 데 어려움이 있는 주된 까닭은 무엇 때문일까?

In fact, there are many complicated reasons for us to have been trouble getting a clue which might lead to a solution of the problems. Among other reasons, I think that no one saw the event with his or her own eyes except a performer of the deed, and the doer did not acknowledge having been made his or her mistake.

사실 우리가 그 어떤 문제들의 해결의 실마리를 잡는데 어려움을 겪게 되는 복잡한 이유들은 많이 있다. 그런 이유들 중에 행위자를 제외하고는 그 어느 누구도 그 사건을 목격하지 않았기 때문이다. 그리고 잘못을 저지른 그 행위자가 자신의 잘못을 스스로 시인하지 않고 있기 때문이다.

It is the usual thing that they also left no traces of it, while imposing upon a blind spot in the law. Moreover, the police's investigation capability in this case is not good at scientific crime detection.

그들은 또한 법의 허점을 찌르면서 그 범죄 행위에 대한 흔적을 거의 남기지 않는 것이 보통이다. 또한 이런 경우 경찰의 수사 능력은 과학적 범죄 수사에

영어신문 기사(칼럼) 해설

서투르다.

So, there are many cases which are as much in the dark as ever in our social lives such as the pesticide-soda case that lately happened in Sangju, North Gyeongsang Porvince.

따라서 최근 경상북도 상주에서 발생한 농약 사이다 사건처럼 여전히 미궁에 빠져 있는 사건들이 우리의 사회생활 속에는 많이 있다.

Six dwellers were either killed or wounded in this criminal act. Many people, especially those who live in that village, are scared at this event, feeling pity for casualties.

이번 범죄 행위에서 여섯 명의 사상자가 났다. 많은 사람들, 특히 그 마을에 살고 있는 사람들은 이번 사건에서 발생한 사상자들을 안타깝게 여기며 공포에 싸여 있다.

We sometimes regard these kinds of offenders as those who have not an ounce of conscience. What makes them hinder from obeying the dictates of their conscience? A conscience is an attribute of humans, and it is of course a special gift given by God.

우리는 이러한 종류의 범인들을 가끔 양심이라곤 손톱만큼도 없는 사람들이라고 여긴다. 무엇이 그들이 양심이 명하는 바에 따르지 못하도록 하는 것일까? 양심은 인간의 속성이며 그것은 물론 신께서 주신 특별한 선물인 것이다.

English Newspaper Article (column)

For this reason, we are under obligation to act according to our conscience when doing something. This is quite different from being under the application of the law.

이 같은 이유로 우리는 그 무엇인가를 할 때 양심에 따라 행동을 해야 할 의무가 있는 것이다. 이것은 법의 적용을 받는 것과는 완전히 다른 것이다.

Moral principles and the force of the law are of a different character; the former, I think, is a kind of eternal truth which the law itself should not concern with in principle and the latter is nothing but a kind of human instrument for keeping public order.

도의와 법의 효력은 그 성격을 달리하고 있는 것이다. 즉, 전자는 법이 원칙적으로 관여를 하지 말아야 할 불변의 진리인 것이고, 후자는 다름 아닌 사회의 질서를 지키기 위한 일종의 인간의 도구에 지나지 않는 것이다.

Thus, a moral sense is essentially superior to the law when putting our ideas into action.

따라서 도덕 관념이 그 어떤 한 생각을 행동으로 옮길 때 인간 법률보다 본질적으로 훨씬 우수한 것이다.

Anyway, a human being differs from animals in that he or she has a conscience or the power of reason, which, we generally believe, has many points of likeness to that of God.

어쨌든 인간은 양심 또는 이성을 가지고 있다는 점에서 동물과 다른 것인데, 그 양심과 이성은 신의 그것과 닮은 점이 많다고 우리는 믿고 있는 것이다.

No matter how hard the criminals (or sinners) try to cover their mistakes from knowing the truth, they are doomed to suffer from a guilty conscience, feeling that there is a danger lest the truth should leak out.

아무리 그 죄인들이 자신들의 잘못을 알지 못하도록 애를 쓴다 하더라도 그들은 자신들이 저지른 범죄 행위에 대한 진실이 누설될 위험성이 있다라는 것을 생각하며 양심의 가책을 받을 수밖에 없는 것이다.

That is, being tormented by a guilty conscience is more painful than being dealt with according to the pertinent law.

즉, 양심의 가책으로 괴로워하는 것은 법에 따라 처리되는 것보다 훨씬 더 괴로운 것이다.

However, never having acted according to their conscience when making a crime or a fault, it may happen that the criminals attempt to distort the truth with a logic that can be hardly understood when they are watched by the police as a key suspect. It seems to me that this is just the psychology of wicked criminals.

하지만 그 어떤 하나의 죄나 과오를 저지를 때 양심에 따라 행동을 하지 않았기 때문에 그 범인은 유력한 용의자로서 경찰의 주목을 받을 때는 어쩌면 이

English Newspaper Article (column)

해할 수 없는 논리로써 진실을 왜곡하기를 꾀하고자 할 것이다. 이것이 바로 사악한 범죄자들의 심리(心理)인 것 같다.

I am not a psychologist but I think that suppressed desires or chronic boredom is a potentially dangerous condition which can lead to anger, aggression, and depression.

나는 심리학자가 아니지만 억압된 욕망 또는 만성적인 무료감은 분노, 공격성, 그리고 우울증으로 귀결될 수 있는 잠재적으로 위험한 상태다 라고 생각한다.

And I think that if someone has been suffered from this kind of condition for a long time, it is clear that he or she is mentally tired out. Thus, I believe that I am justified in saying that criminals who cover their mistakes to the last are seriously afflicted themselves with a mental disease.

그리고 만약 이 같은 상태를 오랫동안 겪고 있는 사람이라면 그는 아마 정신적으로 지쳐있는 게 분명할 것이다. 따라서 자신들의 잘못을 끝까지 감추려고 하는 범죄자들은 정신질환을 심하게 앓고 있다 라고 말하는 것은 정당하다고 나는 믿는다.

In the past, I was also ill with melancholy for a while. At that time I faced up to the reality and stuck to my purpose with an indomitable spirit. Just then, I realized that "nothing takes greater fortitude than accepting vulnerability by opening my psychological world to other people."

나 역시 과거에 한동안 우울증을 앓았다. 나는 그때 현실을 직시하였다. 그리고 불굴의 정신으로 나의 목적을 관철해 보았다. 바로 이때 나는 "나 자신의 심리 세계를 다른 사람들에게 보여줌으로써 취약함을 인정하는 것보다 더 큰 불굴의 용기를 필요로 하는 것은 없을 것이다"라는 것을 깨우치게 되었다.

I want to leave a message with criminals. There is nothing happier than to make a full confession of your guilt, and showing your vulnerability is a sign of your bravery!

나는 범죄자들에게 한마디 남기고자 한다. 당신의 죄상을 깨끗이 모두 자백하는 것보다 더 행복한 것은 없는 것이며, 당신의 취약점을 보여주는 것은 용감함의 표시인 것이다!

English Newspaper Article (column)

Why I tune out of K-pop

K-pop을 듣는 이유

The Korea Times
Monday, August 26, 2015
2015년 8월 26일 수요일
By Kim Song-rhei
김송뢰

An old saying goes that "A sound mind dwells in a sound body." Paradoxically, this adage let us know that training your mind is more important than building up your body. In other words, mental training is no less necessary than bodily training.

격언에 "건전한 정신은 건전한 신체에 깃든다"라는 말이 있다. 역설적으로 이 격언은 마음의 단련이 신체를 단련하는 것보다 더 중요하다는 것을 알려주고 있다. 즉, 정신 단련은 육체 단련 못지않게 필요한 것이다.

Hence, the mind as well as the body needs exercise to live a healthy, sensible life in your daily life. Then, how can we make our mind exercise effectively? It is clear that listening or singing your favorite songs has beneficial effect on your mind health.

따라서 일상 생활에서 건전한 생활을 하기 위해서는 몸뿐만 아니라 마음도 운동이 필요하다. 그렇다면 어떻게 마음운동을 효과적으로 시킬 수 있는 것일까? 분명히 애창곡을 듣거나 부르는 것은 마음 건강에 이로운 효과가 있다.

I sometimes take pleasure in listening and singing the old songs that had a great vogue in the 1970s and 1980s. Each time I enjoy my favorite songs, I am in a happy state of mind.

나는 종종 1970년대와 1980년대에 인기를 모았던 옛 한국가요를 즐겨 듣거나 부른다. 내가 좋아하는 노래들을 즐길 때 마다 나는 행복감에 잠기게 된다.

This is as much as I read fairy tales which take me to the land of make-believe where anything can happen. It allowed me to understand how music plays an important role in life.

이것은 마치 나에게는 어떤 일이든 일어날 수 있는 공상의 세계로 나를 데려가는 동화를 읽는 것과 마찬가지이다. 음악이 인생에서 얼마나 중요한가를 알게 되었다.

The authentic beauty of music, whether it is popular music or classical music, lies in the fact that it allows us to reconnect ourselves with our hearts. There is no doubt that the music is

English Newspaper Article (column)

not only a salve for sorrow, but also has a softening effect.

진정한 음악의 아름다움은 음악이 우리를 스스로의 마음과 다시 연결해 준다는 사실에 있다. 음악은 말할 필요 없이 슬픔을 달래줄 뿐만 아니라 우리의 마음을 부드럽게 하는 작용이 있다.

Popular song reflects trends in society as a creature of the times. It also embodies the sentiment of those days in some measure. Accordingly, it is different from the classical music in that it focused on the mundane aspects of a given culture.

대중음악은 시대의 산물로써 세태의 움직임을 반영한다. 그것은 또한 당대(當代)의 감정을 어느 정도 구현(具現)하고 있다. 따라서 대중음악은 기존 문화의 평범한 측면에 중점을 둔다는 점에서 고전 음악과는 다르다.

In those days, many Koreans including me should see the world around them not in terms of goods to be consumed but as problems to be alleviated. It was the times marked by people's harsh struggle to keep up their livelihood. In the meantime, industry was flourishing markedly in this country.

그 당시 많은 한국인들은 소비할 상품의 측면 보다는 완화해야 할 문제들의 관점에서 세상을 바라 보아야만 했다. 그 당시는 어렵던 시절, 즉 생계를 유지하기 위해 몹시 애를 써서 고통으로 얼룩졌던 시절이었다. 그러는 동안 이 나라는 산업이 번창하고 있었다.

Industrialization along with popular songs has an effect on

curing the trauma of the 1950-53 Korean War. To put it in poetic expressions, our lives seeking after happiness were spiced with popular songs which added a zest to labor.

대중음악과 함께 산업화는 한국전쟁의 상처를 치유하는데 영향을 주었다. 시적으로 표현한다면 행복을 추구하던 우리의 삶은 노동에 풍취를 더해주는 대중음악으로 조미되어 있었다.

In other words, we seasoned our lives with the music, which conveys subtle yet powerful meanings that fail to be expressed with ordinary words. Thus, the songs of that time were to our lives, what water is to fish.

다시 말하면 우리는 우리의 삶을 음악으로 양념을 하였는데, 그 음악은 보통의 말로는 표현하지 못하는 미묘한 강한 의미를 전달한다. 따라서 그 당시의 유행가와 우리의 삶의 관계는 물과 고기의 관계와 같은 것이었다.

The social conditions of that time were nothing but would inaugurate an emerging sense of our own appetite for a welfare state.

그 당시의 그 세태는 다름 아닌 복지국가를 향한 한국인들의 떠오르는 탐욕의 시작이었던 것이다.

Under such circumstances, the general trends of Korean pop songs were mostly written as sentimental ballads and melody rather than delightful tunes and lyrics of today.

English Newspaper Article (column)

이 같은 영향으로 한국 대중음악의 일반적 경향은 오늘 날의 노래, 즉 무슨 뜻을 나타내려는 건지 무척 막연한 즐거운 형식보다는 대부분 감성적인 가사와 곡조로 쓰여져 있었다.

Living as they do in a different world from adults, the young people have problems peculiar to themselves as if every society has its own peculiar customs.

젊은이들이 어른들과 다른 세상에 살고 있으므로 어느 사회에나 고유의 관습이 있듯이 그들만의 특유한 문제들이 있는 것이다.

However, K-Pop of today, I think, tends to be superficial compared to the philosophical and emotional outpourings found in songs of days gone by. The words of songs are written with nonsensical phrases, which ranted and sung by the best singers today.

하지만 오늘 날의 노래들은 예전의 노래에서 발견되었던 깊이 있고 정서적인 감정 표출에 비하면 피상적인 것 같다. 가사 역시 말도 안 되는 표현법으로 쓰여져 있는데, 그것은 오늘날의 최고 가수들에 의해 고함질러지면서 노래하고 있다.

The boys and girls in their tender years also have a tendency to light-heartedly adore this kind of song. As a man who just entered in an early stage of sixties, I think that it is strange that this kind of song should excite the young fans.

젊은이들 역시 이 같은 열등한 노래를 지나치게 낙천적으로 예찬하고 있다. 60대 초반으로 방금 들어선 사람으로서 나는 이런 종류의 노래가 젊은 팬들을 열광시키다니 이상하다고 생각한다.

In those days, popularity of Korean popular song increased in proportion to the implication in delights and sorrows of our lives. That kind of melody appealed to the youth as well as adults. There has been a remarkable change in the concepts of popularity and musical value since the beginning of the information industry.

그 당시 한국의 대중 음악의 인기는 우리 삶의 애환의 연루에 비례하여 상승하였다. 그런 노래는 젊은이들뿐만 아니라 어른들에게도 인기가 있었다. 정보 산업이 접어들더니 인기와 음악적 가치의 개념이 크게 달라졌다.

It is ironic that people in the age of information care more profits, rather than about being overcome with emotions. I do not think K-pop in our information-oriented society should be mentioned in the same breath as the old tunes, which in many instances produced an everlasting impression on many people's heart.

오늘 날의 정보화 시대의 사람들은 정서가 넘쳐흐르는 것보다는 이윤에 더 관심을 쏟고 있는 것이 아니러니 하다. 정보화 사회에서의 대중 음악은 많은 사람들의 가슴에 잊을 수 없는 인상을 남겨 놓은 옛 노랫가락에 필적할 수 없는 것 같다.

English Newspaper Article (column)

Science is the discovery of a law of nature

과학이란 자연의 법칙을 발견하는 것

The Korea Times
Saturday–Tuesday, September 26–29, 2015
2015년 9월 26-29일 토요일-화요일
By Kim Song-rhei
김송뢰

Recently, I watched a science program on TV. It was a free discussion on space science. The program was to my taste but it had already been moving onward when I picked up the channel.

최근에 나는 TV에서 어느 한 과학 프로그램을 시청하였다. 그것은 우주 과학에 관한 자유 토론이었다. 내가 채널을 맞출 때 그 프로그램은 이미 진행 중이었다.

So, I was sorry for not watching the preceding part of the program. However, it was just as well for me to watch the rest of the program.

그래서 나는 그 프로그램의 앞부분을 보지 못해 서운한 감이 들었다. 하지만 나는 그 프로그램의 나머지 부분을 보게 된 것이 다행이었다.

All panelists including the master of ceremony at the program were middle-aged scientists. They explained the issue briefly and to the point so that viewers in general like me could gain a better understanding of the theme.

그 프로그램의 진행자를 포함한 토론자들은 모두 중년의 과학자들이었다. 그들은 그 문제를 간결히 설명하였다. 따라서 나 같은 일반 청취자들이 그 주제를 더 잘 이해할 수 있었다.

In the figurative sense, the scene of the debate seemed to be a flower garden where lovely butterflies are fluttering from flower to flower with nimble movement.

비유적인 의미로 그 토론의 장면은 예쁜 나비들이 경쾌한 동작으로 이 꽃 저 꽃을 날아다니는 꽃밭 같았다.

And they were not so much scientists as popular entertainers in these days. I could not rid myself of the thought that the program held the audience spell-bound.

그리고 그들은 과학자라기 보다는 오히려 이 시대의 인기 연예인들이었다. 그래서 나는 그 프로그램은 청중을 매료시켰을 것이라는 생각에서 벗어날 수 없었다.

English Newspaper Article (column)

I thought that all of them participated in the discussion are very able scientists who are shouldering the heavy responsibility of the Korean science today.

나는 그 토론에 참석한 그들 모두는 오늘날 한국 과학의 무거운 책임을 짊어지고 있는 유능한 과학자들이라고 여겼다.

In the middle of the talk show, one of them expressed that "the world in which we live exists in time and space."

그 토크 쇼 진행 도중에 한 토론자는 말하기를 "우리가 살고 있는 이 세상은 시간과 공간 속에 존재하다"라고 말하였다.

The moment I heard the expression, I had no choice but to mutter to myself that "how meaningful the description is!" It may be as well to say that I was pinioned by a chain of reasoning on that occasion.

이 말을 듣는 순간 나는 "야, 그 설명 참 의미가 깊다!"라고 중얼거릴 수밖에 없었다. 그때 나는 일련의 추론에 묶여 있었다라고 지금 말하는 것이 좋을 듯하다.

The educational program really made a deep impression on me and helps me raise my cultural level. However, as a man who has a layman's knowledge of science, I couldn't perfectly pick out the meaning of the scientist's remark – (the world exists in time and space.) So I tried to make an effort to philosophize about the meaning of the expression for a time.

그 교양 프로그램은 나에게 정말 깊은 감명을 주었으며 나의 교양을 높이는 데 도움이 되었다. 하지만 과학 지식에 문외한 (門外漢)으로서 나는 그 과학자의 메시지, 즉, "이 세상은 시간과 공간 속에 존재한다"라는 말의 뜻을 완전히 이해할 수 없었다. 따라서 나는 그 말의 뜻을 철학적으로 이해하기 위하여 한동안 고심을 해보았다.

What is time and space in terms of science or philosophy? This question obliges me to think of a logical answer, an answer that could be expressed by way of an inductive reasoning or deductive reasoning.

시간과 공간이란 과학적으로 또는 철학적으로 무엇을 말하는 것인가? 이 질문은 나에게 귀납적 추리 또는 연역적인 추리를 통하여 표현될 수 있는 논리적 답변으로 생각을 하도록 강요한다.

Though it is my superficial view, I think that "Time" moves only onward without a pause, and "Space" exists side by side with time. Then, what make them exist in this way? This question had led me to be sunk in meditation.

피상적인 견해이긴 하겠지만 시간이란 끊임없이 오직 전진(前進)하는 것이며, 공간이란 시간과 나란히 존재하는 것이다. 그러면 무엇이 시간과 공간이 이런 식으로 존재하도록 하는 것일까? 이 질문은 나를 사색에 잠기게 하였다.

Generally speaking, we consider the natural phenomenon as

English Newspaper Article (column)

an act of the Almighty. That is, Mother Nature who once made fundamental laws that regulate the movement of heavenly bodies conducts the rhythmical course of nature.

일반적으로 말하여 우리는 자연현상을 전능한 신의 조화라고 여긴다. 즉, 우주의 움직임을 통제하는 근본 원리를 그 언젠가 만들어 놓은 대자연은 자연의 율동적인 진행을 관리하고 있는 것이다.

Now, I fancy that all creatures in nature have been riding on a mysterious machine called time and space since the beginning of Creation. And the creations themselves serve as the elaborate gears or accessories of the machine.

나는 지금 천지만물들은 천지창조 이래 시간과 공간이라고 불리는 불가사의한 기계에 탑승하고 있다고 상상해 본다. 그리고 그것들은 스스로 그 기계의 정교한 기어 또는 부속품 역할을 한다고 공상해 본다.

I also believe that most of these things render great service to the delicate balance of climatic, geologic and physical conditions that lead life on Earth in which we also live.

나는 또한 이것들의 대부분은 우리가 살아가고 있는 대지에 생명을 불러일으키게 하는 기후, 지질 그리고 물리학적 상태의 미묘한 조화에 크게 공헌하고 있는 것이라고 믿어본다.

The reason why I think in this way is that all creatures do assert themselves in a particular way in accordance with the law of nature from time immemorial.

내가 이렇게 생각하고 있는 이유는 모든 창조물들은 태고 적부터 자연법칙과 일치하여 그 나름대로의 특별한 방식으로 자신들의 신념을 절로 나타내고 있기 때문이다.

That is, nature is always governed by rational principles so that there are reasons why everything is as it is. In other words, the whole creations cannot exist without rhyme or reason in time and space.

다시 말하면 자연은 언제나 합리적인 원칙에 의해 지배되고 있으므로 모든 것들은 다 그 나름대로 이유가 있는 것이다. 다시 말하면 모든 창조물들은 시간과 공간 안에서 이치를 저버리고는 존재할 수 없는 것이다.

Lately, I bought a metal massager on the roadside. The scientific tool is small in size and easy to operate but works wonders on muscular fatigue. It is a fact that the efficacy of the kneader occurs because of friction between things – the tool and the human body.

최근에 나는 길가에서 금속으로 만든 마사지 기계 하나를 샀다. 그 도구는 크기가 작고 조작이 간단하지만 근육피로에 놀라운 효능이 있다. 안마기의 효능은 물건과 물건 즉, 그 도구와 인체 사이의 마찰로 인하여 생기는 것이 사실이다.

However, the frictional force takes place on account of the

English Newspaper Article (column)

existence of time and space which occupies the world. That is, if you wanted to obtain the effect of massage, you should rub your arms with the kneader in time and space.

하지만 그 마찰력은 이 세상을 차지하고 있는 시간과 공간의 존재로 인하여 생기는 것이다. 즉 마사지의 효능을 얻기 원한다면, 시간과 공간 속에서 안마기로 팔을 문질러야만 한다.

Therefore, things such as the massager or the kneader are application of scientific technique which is developed in time and space.

따라서 안마기 같은 인간이 만들어 놓은 것들은 시간과 공간 안에서 개발된 과학 기술을 응용한 것이다.

To conclude, science means the discovery of a law of nature.

결론적으로 과학이란 자연의 법칙을 발견하는 것이다.

영어신문 기사(칼럼) 해설

Gardens are Not Made by Sitting in the Shade
화원은 그늘에 앉아 쉬면서 만들어지지 않는다

The Korea Times
Saturday, October 17, 2015
2015년 10월 17일 토요일
By Kim Song-rhei
김송뢰

The other day, I visited a bank to draw money. The bank, which I opened accounts with, was bustling with customers.

며칠 전 나는 돈을 인출하기 위하여 어느 한 은행을 방문하였다. 내가 거래를 하고 있는 그 은행은 고객들로 붐비고 있었다.

Not knowing where to sit, I kept standing for a while. While waiting for my turn in front of teller windows, I happened to read a slogan that reads "gardens are not made by sitting in the shade."

어디에 앉아야 될지 몰라서 나는 잠시 서 있었다. 은행 창구 앞에서 나의 순

English Newspaper Article (column)

번을 기다리는 동안 나는 "꽃밭은 그늘에 앉아 쉬면서 만들어지지 않는다"라는 표어 하나를 우연히 읽게 되었다.

Judging that it was written in slender characters and set in a small frame in front of a clerk attending at the window, I couldn't choose but suppose that the clerk had personally written the phrase, framed it and put it there herself for the customers to see.

그 표어가 가는 글씨체로 쓰여지고 작은 사진틀에 끼워져 창구에서 업무를 보고 있는 출납계원 바로 앞에 놓여 있는 것으로 미루어 볼 때, 나는 그 출납계원 자신이 개인적으로 적어 놓은 것이라고 추측할 수밖에 없었다.

I could easily imagine that her action of this kind must be entirely derived from the wish for a hardworking spirit.

나는 그녀의 이 같은 행위는 오로지 근면한 정신을 원하는 마음에서 비롯된 것이라고 상상할 수 있었다.

I had no option but to think that the catchword is a good figurative expression. The slogan once again made me aware of the idea that "nothing is more important in life than an active manner."

나는 그 표어가 참 좋은 비유적인 표현이라고 생각하지 않을 수 없었다. 그 표어는 나에게 '삶에서는 능동적인 태도가 가장 중요하다'라는 것을 다시 한 번 일깨워 주었다.

At that time, I, impelled by curiosity, cast a furtive glance at her, and had a feeling that the clerk applies herself closely to her task with an initiative spirit.

그때 나는 호기심(好奇心)에 이끌리어 그녀를 한번 힐끔 곁눈으로 바라 보았다. 그리고 그 창구 여직원은 진취적인 기상을 가지고 자신의 일을 열심히 하고 있다라는 느낌이 들었다.

It need scarcely be said that the motto heightened the effect of setting off her image to advantage. In other words, she made up her mind more beautifully in a roundabout way by adorning her job site with the meaningful slogan which is written on a small beautiful signboard.

말할 필요 없이 그 모토는 그녀의 이미지를 돋보이게 하는데 효과를 높인 것이다. 다시 말하면 그녀는 작은 예쁜 액자 안에 쓰여져 있는 그 뜻 깊은 슬로건을 자신의 일터에 장식함으로써 자신의 마음을 간접적으로 더욱 곱게 꾸민 것이다.

It was a kind of the synergy effect which, I believe, occurs when we manage a matter cleverly with pure motives. Creating a pleasant atmosphere in office or a workshop, I think, is sometimes better than the knowledge necessary to make the work satisfactory. The clerk at the window just put this theory into practice.

그것은 우리가 순수한 동기에서 그 어떤 일을 솜씨 있게 처리할 때 발생되

English Newspaper Article (column)

는 일종의 시너지효과라고 나는 생각한다. 사무실이나 일터에서 즐거운 분위기를 조성하는 것이 때로는 그 어떤 일을 훌륭히 해내는 데에 필요한 지식보다 낫다고 생각한다. 그 출납계원은 바로 이런 원리를 실천으로 옮긴 것이다.

The general effect of the figurative phrase and the colorful picture set in the cute photo frame lent itself to my mind. The picture frame was nicely decorated with a floral pattern on a light yellow ground, which made the phrase come to life.

멋진 사진틀 안에 있는 그 비유(比喩)적인 표현과 색체가 풍부한 그 그림의 전체적인 인상은 나의 마음에 정말 꼭 들었다. 그 사진틀은 옅은 노란색 바탕에 꽃무늬로 정성스레 장식되어 있었는데, 그것은 그 글귀에 생기를 준 것이다.

The picture frame also enhanced the esthetic value of the phrase as if a young woman who is getting ready for a wedding had put rouge spot on her forehead.

그 사진틀은 마치 결혼 준비 중에 있는 어느 한 젊은 여성이 자신의 이마에 곤지를 찍고 있는 것처럼 그 표어의 미적 가치를 역시 높여 주었다.

Making up your face beautifully or adorning yourself with jewels, in effect, is the way of making yourself appeal to others, isn't it? Thus, I had no alternative but to think that it is not so much a phrase as a work of art full of suggestion.

얼굴을 곱게 꾸민다거나 보석 등으로 몸치장을 하는 것은 사실상 자신을 남에게 돋보이게 하는 방법인 것이다. 따라서 나는 그것을 하나의 글귀라기 보다는 오히려 암시가 가득한 하나의 하나의 예술작품이라 생각하지 않을 수 없었다.

In my opinion, it leaves no room for doubt that the artistic work must have been achieved through perfect coordination of all elements; the phrase stands for the inward image and the picture illustrates outward features of the work. I thought that there is nothing to complain of as far as the instructive message.

나의 견해로 그 예술 작품은 의심할 여지없이 모든 요소들이 완벽한 조화를 통해 이루어진 것이라 생각한다. 즉, 그 글귀는 그 작품의 내면의 모습을 나타내는 것이고, 그 그림은 그 작품의 겉모습을 나타내는 것이다. 나는 그 표어를 교훈적인 전갈(傳喝)면에서 더할 나위 없다고 생각했다.

It seems to be little exaggeration but I was wrapped up in this artistic description as if my mind had been blinded by a beautiful woman. Paradoxically speaking, I had a really hard time trying to avert my eyes from it.

과장된 표현일지는 모르겠으나 나는 마치 아름다운 한 여인에게 현혹되어 있는 것처럼 그 예술적인 표현에 정신을 빼앗기고 있었다. 역설적으로 말하여 나는 그것으로부터 눈길을 딴 데로 돌리려고 몹시나 애를 써 보았다.

It was just a moment that the phrase once again made me realize that "language controls and dictates our thoughts." I

English Newspaper Article (column)

thought that it is worthy of memorizing the slogan.

그것은 '언어는 우리의 생각을 지배하고 좌우한다'라는 것을 나에게 다시 한번 일깨워 주는 바로 그 순간이었다. 나는 그것을 암기할 가치가 있는 슬로건이라고 생각했다.

As a matter of fact, language we use in our daily lives is not simply an encoding process for voicing our ideas and need, but rather, a shaping force that guides our thinking and behavior. So I wanted to have the slogan branded deep in my mind.

실제로 우리가 일상생활에서 사용하는 언어는 우리의 사고와 욕구를 표명하는 기호화 과정일 뿐만 아니라 우리의 생각과 행동을 표현하는 힘인 것이다. 그래서 나는 그 말을 나의 마음 속 깊이 새겨 놓고 싶었다.

The picture was nothing but an apple tree in full bearing. It was the picture which, I think, goes well with the motto. The phrase and the picture also reminded me of two maxims that say, "Nothing venture, nothing have" and "One expects birds to fall ready roasted his mouth."

그 그림은 다름아닌 열매가 주렁주렁 열린 사과나무이었다. 그것은 그 표어에 잘 어울리는 그림이라고 생각을 했다. 그 글귀와 그림은 나에게 "호랑이 굴에 들어가야 호랑이를 잡는다" 그리고 "감나무 밑에서 홍시 떨어지기를 기다린다"라는 속담을 연상시켜 주었다.

Metaphorically speaking, I took pleasure in looking at the artistic description and picture as if I had ensconced myself in an armchair while listening to soothing music. I had a feeling that I had acquired more valuable things than money that I drew from the bank at that time.

비유적으로 말하여 나는 마치 마음을 달래주는 음악을 들으며 그냥 안락의자에 앉아 있는 것처럼 그 예술적 표현과 그림을 보고 즐겼다. 나는 그 당시 내가 은행에서 인출했던 돈보다 더 값진 것을 획득했다는 느낌을 가졌다.

English Newspaper Article (column)

Joys of mingling with Nature
자연을 벗삼는 즐거움

The Korea Times
Saturday, October 31, 2015
2015년 10월 31일 토요일
By Kim Song-rhei
김송리

As a person who finds pleasure in a contemplative life, it is a habit with me to make an ascent of a mountain alone whenever an occasion arises. I think that this habit may be associated with my personality which I inevitably obtained from a lonely life for the last scores of years. My character today, I think, is largely acquired through my experience in doing tough work in poverty.

사색(思索)적인 생활을 즐기는 사람으로서 기회가 있을 때마다 혼자서 등산을 하는 것이 나의 습관이다. 나는 이런 습관은 과거 수십 년 동안 고독한 삶 속에서 불가피하게 얻어진 나의 성격과 연관되어 있을 지도 모른다고 생각한다. 오늘날의 나의 성격은 가난살이 속에서 주로 고된 일을 하면서 후천적으로 형성되었다고 생각한다.

Anyway, this habit gives me a good chance to be in close contact with nature, in which I come into contact with my real friends - natural objects such as plants, a wind, the woodnotes and all that sorts of thing. At this time, I have a tendency to be in the way that I question the true nature of inductive reasoning.

어쨌든 이런 습관은 자연과 벗삼을 좋은 기회를 주는데, 이럴 때 나는 자연 속에서 나의 진정한 친구들, 즉 여러 식물들, 바람, 새들의 지저귐 그리고 그 밖의 여러 자연 물체들과 접촉(接觸)하게 된다. 이때 나는 나 스스로가 귀납적 추리의 본질에 의문을 던지는 방식에 있게 되는 경향이 있다.

On Sunday last was the same to me. My two feet freely walked themselves toward Gwanak Mountain as though my mind was blinded by a lovely woman.

지난 일요일에도 마찬가지였다. 나의 마음은 마치 아름다운 숙녀에게 현혹되어 있는 것처럼 나의 두 발은 관악산을 향해 정신없이 향했다.

I whiled away the day on the mid-slope of the mountain by myself, deeming it good for me to do so. It was a bright and beautiful autumn day. That is, beautiful September was in its pride. Thus, it was an ideal weather for mingling with Nature.

English Newspaper Article (column)

나는 그날 그 산의 중턱에서 혼자서 시간을 보내는 것이 좋을 것이라고 생각을 해서 그렇게 했다. 그날은 쾌청하고 아름다운 가을 날이었다. 즉, 아름다운 9월이 한창 무르익고 있었다. 따라서 자연과 벗삼기에 안성맞춤의 날씨였다.

The trail leading to the top of the mountain was bathed in early autumn sunlight. The intensity of sunbeams was bit hot as yet, but an autumn breeze blowing from the ridges of the high mountains was fairly agreeable to the touch. Thus, the mountain seemed to be a noble lady glittering with jewels received from God.

정상으로 향하는 등산로에는 초가을 햇살이 내리 쬐고 있었다. 햇빛의 강도는 아직까지 다소 뜨거웠지만 높은 산등성이에서 불어오는 가을 바람은 촉감이 꽤나 좋았다. 따라서 그 산은 마치 신으로부터 선물 받은 보석으로 화려하게 꾸민 귀부인 같았다.

The singing of insects such as a cricket, a cicada and a grasshopper wafted on the breeze coming from the woods, which will be lovely tinged with red and yellow before long.

귀뚜라미, 매미 그리고 메뚜기 같은 벌레들의 노랫소리가 미풍을 타고 숲에서 들려왔는데, 그 숲은 머지않아 곱게 단풍이 들 것이다.

It seemed to me that the chirping of insects and the soft rustling of leaves were just like sweet tunes of a poem sung about beautiful autumn. In short, all natural objects around me seemed to be whispering in my ears as if they seduced me with all kinds of sweet talk, betraying their emotions in God's language.

벌레소리와 나뭇잎들의 살랑거리는 소리는 마치 아름다운 가을을 노래하는 시의 감미로운 멜로디 같았다. 한마디로 내 주변의 모든 자연 물체들은 온갖 사랑스런 이야기를 신의 언어로 감정을 표출하면서 나에게 속삭여주고 있는 것 같았다.

I thought that it was no more than a kind of a beautiful orchestral accompaniment or a sweet music to rejoice my heart. To put it in another way, I was absorbing in reading pages sparkling with wit in a resort villa suitable for city dwellers that need a special breathing time badly. Accordingly, I could not help but mutter to myself that "How beautiful Mother Nature is!"

그것은 다름아닌 나의 마음을 즐겁게 해주는 일종의 관현악 반주 또는 감미로운 음악이라고 생각했다. 달리 말하면 나는 특별한 휴식이 절실하게 필요한 도시인들에게 매우 적합한 어느 한 별장에서 기지가 가득 찬 지면을 읽는데 온 정신이 팔리고 있었다. 따라서 나는 '이 얼마나 아름다운 대자연이 아니겠는가'라고 혼자 중얼거리지 않을 수 없었다.

Along with this, I felt an urge to sing a song whose lyrics are concerned with love of nature. That is, I wanted to sing together with nature, which hugged me in its arms as if she had held her loving daughter in her bosom. At this moment, I once again realized that Nature made me aware of what I had

English Newspaper Article (column)

done wrong in relation to the conservation of nature.

이렇게 시간을 보내면서 나는 자연 사랑과 관련된 노래를 부르고 싶은 충동을 느꼈다. 즉, 나는 자연과 함께 합창을 하고 싶었는데, 그 자연은 마치 애지중지(愛之重之)하는 딸을 자신의 가슴에 품듯이 나를 자신의 가슴에 품어주었다. 이때 나는 다시 한번 대자연이 나에게 자연보호(自然保護)와 관련(關聯)k여 내가 그 동안 잘못한 것을 자연이 깨우쳐주고 있다는 것을 다시 한번 알게 되었다.

A little later on, I sang one of my favorite songs in a calm tone to the accompaniment of a rustle of leaves and the chirping of insects. At this time, the whispering of the wind in the trees was used as pipe music instrument and the singing of insects was used as the strings instrument. I just sang a song keeping in tune with these sweet tones of musical instrument conducted by the natural agencies.

잠시 후 나는 나뭇잎의 살랑거리는 소리와 벌레들의 노랫소리 반주에 장단 맞추어 나의 애창곡 들 중의 하나를 조용히 불렀다. 이때 나뭇가지를 스치는 바람소리는 관악기(管樂器) 반주로 사용되었고, 벌레들의 소리는 현악기(絃樂器) 반주로 사용되었다. 나는 바로 이 자연의 작용이 지휘한 감미로운 악기의 반주에 장단 맞추어 노래를 불렀던 것이다.

I thought that my singing voice was expressed in a broad range of emotion thanks to nature's sweet accompaniment.

나는 나의 노랫소리가 자연의 감미로운 반주 덕택으로 폭넓은 감정으로 펼쳐졌다고 생각했다.

It was also the time of being buried in deep meditation nestled in the bosom of nature. In other words, it was just the time of deriving inspiration from the contemplation of nature.

그것은 또한 자연의 품속에 안긴 채 묵상(默想)에 잠기는 시간이었다. 달리 말하면, 그것은 자연의 정관에서 영감을 얻는 시간이었다.

In this pleasant atmosphere, I enjoyed the fine autumn weather in the mountain to the full as if a pig had absorbed in wallowing pleasantly in the mud. In short, I couldn't help thinking that I had became the lucky person taking a rest in a magnificent place that made him or her feel as if he or she was far away from the problems of everyday life.

이 같은 즐거운 분위기 속에서 나는 마치 돼지가 진흙 속에서 기분 좋게 뒹굴 듯 그 산에서 맑은 가을 날씨를 마음껏 즐겼다. 한마디로 나는 마치 일상 생활의 문제들로부터 멀리 벗어난 기분을 만들어 주는 어느 한 멋진 장소에서 휴식을 취하고 있는 어느 한 행운아가 되었다고 생각할 수밖에 없었다.

Now I once again think that Nature has always not only been a friend, but also a mentor and teacher.

나는 지금 다시 한번 자연은 언제나 친구이었을 뿐만 아니라 지도자이었고 스승이었다고 생각해 본다.

English Newspaper Article (column)

The Importance of Preparation

준비의 중요성

The Korea Times
Thursday, November 19, 2015
2015년 11월 19일 목요일
By Kim Song-rhei
김송뢰

Creeping plants such as grapevine bear flower buds not on the old sprig but on the new. So, if you want to boost the production of their fruit, you should prune twigs that run up the year before and your pruning work should go into operation in due season.

포도 나무 같은 덩굴 식물들은 꽃봉오리가 예전의 가지에서 돋아나는 게 아니라 새로운 가지에서 돋아난다. 따라서 포도 열매의 생산을 촉진하기 위해서는 1년 전에 자란 잔 가지를 잘라줘야 하며, 그 전지(剪枝) 작업은 마땅한 시기에 실행되어야 한다.

Lopping off branches is a sort of laborious job that requires you to take a good care of. You have got to prepare all necessary preparations in advance for the work. It is a farm work combining nature and art.

가지를 친다는 것은 훌륭한 손질을 요구하는 일종의 힘든 일이다. 그 작업을 하기 위해서는 그에 필요한 모든 준비를 미리 해야 할 필요가 있다. 그것은 인공(人工)을 조화시키는 농사일이다.

It is a general knowledge that most of the plants put forth new shoots or bloom in spring and shed their leaves in autumn according to their timetable, a schedule that always carries out as a conditioned response by the change in seasons of the year.

대다수(大多數)의 식물들은 한 해의 여러 계절의 변화에 의한 조건 반사로 언제나 실행되는 그들의 예정표에 따라 봄이 되면 새싹이나 꽃을 피우게 되고 가을이 되면 잎을 지게 한다.

However, do you know when trees and plants bear their first leaf buds or flower buds that will push out new shoots next time?

하지만 초목(草木)들이 다음에 새싹이 트게 될 잎의 최초의 잎눈 또는 꽃눈이 언제 형성되는지 아시는가?

So far as I know, most plants with the exception of creeping plants begin to form their initial leaf buds or flower buds at a time when the leaves or flowers come out. That is, the plant's buds which will push out new shoots next year come into being side by side with a leaf sprouting right now.

내가 알고 있는 한 덩굴 식물을 제외한 대부분의 식물들은 그 최초의 잎눈과 꽃망울들이 잎이나 꽃이 피어오를 때 형성된다. 즉, 내년에 돋아날 나무들의 봉오리들은 현재 돋아나는 잎의 바로 옆에 나란히 생기게 된다.

To be more exact, trees and plants' first leaf buds or flower buds put into shape as formative cells between a stem and a leaf, which grows from the bud that has already took form in the previous year.

더 정확히 말하면 식물들의 잎과 꽃의 새순은 형성세포로서 줄기와 잎 사이에 형성되는데, 그 잎은 1년 전에 이미 형성된 봉오리에서 자라는 것이다.

In short, as a bud come into the world, so will a leaf grow up next time.

요컨대, 봉오리가 탄생하기에 잎은 그로 인하여 다음에 성장하게 되는 것이다.

I can trace a parallel between man's thinking faculty and plant's preparing ability; as man think, so will he write or speak, and as the plant shoot out buds, so will the leaves or flowers come out. In terms of fostering the power of observation, I would say that nothing is so interesting as watching the plant life.

나는 사람의 사고력과 식물의 준비 능력이 서로 비슷하다는 것을 찾게 된다. 즉, 사람은 생각하며 그것에 따라 쓰거나 말을 하고 식물은 봉오리가 맺히기에 잎이나 꽃이 피어나게 되는 것이다. 관찰력을 기르는 관점에서 식

영어신문 기사(칼럼) 해설

물을 관찰하는 것보다 흥미로운 것은 없는 것 같다.

Once the bud put forth its young green leaves in spring, the new shoots grow up on the same principle as a cell divides into new cells in succession. Bearing a bud, in a strict sense, is an act of forming a plan for its future.

일단 봉오리가 봄이 올 때 파릇파릇 싹이 트게 되면 그 싹은 하나의 세포가 연속적으로 분열하여 새로운 세포가 생겨나는 것과 같은 원리로 자라게 된다. 봉오리를 맺는다는 것은 엄밀한 의미로 미래의 계획을 세우는 행위이다.

Thus, I would like to say that plants' bud sprouting between a twig and a leaf, in a sense, is equivalent to a detailed plan or an exact program designed for the next year. In other words, it is a blueprint for its future.

따라서 작은 가지와 잎 사이에서 발아된 봉오리는 어떤 의미에서는 다음 해를 위해 설계된 정밀한 계획 또는 정확한 프로그램에 해당된다고 말하고 싶다. 다시 말하면 그것은 미래를 위한 청사진인 것이다.

However, plants are in no hurry, but they are always busy preparing for what is to come.

하지만 식물들은 성장하기 위해서 서두르지 않고 다음 단계를 준비하느라 늘 바쁘다.

In this sense, plant life is very faithful to its present duties as well as forming a plan for its days to come. The characteristic displayed by plant life allows us to make out

677

English Newspaper Article (column)

the importance of careful preparation.

이런 의미에서 식물은 현재의 임무뿐만 아니라 미래의 계획을 세우는 일에도 충실하다. 식물에 의해 나타난 이런 특성은 세심한 준비의 중요성을 우리가 잘 이해할 수 있게 해준다.

In fact, being ready for a plan in advance is truly regarded as the best safe method to make things smoothness in operation and safety. Thus, the importance of preparation cannot be emphasized too much.

사실 그 어떤 일을 위해 미리 준비를 해 둔다는 것은 운영과 안전에 있어서 그 일들을 순조롭게 하기 위한 가장 안전한 방법으로 여겨지고 있다. 따라서 준비의 중요성은 아무리 강조해도 지나침이 없는 것이다.

To use a metaphor, a bud is to the plant what an egg is to the bird. Accordingly, leaves of the tree correspond to the wings of the bird, doesn't it?

비유해서 말하면 초목에 있어서 봉오리는 마치 새의 알과 같은 것이다. 따라서 나뭇잎은 새의 날개에 해당하는데 그렇지 않겠는가?

We have a proverb which says, "A good beginning is half done." But, we should also be in need of preparation to make a good start. If you are not sincere in getting yourself ready for the work, the result will not come up to your expectation.

속담에 "시작이 반이다"라는 말이 있다. 그러나 시작을 잘 하기 위해서는 역시 준비가 필요하다. 만약 그 일을 위해 준비하는 일을 부실하게 한다면, 결과는 신통치 않게 될 것이다.

It seems to me that plant life is endowed with a peculiar capacity for sensing climatic conditions. This capacity also stems from their knack for preparation.

생각건대, 식물은 기후 조건을 감지하는 특별한 능력이 있는 것 같다. 이런 능력 역시 준비 능력에서 생기는 것이다.

Thus, I, someone in his early 60s, draw fresh courage from plant life; I am making an effort to learn preliminary knowledge of farming techniques so as to be a good farmer in the latter part of my life.

따라서 60대 초반으로서 나는 식물의 삶으로부터 늘 새로운 용기를 얻게 된다. 즉, 나는 내 인생의 후반기에 훌륭한 농부가 되기 위하여 농업 기술의 예비 지식을 배우려고 애쓰고 있다.

English Newspaper Article (column)

Fortune's Wheel

운명의 수레바퀴

The Korea Times
Monday, November 9, 2015
2015년 11월 19일 토요일
By Kim Song-rhei
김송뢰

Who can deny that every life has its ups and downs? No matter how hard you may want to lead an uneventful life, the ups and downs of fortune are subject to occur many times in the tenor of your life.

인생에는 영고성쇠(榮枯盛衰)가 있다는 것을 그 누가 부인할 것인가? 아무리 평탄한 인생을 보내길 바란다 하더라도 인생의 부침(浮沈)은 인생의 항로 동안 여러 번 생기기 마련이다.

For someone, good luck has come round to his or her door in such a way that he or she gets a lottery prize as the proverb goes that, "Fortune knocks at our door by turns." While on the other, the fate comes out quite differently from the case as stated above. It is rather hateful, but I think that this is, in a sense, the real thrill of living when philosophizing about the problem of life.

"쥐구멍에도 볕들 날이 있다"라는 속담이 있듯이, 어떤 사람에겐 복권에 당첨될 정도로 행운이 돌아오고, 반면에 앞서 언급한 경우와는 아주 다르게 운명이 나타나기도 한다. 얄밉상스럽지만, 인생 문제를 철학적으로 고찰해 볼 때 이것은 어떤 의미에서는 삶의 묘미라고 생각해 본다.

The occurrence of it originates from either an internal cause or an external factor. It sometimes tends to happen against your will. At this point, especially when you fall on evil days by a curious irony of fate, you have no other way but to be strained all of a sudden.

그것의 발생은 내적 또는 외적 요인에서 비롯된다. 그것은 때로는 본의(本意) 아니게 발생되는 경향이 있다. 이때, 특히 얄궂은 운명의 장난에 의해 불운을 당했을 때는 당신은 아연(俄然) 긴장할 수밖에 딴 도리가 없다.

It has something in common with a maxim which says, "Love and reason do not go together." And the occurrence of it seems to have many points of likeness to the formation of a road.

이것은 사랑은 이치대로 되지 않는다라는 금언과 비슷한 데가 있다. 그리고 인생의 흥망(興亡)의 발생은 도로의 형성과 닮은 점이 많은 것 같다.

English Newspaper Article (column)

That is, if there is an uphill road in front of you when going ahead, a downhill road will be bound to spread out somewhere along the way.

즉, 당신이 앞으로 가고 있을 때 당신 앞에 오르막길이 있다면, 그 도중 어디선가엔 내리막길이 분명히 전개(展開)될 것이다.

Well then, do we have to resign ourselves to our fate all the time in the tenor of our life, taking the world as it is? Had we considered this question philosophically, the proper answer, I think, could be arrived at "yes."

그렇다면 우리는 인생항로에서 세상은 이런 것이려니 체념하면서 자신의 운명을 언제나 감수하여 따라야만 하는 것일까? 만약 이 질문을 철학적으로 고려해 본다면, 이에 대한 적당한 대답은 '그렇다'라는 말로 도달하게 될 것이라고 나는 생각한다.

It may sounds as if I am talking happy-go-lucky nonsense, but drifting about at the mercy of the waves or going with the times in a comfortable position is far and away the best of all when trying to find a solution to the problem that we face.

태평스러운 소리를 하는 것처럼 들릴지 모르지만, 우리가 직면한 그 문제의 해결책을 모색할 때 편안한 자세로 물결치는 대로 표류하거나 시류(時流)에 순응하는 것이 훨씬 좋다고 나는 생각한다.

That is, you should face up to the reality and take things as they are, rather than lay the fault at other people's door or feel sorrow at your hard fate, losing your peace of mind. It is sensible to meet misfortunes with philosophy.

즉, 불안해지면서 그것을 타인의 탓으로 돌리거나 불운을 한탄하기 보다는 현실을 직시하고 있는 그대로 받아들여야만 한다. 불행을 냉정히 맞아들이는 것이 현명한 것이다.

Let's take a natural phenomenon as an example in relation to this. The Nature itself does not escape from the logic of natural event, facing up to the reality as ever. According to this logic, the direction of the wind also shifts constantly from one place to another.

이와 관련(關聯)하여 자연현상을 예로 들어보자. 자연이란 그 자체는 변함없이 현실을 직시하면서 자연적인 발생들의 논법에서 벗어나질 않는다. 이 같은 논리에 따라 풍향도 끊임없이 이곳 저곳으로 바뀌어 가는 것이다.

Now, suppose that trees and shrubs are hit by a typhoon all of a sudden. It is apparent that they will be swayed in sympathy with the typhoon.

자, 그럼 수목(樹木)들이 갑자기 태풍의 습격을 받게 되었다고 가정을 해 보자. 그것들은 그 태풍에 순응하여 흔들리게 될 것이다.

Paradoxically speaking, they are not under the control of the typhoon in that case, but they are master of their

English Newspaper Article (column)

circumstances. In short, they always accept the logic of events. This is the very manner that will confine the damage to the minimum in that case.

역설적으로 말하면 그들은 그 경우 태풍으로부터 지배를 받는 것이 아니라 그들의 환경을 지배하는 것이다. 즉, 그들은 언제나 대세에 순응하는 것이다. 이것이 바로 그런 경우에 피해를 최소한도로 막아줄 방법이다.

Well, how could the trees and shrubs be solid enough to withstand the test of nature? Do they have any special secret? Of course, they do have.

자, 그렇다면 수목들은 자연의 시련을 견디는데 어떻게 그처럼 충분히 단단한 것일까? 그들은 그 어떤 특별한 비법을 가지고 있는 것일까? 물론 그들은 그것을 가지고 있다.

The secret, I think, is as perfect as I could have ever hoped for, and I am as attracted to it as I have ever been. I will express my opinion about this as in the following.

그 비법은 내가 희망해 왔던 것만큼 완벽한 것이라고 생각하며 내 생애에서 가장 많이 그것에 매료되어 있다. 이에 대한 나의 견해를 하기(下記)와 같이 나타내보려 한다.

It is within bound to say that plant life is composed of knots. The presence of solid gnarls located in various segments of the trunk play important roles not only in deciding the fate of its future, but also in keeping its stability at present.

식물은 많은 마디로 이루어졌다고 해도 과언이 아니다. 줄기의 여러 마디에 위치하고 있는 이 단단한 마디들은 미래의 운명을 결정하는 것뿐만 아니라 현재의 안정을 유지시키는 데 있어서 중요한 역할을 한다.

So, the act of making a knot not only can be construed as the act of making a plan for the future, but also the act of seeking its own safety as of now.

따라서 매듭을 짓는 행위는 미래를 설계하는 행위일 뿐만 아니라 현재의 일신의 안전을 도모하는 행위로도 해석될 수 있는 것이다.

As a matter of fact, human beings are also in need of making knots as many as possible in every affair. It is a matter deeply connected with your fortune's wheel.

사실 인간도 매사에 가능한 많은 매듭을 짓는 것이 필요하다. 그것은 당신의 운명의 수레바퀴와 교묘하게 관련된 문제인 것이다.

In other words, going through the stage of tying a knot is no less necessary than taking breath at present.

다시 말하면 매듭짓는 과정을 밟는다는 것은 현재 숨을 쉬는 것 못지않게 필요한 것이다.

English Newspaper Article (column)

Government Interference

정부의 간섭

The Korea Times
Wednesday, December 2, 2015
2015년 12월 2일 수요일
By Kim Song-rhei
김송뢰

Do we always have to consider the regulations in force as the excellent ones applicable to every occasion, such as the case of designing a plan for our future or the case of performing our duties in a future-oriented manner?

우리는 현행 규정이 모든 경우에, 이를 테면 미래의 그 어떤 계획을 설계하는 경우이거나 아니면 미래지향적인 자세로 직무를 집행할 때 언제나 적용할 수 있는 우수한 법칙이라고 여겨야만 하는 것인가?

And are we always in the habit of observing the law adopted by the highest organ in our society, thinking that it is the good principle forever?

영어신문 기사(칼럼) 해설

그리고 우리는 우리 사회의 최고 기관에서 채택한 법을 영원토록 최고의 근본 원리라고 생각하며 언제나 준수해야만 하는 것일까?

As a means to an end, whether it aims at a common object or a private goal, I sometimes can't help wondering if we are wise to make it a rule to be conformable to a standard which arranged by the authorities.

목적을 위한 수단으로써 그것이 우리의 공동 목적이든 사적의 목적이든 나는 우리가 언제나 당국이 채택한 표준에 따라야만 한다는 것이 과연 현명할까 하는 의구심이 가끔 든다.

As a matter of fact, all sorts and conditions of people in a democratic system are allowed to display their creative abilities with variety of tastes and various ways of thinking.

사실인즉, 민주제도하에서 가지각색의 사람들은 가지각색의 취미와 다양한 사고 방식을 가지고 그들의 독창적 능력을 발휘할 수 있도록 허용되고 있는 것이다.

These social activities conduce to achieve the harmony of growth and stability in a democratic country. If this action gets turned down by someone, it would mean that the people unluckily have a dictator who wields his or her authority at his or her will.

이러한 사회적 활동은 민주국가에서 성장과 안정의 조화를 이루는데 이바지

687

English Newspaper Article (column)

하게 되는 것이다. 만약 이런 행동이 그 누구에 의해 거절당했다면 그 국민은 불행하게도 권력을 제멋대로 휘두르는 어느 한 독재자를 가지고 있다는 것을 의미할 것이다.

New ideas and new technique or up-to-date knowledge and principles are made from only through competition in good faith. The more the people take part in this competition, the better result is expected. And every citizen is authorized to freely express his or her slant with a critical eye.

새로운 사상과 새로운 기술은 선의의 경쟁을 통해서만 만들어지게 되는 것이다. 이 경쟁에 더 많은 사람들이 참여하면 참여할수록 더 좋은 결과가 기대되는 것이다. 그리고 모든 국민은 비판(批判)적인 태도를 가지고 자신의 견해를 자유로이 표현할 권한(權限)이 있는 것이다.

On the same principle as this, a student or a scholar in the academic circles can make improve in his or her studies only through making researches from various points of view, putting away a prejudice. Thus, government interference in the prosecution of studies is the chief obstacles to enlarge the range of the knowledge.

이와 같은 원리로 학계에서의 연구자 또는 학자들은 편견을 버리고 오직 다각적으로 연구를 할 때 자신의 학문을 진보시킬 수 있는 것이다. 따라서 학문 추구에 대한 정부의 간섭은 지식의 범위를 넓히는 것에 큰 걸림돌이 되는 것이다.

To acquire knowledge about the correct perception about one's nation and history, one should divest his or her mind of prejudice.

올바른 국가관과 역사 의식에 대한 지식을 얻기 위해서는 편견을 버려야만 한다.

However, the present Korean Government of the ruling party has recently decided to exercise close control of the publishing of the Korean history textbooks, insisting that the textbooks now in use are slanted to the left with pro-North Korean manner.

하지만 현 집권당의 한국 정부는 현행 역사교과서는 북한을 친양하는 방식으로 좌편향되어 있다고 주장하면서 최근 한국역사 교과서 발행에 대한 엄격한 통제를 실시하기로 결정하였다.

Strange enough, the hidden meaning of the words suggest that the President Park Geun-hye revived the censorship, covering up her guideline of politically biased education that will give lessons in the whole course of a middle and high school starting in 2017. It is a kind of conduct deceiving the people by a mean trick.

얄궂게도 그 말속의 숨은 뜻은 현 대통령이 2017년부터 중 고등학교에서 가르치게 될 정치적으로 편향된 교육의 지침을 숨기면서 검열제도를 부활시킨 것을 시사하는 것이다. 이것은 일종의 비열한 수단으로 국민을 속이는 행실인

English Newspaper Article (column)

것이다.

What is a democratic system? It means that the government should not bring any undue pressure upon the people who, in effect, have supreme power. And, every citizen in a civil capacity can take part in the conduct of state affairs.

민주제도란 무엇인가? 그것은 정부는 실제적인 주권을 가지고 있는 국민에게 그 어떤 부당한 억압을 가할 수가 없다는 것을 의미하는 것이다. 그리고 모든 국민은 국민의 자격으로서 국정에 참여할 수가 있는 것이다.

Unluckily, however, many politicians today are unqualified to guide us in the right direction. This is because the most unthinkable and unsavory practices such as government interference in publication of textbooks have taken place under their governance. Thus, it is really ironic that a democratic system is often used as a pretext for oppressing such high values.

하지만 불행하게도 오늘날의 많은 정치인들이 우리를 올바른 방향으로 이끄는데 적임이 못되고 있다. 교과서 출판 간섭 같은 가장 생각할 수 없고 가장 불미스런 관행들이 그들의 통치하에서 벌어지고 있기 때문이다. 따라서 민주제도가 때때로 이렇게 높은 가치를 억압하는 구실로 사용되고 있다는 것은 정말 아이러니한 것이다.

I remember having heard that Albert Einstein and Rosen of glorious memory were the architects of the space-time shortcut, but Kip Thorn was its structural engineer. Likewise, Robert Schumann managed to compose virtually every form of music known in his day, but it was his protégé Johannes Brahms that helped to make Schumann's music widely known to the world.

영예스러운 고(故) Albert Einstein과 Rosen이 시간과 공간상의 지름길의 설계자였더라면, Kip Thorn은 이것의 구조적 엔지니어였다. 마찬가지로 로베르트 슈만은 그의 시대에 알려진 거의 모든 형태의 음악을 작곡했지만, 그의 음악이 세상에 알려지도록 도와준 것은 바로 그의 제자 요하네스 부람스였다.

Like this, a politician who aspires to become a great politician of the day should carry out a good policy which should be supported by the majority of people. If the policy is inclined to ideologically prejudiced view, the drafter will be far from becoming a great politician but being branded as a traitor to the nation in the future.

이처럼 어느 한 정치인이 당대의 훌륭한 정치인이 되기를 원한다면 대다수 국민의 지지를 받아야 할 훌륭한 정책을 실행해야만 한다. 만약 그 정책이 편견으로 기울어졌다면 그는 훌륭한 정치가가 되기는커녕 훗날 매국노로 낙인이 찍히게 될 것이다.

What distinguishes humans from animal is the ability to tell right from wrong. If a hen sits on fertilized eggs, beautiful and healthy chickens will be hatched out in just three weeks. But if the hen sits on the spoiled eggs or the wind eggs, the hen

English Newspaper Article (column)

will sit on the eggs until she is in peril of her life.

사람을 동물과 구별 짓는 것은 옳지 않은 것을 구별하는 능력이다. 만약 그 어떤 암탉이 수정란을 품는다면 그 알들은 딱 3주 후에 병아리로 부화될 것이다. 그러나 그 암탉이 곯은 알 또는 무정란을 품는다면 그 닭의 목숨이 위태로워질 때까지 그 알들을 품게 될 것이다.

So, if you see the error of your ways at the eleventh hour, what would you do now for your future?

따라서 만약 당신이 뒤늦게라도 잘못을 깨달았다면 미래를 위해 지금 어떻게 할 것인가?

영어신문 기사(칼럼) 해설

A Musical Evening

음악의 밤

The Korea Times
Monday, December 14, 2015
2015년 12월 14일 월요일
By Kim Song-rhei
김송뢰

I got a chance to watch the performance of Korea University Choir the 76th annual concert, which was held on Thursday evening, November 12 in Inchon Memorial Hall Auditorium at Korea University.

나는 고려대학교 인촌기념관 대강당에서 11월 12일 목요일 저녁에 거행된 제76회 고려대학교 합창단 정기연주회를 관람할 수 있는 기회를 얻었었다.

My youngest daughter who is in her sophomore year at this university and a member of the chorus invited her family. The moment I had an invitation from her, my mind felt as if I was standing on top of the world. So, members of my family,

English Newspaper Article (column)

including me, watched the regularly scheduled performance with pleasure.

현재 이 대학의 2학년 재학생이자 이 합창단의 단원인 나의 막내 딸이 우리 가족을 초대하였다. 그녀로부터 초대를 받는 순간 나의 마음은 이 세상 꼭대기에 서 있는 것처럼 기분이 좋았다. 그래서 나를 포함한 우리 가족은 그 정기연주회를 즐겁게 관람하였다.

The chorus began to sing a song entitled "A Thousands Winds" in the first place.

합창곡은 우선적으로 '내 영혼 바람 되어'라는 제목의 노래로 시작되었다.

The lyrics of the song translated from English into Korean are a poem written by Hayley Westenra who was born in New Zealand. The lyric poem is originally entitled "I am a thousand winds."

영어를 한국어로 번역한 이 노래의 가사는 뉴질랜드 태생의 Hayley Westenra가 쓴 시이다. 이 서정시의 원제목은 "I am a thousands winds"이다.

I have heard that this song is written for cherishing the memory of Sewolho ferry's sinking accident of last year.

이 곡은 작년도의 세월호 침몰 사건을 추모하기 위해 작곡된 곡이라고 들은 바 있다.

영어신문 기사(칼럼) 해설

It was a tragic accident in which about 300 people, most of the victims were high school students, were killed and 9 people were missing in coastal waters off Jindo, in Chunrado.

이 사고는 대참사였으며 전라도 진도 앞 바다에서 약 300명의 목숨을 앗아갔고, (그들 대부분은 고등학생이었으며) 9명이 실종되었다.

The chorus made a deep impression on audience's hearts with beautifully harmonizing voices from the beginning. The tune and the words of the song are in keeping with each other in terms of an atmosphere.

그 합창단은 처음부터 관중들을 아름다운 화음으로 감동시켜 줬다. 그 노래의 곡과 가사가 분위기 면에서 볼 때 서로 아주 잘 어울렸다.

I had no option but to enter into the spirit of the concert. As I listen to this plaintive music, my heart seemed to like listening to the sad story echoing through the hall in a low key.

나는 그 연주회의 분위기에 동화되지 않을 수 없었다. 나는 그 슬픈 음악을 들으면서 낮은 가락으로 장내에 울려 퍼지는 슬픈 이야기를 듣고 있는 것 같았다.

I couldn't keep back my tears driven by being moved. The image of the sufferers of the accident was floating before my eyes.

English Newspaper Article (column)

나는 감동한 나머지 눈물이 나오는 것을 참을 수가 없었다. 그 사고 피해자들의 모습이 눈 앞에 떠오르고 있었다.

The roomy stage assembled with a mixed chorus was to be compared with the tended garden vocal with the chants of many pretty birds or the spacious flower bed with all sorts of flowers blooming.

혼성 합창단이 모여있는 넓은 그 무대는 아름다운 새들의 지저귀는 소리로 북적거리는 잘 가꾸어진 정원 또는 온갖 꽃이 어우러져 피어 있는 넓은 뜰과 비유되었다.

My mind was divided between joy and woe in watching the performance. It was the moment that I had a good grasp of the meaning of singing together in chorus - a chance to be aware of the true value of the spirit of cooperation.

나는 그 공연을 관람하면서 기쁘기도 하고 슬프기도 하였다. 나는 합창을 하는 것의 의미, 즉 협조심의 진가를 느낄 수 있는 기회를 갖게 되는 그런 순간을 맞이하였었다.

Each of the amateur choir singers seemed to be performing his or her duties with ardent zeal.

아마추어 합창단원은 각자 열성을 다하여 자신의 임무를 수행하고 있는 것 같았다.

영어신문 기사(칼럼) 해설

The singers singing in soprano, alto, tenor, bass and a band concert created a harmonious atmosphere under the baton of a conductor. I thought that cooperative spirit of them is not inferior to that of professional singers.

소프라노, 알토, 테너, 베이스로 노래하는 가수들 그리고 악단 합주는 지휘자의 지휘하에 화합분위기를 만들어 냈다. 나는 이들의 협동 정신은 프로 가수들의 그것에 못지않았다고 생각했다.

The singing figure of them evinced great harmonious spirit. The musical director wielding a good baton also well reflected his earnestness. He looked as if a dancing master performing a dance with grace; So, I thought that he seemed to like more of a dancer than a musical director.

그들의 노래하는 모습에서 위대한 화합 정신이 엿보였다. 연주를 재치 있게 지휘하는 지휘자 역시 열성이 어려 있었다. 그는 마치 우아하게 춤을 추는 무용 선생 같았기에 음악 지휘자라기 보다는 오히려 무용(舞踊)가라고 생각을 했었다.

I thought that they each in a practical manner played the part of the leader in the chorus. They got the audience's minds to unite as one by performing together as one. In other words, the audience was also united by watching the performance that displayed in great harmony.

그들 각자는 실제적으로 이 합창단에서 영도적 역할을 하고 있었다고 생각을

697

English Newspaper Article (column)

했다. 그들은 일심동체로 연주를 함으로써 관중들의 마음을 일심동체로 만들어 놓았다. 다시 말하면 관중들 역시 조화롭게 펼쳐진 그 공연을 봄으로써 모두가 일심동체가 되고 말았다.

It seemed to me that the relationship between chorus and the spectator was a complete contrast to that of politicians and the people. I thought that it was a play jointly featuring by the audience and the chorus.

생각건대 합창단과 관중과의 관계는 정치인들과 국민과의 관계와 완전히 대조(對照)적이었다. 나는 이번 공연은 관객과 합창단이 공연(共演)한 공연(公演)이라고 생각했다.

When the performance entered its middle stage, the choir member sang us a song entitled "A Barley Field." This song is widely known to be full of lyricism. I really rejoiced to hear of this song, so I hummed the song in my mind. At that time, I was beside myself for joy. I had misted eyes.

공연이 중간으로 접어들 때 합창단은 '보리밭'이라는 제목의 노래를 우리에게 불러줬다. 이 곡은 매우 서정적인 것으로 잘 알려져 있다. 이 노래를 듣고 정말 기뻐서 마음 속으로 흥얼거리며 따라 했다. 나는 그때 기뻐 어쩔 줄을 몰랐다. 나는 눈물에 젖고 말았다.

A poet Park Hwa-mock composed this poem, and Yeun Yong-ha set the poem to music in early 1950s. The words of this song were originally written on the subject of "An Old

Memories." The song had little vogue in its day but it quickly grew in popularity and played on radio stations across the country in the 1970s.

1950년대 초에 시인 박화목이 이 시를 지었으며 윤용하가 이 시에 곡을 붙인 것이다. 이 노래의 가사는 원래 '옛 생각'이라는 제목으로 쓰여진 것이다. 이 노래는 그 당시 인기가 거의 없었으나 1970년대에 급속히 인기를 끌었고 전국의 라디오 방송국에서 흘러나왔다.

The concert was an event recalling me to a sense of unity.

그 공연은 나에게 화합의 의미를 환기시켜주는 하나의 행사였다.

English Newspaper Article (column)

The Value of Farm Products
농산물의 가치

2015년 12월 1일 월요일
By Kim Song-rhei
김송뢰

Cereals such as rice, barley, wheat, maize, and fruits such as an apple, a pear, a persimmon and a peach are typical farm products. They are the fruits of farmers' labor. We generally called them farm products.

쌀, 보리, 밀, 옥수수 같은 곡물과 사과 배, 감, 복숭아 같은 과일 등은 대표적인 농산물이다. 그것들은 농부들의 노력의 결실인 것이다. 우리는 이런 것들을 총칭하여 농산물이라고 부른다.

The products are the source of energy that keeps man's health because they are loaded with various kinds of vitamins or nutrition the human body inevitably requires.

그 농산물들은 사람의 몸이 반드시 요구하는 여러 종류의 비타민과 영양분을 충분히 담고 있기 때문에 사람의 건강을 지켜주는 에너지원이다.

So, we have every reason to believe that they are the basis of maintaining our lives or the well-spring of our activity.

따라서 그것들은 사실상 우리들의 생명을 유지하는데 근간(根幹) 또는 우리들의 활동의 원천이 되는 것이라고 믿어야 할 충분한 이유가 되고도 남는 것이다.

For instance, vitamins produced by fruits are a major group of organic compounds that regulate the mechanisms by which the body changes food into energy.

예를 들면 과일에서 만들어진 비타민은 메커니즘을 조절하는 유기물의 원자단(原子團)이며, 몸은 그 메커니즘으로 음식을 에너지로 바꾸게 된다.

They are the materials that the body cannot manufacture itself, but must have for some vital functions. So, the value of the substances, in fact, cannot be calculated in terms of money.

그것들은 우리의 몸이 스스로 만들어내지 못하지만 여러 가지 필수적인 기능을 위해서 몸에 반드시 필요한 물질이다. 따라서 그 물질들의 가치는 사실상 돈으로 환산할 수 없는 것이다.

However, do you know that the market rate of radish and cabbage during the kimchi-making season this year? I got

English Newspaper Article (column)

them at a very low price at a shopping center located in my apartment complex: I paid three thousand won for a bundle of radish or five heads of radish, and four thousand won for a bundle of cabbage or three heads of cabbages. They, of course, had a high commercial value in terms of quality.

하지만 금년도의 김장철 동안 배추와 무의 시장 가격이 얼마였는지 알고 계시는가? 나는 우리 아파트단지에 있는 상가에서 그것들을 아주 싼값에 샀다. 즉, 무 한 다발(5개)을 3천원에 그리고 배추 한 다발(3포기)을 4천원에 샀다. 그것들은 물론 품질 면에서 높은 상품가치를 갖고 있는 것이었다.

The market price for them as this, first of all, I think, may be caused by overproduction. And it may perhaps an abundant harvest brought down the price of them.

이 같은 시장 가격은 우선적으로 과잉 생산으로 인한 것이었는지 모른다. 그리고 어쩌면 풍작으로 그것들의 가격이 하락했을 것이다.

As I put them in my shopping basket, I couldn't help but think farmers who went through much trouble to raise them through the summer.

그것들을 장바구니에 담으면서 나는 여름내 농산물을 기르기에 수고가 많았던 농부들을 생각해보지 않을 수 없었다.

If you balanced the gain against the loss of the agricultural products in a farmer's shoes, you would know that the price is nothing but the price of farmyard manure. Far from gaining income, a farmer's labor comes to nothing. It is no more than the cost of transport.

만약 당신이 농부의 입장이 되어 그것에 대한 손익을 맞춰 본다면, 그 값은 퇴비 값에 지나지 않다는 것을 알게 될 것이다. 소득을 얻기는커녕 농부의 노동은 헛수고로 돌아간 것이다. 그 값은 운송비에 지나지 않는 것이다.

The farmers play an important role in our society. They are the very ones who provide us various kinds of foodstuffs. Without their part, we are likely subject to aggravation of the food situation.

농민들은 우리 사회에서 중요한 역할을 하고 있다. 그들은 우리에게 각종 먹거리를 공급해 주는 장본인이다. 그들의 역할이 없다면 식량 사정의 악화로 빠져들어갈 것이다.

If my memory serves me right, the Ministry of Agriculture and Forestry encourages farmers to yield farm output of fine quality. And farmers, especially those who engage in large-scale farming, receive some agricultural subsidies from the government.

나의 기억이 틀림없다면 농수산부는 농민들에게 양질의 농업 생산을 장려하고 있다. 그리고 농부들, 특히 대농을 짓는 농민들은 정부로부터 어느 정도의 농업보조금을 받고 있다.

English Newspaper Article (column)

However, they fail to feel contented in heart and mind on the policy toward agriculture. And the farming population has been steadily decreasing since the beginning of industrialization.

하지만 그들은 농업정책에 대하여 충족감을 갖지 못하고 있다. 또한 농업 인구는 산업화가 접어들면서 계속 줄어들고 있다.

These days, many farmers, especially those engaging in rice farming, are expressing their dissatisfaction at the present farm policy.

최근에 농부들, 특히 벼농사를 짓고 있는 농사꾼들은 현재의 농업정책에 불만을 표명하고 있다.

I do not know the details of their discontent, but I think that they are unhappy about the Free Trade Agreement (FTA), which is in the negotiation stage with China. The farmers forecast the rice price would decline more and more in domestic market if the agreement reached with the opponent.

나는 그들의 자세한 불만 내용을 잘 모르지만 그들은 현재 중국과 협상 단계에 있는 자유무역협정을 불만으로 여기고 있는 것 같다. 그 농부들은 만약 그 협상이 상대국과 타결을 보게 되면 국내시장에서의 쌀값은 더욱 하락할 것이라고 내다보고 있다.

I presume that another factor the farmers disagree with is the estimated balance of demand and supply controlled by the authorities in the sowing season, which does not always agree with each other later on, especially in the harvest time.

나는 농사꾼들이 불만을 가지고 있는 또 다른 요인은 파종기(播種期)에 당국이 지시해준 예상 수급의 균형이라고 생각하는데, 그것은 나중에 특히 수확기에 언제나 서로 맞지 않는다.

So, some specific farm products come into the market at the same time like water gushing from a dam. This trend is subject to weaken the competitive position in the markets.

따라서 어떤 특정 농산물들은 봇물이 쏟아져 나오듯 일시에 시장으로 나오게 된다. 이런 추세는 시장에서의 경쟁력을 악화시킬 수밖에 없는 것이다.

The rice yield this year is about 433 thousand tons, which shows a 2% increase over last year. According to a draft budget for the next year, the total stock of rice will be about 1,400,000 tones.

금년도 쌀 생산량은 약 433만 톤이며 작년 대비 2퍼센트 증가했다. 내년도 예산안에 따르면 내년도의 쌀 총 재고량은 1,400,000톤에 달할 것이라고 한다.

This comes up to three times higher than the appropriate stock. The government keeps long-stored rice at an expense of 500 million won a year.

English Newspaper Article (column)

이것은 적정 재고량의 3배에 달하는 것이다. 정부는 매년 5000억 원의 비용을 들여서 보관한다.

I am not in a position to comment on farm policy, but in my capacity as a reserve farmer, I request that the government not look upon this case with indifference.

나는 농림 정책에 제의를 할 입장에 있지는 않지만 예비 농부로서 한 두 마디 하려 한다. 당국은 이런 현상을 대안(對岸)의 불 보듯 하면 안 된다.

They should treat the farm policy, considering the balance of demand and supply as a whole.

그들은 수급의 균형을 총체적으로 고찰하면서 농업정책을 다뤄야만 한다고 생각한다.

영어신문 기사(칼럼) 해설

Gangbuk area in the 1970s

1970년대의 강북지역

The Korea Times
Friday, January 8, 2016
2016년 1월 8일 금요일
By Kim Song-rhei
김송뢰

It may be fairly asserted that until the southern side of the Han River in Seoul developed into new town, the areas north of the river especially Chongro-gu district and Jung-gu district was the heart of Seoul in terms of political, cultural and commercial aspect.

서울의 강남 지역이 신도시로 개발될 때까지 강북 지역, 특히 종로구와 중구 지역은 정치적, 문화적 그리고 상업적 측면으로 볼 때 서울의 중심부이었다고 단언해도 괜찮을 것이다.

As I recall, the full-scale civic renewal of the southern district got into its stride in the early part of the 1980s.

English Newspaper Article (column)

나의 기억에 의하면 강남 지역의 본격적인 도시 개조는 1980년대 초에 본격화되었다.

In those days, particularly in the 1970s and 1980s, Cheongjin-dong in Jongro-gu was famous for haejangguk, a kind of soup that helps a drunken person get rid of the effects of liquor. So the area, especially in the early morning, used to be crowded with drinkers who suffered from drinking the night before.

그 당시, 특히 1970년대와 1980년대에 서울 종로구 청진동은 해장국으로 유명했는데, 이 해장국은 음주 자에게 술기운을 깨우게 해주는 일종의 국이다. 따라서 이 지역은, 특히 이른 아침에 전날 밤의 취기로 고통을 받고 있는 술꾼들이 몰려들곤 했었다.

At that time, the military authorities had been gaining power in succession. Namely, Park Chung-hee ruled this country from 1963 to 1979 and Chun Doo-hwan from 1980 to 1988.

그 당시 이 나라는 연속적으로 (즉, 박정희가 1963년부터 1979년까지 그리고 전두환이 1980년부터 1988년까지 통치한) 군부(軍部) 세력이 대두하고 있었다.

In this situation, the curfew was enforced at midnight and it expired at 4 in the morning. So anyone who violated the rule was taken to the police station and had to pay a fine. They were sometimes suspected of spies coming from North

Korea or treated as hooligan gangs.

이런 상황에서 통행금지가 자정에 시작되어 오전 4시에 해제되었다. 따라서 이를 어기는 사람은 그 누구나 경찰에 연행되었으며 벌금을 물어야만 했다. 그들은 때로 북한에서 넘어온 간첩 또는 불량배로 취급당하기도 했다.

If the police had found you hanging around the front door of your house or street corner in front of the saloons in which you enjoyed, you would have been nothing for it but must have been arrested on the suspicion of a convict.

만약 경찰이 당신을 당신의 집 현관문 앞 또는 술집 앞 길모퉁이에서 서성거리는 것을 발견하였다면 당신은 범인 혐의로 체포될 수밖에 딴 도리가 없었을 것이다.

Imposing a curfew continued for the last 37 years, and it was not until January 5, 1982 that the enforcement of law was lifted in the end.

야간 통금을 실시하는 것은 과거 37년간 지속되었으며, 그 통금 해제는 마침내 1982년 1월 5일이 되어서야 해제가 되었다.

Hence, the people who called at haejangguk restaurant in Cheong-jin-dong as soon as the curfew was cleared were mostly the ones who enjoyed taking wine all night long at taverns or saloons in the vicinity of that area. At that time, large-sized merrymaking places or amusement halls were

English Newspaper Article (column)

mostly concentrated in this vicinity.

따라서 통금이 해제되자 마자 청진동의 해장국 식당을 방문하는 사람들은 그 지역 근처의 술집 등에서 밤새도록 술을 즐긴 사람들이었다. 그 당시 대형 유흥업소 또는 오락실들은 이 지역에 대부분 밀집해 있었다.

I, as a worker in a printing house, also got into a habit of going to the eating houses at dawn along with my co-workers when I worked all night.

나 역시 인쇄소 직공으로서 철야작업을 할 때마다 동료들과 함께 새벽에 그 음식점에 가는 것이 습관적이었다.

When taking haejangguk, I used to look around the people present. Judging from what I saw, there were also many people who worked all night long. The number of them was almost two thirds of those who amused themselves all night at drinking houses.

해장국을 먹을 때 나는 좌중을 둘러보곤 했다. 내가 본 것으로 미루어 판단해 보면 철야 근무를 한 근로자들도 많았다. 그들의 숫자는 술집에서 거의 밤새도록 유흥을 즐겼던 사람들의 삼분의 2이상이나 되었다.

Working all night, especially in the winter season, was quite frequent at that time in the printing circles in Korea. Skilled workers would be given an allowance for working all night. The allowance for an all-night working was equivalent to two days pay.

그 당시 한국의 인쇄업계는 특히 겨울철에 철야작업이 꽤나 자주 있었다. 숙달된 종업원들은 철야 수당이 지급되었다. 하루 밤 철야 수당은 이틀 간의 급료에 해당되었다.

However, a newly-hired young employee like me was paid not more than several pieces of bread and a bottle of milk, and a petty sum of money which is suitable for traffic expenses for a day. Though the pay was very small like this, hardly had I grumbled at working 24 hours without sleeping a wink.

하지만 나처럼 연소한 신입 종업원들의 경우는 빵 몇 조각과 우유 한 병 그리고 하루 교통비에 불과(不過)한 급료를 받았다. 이처럼 쥐꼬리만한 보수였지만 나는 24시간 잠 한숨 자지 않고 꼬박 근무하는 것에 그 어떤 불만을 토로하지 않았다.

I have also heard that some kisaeng houses (or high-class Korean-style restaurants) stood clandestinely in the back alley of Chongro 2ga. A kisaeng means a maid who is ready not only to entertain her guests with eating and drinking but also allow the guests to take liberties with her body.

종로 2가의 뒷골목엔 몇몇 기생집이 은밀하게 자리 잡고 있었다는 것을 들은 바 있다. 기생이란 고객들에게 식음뿐만 아니라 자신의 몸을 기꺼이 허락하는 접대부를 말하는 것이다.

English Newspaper Article (column)

There was a rumor going around that the secret kisaeng's houses in that region only entertained great political or financial figures.

그 지역에 있는 그런 비밀 요정 집들은 오직 정계 또는 재계의 거물급들만 대접을 했다는 소문이 있었다.

While on the other, all sorts of small and big printing houses stood roof by roof in the back alley of Euljiro 1ga and 2ga in jung-gu district - easily accessible places on foot from Cheong-jin-dong. Many wooden buildings were stood in that area, so it was really vulnerable to a fire.

반면에 각종 크고 작은 인쇄소들이 중구 지역의 을지로 1가와 2가의 뒷골목에 밀집해 있었는데, 그곳은 청진동에서 도보로 접근하기 쉬운 곳이었다. 많은 목조건물들이 이 지역에 들어서 있었다. 따라서 그 지역은 화재에 정말 취약했었다.

Big department stores such as Shinsegae, Midopa, Shinshin, Hwashin, Cosmos department store were situated in Myeong-dong, Chung-gu or in Chongro 1ga, Chongro-gu district.

큰 백화점들, 즉 신세계, 미도파, 신신, 코스모스 그리고 화신 백화점 등이 중구 또는 종로구에 있었다.

These department stores, in fact, were tourist attractions in

Seoul. When rural dwellers went to see the sights of Seoul, they used to visit one of these departments.

이런 백화점들은 사실상 서울의 관광 명소였다. 시골 사람들이 서울 구경을 올 경우에 그들은 이들 백화점들 중 한 곳을 들르곤 했다.

It seems to me that the growth of Seoul city for the last thirty or forty years is truly remarkable.

생각건대 지난 30~ 40년 동안 서울시의 발달은 실로 놀랄만한 것 같다.

English Newspaper Article (column)

What is the Desire and Avarice

의욕과 과욕이란 무엇인가

2016년 1월 8일 금요일
By Kim Song-rhei
김송뢰

What is the desire and avarice? This question, I think, is too easy to make an answer if you think with ease, but if you deal with it in a hard way or consider it philosophically, it is a hard question.

의욕과 과욕이란 무엇인가. 이 질문에 대한 대답을 쉽게 생각하면 너무나 쉽다. 그러나 어렵게 또는 철학적으로 생각하면 한없이 어려운 질문인 것 같다.

Anyway, the desire is necessary at any price when you make a good job of something for starters. But if the desire growths little by little in your mind when you doing something, the desire will be lurked toward the wrong direction way.

하여튼 의욕이란 그 무슨 일을 잘하고자 할 때 일차적으로 반드시 필요한 것 같다. 하지만 그 무엇인가를 하고 있을 때 의욕이 마음 속에서 조금씩 발전하다 보면 그 의욕은 잘못된 방향 쪽으로 슬며시 옮겨가게 된다.

That is, avarice will be doomed to take place in your mind before you aware of it. I wonder why the drift of mind changes like this as time passes on. And why most of the people do not carry out his or her original intention?

즉 과욕이라는 것이 결국 자신도 모르게 마음 속에 자리 잡게 되는 것이다. 왜 마음은 시간의 흐름에 따라 이렇게 변하여 가는 것일까? 그리고 왜 대부분의 사람들은 초심을 관철하지 못하는 것일까?

Recently, I had a chance to contemplate this phenomenon for a little while on the hillside where the soft wintry sunlight spread its beams. Prior to ask myself about this, I plunked myself down on the place, enjoying the soft sunlight shining through branches of leafless trees.

최근 나는 부드러운 겨울 햇살이 퍼지는 언덕에서 이런 현상에 대하여 잠시 생각해 볼 수 있는 기회를 가진 바 있다. 이런 현상에 대하여 자문자답(自問自答)하기에 앞서 나는 잎이 다 떨어진 나뭇가지 사이로 비치는 햇살을 즐기며 그 자리에 털썩 주저 앉아 있었다.

The sunbeams beamed with hopes, I thought, also take a good rest in that place.

English Newspaper Article (column)

희망에 빛나는 그 햇살 역시 그 곳에서 푹 쉬고 있다고 생각했다.

As I laying myself down on the slope in spite of the thermometer stood at below zero, I felt myself reigning over the whole world, thinking as if I was nestled in the bosom of mother. In the meantime, I had no time for thinking "avarice".

영하의 기온임에도 불구하고 언덕에 누워 있다 보니 나는 마치 어머니의 품에 안겨 있는 것처럼 생각하며 온 세상을 다 차지 하고 있는 것 같았다. 그러는 동안 나는 탐욕이라는 것을 생각할 겨를이 없었다.

In other words, the fallen leaves served as a thick and soft carpeted floor so that never had I realized my feeling of satisfaction more keenly than I did then. At that very moment, I thought that the sun is the existence only filled with a desire that always keeps away from being avaricious.

다시 말하여 낙엽들은 두껍고 부드러운 양탄자를 깐 침대역할을 해줬기에 나는 그때처럼 나의 만족감을 절실하게 느낀 적이 없었다. 바로 그 순간 나는 태양이야말로 언제나 과욕을 멀리하는 의욕으로만 가득한 존재라고 생각했다.

A little later on, I asked myself that "what is the desire and avarice?" and "who are the ones that always avoid greed like the sun?"

잠시 후 나는 "의욕과 과욕이란 무엇인가?" 그리고 "태양처럼 언제나 허욕을 멀리하는 존재는 어떤 존재들이 있을까?" 라고 자문을 해보았다.

Before replying to these questions when I was nestled myself in the bosom of nature, I thought that people are wanting in ability to fill up full the mind with the desire. Why, what's the reason in the world?

자연의 품에 편안히 드러누워 있으면서 나는 우선 이 질문에 답하기에 앞서 사람은 의욕으로 마음을 꽉 채우기에는 역량이 부족하다고 생각해 보았다. 왜, 도대체 그 이유가 무엇이란 말인가?

It seems to me that a human has the nature of inclining to pile up a fortune, and on the other hand it is in the nature of the sun to send out a light and warmth. Here, the contrast between "accumulating nature of man" and "emitting nature of the sun" quite conflict with each other in substance.

생각하건대, 사람은 부를 축적하려는 근성이 있고 반면에 태양은 빛과 열을 발산하려는 근성이 있다. 여기에서 '인간의 축적하려는 근성'과 '태양의 발산하려는 근성'의 대비는 서로가 본질적으로 완전히 상반되는 것이다.

It may be a poetic expression that "seeking after only wealth" is "an act of continually looking at his or her image reflected on the muddy water."

시적 표현일는지는 모르겠으나 오직 부(富)를 추구하는 행위는 흙탕물에 비친 자신의 그림자를 끊임없이 바라보고 있는 행위라고 말하고 싶다.

Because the water is not clean, the figure in this condition is the possibility of "looking beautiful" or "a filthy picture" according to his or her yardstick for fancy judgment.

물이 맑지 않기 때문에 이런 상태에서의 모습은 각자의 상상적인 판단 기준에 따라 '아름다운 그림'이거나 또는 '추잡한 그림' 중의 그 어느 하나를 바라보는 것일 수도 있다.

Accordingly, the one who always pursues wealth, I think, considers his or her image mirrored in muddy water as a beautiful object. In other words, he or she wet with an air of fantasy, I think, has an idea way out of line.

따라서 언제나 부를 추구하는 사람은 흙탕물에 비친 자신의 그런 모습을 아름다운 물체로 여길 것이라고 나는 생각해 본다. 즉, 환상적인 분위기에 젖어 있는 그는 엉뚱한 생각을 가지고 있는 것이라고 생각한다.

If you are a wise man, however, you may say that it is no more than an image mirrored in water, thinking that the water is too filthy to see the shadow properly. In a word, he or she is careless about its image, and will no longer have any illusions about this appearance.

하지만 만약 당신이 현명한 사람이라면 그 물은 너무 더러워서 그 그림자를 잘 볼 수 없다고 생각하며 그 그림자는 그저 물에 비친 모습이라고 말하게 될 것이다. 한마디로 그는 그런 모습에 무관심할 것이며 더 이상 그런 현상에 대하여 환상을 갖지 않을 것이다.

영어신문 기사(칼럼) 해설

In most cases, artificial things of the times, irrespective of its value, have a tendency to lose their charms with the changes of the times as if one's skin shrivels with age. In this case, artificial things are usually shaped up by the means of accumulating nature of man.

대부분 '시대(時代)의 인위적인 물건들'은 마치 사람의 피부가 나이와 더불어 시들 듯이 그 아름다운 미관이 시대의 변천에 따라 시들어 가는 경향이 있는 것이다. 이 경우 인위적인 물건들은 대부분 인간의 축적하려는 근성의 수단에 의해 만들어진 것이다.

Now, at the beginning of the year, I wish to make a new start, thinking the sun that has the habit of releasing a desire.

새해 초기인 지금 나는 의욕만을 발산하려는 태양을 생각하며 새로이 출발하고픈 마음이다.

English Newspaper Article (column)

Poetic Expression Has Many Points of Likeness to Having a Game of Changgi

시적 표현은 장기 게임을 하는 것과 비슷한 점이 많다

By Kim Song-rhei

I enjoy watching a game of changgi - Korean chess - on TV in my leisure hours. Whenever I enjoy it, I appreciate a charm of thrilling with which I get a chance to free myself from my mental and physical fatigue. It is mainly caused by the thrilling move of the pieces of changgi.

나는 나의 여가 시간에 TV에서 방영되는 장기(將棋) 게임을 즐긴다. 이때마다 나는 스릴 있는 묘미를 맛보곤 하는데, 거기서 나는 나의 심신의 피로로부터 벗어날 수 있는 기회를 얻게 된다. 이것은 주로 장기 알의 스릴 넘치는 움직임으로 발생되는 것이다.

An excellent move when having a game of changgi, needless to say, arises from giving careful consideration to the game. The two persons participating in the game make a trial of

영어신문 기사(칼럼) 해설

taking advantage of the opponent weak spot.

장기를 둘 때의 묘수는 말할 필요 없이 그 게임에 신중한 심의를 하는 것으로부터 생기는 것이다. 이 게임에 참여한 두 사람은 상대방의 약점을 틈타려는 시도(試圖)를 하게 된다.

The two players, however, express their skills by fair means. It is quite different from being guilty of low conduct, which is often applied by the politicians of today. It is distressing that they strain their nerves on devoting themselves to a deceitful policy on one pretext or another.

하지만 그 두 선수는 자신들의 기술을 정당한 수단으로 표출을 하게 된다. 그것은 야비한 행동과는 사뭇 다른데 이런 행동은 요즘의 정치인들이 자주 응용하는 것이다. 그들이 이 핑계 저 핑계 대며 기만정책을 쓰는 일에 신경을 곤두세우고 있다는 것은 안타까운 일이다.

A few days ago, I could read a really novel move when I watch a game of changgi which was televising on TV. It seemed to me that the player was facing a crisis after accepting the challenge from the opposite party. That is, the rival forced him into a tight corner at a glance.

며칠 전 나는 TV에서 방영되고 있는 장기 게임을 볼 때 정말 신기한 묘수하나를 읽을 수가 있었다. 그 선수는 상대편으로부터 도전을 받은 후 위기에 처해 있는 듯싶었다. 즉 일견상으로는 상대방이 그를 궁지에 몰아넣고 있었던 것이다.

English Newspaper Article (column)

But he, bearing himself with coolness, put one of his pieces a little later on. The move was just an act showing a defense against an attack and, at the same time, delivering an attack against the opponent. That is, it was an offensive defense. It was nothing but a checkmate move. With that, he gained a victory with flying colors after all.

그러나 그는 침착한 모습을 보이면서 잠시 후에 자신의 장기 알을 두었다. 그것은 상대방의 공격에 대비한 방어(防禦)이면서 동시에 상대방에게 공격을 가하는 행위였던 것이다. 즉, 그것은 공격 방어이었다. 그 수는 다름아닌 외통수(手)이었다. 그것으로써 그는 결국 멋들어지게 승리를 거두게 된 것이다.

The winner, I thought, just exercised his talent or trick with an eye seeing three phases in advance while playing the game. It was a fairly contested match, which is entirely different from political maneuvering.

그 승자는 장기를 두는 동안 미리 세 단계(수)를 내다보면서 오로지 재주 또는 기교를 부렸던 것이라고 나는 생각했다. 그것은 정치책략(政治策略)과는 전혀 다른 정정당당한 승부이었다.

After finishing the game, the defeated player showed respect for the winner, expressing his feelings that he acknowledged himself to be a lower grade than the opponent and the rival is a cut above him. What could be nicer than this behavior in view of a defeated player in the game? The two players themselves let TV listeners see sportsmanly persons.

게임이 끝나고 난 후 그 패자는 자신이 상대방보다 수법이 낮다는 것과 상대방이 한 수 위라는 것을 스스로 인정한다는 표정을 지으면서 그 승자에게 경의를 표하였다. 게임에서 패자의 입장인데도 이 얼마나 멋진 품행인가. 그 두 선수는 몸소 경기 정신에 어긋나지 않는 모습을 시청자들에게 보여주었던 것이다.

After watching the game, I compared the technique of changgi with the power of expression, with which we sometimes convey our thoughts to ourselves or to others in artistic or poetic means. It is, in a sense, a joyful game like playing chess with others.

게임을 보고 난 후 나는 장기의 기법을 우리의 표현력과 비교해 보았는데 그 표현력으로 우리는 자신에게 또는 다른 사람들에게 예술적 또는 시적의 의미로 자신의 생각을 전하게 된다. 이것 역시 어떤 의미에서는 장기처럼 하나의 즐거운 게임인 것이다.

In such a case, he or she takes pains to speak in measured words, while making the best use of his or her power of expression. It has many points of likeness to having a game of changgi.

이런 경우 그는 자신의 표현력을 최대한 활용하면서 신중히 말을 가려서 하려고 애를 쓰게 된다. 이것은 장기 게임을 하는 것과 비슷한 점이 많은 것이다.

When having a talk with someone, however, we sometimes

English Newspaper Article (column)

reluctantly hurt the other person's feelings or make him or her happy. The former case, I think, takes no thought of others, and the latter case usually arises from being the graceful conduct as if one plays a game of chess.

하지만 그 누군가와 대화를 할 때 본의 아니게 상대방의 감정을 상하게 하거나 또는 즐겁게 하기도 한다. 전자의 경우는 주로 부주의로 일어나는 것이며, 후자의 경우는 마치 체스 게임을 하는 것처럼 품격 있는 행위로부터 발생되는 것이다.

Some days ago, I requested someone that he comply with my suggestion. At that time, he turned down my request, saying that your suggestion is fine in its own way but I have got a lot of work piled up now and the work should be disposed of sooner or later so that your request cannot be accepted this time.

얼마 전 나는 어떤 사람에게 나의 청을 하나 좀 들어 달라고 부탁을 하였다. 하지만 그는 말하기를 "당신의 제안은 그 나름대로 훌륭하지만 나는 지금 일이 산더미처럼 밀려 있는데 이것들은 조만간 처리해야만 하므로 이번에는 받아들여질 수 없다"라 했다.

After reading this massage, I get many clues from the word "this time." In other words, I thought that "this time" he mentioned to me implies that my next request will be accepted if it be rich in contents.

이런 메시지를 읽은 후 나는 "이번"이라는 단어로부터 많은 암시(暗示)를 얻었다. 즉, 그가 나에게 언급한 "이번"이라는 말에서 "나의 다음 번 부탁이 만약 내용이 풍부하다면 받아들여질 것이다"라는 뜻으로 여기게 되었다.

The form of expression, I thought, is truly an artistic presentation. That is, the expression was a kind of a poem, which can convey subtle yet powerful meanings that fail to be expressed with ordinary words.

그 표현 형식을 나는 예술적 표현력이라고 생각했다. 즉 그 표현은 보통의 말로는 표현하지 못하는 미묘한 강한 의미를 전달할 수 있는 한편의 시(詩)였던 것이다.

As I think like this, I am going to make another suggestion again sooner or later, wishing that I have an opportunity to really share what is inside of me.

이렇게 생각하고 있으므로 나는 나의 진면목을 보여줄 수 있는 기회가 주어지길 바라면서 조만간 또 다른 제안을 할 것이다.

English Newspaper Article (column)

The Editor's Postscript (1)
편집후기 (1)

복잡한 현 사회의 구조 속에서 바쁜 생활에 쫓기며 생활을 하고 있는 현대인들은 그 어느 때보다 독서량이 적어진 것이 사실이다.

그러나 아무리 세월이 변했다 하더라도 인간으로 태어나 한평생을 살면서 깊이 있는 사고와 교양을 위해 마음의 절대적 양식을 쌓을 필요가 있는데, 그렇게 하기 위해서는 오직 사색적인 생활을 하면서 독서를 통해서만 가능한 것이다.

이런 관점에서 이 책은 영어를 공부하고 있는 학생들은 물론 모든 이들에게 훌륭한 영어지식뿐만 아니라, 내면적 성찰에 의하여 자신을 해체시키면서 진리의 탐구정신도 길러줄 수 있는 훌륭한 책이라 할 수 있겠다.

그 이유는 이 책의 대부분의 내용은 저자가 자연의 정관(靜觀)에서 영감을 얻으면서 자연사랑에 대하여 보다 근원적인 것에 뿌리를 두고 번뇌의 시간을 갖은 흔적이 여기저기 잘 나타나 있기 때문이다.

-편집부-

영어신문 기사(칼럼) 해설

The Editor's Postscript (2)
편집후기 (2)

The writer of this book presents rich sense impressions in a highly poetic language, which stimulates the reader's imagination. Through the power of his poetic language, even ordinary settings are transformed into special places rich in aesthetic quality.

이 책의 저자는 대단한 시적 언어로 풍부한 감각적인 인상을 묘사하는데, 그것은 독자들의 상상력을 자극한다. 그의 시적 언어의 힘으로 인해 평범한 배경 조차도 미학적인 특징이 풍부한 특별한 장소로 바꿔 놓는다.

Accordingly, we, members of the editorial department, hope that this book will be helpful to you.

따라서 편집부 직원들인 우리는 이 책이 독자들에게 도움이 되기를 희망해 본다.

* 김송뢰(金松籟 – Kim Song-rhei) (본명: 김광엽)
* (사단법인) 희산김승학선생기념사업회 상임이사
* 말굽소리출판사 (1986년 1월 설립 ~ 현재까지) 대표
* 무역회사, 여행사, 호텔 등에서 프리랜서(통역사)로 활동 (1983~1985)
* 한국문인협회 회원 (번역분과) (현)
* 국제펜클럽 한국본부 회원 (번역분과) (현)
* 한국예술인복지재단 회원 (현)
* 한국문학예술저작권협회 회원 (현)
* 이북오도민신문 논설위원 (현)
* 코리아타임스에 칼럼을 씀 (1995~2016)

〈상훈〉
* 이달의 작가상 (2002년 8월 코리아 타임스)
* 허균문학상 (소설부문) 본상 수상
* 황희문학상 (수필부문) 본상 수상
* 박화목문학상 (번역부문) 본상 수상
* 희산 김승학문학상 (소설부문) 최우수상 수상

〈저서〉
* 소설집: 민족의 혼을 실은 새벽바람 (역사소설)
  민족주의 김승학 (역사소설 – 이북오도신문 연재 완료)
  신의 도리깨춤 (풍자소설 – 이북민보 연재)
  백억대 재산가의 발자취 (자기계발 소설 – 이북오도신문 연재)
* 역사 교양서: 희산 김승학 한국독립사 일대기
* 수필집: 자연의 논리적 이치(영문 및 국문)
* 시 집: 겨울 아지랑이, 봄바람 부는 언덕
* 번역서(한글 → 영문): 우리민족 우리역사(역사서, 김득황 저)
  300여 명의 문인 작품(시집·수필집 등)
* 영어학습서: 손에 잡히는 뉴욕타임스 사설(원문 및 해설)
  외신영어 뉴스 해설집
  영어속담사전
  실용영문법
  언어는 사상의 화석(영문 독해)
  아름다운 영어 논설문(영자신문칼럼)
  영문법의 조직적 연구